労災事故と示談の手引

改訂新版

秋永憲一　著

労働調査会

改訂新版はしがき

2015年（平成27年）7月、「労災事故と示談の手引」を刊行したが、その後既に3年が経過した。

その間、実務上の参考実例になると思われる労災民事訴訟判決が多く言い渡されたほか、被災従業員に対する会社取締役の責任を追及する判例が散見され注目を集めている状況にあること、さらに、行政機関から「平成29年労働災害発生状況」（平成30年5月30日）、「平成29年度過労死等の労災補償状況」（平成30年7月6日）及び「過労死等の防止のための対策に関する大綱」（平成30年7月24日改定）に関する資料が各々公表されたこと等を総合考慮し、今般、改訂することとした。これに伴い、書名を「労災事故と示談の手引　改訂新版」とした。

改訂新版を刊行するにあたっても、労災事故に伴う示談を円滑にすすめるために役立つ実践的な実務書を目指すという基本姿勢に変わるところはない。

今般、改訂するに際して全体の見直しを行い、実務書としての要請に応えるために留意した事項の概要は次のとおりである。

① 2015年（平成27年）8月以降に言い渡された労災民事訴訟判決のうちから、実務上参考になると思われる判例を抽出し、本書の項目に沿って整理・追加し裁判実例をさらに充実させること。

② 本書で取り上げている判例について、「判示事項のポイント」や「主要判示事項のポイント」を新たに設けて読み易くなるように工夫すること。

③ 近時、被災従業員に対する会社取締役の損害賠償責任を追及する裁判実例が散見され注目を集めている状況にあることから、新たに項を設け、先例的な判決と評価されている最高裁大法廷昭和44年11月26日判決のほか関連判例を整理して加えること。

1

④ 「労災保険給付を補足する特別支給金とその性質」の項を新たに設け、それに伴い、巻末資料7に「特別支給金」に関する資料を追加すること。

⑤ 「労働基準監督署長による労災保険給付に関する決定に不服がある場合」の項を新たに設け、2016年（平成28年）4月1日から施行された改正労災保険審査請求制度の概要について解説を加えること。

⑥ 大手企業における企業内上積補償制度に関する資料を最新なものと差し替えること。

⑦ 本書巻末資料中の「1．高額労災判例一覧」にさらに判例を追加したほか、他の巻末資料の内容を最新なものにすること。

本書が労働災害に伴う紛争の解決にあたっておられる幅広い方々にご活用いただき、その一助になれば幸いである。

改訂新版の刊行についてご尽力くださった労働調査会出版局の森敦史氏に心から感謝申し上げたい。

2018年9月

著者　秋永　憲一

はしがき（初版）

　本書の初版『労災事故と示談の手引』は、1996年（平成8年）10月に遡る。「労働法規研究グループ編」として、「やさしく、わかりやすい本」を作ることを基本目標として編集・出版された。

　その後2回の改訂を経た後、著者は、2008年（平成20年）3月、「労働法規研究グループ」の基本目標を引き継ぎ、構成を「第1部　労働災害における民事損害賠償の基礎知識」及び「第2部　労災民事損害賠償額算定の実際」の2部に区分して内容を一新し、書名についても、『労災事故と示談の手引』から『新・労災事故と示談の手引』に改めて出版した経緯がある。

　書名を改めた後、実務上重要で、かつ、高額の損害額を認容した労災民事判例が多数言渡され、とりわけ、過労死やメンタル不調、セクハラ・パワハラをめぐる判例が増加した。その中には、大庄事件（過労死事案で会社法第429条1項に基づく会社取締役個人の損害賠償責任等を認定、大阪高裁平成23年5月25日判決、最三小平成25年9月24日、会社の上告棄却・上告不受理決定）、東芝事件（うつ病・解雇、最二小平成26年3月24日判決）、海遊館事件（女性従業員に対する性的発言によるセクハラと懲戒処分、最一小平成27年2月26日判決）、及びフォーカスシステムズ事件（精神障害罹患による過度のアルコール摂取死と損益相殺、最大平成27年3月4日判決）等が含まれる。また、2011年（平成23年）12月に「心理的負荷による精神障害の労災認定基準」を示す行政通達が発出され、さらに2014年（平成26年）11月には「過労死等防止対策推進法」が施行されるなど、労働者の健康と安全の確保は、喫緊の重要課題になっている。

　本書の特色は、労災事故に伴う示談を円滑にすすめるために役立つ実践的な実務書を目指したところにある。

そのため今般、執筆するにあたり、近時の労災民事裁判例から多数の損害額算定実例を採用したほか脳・心臓疾患の発症及び死亡（過労死含む）及び精神障害の労災認定基準に関する通達についても解説を加えた。さらに、示談を円滑に進めるための基礎知識として、示談の基本的心得、示談書に必要最低限記載すべき事項及び記載例、示談が無効とされた裁判例を追加、労災死亡事案における相続人の範囲確定及び法定相続分、使用者の労災事故に対する法的責任の根拠や判例理論、労働者の性格傾向による素因減額を否定した電通事件（最二小平成12年３月24日判決）の判例理論に沿う労災裁判例や労働者の基礎疾患を理由とする素因減額を行わないことは当事者間の公平を失するとの判断を示したNTT東日本北海道支店事件（最一小平成20年３月27日判決）その他下級審裁判例、民事訴訟手続や労働審判手続の特徴、労災保険給付の内容等についても詳解した。

　1996年（平成８年）10月に初版が出版されてから18年が経過した。今般の執筆・出版は、初版から数えて４訂目にあたるが、2008年出版時の書名である『新・労災事故と示談の手引』を改め初版出版時の『労災事故と示談の手引』と同一のものに戻すことにした。これまで長い期間にわたり多数の方々が活用にしてくださったことに感謝申し上げたい。

　本書が示談による円滑な紛争解決に取り組んでおられる方々の一助になれば幸いである。

　本書は、編集上の打合せを行ってから、今般の出版まで約11か月の期間を要している。これまでに、様々な形でお世話してくださった労働調査会出版局の森敦史さんに心から御礼申し上げたい。

2015年７月

著者　秋永　憲一

第1部　労働災害における民事損害賠償の基礎知識 —— 19

第1章　労働災害が発生すると企業はどのような責任を問われるか ────── 20

1. 労働災害における全産業の死傷者数（死亡及び休業4日以上）は前年に比べ約2.2％増加 …………………… 20
2. 過労死等の労災補償状況について－精神障害の労災請求件数、支給決定件数がともに2年連続で過去最多 ……… 22
3. 過労死等防止対策推進法が公布・施行 ……………………… 25
4. 労働災害について企業はどのような責任を負うのか ……… 28
5. 取締役が被災従業員に対して会社法上の損害賠償責任を負う場合とは ……………………………………………… 29

第2章　示談をするうえでの注意点－示談交渉を円滑に行うために ────── 42

1. 基本的な心得 …………………………………………………… 42
2. 被災者の迅速、適切な救助をはかり、受傷部位等の適切な医療処置ができる病院に速やかに移送すること ………… 44
3. 救助にあたり最善の努力をすること ………………………… 44
4. 労働基準監督署・警察署に連絡し、現場を保存すること …… 44

5 被災者の家族や遺族に速やかに連絡をとり、現場を案内し、了知した範囲で事故状況の概略を説明すること ・・・・・・・・・ 45

6 見舞いに行くなど、被災者との接触を維持すること ・・・・・・・・・ 45

7 死亡の場合、葬儀、初七日等の法事に必ず参列すること ・・・・・ 45

8 事故状況の調査は事実に即して正確に行うこと ・・・・・・・・・・・ 46

9 労働者死傷病報告書は事故のあった現場の所在地を管轄する労働基準監督署長に遅滞なく提出すること ・・・・・・・・・・・ 46

10 被災者又は遺族の労災保険請求には積極的に協力すること ・・・ 47

11 被災者又は遺族の今後の生活の不安を考慮すること（遺族補償−労災保険、厚生年金、企業内上積補償） ・・・・・・・・・・ 47

12 死亡やそれと同視し得る重傷事故の示談の時期は、被災者や遺族の身になって判断すること ・・・・・・・・・・・・・・・ 48

13 傷害事故の場合は治癒の見通しが立ち、後遺障害等級が決定する頃に示談すること ・・・・・・・・・・・・・・・・・・・・・ 48

第3章　労働災害の民事紛争事件を解決する方法とは ・・・・・・・・・ 49

1 民事訴訟、示談、ADR等による解決方法とは ・・・・・・・・・・ 49

2 民事訴訟手続 ・・・・・・・・・・・・・・・・・・・・・・・・・・・・・ 50

3 労働審判手続 ・・・・・・・・・・・・・・・・・・・・・・・・・・・・・ 54

4 示談 ・・・・・・・・・・・・・・・・・・・・・・・・・・・・・・・・・・・ 61

5 労働組合との交渉 ・・・・・・・・・・・・・・・・・・・・・・・・・・・ 61

第4章　示談により労災事故に関する民事紛争を上手に解決するための基礎知識とは ・・・・・・・・・・・・・・・・・・・・・・・ 63

1 示談とは ・・・・・・・・・・・・・・・・・・・・・・・・・・・・・・・・ 63

2 示談の効力とは ・・・・・・・・・・・・・・・・・・・・・・・・・・・・ 63

3 示談による解決方法の選択 ・・・・・・・・・・・・・・・・・・・・・ 64

4 状況によっては、示談をあきらめ訴訟を検討すること ・・・・・・・ 65

|5| 示談書は公正証書にしておくのがベスト ……………………… 66

|6| 示談と時効の問題は ………………………………………………… 67

|7| 示談書の作成について－最低限必要な記載事項 ……………… 68

|8| 示談成立後に後遺症が発症した場合、追加請求できるか …… 87

|9| 示談が無効とされる場合とは ………………………………… 89

|10| 裁判上の和解に基づく義務の履行の態様が問題となる場

合とは ………………………………………………………………… 98

第5章　示談に応じなければならないときとは …………………… 102

|1| 労災保険で被災労働者の全ての損害をてん補できるか …… 102

|2| 使用者の民事上の損害賠償責任の法的根拠は ……………… 103

第6章　一般不法行為責任とはどのようなものか …………………… 105

|1| 不法行為責任の成立要件 ………………………………………… 105

|2| 主張・立証責任 …………………………………………………… 106

|3| 故意又は過失－損害発生の予見可能性と結果回避義務 …… 107

|4| 相当因果関係 ……………………………………………………… 107

|5| 損害賠償の方法等 ………………………………………………… 108

|6| 損害賠償の対象 …………………………………………………… 108

|7| 過失相殺 …………………………………………………………… 108

|8| 損害賠償請求権の消滅時効 ……………………………………… 109

第7章　使用者責任とはどのようなものか …………………………… 110

|1| 使用者責任とは …………………………………………………… 110

|2| 下請負人の被用者の不法行為について元請負人が使用者

責任を負う場合とは－元請負人の被用者と同様の指揮監督

関係の存在 ………………………………………………………… 111

|3| 元請会社が自社と雇用関係にない孫請会社の被用者の不

7

法行為によって生じた損害について使用者責任を負う場合とは－直接間接に指揮監督するなど実質的な使用従属関係の存在 ……………………………………………………………… 113

第8章　注文者責任とはどのようなものか ……………… 117
1　注文者責任とは ……………………………………………… 117

第9章　工作物責任とはどのようなものか ……………… 120
1　工作物責任とは ……………………………………………… 120

第10章　債務不履行責任－安全配慮義務違反とはどのようなものか ……………………………………………………… 128
1　昭和50年最高裁判決－陸上自衛隊八戸駐屯地車輌整備工場事件 ……………………………………………………………… 128
2　昭和59年最高裁判決－川義事件 ……………………… 129
3　安全配慮義務に限界があるのか ……………………… 132
4　安全配慮義務違反についての主張・立証責任は誰が負うのか …………………………………………………………………… 134
5　安全配慮義務の具体的内容とは ……………………… 135
6　使用者の安全配慮義務を規定－労働契約法 ……… 136

第11章　安全配慮義務と安衛法との関係は ………………… 139
1　安衛法は労災防止のための「最低基準」を定めたもの … 139
2　安全配慮義務は安衛法の「最低基準」を超える義務を含む … 140
3　安衛法を守るだけでは安全配慮義務の完全履行とはいえない ……………………………………………………………………… 140

目　次

第12章　安全配慮義務は、雇用契約関係にあることが前提となるか ················ 142

■1 元請業者は、下請業者の被用者に対して安全配慮義務を負うか ················ 142

■2 元請業者及び下請業者は、孫請業者の被用者に対して安全配慮義務を負うか ················ 148

■3 注文者は、請負人の労働者に安全配慮義務を負うか ··········· 151

■4 親会社は、子会社の被用者に安全配慮義務を負うか ··········· 158

第13章　過失相殺とはどのようなものか ································ 162

■1 不法行為責任と債務不履行責任とで過失相殺が異なるか ··· 162

■2 工作物の瑕疵によって発生した労働災害についても過失相殺がなされるか ································ 166

■3 過失相殺はどのようになされるか ································ 168

■4 裁判例にみる過失相殺の参考基準について ················ 169

■5 素因減額とは－過失相殺の類推適用 ················ 189

■6 心因的要因を素因とする減額を肯定した裁判例 ················ 189

■7 病的・体質的要因を素因とする減額を肯定した裁判例 ······ 201

■8 「性格」を素因とする減額を否定した裁判例－電通事件最高裁判決とその判例理論に沿う裁判例 ················ 218

■9 「性格」を素因とする減額を肯定した裁判例 ················ 240

第14章　安全配慮義務違反と不法行為責任に基づく損害賠償責任とで差異があるか ································ 249

■1 安全配慮義務違反と不法行為責任に基づく損害賠償責任の違いとは ································ 249

9

第15章　業務上災害に関する労災保険給付の内容は ······················ 253

1 労災保険給付の概要 ·· 253

2 労災保険給付の種類 ·· 253

3 労災保険給付を補足する特別支給金とその性質 ················· 263

4 労災保険給付と民事上の損害賠償責任との関係 ················· 264

5 業務災害に関する労災保険給付請求の時効 ························· 265

6 業務災害の認定を受けるには、「業務遂行性」、「業務起
因性」が必要··· 267

7 労働基準監督署長による労災保険給付に関する決定に
不服がある場合の手続 ·· 269

第16章　脳・心臓疾患の発症と死亡（過労死含む）及び心理
的負荷による精神障害の発病と自殺等の労災認定基準
の概要等について ·· 272

1 労働者自身の健康管理は基本的に個人の問題ではあるも
のの、過労死、過労自殺、セクハラ問題等は社会の重大な
関心事 ·· 272

2 判例における労働者自身の健康管理責任と使用者の義務
について ··· 273

3 労災申請と裁判手続による使用者への民事損害賠償請求
とは各々別個の手続 ··· 274

4 脳・心臓疾患の発症と死亡（過労死含む）及び心理的負
荷による精神障害の発病と自殺等の労災認定基準の通達に
ついて ·· 275

5 脳・心臓疾患の発症及び死亡（過労死含む）の労災認定
基準通達の概要について ·· 275

6 心理的負荷による精神障害の発病と自殺、セクシャルハ
ラスメントの労災認定基準の概要について ··························· 282

第17章　労災保険給付と他の社会保険給付との支給調整とは …… 290

1　労災年金と国民年金・厚生年金との支給調整 ……………… 290

2　休業（補償）給付と国民年金・厚生年金との支給調整 ……… 292

第18章　交通事故における使用者責任と運行供用者責任について …………………………………………………………………… 293

1　自賠法第３条の運行供用者責任の特徴は ………………… 293

2　運行供用者責任の免責要件とは ……………………………… 294

3　「運行供用者」とは ……………………………………………… 295

4　「他人」とは ……………………………………………………… 296

5　自賠責保険給付の支払限度額及び仮渡金制度の概要について …………………………………………………………………… 296

第19章　交通事故と労災保険との関係はどうなっているか－第三者行為災害で示談をする場合、どのような点に注意したらよいか ……………………………………………………… 299

1　第三者行為災害とは …………………………………………… 299

2　民事損害賠償と労災保険との調整はどのようにするのか－「求償」と「控除」…………………………………………… 300

3　労災保険給付調整の対象となる損害項目とはどのようなものか ……………………………………………………………… 301

4　自賠責保険等と労災保険との関係はどのようになっているか－被災労働者はいずれか一方を自由に選択できる ………… 302

5　示談をする場合の注意点は …………………………………… 302

6　派遣労働者に係る第三者行為災害について ……………… 304

7　第三者行為災害に関する提出書類について ……………… 305

第20章　将来給付予定の労災保険給付金は損害賠償額から控
　　　　除できるか ………………………………………………… 307
　1　最高裁判所は非控除説を採用 ……………………………… 307
　2　従来の「非控除説」を微修正 ……………………………… 310
　3　民事損害賠償の側における調整措置（労災保険法第64条
　　1 項）……………………………………………………………… 311
　4　労災保険給付の側での調整措置(労災保険法第64条 2 項)…… 315

第21章　労災保険の遺族補償給付と民事損害賠償請求権者と
　　　　が異なる場合の問題点とは ………………………………… 317
　1　内縁関係にある配偶者への遺族補償給付の控除の可否 ……… 317
　2　遺族補償給付の受給権者でない相続人への控除の可否 ……… 319

第22章　労災保険給付の遺族補償年金をもってする損益相殺的
　　　　調整の対象となるのは「逸失利益の元本」か、それとも
　　　　「遅延損害金」か等（最高裁大法廷平成27年 3 月 4 日判
　　　　決）………………………………………………………………… 320
　1　損益相殺的調整の対象となるのはなにか ………………… 320

第23章　企業内労災上積補償制度について ………………………… 324
　1　企業内労災上積補償制度とは ……………………………… 324
　2　どうして上積補償制度を設けるのか ……………………… 324
　3　上積補償制度と示談との関係は …………………………… 325
　4　大手企業における上積補償の水準はどうなっているか
　　－死亡及び死亡と同視し得る重度障害に対して3,000万円台 … 325
　5　上積補償規定を定めるときに注意すべきこと ……………… 326
　別表 1 　「企業内労災上積補償の水準」…………………………… 329

目　次

第2部　労災民事損害賠償額算定の実際 ……… 335

第1章　労災民事損害賠償額はどのように算定されるか ………… 336

1　民事上の損害賠償だけでなく労災保険給付との関係についても考慮 ……………………………………………………… 336

2　労働災害による損害の区分 ……………………………… 337

3　労働災害により死亡あるいは受傷した場合の損害賠償額の基本算定式 ………………………………………………… 338

4　積極的損害の主な対象項目 ……………………………… 339

5　消極的損害の主な対象項目 ……………………………… 342

6　慰謝料額算定の基準は ……………………………………… 345

7　損益相殺とは ………………………………………………… 346

8　損害額からの労災保険給付額の損益相殺と過失相殺との先後関係は－最高裁は控除前相殺説を採用 ……………… 366

9　過失相殺の基準は …………………………………………… 367

10　自賠責保険及び任意保険における過失相殺の基準は ……… 367

11　ケーススタディー（実際に損害賠償額を計算してみる） …… 369

第2章　裁判例において労災民事損害賠償額はどのように算定されているか－損害額算定の部分を中心に ……………………… 391

1　三六木工事件（横浜地裁小田原支部　平成6年9月27日判決）
大型トラックに積込作業中、吊っていたチップ原木（ワイヤーロープで束ねた重量約850キログラム）が落下して同トラック運転手の頭部にあたって負傷した事例（後遺障害等級1級、症状固定時39歳、過失相殺否認、男性、既婚者）…… 391

2　喜楽鉱業事件（大阪地裁　平成16年3月22日判決）
廃溶剤タンクの清掃作業に従事していた従業員が、有機溶剤中毒に罹患して死亡した事例（死亡時29歳、過失相殺

13

30％、男性、独身者）……………………………………………… 396

3 暁産業事件（福井地裁　平成26年11月28日判決）

消防設備や消火器等の保守点検業務に従事していた高卒
の新入社員が、上司から、仕事上のミスに対して叱責を受
けたが、その内容は叱責の域を超えており、同新入社員の
人格を否定し、威迫するものであったことから、うつ病を
発症して自殺した事例（死亡時19歳、過失相殺否認、男性、
独身者）……………………………………………………………… 398

4 テクノアシスト相模・大和製罐事件（東京地裁　平成20
年2月13日判決）

請負人労働者が注文者の製罐工場内で検蓋作業に従事中、
作業台から転落して死亡した事例（死亡時22歳、過失相殺
20％、男性、独身者）…………………………………………… 401

5 大庄事件（京都地裁　平成22年5月25日判決）

大学を卒業して入社後わずか4か月で、恒常的な長時間
労働により急性左心機能不全を発症して死亡した事例（死
亡時24歳、過失相殺否認、男性、独身者）……………………… 405

6 西日本旅客鉄道事件（大阪地裁　平成27年3月20日判決）

鉄道事業を営む被告会社で保安設備関係の業務に従事し
ていた従業員は、自殺前1年間の月平均時間外労働時間数
は最大で159時間5分、最小で134時間1分であるなど極度
の恒常的な長時間労働等過重な業務に従事したためうつ病
に罹患し、勤務先の電気工事事務所付近のマンションの14
階から投身自殺した事例（死亡時28歳、男性、既婚者）……… 408

7 ニューメディア総研（訴訟承継人アドバンストラフィッ
クシステムズ）事件（静岡地裁　平成24年10月11日判決）

システムエンジニアの従業員が自殺未遂による休職から
復帰したが、従事した業務の量・内容等からみて、医学経

験則に照らして過重であったため、心停止を発症して死亡
した事例（死亡時31歳、過失相殺否認、女性、独身者）········ 415
8 環境設備・東部興産事件（福岡地裁　平成26年12月25日判決）
　　被災者は、被告東部興産と雇用契約を締結し、生コンク
リートの製造・販売、排出土の改良・販売等を業とする被
告環境設備のプラントに派遣され、汚泥プラントの石灰貯
蔵タンクにおいて作業中、足場とした木製の板が二つに折
れ、約３m30cmの高さからコンクリート土間に墜落して受
傷した事例（後遺障害等級併合８級、症状固定時63歳、過
失相殺30％、男性）······································· 417
9 名神タクシー事件（神戸地裁尼崎支部　平成20年７月29
日判決）
　　タクシー乗務員がタクシー運転業務に従事中、過重業務
により脳梗塞を発症した事例（後遺障害等級２級、症状固
定時72歳、寄与度減額60％、男性、既婚者）··············· 421
10 ナルコ事件（名古屋地裁　平成25年２月７日判決）
　　中華人民共和国の国籍を有する外国人労働者が、パイプ
加工作業に従事中、右示指挫滅創の傷害を負った事例（後
遺障害等級11級、症状固定時21歳、過失相殺20％、男性）····· 425

第3章　平均賃金を算定するには ······························· 431
1 平均賃金の基本的な計算方法 ································ 431
2 平均賃金の最低保障額 ······································ 434
3 日日雇い入れられる者の平均賃金の算定方法 ················ 436
4 平均賃金算定例 ·· 438

巻末資料 ———————————————————— 453

1. 高額労災判例一覧 ————————————————— 454
2. 自賠責保険の保険金額の変遷 ———————————— 483
3. 慰謝料（死亡・後遺症）の裁判上の認定基準 ——————— 484
4. 入院・通院慰謝料表 ———————————————— 485
5. 後遺障害別等級表 ————————————————— 487
   ※参考：外貌の醜状障害に関する障害等級認定基準の改正
   について ———————————————————— 493
6. 傷病等級表 ——————————————————— 494
7. 業務上災害による労災保険給付を補足する「特別支給金」
   について ——————————————————— 495
8. 労働能力喪失率表 ————————————————— 501
9. 労働能力喪失期間とライプニッツ係数表 ——————— 502
10. 簡易生命表・男 ————————————————— 503
11. 簡易生命表・女 ————————————————— 506
12. 被災者の生活費控除率 ——————————————— 509
13. 申立手数料額早見表 – 労働審判手続の申立等（裁判手続
    を利用する際に裁判所に納付する申立手数料）—————— 510
14. 公正証書等の作成などに準備する資料等について（抜粋）—— 513
15. 少額訴訟手続及び民事調停手続の概要 ———————— 515

本書での法令名等の略称について

安衛法……労働安全衛生法
安衛則……労働安全衛生規則
労基法……労働基準法
労基則……労働基準法施行規則
労災保険法……労働者災害補償保険法
労審法……労働保険審査官及び労働保険審査会法
労災則……労働者災害補償保険法施行規則
自賠法……自動車損害賠償保障法

第 1 部

労働災害における民事損害賠償の基礎知識

第1部　労働災害における民事損害賠償の基礎知識

第1章

労働災害が発生すると企業はどのような責任を問われるか

1 労働災害における全産業の死傷者数（死亡及び休業4日以上）は前年に比べ約2.2％増加

(1) 平成29年の労働災害発生状況

　安全で快適な職場環境を形成・維持して労働災害の発生を防止するのは、全ての事業者とそこで働く人たちの共通の願いです。しかしその願いに反して、現実には多くの労働災害が発生しております。平成30年5月30日に厚生労働省が公表した「平成29年労働災害発生状況」によれば、全産業において労働災害により死傷した者の人数（死亡・

表1　産業別死傷者数の推移（死亡および休業4日以上）（単位：人）

年別(平成) 産業別	19年	20年	21年	22年	23年	24年	25年	26年	27年	28年	29年
全 産 業	121,356 (1,357)	119,291 (1,268)	105,718 (1,075)	107,759 (1,195)	114,176 (2,338)	119,576 (1,093)	118,157 (1,030)	119,535 (1,057)	116,311 (972)	117,910 (928)	120,460 (978)
製 造 業	29,458 (264)	28,259 (260)	23,046 (186)	23,028 (211)	24,395 (522)	28,291 (199)	27,077 (201)	27,452 (180)	26,391 (160)	26,454 (177)	26,674 (160)
鉱 業	439 (13)	362 (8)	345 (9)	322 (5)	313 (13)	197 (6)	239 (6)	244 (13)	209 (10)	184 (7)	209 (13)
建 設 業	26,106 (461)	24,382 (430)	21,465 (371)	21,398 (365)	22,675 (510)	17,073 (367)	17,189 (342)	17,184 (377)	15,584 (327)	15,058 (294)	15,129 (323)
交 通 運輸事業	2,034 (29)	2,059 (29)	1,965 (12)	2,009 (22)	2,113 (48)	3,137 (13)	3,209 (16)	3,348 (17)	3,256 (22)	3,340 (16)	3,314 (18)
陸上貨物 運送事業	13,427 (196)	14,691 (148)	12,794 (122)	13,040 (154)	13,779 (282)	13,834 (134)	14,190 (107)	14,210 (132)	13,885 (125)	13,977 (99)	14,706 (137)
港 湾 運 送 業	307 (9)	290 (9)	228 (10)	219 (5)	249 (18)	344 (5)	296 (6)	349 (5)	284 (8)	286 (10)	331 (8)
林 業	2,080 (50)	2,073 (43)	2,128 (43)	2,149 (43)	2,014 (43)	1,897 (37)	1,723 (39)	1,611 (42)	1,619 (38)	1,561 (41)	1,314 (40)
そ の 他	47,505 (335)	47,175 (341)	43,747 (322)	45,594 (374)	48,638 (902)	54,803 (332)	54,234 (311)	55,137 (291)	55,083 (282)	57,050 (284)	58,783 (279)

注. （ ）は死亡者数を内数で示す。平成23年は、東日本大震災を直接の原因とする災害を含む合計。（資料出所：死傷者数は平成23年までは労災保険給付データおよび厚生労働省労働基準局安全衛生部安全課調べ、平成24年以降は労働者死傷病報告。死亡者数は厚生労働省労働基準局安全衛生部安全課調べ、死亡災害報告。）

休業4日以上）は、120,460人であり、平成28年の117,910人と比較して2,550人（約2.2％）増加したほか、死亡者数は978人であり、平成28年の928人と比較して50人（約5.4％）増加しました。これにより、全産業における死傷者数は2年連続して増加し、死亡者数は、長期的には減少傾向にあるものの、3年ぶりに増加したことになります。

(2) 3業種での労働災害が多発

平成29年の労働災害による「休業4日以上の死傷者数」及び「死亡者数」が多い業種は、次のとおり、「製造業」、「建設業」及び「陸上貨物運送事業」の3業種です。これら3業種における死傷者数56,509人は全産業の死傷者数120,460人の約47％、死亡者数620人は全産業の死亡者数978人の約63％を占めております。

① 「休業4日以上の死傷者」について

「製造業」　　　　　　　26,674人（対前年比で220人・約0.8％増加。）

「建設業」　　　　　　　15,129人（対前年比で71人・約0.5％増加。過去最少であった前年の15,058人を上回る。）

「陸上貨物運送事業」　　14,706人（対前年比で729人・約5.2％増加。）

　　3業種の計　　　　　56,509人（全産業の死傷者数120,460人の約47％）

② 「死亡者」について

「建設業」　　　　　　　323人（対前年比で29人・9.9％増加。過去最少であった前年の294人を上回る。）

「製造業」　　　　　　　160人（対前年比で17人・9.6％減少。過去最少であった平成27年の160人と同数となる。）

　　　　「陸上貨物運送事業」　　　137人（対前年比で38人・38.4％増加。
　　　　　　　　　　　　　　　　　　　　　過去最少であった前年の99
　　　　　　　　　　　　　　　　　　　　　人から大幅に増加。）
　　　　　　３業種の計　　　　　　620人（全産業の死亡者数978人の
　　　　　　　　　　　　　　　　　　　　　約63％）

　これら３業種については、「表１」でもわかるように、これまで長い期間にわたり労働災害が多発していることから、労働災害を減少させるための中期計画である「第13次労働災害防止計画」（平成30〜34年度）において重点業種に含まれております。

② 過労死等の労災補償状況について－精神障害の労災請求件数、支給決定件数がともに２年連続で過去最多

　過重な仕事が原因で発症した脳・心臓疾患や、仕事による強いストレスなどが原因で発症した精神障害の補償状況については、平成14年度から厚生労働省が調査し年１回、取りまとめて公表しています。

　同省は平成30年７月６日「平成29年度過労死等の労災補償状況」を公表しましたが、その概要は次のとおりです。

　とりわけ、精神障害に関する事案の労災請求件数及び支給決定件数については、各々の件数が過去最多であった平成28年度をさらに上回るなど、職場の環境は依然として厳しい状況にあり、業務における過重な負荷による影響が懸念されます。

■平成29年度過労死等の労災補償状況

(1) 脳・心臓疾患に関する事案の労災補償状況

　　① 労災請求件数は840件（対前年度比で15件増加）、支給決定件数は253件（対前年度比で７件減少）であり、労災請求件数は平成28年度を上回ったのに対し、支給決定件数は平成28年度を下回ったこと。

　　② 業種別（大分類）の請求件数は、「運輸業、郵便業」の188件

第1章　労働災害が発生すると企業はどのような責任を問われるか

　　　が最も多く、次いで「卸売業、小売業」の115件、「建設業」の
　　　112件の順で多いこと。
　③　業種別（大分類）の支給決定件数は、「運輸業、郵便業」の
　　　99件が最も多く、次いで「卸売業・小売業」の35件、「宿泊業・
　　　飲食サービス業」の28件の順に多いこと。
(2)　**精神障害に関する事案の労災補償状況**
　①　労災請求件数は1,732件（対前年度比で146件増加）、支給決定
　　　件数は506件（対前年度比で8件増加）であり、労災請求件数
　　　及び支給決定件数のいずれについても増加し過去最多であった
　　　平成28年度をさらに上回ったこと。
　②　業種別（大分類）の請求件数は、「医療、福祉」の313件が最
　　　も多く、次いで、「製造業」の308件、「卸売業、小売業」の232
　　　件の順に多いこと。
　③　業種別（大分類）の支給決定件数は、「製造業」の87件、「医
　　　療・福祉」の82件、「卸売業、小売業」の65件の順に多いこと。

第1部　労働災害における民事損害賠償の基礎知識

平成29年度　過労死等の労災補償状況一覧

　　　脳・心臓疾患の事案
　　　・労災請求件数　840件（対前年度比15件増加）
　　　・支給決定件数　253件（同　　　　7件減少）
　　精神障害の事案
　　　・労災請求件数　1732件（対前年度比146件増加）
　　　・支給決定件数　506件（同　　　　8件増加）

区分	年度	平成25年度	平成26年度	平成27年度	平成28年度	平成29年
脳・心臓疾患	請求件数	784	763	795	825	840
	支給決定件数	306	277	251	260	253
うち死亡	請求件数	283	242	283	261	241
	支給決定件数	133	121	96	107	92
精神障害	請求件数	1409	1456	1515	1586	1732
	支給決定件数	436	497	472	498	506
うち自殺（未遂を含む）	請求件数	177	213	199	198	221
	支給決定件数	63	99	93	84	98

資料：厚生労働省労働基準局調べ。
(注)　1．「過労死等」とは、過労死等防止対策推進法第2条において、「業務における過重な負荷による脳血管疾患若しくは心臓疾患を原因とする死亡若しくは業務における強い心理的負荷による精神障害を原因とする自殺による死亡又はこれらの脳血管疾患若しくは心臓疾患若しくは精神障害をいう。」と定義されている。
　　　2．本表は、労働基準法施行規則別表第1の2第8号に係る脳・心臓疾患及び同法同規則別表第1の2第9号に係る精神障害について集計したものである。
　　　3．請求件数は当該年度に請求されたものの合計であるが、支給決定件数は当該年度に「業務上」と認定した件数であり、当該年度以前に請求されたものも含む。

第1章　労働災害が発生すると企業はどのような責任を問われるか

平成29年度　脳・心臓疾患／精神障害の業種別請求及び支給決定件数一覧

年度 業種（大分類）	平成29年度・脳・心臓疾患		平成29年度・精神障害	
	請求件数	支給決定件数	請求件数	支給決定件数
農業、林業、漁業、鉱業、採石業、砂利採取業	5	3	10	3
製　　　造　　　業	110	24	308	87
建　　　設　　　業	112	17	114	51
運　輸　業、　郵　便　業	188	99	161	62
卸　売　業、　小　売　業	115	35	232	65
金　融　業、　保　険　業	10	0	63	10
教　育、　学　習　支　援　業	15	3	51	8
医　　療、　　福　　祉	43	2	313	82
情　報　通　信　業	26	6	111	34
宿泊業、飲食サービス業	61	28	74	33
そ　の　他　の　事　業（上記以外の事業）	155	36	295	71
合　　　　　　　計	840	253	1732	506

注1　業種については、「日本標準産業分類」により分類している。
　2　「その他の事業（上記以外の事業）」に分類されているのは、不動産業、他に分類されないサービス業などである。

❸　過労死等防止対策推進法が公布・施行

　このように職場の環境が依然として厳しい状況の下で、「過労死等防止対策推進法」が平成26年6月27日に公布、同年11月1日に施行されました。同法第1条は、その目的として「この法律は、近年、我が国において過労死等が多発し大きな社会問題となっていること及び過労死等が、本人はもとより、その遺族又は家族のみならず社会にとっても大きな損失であることに鑑み、過労死等に関する調査研究等について定めることにより、過労死等の防止のための対策を推進し、もって過労死等がなく、仕事と生活を調和させ、健康で充実して働き続けることのできる社会の実現に寄与すること」にあるとし、同法第2条に、「過労死等」の定義規定を置き、「この法律において『過労死等』とは、業務における過重な負荷による脳血管疾患若しくは心臓疾患を

原因とする死亡若しくは業務における強い心理的負荷による精神障害を原因とする自殺による死亡又はこれらの脳血管疾患若しくは心臓疾患若しくは精神障害をいう。」と定めたほか、国は、「過労死等の防止のための対策を効果的に推進する責務を有する」（同法第4条）ことを明らかにし、さらに事業主は、「国及び地方公共団体が実施する過労死等の防止のための対策に協力するよう努めるものとする」と定めています。

政府は、同法第7条に基づき、平成27年7月24日、過労死等の防止のための対策を効果的に推進するために、「過労死等の防止のための対策に関する大綱」を策定しました。しかしその後、脳・心臓疾患及び精神障害による死亡者及び自殺者（未遂含む）についてみると、それらの労災支給決定件数は、平成27年度・189件、平成28年度・191件、及び平成29年度・190件であることから、190件前後で横ばいの状況が続いています（「平成29年度　過労死等の労災補償状況一覧」、本書24頁）。

このような状況の下で、平成30年7月24日、政府は大綱を改定し、主な改定事項として、終業と始業との間に一定の休息時間を確保する「勤務間インターバル制度」の周知や導入に関する数値目標を新たに設定したこと、職場のパワーハラスメント、セクシャルハラスメント、妊娠・出産等に関するハラスメントを包括的に「職場におけるハラスメント」と位置づけ、その予防・解決のための取組を新たに加えたこと、長時間労働の理由を分析して対策に生かすための調査研究の対象業種等として、新たに建設業とメディア業界の2業種を追加し計7業種等とした点等が挙げられます。

この2業種を追加した理由として、広告大手の電通新入社員の過労自殺、ＮＨＫ記者の過労死及び新国立競技場建設工事の現場監督者の過労自殺が各々労災認定を受けたほか、東京簡裁が、平成29年10月6日、法人としての電通に対して労基法第32条（労働時間）違反により

第1章　労働災害が発生すると企業はどのような責任を問われるか

罰金50万円の有罪判決を言い渡したことが大きく報道されるなど社会的注目を集めたことが指摘されています。

(1) 過労死等防止対策の数値目標

週労働時間60時間以上の雇用者割合、年次有給休暇取得率及びメンタルヘルス対策取組事業場割合を維持・充実したほか、勤務間インターバル制度及びストレス対策については、下記④⑤⑥のとおり、新たに項を立て各々数値目標を設定しました。

① 週労働時間60時間以上の雇用者の割合を5％以下とすること（→2020年まで）。

　特に長時間労働が懸念される週労働時間40時間以上の雇用者の労働時間の実情を踏まえつつ、この目標の達成に向けた取組を推進すること。

② 年次有給休暇の取得率を70％以上とすること（→2020年まで）。

　特に、年次有給休暇の取得日数が0日の者の解消に向けた取り組みを推進すること。

③ メンタルヘルス対策に取り組んでいる事業場の割合を80％以上とすること（→2022年まで）。

④ 勤務間インターバル制度について、労働者30人以上の企業のうち、

　ア　制度を知らなかった企業割合を20％未満とすること（→2020年まで）。

　イ　制度の導入企業割合を10％以上とすること（→2020年まで）。

⑤ 仕事上の不安、悩み又はストレスについて、職場に事業場外資源を含めた相談先がある労働者の割合を90％以上とすること（→2022年まで）。

⑥ ストレスチェック結果を集団分析し、その結果を活用した事業場の割合を60％以上とすること（→2022年まで）。

(2) 調査研究の重点業種等を追加

第1部　労働災害における民事損害賠償の基礎知識

　過労死等が多く発生している又は長時間労働者が多いとの指摘がある職種・業種として、自動車運転従事者、教職員、IT産業、外食産業、医療のほかに、新たに建設業、メディア業界を追加し計7業種等としました。

　新たな新大綱に基づき、「過労死ゼロ」を目指して一層効果的な施策が講じられることが望まれます。

４　労働災害について企業はどのような責任を負うのか

　労働災害が発生し労働者が死傷すると、企業について、次のとおり法的責任が発生します。

　すなわち、(1)民事責任、(2)行政責任、(3)刑事責任及び(4)社会的責任です。

(1)　民事責任

被災労働者又はその遺族から民事上の損害賠償請求を受けます。

　使用者に安全配慮義務違反あるいは過失等があれば、被災労働者等から民事上の損害賠償請求を受けます。業務に起因する災害であれば、労災保険による保険給付がなされます。

(2)　行政責任

　労働基準監督署長から作業停止処分、建物等の使用停止処分等を受けます。建設業者の場合、業務停止処分や、公共工事の指名停止処分等を受けます。

(3)　刑事責任

　業務上過失致死傷罪あるいは労働安全衛生法違反等の責任を問われます。刑法第211条は、業務上必要な注意を怠り、よって人を死傷させた者を罰する旨定めており、これが業務上過失致死傷罪といわれる犯罪であり、一般に「業過致傷」あるいは「業過致死」と略称されます。業務上必要な注意を怠ったことにより人を死傷させたことの過失責任を問うものです。

28

第1章　労働災害が発生すると企業はどのような責任を問われるか

これに対して、安衛法違反については、過失責任を問うものではなく、故意責任を問うものです。すなわち、事業者が、安全措置を講じなければならないことを認識（そのような状況にあることを認識していること＝故意）しているにもかかわらず、必要な措置を講じないことを違反として捉えています。

(4)　社会的責任

マスコミによる災害の報道等により、社会的信用を失いかねない事態を招きます。

⑤　取締役が被災従業員に対して会社法上の損害賠償責任を負う場合とは

(1)　会社法第429条1項の「役員等」及び「第三者」

労働災害により被災した労働者は、使用者である会社の責任を追及する主たる方法として、債務不履行（民法第415条）ないし不法行為（民法第709条ないし第715条）に基づくものがあります。

ところが近時、会社の損害賠償責任とともに取締役の会社法第429条1項による責任を追及する裁判事例が散見されるようになり注目をされています。

会社法第429条（役員等の第三者に対する損賠賠償責任）は、その第1項において、「役員等がその職務を行うことについて悪意又は重大な過失があったときは、当該役員等は、これによって第三者に生じた損害を賠償する責任を負う。」旨規定し、役員等（＝取締役、会計参与、監査役、執行役又は会計監査人、会社法第423条1項）の第三者に対する責任を認めており、この「第三者」には会社の従業員も含まれることから、同条同項により取締役の責任を追及することが可能となります。

(2)　会社法第429条1項に基づく取締役の責任

会社法第429条1項の責任の法的性質は、民法上の不法行為責任（民

法第709条）の特則としての性質を有するものではなく、第三者保護のための個別の法定責任であるとされています（法定責任説、判例・通説）。

この点について、最高裁大法廷昭和44年11月26日判決は、下記のとおり、法定責任説に立つことを明白にし、会社法第429条1項（平成17年改正前商法第266条ノ3第1項）の法的趣旨に関する先例的な判決と評価されております。

判示事項：

「法は、株式会社が経済社会において重要な地位を占めていること、しかも株式会社の活動はその機関である取締役の職務執行に依存するものであることを考慮して、第三者保護の立場から、取締役において悪意または重大な過失により右義務（善管注意義務及び忠実義務－著者加入）に違反し、これによって第三者に損害を被らせたときは、取締役の任務懈怠の行為と第三者の損害との間に相当の因果関係があるかぎり、会社がこれによって損害を被った結果、ひいて第三者に損害が生じた場合であると、直接第三者が損害を被った場合であるとを問うことなく、当該取締役が直接に第三者に対し損害賠償の責に任ずべきことを規定したものである。」（民集第23巻2150頁）

この「最高裁44年判決」は、会社法第429条1項に定める取締役の責任の性質について、民法上の不法行為責任の特則ではなく第三者保護のための別個の法定責任であり、同条同項は民法第709条の不法行為責任との競合も認められること、取締役の悪意又は重大な過失は第三者に対する加害についてではなく会社に対する任務懈怠について必要であること、取締役の任務懈怠行為と第三者の損害との間に相当の因果関係があること、及び責任の範囲につき第三者に直接、間接に生じた損害を賠償する責任を負う（両損害包含説－通説）とする立場を明らかにしました。

以上を踏まえて整理すると、会社法第429条1項による責任の要件

は次のとおりです。

①　役員等（取締役を含む）がその職務を行うについて会社に対する任務懈怠があったこと。

②　上記①について役員等（取締役を含む）に悪意または重大な過失があったこと。

③　第三者（会社の従業員を含む）に損害が発生したこと。

④　上記①と③との間に相当因果関係があること。

上記①から④の主張・立証責任は、役員等の責任を追及する者が負うとされています。

(3)　**裁判事例**

会社法第429条1項は、労働災害事案において、取締役が直接従業員の勤務状況等を容易に把握できる程度の比較的中小規模の企業で用いられる事例が多いと思われますが、近時においては、取締役が個々の労働者の勤務状況等を把握するのが通常は困難と思われる経営規模の大きい大企業（東証一部上場企業）の事案においても用いられております。

※－1経営規模が比較的中小規模と推定される企業での取締役の責任を肯定した事例

　・おかざき事件（大阪高裁　平成19年1月18日判決、労判940号）、旧商法第266条ノ3（会社法第429条1項）

　・名神タクシー事件（神戸地裁尼崎支部　平成20年7月29日判決、労判976号）、旧商法第266条ノ3（会社法第429条1項）

　・下記②竹屋事件（津地裁　平成29年1月30日判決、労判1160号）、会社法第429条1項

　・下記③サン・チャレンジ事件（東京地裁　平成26年11月4日判決、労判1109号）、会社法第429条1項

※－2経営規模の大きい大企業での取締役の責任を肯定した事例

　・下記①大庄事件（大阪高裁　平成23年5月25日判決、労判1033号）

第1部　労働災害における民事損害賠償の基礎知識

　以下に、会社法第429条1項に基づき取締役の従業員に対する損害賠償責任を認めた最近の裁判事例として①②③の事例を掲げます。

①大庄事件（大阪高裁　平成23年5月25日判決、労判1033号）
　事案の概要：

　本件は、大学卒業後、大衆割烹店を全国展開している会社（東証一部上場企業）に入社し、同社が運営する店舗において調理担当の従業員として勤務していた被災者は、入社後わずか4か月で恒常的な長時間労働により、急性左心機能不全を発症し自宅で死亡したが、死亡前4か月の時間外労働時間数は月平均で約102時間となっており、恒常的な長時間労働に従事していたとして、被災従業員の父母から、会社に対しては不法行為又は債務不履行（安全配慮義務違反）に基づき、また、会社の取締役ら4名に対しては不法行為又は会社法第429条1項に基づき、損害賠償を請求した事案です。

　判示事項のポイント：

① 控訴人会社においては、長時間労働を抑制し労働時間が適正になるよう注意すべき注意義務負うべきところ、月80時間分の時間外等割増手当を役割給として支給する給与体系を採用し、36協定の時間外労働の特別延長条項により1か月100時間の時間外労働に従事させたなど、被災従業員の生命、健康を損なうことがないように配慮すべき義務を怠ったとして同会社に安全配慮義務違反を認めた。

② 「取締役は、会社に対する善管注意義務として、会社が使用者としての安全配慮義務に反して、労働者の生命・健康を損なう事態を招くことのないよう注意する義務を負い、これを懈怠して労働者に損害を与えた場合には会社法429条1項の責任を負うと解するのが相当である。」との一般的な判断基準を示したうえで、管理本部長、店舗本部長及び支社長（いずれも取締役）及び代表取締役に対しては、

第1章　労働災害が発生すると企業はどのような責任を問われるか

現実の労働者の労働状況を認識することが充分に容易な立場にあり、その認識をもとに、担当業務を執行し、また、取締役会での議論を通して、労働者の生命・健康が損なわれることがないような体制を構築すべき義務を負うべきところ、この義務を懈怠して不幸にも労働者が死に至った場合においては悪意又は重過失が認められるのはやむを得ないところであり、不法行為責任についても同断であるとした。

判示事項：

【被災従業員の労働時間】

「一郎の労働時間は、死亡前の1か月間では総労働時間数237時間34分、時間外労働時間数95時間58分、2か月目では総労働時間数273時間41分、時間外労働時間数105時間41分、3か月目では総労働時間数302時間11分、時間外労働時間数129時間06分、4か月目では総労働時間数251時間06分、時間外労働時間数78時間12分となっており、恒常的な長時間労働となっていた。」

【取締役の会社法429条1項の責任】

「取締役は、会社に対する善管注意義務として、会社が使用者としての安全配慮義務に反して、労働者の生命、健康を損なう事態を招くことのないよう注意する義務を負い、これを懈怠して労働者に損害を与えた場合には会社法429条1項の責任を負うと解するのが相当である。」

（中略）

「人事管理部の上部組織である管理本部長であった控訴人戊田や店舗本部長であった控訴人丙川、店舗本部の下部組織である第一支社長

第1部　労働災害における民事損害賠償の基礎知識

であった控訴人丁原は、石山駅店における労働者の労働状況を把握しうる組織上の役職者であって、現実の労働者の労働状況を認識することが十分に容易な立場にあったものであるし、その認識をもとに、担当業務を執行し、また、取締役会を構成する一員として取締役会での議論を通して、労働者の生命・健康を損なうことがないような体制を構築すべき義務を負っていたということができる。また、控訴人乙山も控訴人会社の業務を執行する代表取締役として、同様の義務を負っていたものということができる。しかるに、控訴人取締役らが、控訴会社をして、労働者の生命・健康を損なうことがないような体制を構築させ、長時間勤務による過重労働を抑制させる措置をとらせていたとは認められない。」

（中略）

「以上のとおり、控訴人取締役らは、悪意又は重大な過失により、会社が行うべき労働者の生命・健康を損なうことがないような体制の構築と長時間労働の是正方策の実行に関して任務懈怠があったことは明らかであり、その結果一郎の死亡という結果を招いたのであるから、会社法429条１項に基づく責任を負うというべきである。

　そして、同様の理由から、控訴人取締役らの不法行為責任も優に認めることができる。」

（中略）

【控訴人会社の安全配慮義務違反及び控訴人取締役らの悪意又は重過失】

「イ　当裁判所は、控訴人会社の安全配慮義務違反の内容として給与体系や三六協定の状況のみを取り上げているものではなく、控訴人会社の労働者の至高の法益である生命・健康の重大さに鑑みて、これにより高い価値を置くべきであると考慮するものであって、控訴人会社において現実に全社的かつ恒常的に存在していた社員の長時間労働

34

について、これを抑制する措置がとられていなかったことをもって安全配慮義務違反と判断しており、控訴人取締役らの責任についても、現実に従業員の多数が長時間労働に従事していることを認識していたかあるいは極めて容易に認識し得たにもかかわらず、控訴人会社にこれを放置させ是正させるための措置を取らせていなかったことをもって善管注意義務違反があると判断するものであるから、控訴人取締役らの責任を否定する上記の控訴人らの主張は失当である。なお、不法行為責任についても同断である。

ウ　控訴人戊田は管理本部長、控訴人丙川は店舗本部長、控訴人丁原は支社長であって、業務執行全般を行う代表取締役ではないものの、一郎の勤務実態を容易に認識しうる立場にあるのであるから、控訴人会社の労働者の極めて重大な法益である生命・健康を損なうことがないような体制を構築し、長時間勤務による過重労働を抑制する措置を採る義務があることは明らかであり、この点の義務懈怠において悪意又は重過失が認められる。そして、控訴人乙山は代表取締役であり、自ら業務執行全般を担当する権限がある上、仮に過重労働の抑制等の事項については他の控訴人らに任せていたとしても、それによって自らの注意義務を免れることができないことは明らかである（最高裁昭和39年（オ）第1175号同44年11月26日大法廷判決・民集23巻11号2150頁参照）。また、人件費が営業費用の大きな部分を占める外食産業においては、会社で稼働する労働者をいかに有効に活用し、その持てる力を最大限に引き出していくかという点が経営における最大の関心事の一つになっていると考えられるところ、自社の労働者の勤務実態について控訴人取締役らが極めて深い関心を寄せるであろうことは当然のことであって、責任感のある誠実な経営者であれば自社の労働者の至高の法益である生命・健康を損なうことがないような体制を構築し、長時間勤務による過重労働を抑制する措置を採る義務があることは自明であり、この点の義務懈怠によって不幸にも労働者が死に至った場

第1部　労働災害における民事損害賠償の基礎知識

合においては悪意又は重過失が認められるのはやむを得ないところである。なお、不法行為責任についても同断である。」

　※なお、本事件の一審判決（京都地裁平成22年5月25日判決・労判1011号）は、被告取締役らの会社法第429条1項の責任を認めたが、「被告取締役らは、被告会社の規模や体制等からして、直接、一郎（被災従業員）の労働時間を把握・管理する立場ではなく、日ごろの長時間労働から判断して休憩、休日を取らせるなど具体的な措置をとる義務があったとは認められないため、民法709条の不法行為上の責任を負うとはいえない。」と判示して取締役らの不法行為責任を否定。上告審である最高裁判所第三小法廷は、平成25年9月24日、会社の上告棄却・上告不受理決定。）

②竹屋事件（津地裁　平成29年1月30日判決、労判1160号）

事案の概要：

　本件は、被告会社に雇用され、ドーナツの製造、販売及び店舗管理等の業務に従事していた店長（他店舗の運営支援等を行う課長代理を併任）が、過重業務により致死性不整脈を発症して死亡したが、同人の時間外労働時間数は、発症前6か月間にわたって月平均112時間35分であったことから、被災者の妻及び子2名から、被告会社に対する不法行為責任及び代表取締役ら3名に対する会社法第429条1項に基づき、損害賠償を請求した事案です。

判示事項のポイント：

①　被告会社には安全配慮義務が認められるところ（電通事件　最二小　平成12年3月24日判決）、被災者の労働時間数が長期にわたり長時間におよんでいることを把握していたにもかかわらず、同人の業務を軽減する措置をとらなかった等として、被告会社の安全配慮義務違反を肯定した。

第1章　労働災害が発生すると企業はどのような責任を問われるか

② 　会社法第429条1項における取締役の会社に対する善管注意義務は、会社の使用者としての立場から遵守されるべき被用者の安全配慮義務の履行に関する任務懈怠をも包含すると解するのが相当であるところ、被告会社が負う安全配慮義務は、被告代表取締役らの業務執行を通じて実現されるべきものであること、被災者の労働時間及びその労務の過重性をその上司から報告を受けることで認識し得たのであるから、被告代表取締役らは、被告会社が適宜適切に安全配慮義務を履行できるように業務執行すべき注意義務を負担しながら、重大な過失によりこれを放置した任務懈怠が認められ、その結果、被災者が死亡するに至ったとして、被告代表取締役らは、会社法第429条1項に基づき、被災者に対して、被告会社と同一の責任を負担するとした。

判示事項：

【被告会社の安全配慮義務違反について】

「4　請求原因(5)（被告会社の安全配慮義務違反）について
(1)使用者は、その雇用する労働者に従事させる業務を定めてこれを管理するに際し、業務の遂行に伴う疲労や心理的負荷等が過度に蓄積して労働者の心身の健康を損なうことがないよう注意する義務を負うと解するのが相当であり、使用者に代わって労働者に対し、業務上の指揮監督を行う権限を有する者は使用者の上記注意義務の内容に従ってその権限を行使すべきである（最高裁平成12年3月24日第2小法廷判決・民集54巻3号1155頁＜電通事件・労判779号13頁－編注＞参照）。
　前記1(3)アのとおり、亡一郎の労働時間が長期にわたり長時間に及んでいるにもかかわらず、亡一郎の上司であるHは、口頭聴取をしたのみで、具体的な改善策を講じなかったうえ、退勤時間が遅くなって

37

第1部　労働災害における民事損害賠償の基礎知識

いる理由については特段の聴取すらしなかったことが認められる。そうすると、被告会社は、亡一郎の労働時間が長期にわたり長時間に及んだ原因を特段分析もしておらず、また、亡一郎の業務を軽減する措置を採っていないといわざるを得ない。かえって、Hは、後輩への指導は、後輩の指導を業務とする課長代理の業務ではなく単に亡一郎が自主的に行ったものであると供述するなど、被告会社においては、個々の労働者に負担を掛ける業務態勢となっていたことが窺える。

したがって、被告会社が定期健康診断を実施したり（前記1(4)ウ）、口頭聴取をした（同(3)ア）というだけでは、被告会社が安全配慮義務を尽くしたとはいえず、被告会社には安全配慮義務違反が認められる。」

【被告代表取締役らの任務懈怠行為について】

「5　請求原因(6)（被告代表者らの任務懈怠行為）について

会社法429条1項にいう取締役の会社に対する善管注意義務は、会社の使用者としての立場から遵守されるべき被用者の安全配慮義務の履行に関する任務懈怠をも包含すると解するのが相当である。

証拠（＜証拠・人証略＞）及び弁論の全趣旨によれば、被告会社は、平成25年2月時点で、正社員78名、パート・アルバイト従業員676名の合計754名の従業員を雇用していること、取締役は4名であり、そのうち代表取締役は、被告代表者ら3名であること、各店舗の運営は、正社員である各店舗の店長が行っていることが認められる。このような被告会社の規模・陣容、店長の職務内容に照らせば、正社員である亡一郎に対して被告会社が負う安全配慮義務は、被告会社の代表取締役である被告代表者らの業務執行を通じて実現されるべきものであると認められる。

そして、前記1(3)アによれば、亡一郎の上司であるHは亡一郎の労働時間を把握しているから、代表取締役である被告代表者らもHから

第1章 労働災害が発生すると企業はどのような責任を問われるか

報告を受けることで亡一郎の労働時間及びその労務の過重性を認識し得たといえる。したがって、被告代表者らには、被告会社が適宜適切に安全配慮義務を履行できるように業務執行すべき注意義務を負担しながら、重大な過失によりこれを放置した任務懈怠があり、その結果、第三者である亡一郎の死亡という結果を招いたから、被告代表者らも会社法429条1項に基づき、亡一郎に対し、被告会社と同一の責任を負担するというのが相当である。」

③サン・チャレンジ事件（東京地裁　平成26年11月4日判決、労判1109号）

事案の概要：

　本件は、飲食店に勤務する店長は、平成20年2月頃から同22年11月まで恒常的に1日当たり12時間30分以上の長時間労働をし、休日もほとんどない状態であったほか、上司から、社会通念上相当と認められる限度を明らかに超える暴言や暴行、嫌がらせ、プライベートに対する干渉等のパワハラを受け精神障害を発症して自殺したため、被災者の父母から、被告会社に対する債務不履行責任（安全配慮義務違反）及び使用者責任（民法第715条）、被災者の上司であるエリアマネージャーに対する不法行為責任、被告代表取締役に対する会社法第429条1項に基づき、損害賠償を請求した事案です。

　判示事項のポイント：

①　被告会社は、業務の遂行に伴い疲労や心理的負荷等が過度に蓄積して労働者の心身の健康を損なうことがないように注意する義務を負う（電通事件　最二小法廷　平成12年3月24日判決）。

②　被告会社に対する債務不履行責任及び使用者責任、被災者の上司であるエリアマネージャーの被災者に対する不法行為責任を肯定した。

③　被告会社においては、業績の向上を目指すあまり、社員の長時間労

第1部 労働災害における民事損害賠償の基礎知識

働や上司によるパワハラ等を防止するための適切な労務管理ができる体制を何ら執っていなかったし、社員の労働時間について被告代表取締役は、毎日ＦＡＸで被告会社本部に送信されてくる売上報告書により、また、朝礼における上司の被災者に対する暴言、暴行により上司の相当性の範囲を逸脱した指導監督の事実を認識し、又は容易に認識することができたにもかかわらず、何ら有効な対策を採らなかったことから、故意又は重大な過失により被災者に損害を与えたとして、会社法第429条１項に基づき損害賠償責任を負うとした。

判示事項：

【被告代表取締役の会社法第429条１項による損害賠償責任の有無】

「被告会社の亡一郎に対する安全配慮義務は、労働基準法、労働安全衛生法及び労働契約法の各法令からも導かれるものであるから、被告乙山（被告代表取締役）は、取締役として被告会社が安全配慮義務を遵守する体制を整えるべき注意義務を負っていたところ、上記争いのない事実等のとおり、被告会社は、くいしんぼの各店舗の店長が出席する店長会議を毎月１回開催しており、各店舗や店長の個別の状況についてもある程度把握することができると認められる。また、上記認定事実のとおり、売上報告書は、毎日ファクシミリで、被告会社本部に送信されていたのであって、被告乙山が売上報告書により社員の労働時間を認識することは容易に可能であったといえる。また、被告乙山は、被告丙川（被告エリアマネージャー）が朝礼において亡一郎に対して暴言、暴行を行ったことを認識した又は認識し得たのであるから、業務に関する上司の部下に対する行き過ぎた指導監督があることを知り得たというべきである。

第1章　労働災害が発生すると企業はどのような責任を問われるか

　そうであるところ、証拠（＜証拠・人証略＞、被告丙川本人）によ
れば、被告会社の正社員である店長の長時間労働は、亡一郎だけの問
題ではなく、一般的なものであったこと、被告丙川も同様の長時間労
働をしてきており、このような長時間労働を解消するための指導を受
けることはなかったこと、被告丙川は、かつて自らが受けた指導方法
と同様に亡一郎に接したものであり、エリアマネージャーになるに当
たって、部下に対する指導監督の在り方について指導や研修等を受け
たことはなく、また、朝礼における暴言、暴行を含めて、パワハラ行
為について指導等を受けたことがないことが認められる。これらの事
実に照らせば、被告会社においては、業績向上を目指す余り、社員の
長時間労働や上司によるパワハラ等を防止するための適切な労務管理
ができる体制を何ら執っていなかったというべきである。そして、被
告乙山は、上記のとおり、長時間労働や上司による相当性の範囲を逸
脱した指導監督の事実を認識し、又は容易に認識することができたに
もかかわらず、何ら有効な対策を採らなかったのであり、故意又は重
大な過失により亡一郎に損害を生じさせたものとして、会社法429条
1項による損害賠償責任を負うというべきである。」

41

第1部 労働災害における民事損害賠償の基礎知識

> ## 第2章
> # 示談をするうえでの注意点——示談交渉を円滑に行うために

1 基本的な心得

　最も大事なことは、誠意を尽くして忍耐強く十分に話し合い、互い
に納得したうえで示談を成立させるよう努力を重ねることです。示談
交渉においては、被災者側の心情的な側面にも配慮して対応しなけれ
ばなりませんが、他方、被災者側に納得していただくためには、客観
的な根拠や裏付けを示すことも重要です。

客観的な根拠を示すこと

　そこで被災者又は遺族の方等に納得していただくためには、一方的
に自分の考え方を押しつけるのではなく、客観的な状況や根拠等を相
手方に説明するなどして示談交渉を進める態度が大切です。たとえば、
逸失利益の金額については、きちんとその算出の根拠を示して説明す
る態度が必要です。どんぶり勘定では相手方を説得することは到底で
きません。

　そこで示談の事前準備として、示談交渉のテーブルにつくまでに、
最低限次の事項について調査し、関係資料を収集し、その内容につい
て把握しておかなければなりません。

(1) 被災状況等の把握

　事業者の示談交渉担当者は、いつ、どこで、誰が、どのような経緯
で被災したのか等について、自社で作成した事故報告書や被災事故現
場の関係者から事故状況について聴取したりするなどして被災者の就
労態度等についても、十分把握しておく必要があります。こうした情

42

報は、示談に対する基本的態度を決定するうえで極めて重要です。

(2) **被災者の負傷の内容・程度・治療状況、後遺障害等級の程度**

治療費等について事業者が負担した場合には、入院・治療費等の領収証等を整理、保管しておきます。

(3) **被災者の収入・休業状況**

示談額算出の基礎となる資料を収集します。具体的には、被災者の年齢、職種、扶養家族数、年収、労災保険給付基礎日額、生活費控除率、就労可能年数に対するライプニッツ係数、賃金センサスによる平均給与額、企業内上積補償があればその内容と給付予定額、労働能力喪失率表、雇用後1年未満の者については前雇用先での収入額等を収集します。

(4) **被災者又は遺族の家族状況、扶養家族の有無、内縁関係の有無**

被災者又は死亡者の住民票や戸籍等を収集調査して家族関係を把握しておくことは、示談交渉の相手方を確認するうえで必要になります。

(5) **労災事故後現在までの間に支出した金額**

交通費、宿泊費、仏前の供物、病院等に見舞ったときの持参品の購入費等について記録をとってください。これらの費用は、一般に加害事業者が負担しますが、状況によっては、被災者等から，会社はなにもやってくれない、などと非難される場合があるので、そのような場合に、加害事業者の被災者に対する対応について説明する資料として役立つ場合があります。

その他既払い金の支払名目とその内訳及び金額についても記録を残してください。

(6) **労災保険給付の受給状況**

所轄の労働基準監督署や社会保険事務所と事前に相談して、労災保険や厚生年金等の受給状況を把握しておく必要があります。

第1部　労働災害における民事損害賠償の基礎知識

❷　被災者の迅速、適切な救助をはかり、受傷部位等の適切な医療処置ができる病院に速やかに移送すること

　常日頃から、病院の住所、電話番号、地図等を見やすい場所に掲示しておくなど、事故発生時に即座に対応できるよう備えていなければなりません。建設労災事故では、頭部を負傷するケースが多いことから、「脳神経外科」等の専門医のいる病院についても把握しておく必要があります。またそれ以外の業種であっても、業務の態様等から労災事故による受傷部位については過去の事例からある程度把握できるでしょうから、適切な医療措置を講じることのできる医療機関を予め把握しておく必要があることはいうまでもありません。

　適切な対応ができる病院に移送できなかったために死亡したと思われるケースでは、遺族が怒るのは当然であり、このような心理状況のもとでは、円滑に示談を進めることはできません。

❸　救助にあたり最善の努力をすること

　事故発生の態様に狼狽し、被災者が生存している見込みがなさそうにみえる状況であっても、独断で死亡と決めつけることがあってはいけません。医師が死亡を宣告するまでは生存を信じて救助する手段をつくすべきであり、最後まであきらめないで人工呼吸や心臓マッサージ等の緊急救命措置を講じるべきです。こうした現場担当者の行動は、被災者や遺族の方に理解していただけるはずです。

❹　労働基準監督署・警察署に連絡し、現場を保存すること

　死亡事故若しくは同時に3人以上の休業災害を伴う重大災害を発生させたか、あるいは重大災害となる可能性のある事故を発生させたときは、その旨直ちに労働基準監督署と警察署に連絡しなければならないし、また、災害現場を保存しなければなりません。

　しかしこの場合であっても、人命救助が第一であり、人命救助が終

わり二次災害の発生を防止する措置を終えたら災害現場をそのまま保存します。労働基準監督署や警察署の現場検証が済まないうちに、勝手に許可なく物を動かしたり安全装置を外したりすると証拠隠滅の容疑がかけられたりするので注意しなければなりません。

5 被災者の家族や遺族に速やかに連絡をとり、現場を案内し、了知した範囲で事故状況の概略を説明すること

　被災者の家族や遺族と速やかに連絡をとり、状況によっては、遠隔の地に住んでおられる家族や遺族のために航空券やホテル等の手配をするなど、細やかな心遣いをすることです。示談交渉において、互いの気持ちを通わせることができ感情的にならないで示談を円滑に進めることができるでしょう。

　なお、被災者が偽名を使って就労していたため、家族と連絡がとれないときには、警察の協力を得て身元確認をし、同僚等から事情を聞いて身元確認に必要な情報を集めることも必要です。

6 見舞いに行くなど、被災者との接触を維持すること

　誠意を示さなければなりませんが、これが押しつけと受け取られるようなことがあってはなりません。被災者は不安のなかで療養生活を送っているわけですから、そのような心情を顧慮しできるだけ被災者と接触を図ることです。

7 死亡の場合、葬儀、初七日等の法事に必ず参列すること

　参列して遺族に誠意を示すことです。香典の金額は、死亡者の地位や被災状況等によって異なります。また遺族の方々と接触する機会に相手方の考え方を把握しておくことが必要であり、相手方が複数存在するときは、指導的な立場にある人を見定めてその人に交渉窓口になってもらうようそれとなく働きかけるなどの配慮をすることです。

第1部　労働災害における民事損害賠償の基礎知識

🔳　事故状況の調査は事実に即して正確に行うこと

　死亡、重傷、高度障害が残るおそれのある災害が発生した場合には、正確な事故状況や事故原因の確認をしないで工事を再開してはいけません。現場検証は警察や労働基準監督署が実施しますが、それとは別に、事業者は、調査チームを結成し、災害防止の観点から独自に調査を実施し、事故発生に至る経緯について、時間を追って、なぜ・なにを・どこで・いつ・誰が・どのように、について、いわゆる「5W1H」について、主観を排除しあくまでも事実に即して正確に把握し、必要に応じて写真をとり、図面を作成するなどして、その結果を事故調査書にまとめ被災者、事故の現認者、その他関係者の署名捺印をとらなければなりません。こうした詳細で厳格な事故調査をすることは、事故調査に関わった人達に、あらためて人の命の大切さを自覚させることになり、事故再発の抑止力になります。

　この事故調査書により、事業者は、事故の再発防止対策について協議し、刑事・民事責任追及及び行政処分等に対応する基本的態度を決定したうえで、示談交渉のテーブルにつくことになります。

　また事故が新聞等で報道された場合にはその記事を調査書に編綴しておくと、示談担当者にとっては、本件事故が社会でどのように捉えられているかを知る資料にもなります。

🔳　労働者死傷病報告書は事故のあった現場の所在地を管轄する労働基準監督署長に遅滞なく提出すること

　労働災害が発生したとき、それが死亡又は休業が4日以上のときは、所轄の労働基準監督署長あてに労働者死傷病報告書を遅滞なく提出する義務があり（安衛則第97条1項）、また、休業の日数が4日未満の場合には、1月～3月、4月～6月、7月～9月及び10月～12月までの期間における当該事実について、各々の期間の最後の月の翌月末までに提出する義務があります（同条2項）。この死傷病報告書は、後

46

第2章　示談をするうえでの注意点―示談交渉を円滑に行うために

日損害賠償請求事件で被災状況等が問題になったときに重要な証拠書類となるので正確に事実調査に基づいて作成しなければなりません。

　事業者側で、被災者に労災保険給付がされるように配慮し、被災者に重大な過失があるのにその過失を記載せず、あるいは故意に触れないままで死傷病報告書を提出した後に示談交渉になった場合、事実関係を変えて被災者本人の過失を主張すると、これが示談をこじらす原因になるので、事実と異なることを記載することは戒めなければなりません。

🔟　被災者又は遺族の労災保険請求には積極的に協力すること

　労災保険請求には事業主の証明が必要なので、労災保険ができるだけ早く被災者や遺族の方々に給付されるように、事業主が積極的に協力することは当然のことであり、非協力的な態度では、示談によい影響を与えないことは明らかです。

🔟🔟　被災者又は遺族の今後の生活の不安を考慮すること（遺族補償－労災保険、厚生年金、企業内上積補償）

　被災者又は遺族は、将来の収入に不安を持つのは当然ですので、示談担当者から、労災保険等から給付される金額の詳細及びその給付時期等について丁寧に説明し、また企業内上積補償制度があるときには、その内容と給付予定額及び支給時期等について具体的に明らかにして説明するなど、その不安を積極的に解消するよう努めなければなりません。

　また示談をする場合には、これらの給付金について損害金から控除するのか、控除するとしてどの限度で行うかどうかについても明らかにすべきです。

47

第1部　労働災害における民事損害賠償の基礎知識

12　死亡やそれと同視し得る重傷事故の示談の時期は、被災者や遺族の身になって判断すること

　死亡事故の場合、その時点で損害額がある程度判明するので早期に示談を行うことができます。葬儀終了直後には具体的に示談の話を切り出すことになるでしょう。しかし葬儀の席上では金額についての話は差し控えるべきです。

　一般に、初七日、三十五日、四十九日の各時点が示談の時期と考えられていますので、遺族の気持ちを察して示談の話を切り出すことになるでしょう。

13　傷害事故の場合は治癒の見通しが立ち、後遺障害等級が決定する頃に示談すること

　傷害事故の示談交渉を開始する時期については、原則として、症状が固定あるいは固定する見通しが立った時期です。症状固定とは、傷害が完全に治るという意味ではなく、それ以上治療を続けても改善の見込みがない状態をいいます。

　症状が固定すればそれによって後遺障害等級が判明し労働能力喪失率が決定されるので、損害賠償額の算出が可能になりますが、治療中である場合は、未だ損害額が確定していないため、そのような段階で示談することは、後日の紛争を生む原因となることから避けるべきです。示談が一切の紛争を解決することをその本質としていることから、これは自明の理です。

　しかし症状固定、後遺障害等級決定をまたずに、示談することができないわけではなく、この場合、本書第1部第4章7の「(4)症状が固定せず損害額が判明しないときに示談する場合の注意点」（本書81頁）において解説するように示談書の記載を工夫する必要があります。

第3章　労働災害の民事紛争事件を解決する方法とは

第3章

労働災害の民事紛争事件を解決する方法とは

１　民事訴訟、示談、ADR等による解決方法とは

　労働災害の民事紛争を解決する方法として、大別して、訴訟によるものと、示談によるものとがあります。

　示談は、紛争当事者間の話し合いを通じて妥協点を見つけて紛争の解決を図ろうとするものです。

　一般に、厳格な手続を求められる民事訴訟には時間と弁護士に委任する等の費用がかかるだけでなく、判決によって、当事者の勝ち負けが明白となり、感情的な対立が残ることさえあります。そこで、このような訴訟による解決方法の短所を回避する手段として、示談交渉がありますが、これは当事者が互いに譲歩して早期に問題を解決しようとするものです。しかし状況によっては、話し合いを行っても合意に至らなかったり、場合によっては、相手方が話し合いに応じない事態に陥ることさえあります。

　そこでこのような事態を打開し解決の道をさぐる手続として、ADR（Alternative Dispute Resolution）すなわち裁判外紛争解決手続と呼ばれるものがあり、ADRの機関として、弁護士会の仲裁センターや都道府県労働局長の「助言・指導制度」及び紛争調整委員会の「あっせん制度」等があります。被災労働者が労働組合員であるときには、その労働組合との交渉を通じて労働災害の民事紛争を解決する方法も考えられます。

　なお、裁判所が関与する紛争解決手続の中には、労働関係の専門家

49

が関与して実情等を踏まえて原則として3回以内の期日で話合いによる解決を試みながら紛争の解決を図る手続である地方裁判所における「労働審判手続」があるほか、60万円以下の金銭支払請求に限定し原則として1回の審理で判決まで行う簡易裁判所における特別な訴訟手続である「少額訴訟手続」（巻末資料15）、及び当事者の双方が納得するまで話合うことを基本として実情に応じた解決を図る「民事調停手続」（巻末資料15）がありますので、各々の特徴を理解して利用することが大切です。

② 民事訴訟手続

　被災者やその家族等が原告となり、会社を被告として、労働災害によって生じた経済的損失や精神的損害の賠償を求めて裁判所に訴状を提出することにより訴訟手続が開始します。民事訴訟手続は一定のルールにしたがって行われ、民事訴訟法がそのルールを定めています。一般に判決が出るまでには早くて半年、事案によっては数年かかる事件もありますし、また、弁護士との打合わせや証拠の収集、証人の依頼などにもかなり手間がかかります。

　民事訴訟手続を弁護士に依頼したときは、一定額の報酬を支払わなければなりません。

(1) 民事訴訟手続の概要

　損害賠償請求の訴えは金銭賠償の請求であることから、原告は、訴状において、訴額すなわち請求金額を定め（請求の趣旨）、さらにその請求金額を請求する原因となった事実（請求の原因）を明らかにし、管轄裁判所に提出することになります。訴状には、年月日、管轄裁判所、原告・被告双方の住所・氏名等、事件名の表示、訴訟物の価額、貼用印紙額（申立手数料）、請求の趣旨、請求の原因、証拠方法及び附属書類を表示します。申立手数料の額については、「巻末資料13」に掲げました。

被告（訴えられた相手方）はその事実について争うときには証拠を提出して反論することになります。裁判所は、原告・被告双方から提出された証拠によって事実の認否をして結審し判決を言い渡します。この判決に不服のある者は控訴、さらには上告することができます。

そして判決に従い金銭の支払いがなされないときは、強制執行により判決の内容を実現する手続が備えられていますが、判決により一定額の金銭の支払いを命じられた者に資産がなければ、強制執行は功を奏しないものとなり、結局のところ判決は、画餅に帰すなどの危険要素も併せもっています。

(2) 訴状を提出する管轄裁判所を特定

訴訟の提出先となるのは、加害者（被告）の住所地や不法行為地等を管轄する裁判所です。なお、訴額が140万円を超えないときは簡易裁判所、140万円を超えるときは地方裁判所が管轄裁判所になります。これは、通常の裁判、すなわち、地方裁判所を第1審裁判所とする手続を、国民が利用しやすい簡易な手続によって紛争を解決できるようにするための特則です。

(3) 裁判所に出頭して審理

管轄裁判所に訴状を提出するとそれから一般に1か月くらいで、裁判所から呼出状が原告・被告双方に送達され、第1回の口頭弁論期日が指定されます。被告はこの口頭弁論期日までに答弁書を提出し原告の主張に対してどのように応答するのかを明らかにします。それ以後必要に応じて期日が開かれ、証拠に基づいて主張や立証が行われ、原則として、主張や立証が尽きるまで審理が続けられます。

審理は、原告・被告双方の主張が食い違っている点を確認し、事実そのものに食い違いがあるときは証拠によってこれを証明しなければなりません。

審理において、当事者の事実の主張に対して相手方がとる認否の態度は、**自白**、**否認**、**不知**及び**沈黙**があります。

第1部　労働災害における民事損害賠償の基礎知識

> **自白**：相手方の主張した事実を認めて争わない旨の陳述であり、
> 　　　　裁判の基礎になります。
> **否認**：相手方の主張した事実を否定して争う旨の陳述であり、そ
> 　　　　の事実を主張した相手方は、証拠によりこれを立証する必
> 　　　　要があります。
> **不知**：相手方の主張した事実を知らない旨の陳述であり、この不
> 　　　　知の陳述をした者は、その事実を争ったものと推定され、
> 　　　　その事実を主張した相手方は、証拠によりこれを立証する
> 　　　　必要があります。
> **沈黙**：相手方の主張した事実を争うことを明らかにしない態度で
> 　　　　あり、弁論の全趣旨から争ったものと認められない限り、
> 　　　　自白したものとみなされます。

　ところで、証拠とは、裁判所が争いになっている事実を認定するための材料ともいうべきものであり、大別して、人証（証人、鑑定人、当事者本人等）、書証（文書）、物証（検証物）とに分類され、主張・立証責任を果たすためにどのような証拠を出すかどうかを当事者の自由に委ねています。これを弁論主義といい、主張・立証活動の出来不出来は判決の結果に影響を与えます。

(4)　訴訟上の和解の勧告

　訴訟手続に入ると必ず判決の言渡しを受けなければ紛争が解決しないわけではありません。

　民事訴訟法第89条は、「裁判所は、訴訟がいかなる程度にあるかを問わず、和解を試み」ることができる旨規定し、通常は、口頭弁論期日、和解期日等において和解勧告がなされています。また原告・被告のどちらからでも、あるいは双方から和解の申出をすることができます。そして原告被告双方が訴訟物（訴訟の目的）に関する主張を譲り合っ

て訴訟を終わらせる旨の合意に至れば、その合意を裁判所書記官が調書に記載します。この調書には「確定判決と同一の効力」があることから、債務名義として強制執行をすることもできます。

なお、「示談」とは、訴訟外で行われる和解を意味し、私法上の契約としての効力が認められるにすぎず、相手方が示談条項に違反した場合でも強制執行力をもたないことから、後述（第１部第４章の5）のように、その対策として、示談書を公正証書にしそれに強制執行認諾条項を盛り込む必要があります。ただし、公正証書を債務名義にして強制執行できるものは、金銭の支払いを求める債権等に限られます。

(5) **結審・判決**

主張や立証が尽きたところで結審し判決が言い渡されます。

(6) **控訴・上告**

敗訴者は、判決言渡し後２週間以内に控訴あるいは上告することができます。

(7) **判決の確定と強制執行**

原則として判決に対して、２週間以内のうちに控訴しなければ判決は確定し、その判決の内容に従わない相手方に対して、判決を債務名義として強制執行することができます。しかし、前述のように、その相手方に資産がなければ強制執行は功を奏さないことがあり得ます。

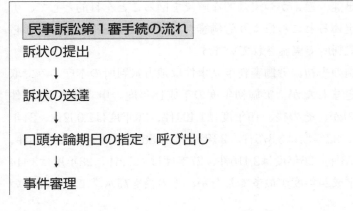

第1部　労働災害における民事損害賠償の基礎知識

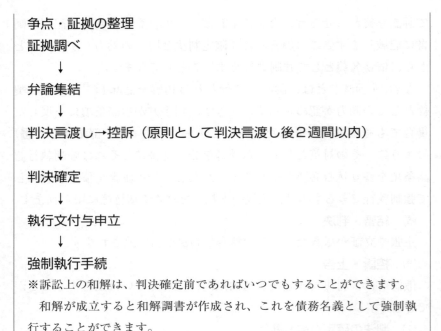

争点・証拠の整理
証拠調べ
↓
弁論集結
↓
判決言渡し→控訴（原則として判決言渡し後2週間以内）
↓
判決確定
↓
執行文付与申立
↓
強制執行手続
※訴訟上の和解は、判決確定前であればいつでもすることができます。和解が成立すると和解調書が作成され、これを債務名義として強制執行することができます。

3　労働審判手続

　前述の民事訴訟手続によるのではなく、個別労働関係民事紛争の実情に即した迅速、適正かつ実効的な解決を図ることを目的として、労働審判法の定めるところにより労働審判制度が平成18年4月1日から全国の地方裁判所で実施されています。

　同制度実施の当初、労働審判申立事件は地方裁判所の本庁のみで取り扱われてきましたが、実施初年度の平成18年度の申立件数が877件であったものが、その後、19年度は1,494件、20年度は2,052件、21年度は3,468件、22年度は3,375件、23年度は3,586件、24年度は3,719件、25年度は3,678件、26年度は3,416件、27年度は3,679件、28年度は3,414件であり、平成24年度が最多でしたが、その後も高水準で推移してい

ます。

　申立件数の増加に対応するため、各地方裁判所本庁に加え、平成22年4月からは、東京地方裁判所立川支部及び福岡地方裁判所小倉支部において、さらに平成29年4月からは、静岡地方裁判所浜松支部、長野地方裁判所松本支部及び広島地方裁判所福山支部においても、労働審判事件を取り扱っています。

(1) 労働審判制度の特徴

　最高裁判所は、「ご存じですか？　労働審判制度」と題するパンフレットを作成し労働審判制度の周知に努めていますが、そのパンフレットは当該制度の特徴について次のとおり5項目を掲げています。

① 個別労働紛争が対象

② 労働関係の専門家が関与

③ 3回以内の期日で決着

④ 事案の実情に即した柔軟な解決

⑤ 異議申立等で訴訟移行

(2) 労働審判制度の概要

① 個別労働紛争が対象

　この労働審判制度は、解雇、雇い止め、労働条件の切り下げ、配転、出向、転籍、セクハラ、労働災害等、事業主と個々の労働者との間で問題とされる紛争（個別労働関係民事紛争）を対象としており、労働組合と事業主との間の集団的紛争や労働者同士間の紛争などは対象になっておりません。

　ただし、労働審判手続は、下記のとおり、原則3回期日での解決を図ろうとするものであることから、それが個別労働関係民事紛争事案であっても、事案の内容が複雑で事実認定に多くの時間を要し、法的評価が厳しく問われる事案の場合は労働審判手続による解決に不向きであるといわれています。

② 労働関係の専門家が関与

第1部　労働災害における民事損害賠償の基礎知識

労働審判手続は、労働審判官（裁判官）1名、労働関係に関する専門的な知識・経験を有する労働審判員2名（労働者側及び事業者側の双方から1名ずつ選出）で組織する労働審判委員会が行います。この労働審判員2名は中立かつ公正な立場に立って審理、判断に加わります。

③　3回以内の期日で決着

申立人から労働審判手続の申立があった場合には、原則として3回以内の期日で、迅速、適正かつ実効的に解決を図ろうとするものです。

④　事案の実情に即した柔軟な解決

労働審判委員会は、適宜、調停を試みて合意解決を図ることができ、調停案で解決に至らない場合には、事案の実情に即した解決案（労働審判）を示すことになります。

労働審判制度の運用状況についてみると、司法統計によれば、平成28年度における労働審判事件の既済事件数3,524件のうち、調停成立によるものが約72％（2,551件）、労働審判によるものが約14％（503件）に達しています。

また、申立から終局までの平均審理日数は、平成29年7月に公表された資料によると、79.1日であり、2か月半程度の日数を要したとの結果が出ています。

調停が成立した場合は、調停調書が作成され裁判上の和解と同一の効力を有するものとされ、強制執行も可能です。

⑤　異議申立等で訴訟移行

また、労働審判に不服がある当事者は、審判書の送達又は告知の日より2週間以内に異議申立ができ、その場合、労働審判の効力が失われますが、異議申立がないときは、労働審判は裁判上の和解と同一の効力を有するものとされ、強制執行も可能です。

なお、労働審判に対して異議申立があった場合には、労働審判

手続の申立のときに遡って労働審判がなされた地方裁判所に「訴えの提起」があったものとみなされ、また、事案の性質上、労働審判手続を行うことが紛争の迅速かつ適正な解決のために適当でないと認めて、労働審判を行うことなく労働審判事件を終了した場合も同様に扱われます。

これらの場合における「訴えの提起」の手数料については、労働審判手続の申立のときに納付した手数料を控除した額を手数料として納付することになります。

(3) その他関連事項について

① 申立及び管轄地方裁判所

申立は、管轄の地方裁判所に、申立書を提出することによって行わなければなりません。

その管轄は、労働審判法（以下「法」という。）第2条1項により次のように定められています。

(ア) 相手方の住所、居所、営業所若しくは事務所の所在地を管轄する地方裁判所

(イ) 個別労働関係民事紛争が生じた労働者と事業主との間の労働関係に基づいて当該労働者が現に就業し若しくは最後に就業した当該事業主の事業所の所在地を管轄する地方裁判所

(ウ) 当事者が合意で定める地方裁判所

なお、応訴管轄は認められておりません。

② 申立書の必要的記載事項（法第5条・労働審判規則第9条）

労働審判手続には迅速性が求められ、3回以内の期日で審理を終了しなければならない（法第15条2項）ことから、申立書には、当事者及び法定代理人、申立の趣旨及び理由を記載するほか、次の事項を記載して、主張や争点を全て書き込むなど必要かつ充分な内容の申立書を作成、提出するよう努めて第1回期日に臨まなければなりません。そのためには、弁護士に相談することが望ま

第1部　労働災害における民事損害賠償の基礎知識

しいと思われます。第1回期日は、下記⑨のとおり、事件の勝敗
を決するといっても過言ではないほど重要だからです。

　㋐　当事者（申立人、相手方）の氏名又は名称（会社である場
　　　合は代表者の氏名も）、住所、電話番号（申立人又は代理人
　　　が記名押印する。）

　㋑　申立ての趣旨及び理由

　㋒　予想される争点及び当該争点に関連する重要な事実

　㋓　予想される争点ごとの証拠

　㋔　当事者間においてされた交渉（あっせんその他の手続にお
　　　いてされたものを含む。）その他の申立てに至る経緯の概要

　　（※）申立書を提出する際には、相手方の数＋3通の申立書の
　　　写しを、証拠書類の写しを提出する際には、相手方の数の証
　　　拠書類の写しを、それぞれ添付します。

③　代理人は弁護士が原則

　労働審判の申立は、本人だけでも出来ますが、3回の期日内で
効果的に主張・立証し、法律知識も必要となることから、代理人
として弁護士や裁判所の許可により所定の要件を満たす労働組合
役員などを代理人として選任することができるものと考えられま
す。

　すなわち、法第4条1項は、労働審判手続における代理人は原
則として弁護士でなければならない旨規定していますが、例外的
に、「当事者の権利利益の保護及び労働審判手続の円滑な進行の
ために必要かつ相当と認めるとき」という要件を満たす場合に限
り、裁判所は、弁護士でない者を代理人として許可することがで
きるとしています。

　ただし、裁判所は、当分の間、許可代理人を認めない運用方針
であると伝えられています。

　なお、弁護士以外の者が報酬を得る目的で労働審判手続の代理

58

を行うことを業とすることは認められておりませんので注意が必要です（弁護士法第72条）。

④　労働審判手続の申立手数料

申立手数料は、民事調停の場合と同一であり、基本的には申立書に収入印紙を貼付して納付します。

貼付する収入印紙額は、金銭の支払いを求める事案については、訴額に応じて決まります。たとえば、残業代200万円を請求する場合は、申立手数料は7,500円になります。

労働審判手続の申立手数料

訴　額	申　立 手数料	訴　額	申　立 手数料	訴　額	申　立 手数料	訴　額	申　立 手数料	訴　額	申　立 手数料
万円	円	120	5,500	340	11,000	650	18,000	1,400	29,800
10まで	500	140	6,000	360	11,500	700	19,000	1,500	31,000
20	1,000	160	6,500	380	12,000	750	20,000	1,600	32,200
30	1,500	180	7,000	400	12,500	800	21,000	1,700	33,400
40	2,000	200	7,500	420	13,000	850	22,000	1,800	34,600
50	2,500	220	8,000	440	13,500	900	23,000	1,900	35,800
60	3,000	240	8,500	460	14,000	950	24,000	2,000	37,000
70	3,500	260	9,000	480	14,500	1,000	25,000	（以下省略）	
80	4,000	280	9,500	500	15,000	1,100	26,200		
90	4,500	300	10,000	550	16,000	1,200	27,400		
100	5,000	320	10,500	600	17,000	1,300	28,600		

※労働審判手続の申立手数料の額は、通常訴訟の訴えの提起の際に納付する手数料額の半額になっています（巻末資料13「申立手数料額早見表」参照）。

（参考）労働審判確定までの賃金の支払を求める場合については、下記(ｱ)及び(ｲ)の合計額を訴額とします。

「(ｱ)労働審判手続の申立時までの請求額＋(ｲ)労働審判手続の平均審理期間（3か月）経過時点までの請求額」

また、配転命令の無効確認を請求する等非財産権上の請求をする場合は、訴額が算定不能であり、この場合、訴額を160万円とみなし、申立手数料として6,500円の収入印紙を申立書に貼

第1部　労働災害における民事損害賠償の基礎知識

付します。

⑤　書類送付費用の予納

労働審判事件における書類送付に充てるための費用として、一定額を予納しますが、郵便切手で予納することもできます。管轄地方裁判所の窓口に問い合わせるとその詳細がわかります。

⑥　不出頭に対する制裁

労働審判官の呼出しを受けた事件の関係人の出頭を確保するため、不出頭に対しては、5万円以下の過料の制裁が科されます（法第31条）。

⑦　労働審判手続は原則非公開

原則として非公開ですが、個々の事件ごとに傍聴の目的や必要性、労働審判手続への影響等の諸般の事情等を総合考慮して、労働審判委員会が相当と認める者の傍聴を許すことができるとされています（法第16条）。傍聴の許否は労働審判委員会の裁量による手続指揮上の判断であることから、当事者はこれに不服申立はできないと解されています。

⑧　労働審判の第1回期日の指定

申立がなされてから、原則40日以内に第1回期日が指定されます。通常訴訟では、概ね30日以内とされています。

⑨　第1回期日は極めて重要

申立書に対して、相手方は答弁書を提出することになりますが、答弁書及び書証の提出期限は、申立人の準備等を考慮して第1回期日の1週間くらい前に指定されます。そして第1回期日において、当事者の陳述を聞いて争点及び証拠の整理や同期日に実行可能な証拠調べを行い、また、随時労働審判官（裁判官）、労働審判員、及び当事者代理人から在席している当事者及び準当事者（紛争の事情を知る者）に質問をする等して集中審理が行われ、さらに、審理の終結さえも予定されている（第1回期日において審理

60

を終結できる場合、又は第1回期日において事案の性質に照らし、労働審判手続を行うことが紛争の迅速かつ適正な解決のために適当でないと認めるときは労働審判事件を終了させることができる、法第24条1項、規則第21条2項）こと等を考慮すると、第1回期日で事件の勝敗を決すると言っても過言ではないほど極めて重要です。

そのため当事者双方は、第1回期日までに主張及び書証等を出し切るよう努めることが肝要であり、事前準備の違いが結果を大きく左右するのは明らかだからです。

⑩　第2回期日及び第3回期日（主張・証拠の提出の時期）

当事者は、遅くとも主張・証拠書類の提出は第2回の期日が終了するまでに終えなければなりません（規則第27条）。

第3回期日で新たな主張や証拠が提出されるとそれに対する反論等が必要になり、3回以内の期日で審理を終結することが困難になるためです。

しかしながら、実務では第1回期日に調停案の提示まで行っていることも多いようであることから、上記⑨のとおり、第1回期日までに主張・証拠を出し切るように努める必要があります。

⑪　テレビ会議システム

労働審判事件の申立てをした裁判所が遠方にある場合であっても、裁判所の判断により、最寄りの裁判所に出頭しテレビ会議システムを利用して期日における手続を行える場合があります。

4　示談

本書第1部第4章及び第5章（63〜104頁）において解説します。

5　労働組合との交渉

労働者の労働条件の維持改善を求めて活動することは労働組合の主

第1部　労働災害における民事損害賠償の基礎知識

たる目的の一つであるといわれます。このことについて労働組合法第2条は、「この法律で『労働組合』とは、労働者が主体となって自主的に労働条件の維持改善その他経済的地位の向上を図ることを主たる目的として組織する団体又はその連合団体をいう。」と定義しており、この労働条件には、賃金、労働時間、休日、休暇、安全衛生などが含まれることから、被災労働者本人を含め他の労働者の安全確保及び労災事故の再発防止等の観点により、労働組合が関わって労災事故による示談交渉が行われることがあります。

　これは、労災事故の発生を契機として、機械設備の安全基準や作業要領の見直し、作業量に見合った人員の適正配置等職場環境の改善、また休暇付与等福利厚生面の充実を要求するものであり、それを示談の条件として要求したりもします。

　示談要求事項の内容にもよりますが、使用者として対応できるものであれば、その要求事項を示談書に示談条項として盛り込むことになりますし、示談交渉とは別途に、労使間の交渉に委ねるのが適当と判断される要求事項もあり得ます。

第4章　示談により労災事故に関する民事紛争を上手に解決するための基礎知識とは

> # 第4章
>
> # 示談により労災事故に関する民事紛争を上手に解決するための基礎知識とは

　労働災害による損害賠償請求をめぐる紛争の全てが裁判によって解決しているわけではなく、そのほとんどは話し合いを通じて、いわゆる示談によって紛争を解決していると思われます。

　そこで本章においては、示談により紛争を上手に解決するための基礎知識について解説いたします。

■1　示談とは

　「示談」は、法律用語では「和解」にあたり、紛争当事者が互いに譲歩してその間に存在する紛争をやめるという合意により成立します。そのことについて民法第695条は、「和解は、当事者が互いに譲歩をしてその間に存する争いをやめることを約することによって、その効力を生ずる。」と規定しています。

　すなわち、示談は、(1)紛争当事者間に法律上の争いがあること、(2)互いに譲歩すること、(3)譲歩によって法律上の争いをやめる、という契約であるということです。

■2　示談の効力とは

　民法第696条は、示談（和解）の効力について「当事者の一方が和解によって争いの目的である権利を有するものと認められ、又は相手方がこれを有しないものと認められた場合において、その当事者の一方が従来その権利を有していなかった旨の確証又は相手方がこれを有

63

第1部　労働災害における民事損害賠償の基礎知識

していた旨の確証が得られたときは、その権利は、和解によってその当事者の一方に移転し、又は消滅したものとする。」と規定しております。

すなわち、示談契約により労働災害に関する一切の紛争（ほとんどは金銭の支払いを巡る紛争）についてやめる旨の契約をした以上、後になって新しい証拠が出てきたとしても、示談のやり直しをすることは原則としてこれを許さないということです。

示談にはこのような効力があることから、一般に「示談すれば安心」だといわれるゆえんがここにあります。

3　示談による解決方法の選択

労働災害による紛争を解決する方法については、前述したように、大別して2つあります。1つは訴訟であり、もう1つは紛争当事者間の自主的な話し合いを通じて妥協点を見つけて紛争を解決しようとする、いわゆる示談です。示談は、争い事があっても話し合いにより円満に解決しようとする国民感情に合致するものであり、労働災害の場合は雇用関係等を通じて当事者の関係が濃密であることから、示談が行われやすい環境にあります。

被災労働者の側からすれば、できるだけ迅速かつ早期に補償問題を解決したいと望んでいるので、加害者である事業者は誠実にこれに応答してこの問題を解決しようとする努力を重ねることが重要です。

☐　示談による解決は当事者双方にとってメリットがある

労働災害に関する紛争を示談によって迅速かつ早期に解決することは、一般に、被災労働者・加害事業者の双方にとって次のようなメリットがあるといわれています。そのメリットは補償の問題だけでなく、傷害の場合であれば円満に職場復帰が可能になるし、また遺族については早期に人生設計を再構築するきっかけにもなり得るもので、示談には多面的な効果があります。

第4章　示談により労災事故に関する民事紛争を上手に解決するための基礎知識とは

　当然のことながら示談のメリットに対する評価については、被災労働者及び加害事業者の各々の側において様々な意見がありますが、示談解決について双方にメリットがあることは確かです。

被災労働者側のメリット	加害事業者側のメリット
①迅速かつ早期に解決できること	①迅速かつ早期に解決できること
②話し合いによって解決するため、感情的なしこりが残り難いこと	②話し合いによって解決するため、感情的なしこりが残り難いこと
③確実に金銭の支払いを受けられること	③故意、過失その他帰責事由不存在の立証責任についてある程度柔軟に対応できること
④主張・立証責任についてある程度柔軟に対応できること	④敗訴の危険を回避できること
⑤敗訴の危険を回避できること	⑤話し合いにより解決金額を決めるため判決認容額よりも低い金額になる可能性があること
⑥解決金額、支払方法等について納得してこれを受け入れることができること	⑥分割払いにすることもできること
⑦過失相殺について話し合いで弾力的に決めることができること	⑦過失相殺について話し合いで弾力的に決めることができること
⑧訴訟費用、弁護士費用等の負担を免れること	⑧訴訟費用、弁護士費用等の負担を免れること
⑨傷害の場合であれば、円満に職場復帰ができること	⑨解決努力に対する評価により、被災者だけでなく他の従業員との信頼を回復できること
⑩遺族については、早期に人生設計を再構築することができること	⑩解決努力に対する評価により、社会的信頼を回復できること
	⑪刑事事件や行政処分等で責任を追及される場合には、有利な情状として考慮されること
	⑫建設業の場合、労災事故発生により工事の受注に影響が生じるが、迅速・早期解決はこの影響を軽減できること

④　状況によっては、示談をあきらめ訴訟を検討すること

　前述のように、労働災害の解決方法として大別して訴訟と示談とがありますが、両者には、次のように、各々長所と短所があるので、示

第1部　労働災害における民事損害賠償の基礎知識

談に固執することなく、状況によっては、たとえば、主張が真っ向から対立し、相手方に誠意がないため話し合いがなかなか進展せず、相手方がまったく話し合いに応じない等の状況であれば、示談をあきらめて訴訟に持ち込むことも検討しなければなりません。

　示談と訴訟のメリット・デメリットについて対比すると次表のとおりです。

示談・訴訟のメリット・デメリット

	示　談	訴　訟
費用負担	一般には弁護士に頼まないため、訴訟よりも費用負担が軽い	弁護士費用や訴訟費用を負担しなければならない。(本人訴訟も認められているが、法律知識がないと極めて困難)
解決に要する時間	話し合いによることから早期解決が可能	判決を得るまでに、早くて半年、数年かかる場合もあり得る
話し合い等の強制	相手方に話し合いに応じることを強制できない	裁判所の指定期日に出頭あるいは証拠等を提出しないと、不利益に扱われるため、相手方は訴訟手続を進めなければならない
当事者の手間	自ら証拠収集し、相手方と示談交渉するなど手間がかかる	証拠収集を弁護士に頼むことができるが、弁護士との打合せや出廷しなければならないことがある
解決後の影響	話し合いにより、互いに譲歩して納得づくで解決するため、当事者間で感情的なしこりが残りにくい	勝敗が明白となり、裁判後も当事者間で感情的なしこりが残りやすい
権利の実現（強制執行）	合意した履行期に任意に支払いがされる可能性が極めて高いしかし相手方が任意に支払わないとき、示談書では強制執行ができない	相手方が判決に従って支払いをしないことがあるしかしこうした場合であっても、権利を実現するために強制執行をすることができる

5　示談書は公正証書にしておくのがベスト

　示談によって紛争を解決したときの最大の問題は、相手方が示談内容の義務を任意に履行してくれるかどうか、ということになります。

　示談書は、当事者間で自由に作成できることから「私製示談書」と

66

呼ばれますが、示談の内容が金銭の支払いを目的とする場合には、この私製示談書には強制執行力がないため、別途訴訟を起こし判決を得ることによってでしか強制執行をすることができません。

　したがって、分割払いの場合や支払期日が数か月先に到来するなどの場合には、示談内容を公正証書にし、かつ、強制執行認諾条項（契約条件を履行しない場合には、強制執行を受けることを認める旨の条項）を記載すれば、債務名義として強制執行ができることになります。

　ただし、公正証書によって強制執行ができるのは、金銭債権若しくは代替物に限られ、建物の明け渡し等については強制執行ができませんので注意してください。

　なお、公正証書を作成するにあたっては、事前に公証役場に連絡し、当事者及び公正証書に記載する内容を伝えるほか、公証人との面接日時等を決めておくと所定の手続が円滑に進みます。

　そして、約束した日時に、当事者双方で公証役場に赴くことになりますが、その際には、当事者を確認できる資料の提出が求められます。当該資料は、当事者が個人の場合と法人の場合とで異なるほか、代理人が手続をする場合には本人作成の委任状も求められることになりますので、公証役場に事前連絡をした際に、具体的にどのような資料が必要になるのかについて確認して準備しておく必要があります（「巻末資料14」参照）。また、示談金額によって公正証書の作成手数料が異なりますので、事前確認が必要になるでしょう。

6 示談と時効の問題は

　示談は当事者間の話し合いを基本とすることから、時には長引くことが多いため、権利が時効にかかって消滅しないように配慮しなければなりません。示談交渉中であっても時効は進行することを忘れないように気をつけなければなりません。

　この場合問題になるのは、消滅時効にかかる権利であり、たとえば、

第1部　労働災害における民事損害賠償の基礎知識

権利が発生してからこの権利を一定期間行使しないと時効により消滅します。不法行為責任による場合については、損害賠償請求権が発生してから3年（民法第724条）、債務不履行責任による場合については、10年（民法第167条）で時効にかかります。

　時効を中断するには、訴えの提起や支払督促の申立等の公的な訴えをしなければなりません。また内容証明郵便で請求することも時効の中断事由に該当しますが、この場合、相手方が応じないときは、6か月以内に公的な訴えをしないと時効中断の効力は発生しませんので注意しなければなりません。

７　示談書の作成について－最低限必要な記載事項

　様々な紆余曲折を経てようやく成立するに至った合意の内容については、示談書を作成することで完了しますが、示談内容を文書化することは後日の紛争を回避するうえからも必ず行わなければなりません。

　示談とは、前述のとおり、労災事故に関する民事上の一切の紛争を合意に基づき解決するものであることから、示談書を作成するにあたっては、あいまいな内容にしないことが重要であり、また示談書には双方で合意した事項が記載されていなければなりません。示談書には法定の書式がなく、任意の書式で自由に作成できますが、その内容については疑義が生じないように正確に記載すべきです。

　示談書の記載事項として最低限必要な事項は次のとおりです。

(1)当事者

(2)事故の態様

(3)示談金額

(4)症状が固定せず損害額が判明しないときに示談する場合の注意点

(5)示談金の支払日、支払方法

(6)請求権放棄条項

(7)違約条項

第4章　示談により労災事故に関する民事紛争を上手に解決するための基礎知識とは

(8)労災保険金と示談金との関係

(9)示談成立後に後遺症が発生したときの対応

(10)作成年月日

(11)作成当事者の署名捺印

(12)立会人の署名捺印

(13)示談書と収入印紙

(1)　当事者について

①　被災者側の当事者

(ア)　負傷事故の場合

　負傷事故の場合については当然その本人です。死亡と同視できる高度障害が残った場合については、その家族に慰謝料請求権が認められる場合がありますので、その家族も当事者として扱うことになります。

　被災者が未成年者の場合については、法定代理人である親権者（又は後見人）を本人に代わって当事者に加えます。法定代理人の場合は、戸籍謄本により代理権があるかどうかを確認できますので、委任状は不要です。「○○法定代理人○○」と記載し、法定代理人が署名捺印します。

(イ)　負傷事故により意識不明等の場合

　被災者本人が存命であれば示談の当事者として交渉に加わることは当然ですが、被災後本人が意識不明に陥りその状態が長期にわたって継続していたり、また、契約等の法律行為を適切に行うための能力（事理弁識能力）を欠くなどしているときに、示談をする必要に迫られた場合、誰を示談交渉の相手とすべきかが問題になります。

　このような場合、被災者本人の承諾を得ずにその配偶者や父母等が、本人の代理人と称して相手方と示談を行うなどすると、その行為は法律的には「無権代理行為」と評価され、本人がその追認をし

69

なければ、本人に対して示談の効力が生じないことになります（民法第113条1項）。したがって、意識不明であった本人が意識を回復した後に、当該示談の内容を追認するのであれば有効になるため問題は生じませんが、本人がこの示談の内容に不服でこれを拒絶するなどすると示談それ自体が無効となるばかりか、もう一度示談交渉をやり直さなければならず、それまでの苦労が水泡に帰すことになります。

このため、被災者本人が意識不明であったり、また事理弁識能力を欠くために示談交渉ができない場合においては、本人、配偶者、四親等内の親族等の申立により家庭裁判所に後見人を選任してもらい（民法第7条）、その後見人との間で示談を進めるのがよいでしょう。

こうして選任された後見人は、被災者本人の代理人として相手方と示談交渉を行うものであり、締結した示談の内容は有効であり適法に成立します。東京や大阪等の家庭裁判所では、申立から後見人の選任までおよそ2か月程度を要しているようですが、示談手続を法律的に確実に進めるには後見人を選任することが必要になります。

(イ) 死亡事故の場合

死亡事故の場合については、戸籍謄本等から死亡者の相続人を確認しなければなりません。被災死亡者に父母、配偶者・子がある場合に、第2順位の父母は相続人にはなりませんが慰謝料請求権があります（民法第711条）ので当事者として扱うことになります。

② 法定相続人の範囲・相続する順位・代襲相続・法定相続分等

死者が生前において有していた財産上の権利義務を他の者が包括的に承継することを相続といいますが、この場合の死者を被相続人といい、承継する者を相続人といいます。

民法は、相続人の範囲及び相続する順位の原則等について次のように定めています（民法第886条以下）。

第4章　示談により労災事故に関する民事紛争を上手に解決するための基礎知識とは

㋐　法定相続人の範囲と相続する順位の原則
　(a)被相続人の配偶者は常に相続人となり、下記の第1順位ないし第3順位の相続人となるべき者があるときはその者と同順位で相続人になること。
　(b)第1順位　被相続人の子（実子、養子）
　(c)第2順位　被相続人の直系尊属（親等の異なる人がいる場合には、親等の近い人が相続人になること）
　(d)第3順位　被相続人の兄弟姉妹

㋑　法定相続順位の例外的扱い－代襲相続
　　代襲相続とは、子又は兄弟姉妹が、相続の開始前に死亡し、又は廃除、相続欠格により相続権を失ったときは、その者の子が、その者に代わって相続すること（民法第887条2項、第889条2項）であり、これは相続期待感情を保護するためであるといわれています。
　(a)被相続人の子（第1順位）が相続開始前に死亡したときの扱い
　　→第1順位である子の子（被相続人の孫）が、第1順位である子に代わって相続人（代襲相続人）になり（民法第887条2項）、この場合、何代にもわたって代襲相続が認められており（再代襲、民法第887条3項）、たとえば、その孫も死亡しているときは、ひ孫が代襲相続人になります。
　(b)被相続人の兄弟姉妹（第3順位）が相続開始前に死亡したときの扱い
　　→第3順位である兄弟姉妹の子（被相続人の甥、姪）が当該兄弟姉妹に代わって相続人（代襲相続人）になります。ただし、兄弟姉妹の場合には、1代に限り代襲相続が認められるだけであり、再代襲は認められません（民法第889条2項）。

㋒　胎児は相続人になり得るか

民法第886条は、「胎児は、相続については、既に生まれたものとみなす。」と定めています。しかし、同条2項は、「前項の規定は、胎児が死体で生まれたときは、適用しない。」としていることから、生きて生まれたときにのみ相続権を有する扱いになります。

また、胎児には代襲相続権が認められています（民法第887条2項、3項）。

(エ)　父の認知を受けない子は相続人か

母子関係については母の認知がなくても分娩の事実により当然生じるのに対して、父子関係については、父の認知によって生じることから、父の認知を受けない子は父が死亡したときその相続人にはなれません。

(オ)　養子は相続人か

普通養子縁組の手続を経て、養親との間で法定の嫡出子としての身分を取得した者を養子といいます（民法第809条）。ただし、この場合、実父母との親族関係が消滅しないので、その子には実父母の相続人としての地位と、養父母の相続人としての地位とを併有することになります。

これに対して、特別養子の場合には、縁組によって実方の父母らを含めた親族関係が終了することから、実父母の相続人にはならないことになります（民法第817条の2）。

(カ)　再婚した妻の連れ子は相続人か

再婚した妻に連れ子がある場合、その連れ子は新しい夫の法定相続人ではありません。妻の連れ子を夫の法定相続人にしたい場合は、新しい夫と連れ子との間で養子縁組をしなければなりません。

(キ)　内縁関係にある者は相続人か

「内縁」とは、夫婦共同生活体の実質を備えながらも、婚姻の

第4章　示談により労災事故に関する民事紛争を上手に解決するための基礎知識とは

届出を欠くために法律上の婚姻と認められない男女の関係をいいますが、民法第890条は、被相続人の配偶者は、常に相続人になる旨定めており、ここでいう配偶者とは法律上の婚姻の届出である男女の関係を前提としているため、内縁の妻については、この配偶者に含まれないことから法定相続人にはなりません。

しかし、長期間にわたって実質的に夫婦同然の生活実態があるにもかかわらず、ただ婚姻の届出がないことをもって、内縁の妻あるいは夫の遺産を相続することができないことは不合理であり、また、残された者の生活の保護にも欠けることになります。

そこで、労働者の死亡の当時その収入によって生計を維持していた者で、婚姻の届出をしていないが、事実上婚姻関係と同様の事情にあった者に対して、遺族補償給付の受給権（労災保険法第16条の2）を認めるなど、遺族の保護が図られています。

(ク)　法定相続分について

遺産の分割方法を定めた遺言書がなければ、民法が定める相続分にしたがって遺産を相続することになり、これを法定相続分（民法第900条）といいます。法定相続分とは相続人が承継する相続財産（遺産）全体に対する割合を意味します。

(a)　配偶者のみが相続人の場合

この場合、配偶者が相続財産の全部を相続します。

配偶者は常に相続人であり、配偶者の他に相続人がいない場合、配偶者が単独で相続財産の全部を相続します。配偶者の他に相続人がいる場合については、配偶者と他の相続人による共同相続になります。

(b)　配偶者の他に相続人がいる場合

この場合、配偶者と他の相続人の相続分は次表のとおりです。

73

第1部　労働災害における民事損害賠償の基礎知識

相続人の構成	法定相続分
配偶者と子	配偶者　2分の1　子（全員で）2分の1
配偶者と直系尊属	配偶者　3分の2　直系尊属（全員で）3分の1
配偶者と兄弟姉妹	配偶者　4分の3　兄弟姉妹（全員で）4分の1

　(c)　子、直系尊属、及び兄弟姉妹に該当する者が各々複数いる場合

　　　この場合、各人の相続分は均等になります。

　参考：(i)配偶者と子が複数の場合

　　　　　子の各々の相続分は、1／2を子の人数で等分

　　　　　配偶者　1／2

　　　　　長男　　1／4（1／2×1／2）

　　　　　長女　　1／4（1／2×1／2）

　　　　(ii)配偶者と直系尊属が複数の場合

　　　　　直系尊属の各々の相続分は、1／3を直系尊属の人数

　　　　　で等分

　　　　　配偶者　2／3

　　　　　父　　　1／6（1／3×1／2）

　　　　　母　　　1／6（1／3×1／2）

　　　　(iii)配偶者と兄弟姉妹が複数の場合

　　　　　兄弟姉妹の各々の相続分は、1／4を兄弟姉妹の人数

　　　　　で等分

　　　　　配偶者　3／4

　　　　　兄　　　1／12（1／4×1／3）

　　　　　姉　　　1／12（1／4×1／3）

　　　　　妹　　　1／12（1／4×1／3）

　(d)　嫡出子と非嫡出子（法律上の婚姻関係のない男女間の子）との両方がいる場合

第4章　示談により労災事故に関する民事紛争を上手に解決するための基礎知識とは

　　　この場合、平成25年9月5日以後に開始した相続については
　　嫡出子と非嫡出子の法定相続分は同等です。

　　　以前は、非嫡出子の相続分を嫡出子の2分の1と定めていま
　　した（改正前の民法第900条4号ただし書前半部分）が、平成
　　25年12月11日に公布・施行された「民法の一部を改正する法律」
　　により削除されました（詳細については、後記の※【最高裁判
　　所の違憲判断と民法改正】を参照）。
(e)　父母の双方を同じくする兄弟姉妹（全血）と父母の一方のみ
　　を同じくする兄弟姉妹（半血）の両方がいる場合

　　　この場合、父母の一方のみを同じくする兄弟姉妹（半血）の
　　相続分は、父母の双方を同じくする兄弟姉妹（全血）の2分の
　　1になります。

　　参考：3人の兄弟姉妹のうち、兄及び姉は、被相続人の父とそ
　　　　　の前妻の子であり、妹は被相続人の父とその後妻の子で
　　　　　ある場合

　　　　　配偶者　　3／4

　　　　　兄（全血）　1／10（1／4×2／5）

　　　　　姉（全血）　1／10（1／4×2／5）

　　　　　妹（半血）　1／20（1／4×1／5）

(f)　相続放棄者がいる場合

　　　この場合、相続放棄者は初めから相続人にならなかったもの
　　とみなされます。したがって相続放棄した者の子は代襲相続を
　　することができません。

　　　したがって死亡事故の示談においては、上記のとおり、民法
　　の定めるところにより法定相続人になる者の全員を当事者とし
　　て扱うことになります。ただし、上記のとおり内縁関係にある
　　者は相続人には含まれません（判例・通説）。

※上記(d)−【最高裁判所の違憲判断と民法改正】

第1部　労働災害における民事損害賠償の基礎知識

　法律上の婚姻関係にある男女、すなわち役所に婚姻届を出して夫婦となった男女を父母として生まれた子を嫡出子といい、嫡出でない子はそのような婚姻関係にない男女から生まれた子のことをいいます。

　平成25年12月5日、「民法の一部を改正する法律」が成立し、嫡出でない子の相続分が嫡出子の相続分と同等になりました（同月11日に公布・施行、附則第1項）。

　この改正は、法定相続分を定めた民法の規定のうち嫡出でない子の相続分を嫡出子相続分の2分の1と定めた部分（民法第900条4号ただし書前半部分）を削除し、嫡出子と嫡出でない子の相続分を同等にしたものであり、改正後の新法は、最高裁判所大法廷による決定がなされた日の翌日である平成25年9月5日以後に開始した相続について適用されています（附則第2項）。

　したがって、現在では、嫡出子であろうと非嫡出子であろうと、法定相続分は同等として扱われています。

民法改正・新旧対照法

新　法	旧　法
（法定相続分） 第900条　同順位の相続人が数人あるときは、その相続分は、次の各号の定めるところによる。 一　子及び配偶者が相続人であるときは、子の相続分及び配偶者の相続分は、各2分の1とする。 二・三（略） 四　子、直系尊属又は兄弟姉妹が数人あるときは、各自の相続分は、相等しいものとする。ただし、父母の一方のみを同じくする兄弟姉妹の相続分は、父母の双方を同じくする兄弟姉妹の相続分の2分の1とする。	（法定相続分） 第900条　同順位の相続人が数人あるときは、その相続分は、次の各号の定めるところによる。 一　子及び配偶者が相続人であるときは、子の相続分及び配偶者の相続分は、各2分の1とする。 二・三（略） 四　子、直系尊属又は兄弟姉妹が数人あるときは、各自の相続分は、相等しいものとする。ただし、<u>嫡出でない子の相続分は、嫡出子である子の相続分の2分の1とし、</u>父母の一方のみを同じくする兄弟姉妹の相続分は、父母の双方を同じくする兄弟姉妹の相続分の2分の1とする。

※下線は削除部分を示す。

第4章　示談により労災事故に関する民事紛争を上手に解決するための基礎知識とは

　なお、新法が適用されない平成25年9月4日以前に開始した相続については、次のように扱われます。

(i)　平成13年7月1日（本件規定が遅くとも違憲状態にあったとされた当時）から平成25年9月4日（本決定の日）までの間に開始した相続については、本決定後に遺産の分割をする場合は、最高裁判所の違憲判断に従い、嫡出子と嫡出でない子の相続分は同等のものとして扱われること。

(ii)　平成13年7月1日から平成25年9月4日（本決定の日）までの間に開始した相続であっても、遺産の分割の協議や裁判が終了しているなど、最高裁判所の判示する「確定的なものとなった法律関係」に当たる場合には、その効力は覆らないこと。

　上記の法定相続人の範囲・相続の順位等に関する内容に法定相続分に関する事項を加えて表にまとめると次のとおりです。

順位	身分関係	相続人の範囲（法定相続分）（注1）（注2）
常に	死亡者の配偶者 （民法第890条）	法律上の婚姻をした者
第1順位	死亡者の子 （民法第887条1項、2項、3項） 胎児 （民法第886条）	その子が既に死亡しているときは、その子の直系尊属（子や孫）が相続人（代襲相続）となり、子も孫もいるときは近い世代の子供が優先（法定相続分－民法第900条1項） 配偶者：2分の1 子：2分の1（全員で）（注3）
第2順位	死亡者の直系尊属－父母や祖父母など （民法第889条1項）	父母も祖父母もいるときは、近い世代の父母が優先（第2順位の者は、第1順位の者がいないときに相続人になる）（法定相続分－民法第900条2項） 配偶者：3分の2 直系尊属：3分の1（全員で）（注3）

77

第1部　労働災害における民事損害賠償の基礎知識

第3順位	死亡者の兄弟姉妹 （民法第889条2項）	その兄弟姉妹が既に死亡しているときは、その者の子が相続人になるが（代襲相続）、この場合には、一代限りのみ代襲相続が認められる（第3順位の者は、第1順位の者も第2順位の者もいずれもいないときに相続人になる）（法定相続分－民法第900条3項） 配偶者：4分の3 兄弟姉妹：4分の1（全員で）（注3）

（注1）上記のとおり、改正された民法（平成25年12月5日成立、同月11日公
　　　　布・施行）により、嫡出でない子と嫡出子との法定相続分は同等である。
（注2）父母の一方のみを同じくする兄弟姉妹の相続分は、父母の双方を同じ
　　　　くする兄弟姉妹の相続分の2分の1とする（民法第900条4号ただし書）。
（注3）子、直系尊属及び兄弟姉妹が各々2名以上いる場合は、均等に分割す
　　　　る。

　示談交渉を経て取得した損害賠償金等（死亡者の逸失利益や慰謝料
等）については、それを死亡者の遺産として、相続人間で分割協議し
て取得します。ただし遺族固有の慰謝料は分割協議の対象になりませ
ん。

　なお、相続人間で遺産分割協議をした結果、諸般の事情を考慮して
一定の相続人が遺産を全く取得しない分割方法もあり得ます。

　ところで民法は、相続人間の公平を図るために、次のとおり、遺留
分の制度（相続人に取得させるために残さなければならない相続財産
の一定割合）を設けています。遺産分割協議の参考知識としてその概
略を説明します。

◎参考までに
遺留分とは：相続人に取得させるために残さなければならない相
　　　　　　続財産の一定割合を遺留分といいます。相続人の構
　　　　　　成により、各相続人の遺留分は下記(3)のようになり
　　　　　　ます。遺留分を侵害された相続人が遺留分減殺請求

第4章　示談により労災事故に関する民事紛争を上手に解決するための基礎知識とは

をするかどうかは、当該相続人の自由です。

　　　なお、この遺留分減殺請求権は、遺留分権利者が、相続の開始があったことを知った時から１年間行使しないときは、時効によって消滅し、相続開始の時から10年を経過ときも同様です（民法第1042条）。

(1)　遺留分を有する相続人の範囲（民法第1028条）

　　遺留分を有する相続人は、配偶者、子及び直系尊属の範囲であり、兄弟姉妹に遺留分はありません。

(2)　遺留分の割合（民法第1028条）

　　①直系尊属のみが相続人である場合

　　　被相続人の財産の３分の１

　　②上記①以外の場合

　　　被相続人の財産の２分の１

(3)　複数の遺留分権利者がいる場合の遺留分の配分（民法第1044条、第900条、第901条）

　　この場合の遺留分の配分は、上記(2)①②の「遺留分の割合」を相続分の規定に従って算出します。

　　＜法定相続分＞

相続人の構成	法定相続分（民法第900条）	
配偶者と子	配偶者：２分の１　　子：　　　　２分の１（全員で）	
配偶者と直系尊属	配偶者：３分の２　　直系尊属：３分の１（全員で）	
配偶者と兄弟姉妹	配偶者：４分の３　　兄弟姉妹：４分の１（全員で）	

※子、直系尊属又は兄弟姉妹が数人あるときは、各自の相続分は相等しいものとします。

■複数の遺留分権利者がいる場合の遺留分の配分

相続人の構成	被相続人の財産に対する遺留分の配分
配偶者のみ	配偶者：　　２分の１
子のみ	子：　　　２分の１（全員で）
直系尊属のみ	直系尊属：３分の１（全員で）
配偶者と子	配偶者：　４分の１　子：　　　　４分の１（全員で）

配偶者と直系尊属	配偶者： 6分の2　直系尊属：6分の1（全員で）
配偶者と兄弟姉妹	配偶者： 2分の1　兄弟姉妹：遺留分なし

（※-1）配偶者と子が相続人である場合
　　　　A：被相続人の財産の2分の1（上記(2)の②）
　　　　B：配偶者の法定相続分2分の1
　　　　C：子の法定相続分2分の1
　　　　○配偶者の遺留分　　被相続人の財産の4分の1（A×B）
　　　　○子の遺留分　　　　被相続人の財産の4分の1（A×C）

（※-2）直系尊属である両親のみが相続人である場合
　　　　A：被相続人の財産の3分の1（上記(2)の①）
　　　　上記Aを、両親二人で等分することから各々の遺留分は次のとおりになります。
　　　　○父の遺留分　　　　被相続人の財産の6分の1（A×2分の1）
　　　　○母の遺留分　　　　被相続人の財産の6分の1（A×2分の1）

③　加害者側の当事者

　法人の場合については会社名を表示し、個人の場合についてはその個人名を記載します。下請業者、元請業者、発注者などが加害者として責任が問われる場合については、当事者として加えます。

④　任意代理人による示談交渉

　示談交渉が任意代理人によって行われるときは代理人の表示が必要になります。任意代理人については、委任者本人の作成した委任状によって代理権の有無を確認するのが原則であるので、この場合、代理人に委任状を要求するとともに、委任者である被災者本人又は遺族本人に、委任状に押印した印鑑の印影について印鑑証明を提出するよう要求すべきです。疑わしいときは、直接本人に連絡して代理権の授与について確認しなければなりません。「○○代理人○○」と記載し、代理人が署名捺印します。

⑵　事故の態様について

　事故の態様については、事故内容を特定するのに必要な範囲で簡潔に記載すべきであり、詳細に記載する必要はありません。損害賠償請求の原因となった事実を特定するだけで足ります。詳細に事故態様を

記載した場合、後日それと異なる事故態様が明らかになったときに、「こうした事故態様であったのならあの解決金額では示談しなかった」、などと主張して紛争の種になるのを回避するためです。

(3) 示談金額について

労災事故について支払うべき示談金額の総額を一括して表示します。既払金があればその金額も記載します。

(4) 症状が固定せず損害額が判明しないときに示談する場合の注意点

前述したように、示談は症状固定により後遺障害等級が判明して損害額が明らかになった時にすべきですが、症状固定前に示談の必要性が生じたときは、後遺障害が残ることを前提に、しかも最悪の場合を想定して、「第○級のときは金○○○万円、第○級のときは金○○○万円を支払う」とし、さらに「後遺障害等級は労働基準監督署長の判断に従う」などと定めることになります。ただしこの場合、後遺障害等級の表示のみにとどめ、障害の部位や程度などについて具体的に記載しません。

(5) 示談金の支払日、支払方法について

示談金の支払日時、支払方法（現金、小切手、銀行振込等）等について記載します。示談締結当日に示談金を受領するときは、「○○は、本示談の席上において○○円を支払い、○○はこれを受領した」などと記載します。

(6) 請求権放棄条項について

示談の締結によって当事者間にその余の一切の債権債務が存在しないことを確認するための条項を入れます。「本件労災事故に関し、本示談条項に定めるほか、当事者間に何らの債権債務のないことを相互に確認する」などと記載します。

(7) 違約条項について

示談金を分割払いと定めるときには、「支払いを1回でも怠ったときには期限の利益を失い、全額を一時に支払わなければならない」な

第1部　労働災害における民事損害賠償の基礎知識

どと記載します。

あるいは違約金として「金○○万円を支払う」などと記載します。

(8)　労災保険金と示談金との関係について

記載内容によっては、労災保険金（年金）の支払いが停止される場合がありますので、「本示談条項が将来○○が労災保険給付を受ける権利に何ら影響を与えるものでないことを確認する」とか、「労災保険金とは別に」などと記載します。

(9)　示談成立後に後遺症が発症したときの対応について

一般に「後日後遺症が発症した場合は、別途、当事者双方において誠意をもって協議する」などの条項を盛り込みます。

(10)　作成年月日について

示談成立日の表示は重要です。

(11)　作成当事者の署名捺印について

法人の場合には会社名と代表取締役○○と署名し、代表者印（登記所登録印）を捺印します。

個人の場合には当該個人名を署名して実印（市区町村登録印）を捺印します。

なお未成年者が当事者になる場合には、法定代理人である父母が署名して実印（市区町村登録印）を捺印します。

(12)　立会人の署名捺印について

立会人は後日示談成立の経緯や示談内容の解釈等について紛争が生じたときに、示談が当事者の合意により真正に成立したことを証する証人となりますが、それ以外に何ら責任を負担することはありません。当事者で話し合って信頼のできる者を選任します。立会人は示談書作成者の末尾にその氏名と住所を記載して署名捺印し、捺印は実印（市区町村登録印）を使用します。

(13)　示談書と収入印紙について

示談書は印紙税法における課税文書でないことから、収入印紙を貼

82

第4章　示談により労災事故に関する民事紛争を上手に解決するための基礎知識とは

付する必要はありません。ただし、損害賠償の弁済を金銭ではなく、不動産で行うときは所定額の収入印紙を貼付することになります。

「示談書の記載例」（死亡の場合）

示　　談　　書

当事者の表示　（甲）本件被災者亡○○○○の妻　　　　　　Ａ
　　　　　　　（乙）同　　　　　　　　　長男　　　　　Ｂ
　　　　　　　（丙）同　　　　　　　　　実母　　　　　Ｃ
　　　　　　　（丁）元請会社　　Ｄ建設株式会社
　　　　　　　（戊）下請会社　　株式会社Ｅ工務店

　平成○○年○○月○○日、（丁）の元請施工に係る○○ビル建設工事現場（○○県○○市○○町○○番○○号）において、（戊）の従業員であった本件被災者亡○○○○が、足場板上から墜落して死亡した労働災害事故（以下「本件事故」という。）について、下記のとおり円満に示談し解決した。

第１条　（丁）（戊）は連帯して、（甲）（乙）（丙）（以下「甲ら」という。）に対して、本件事故につき慰謝料を含む一切の損害賠償債務として金○○○○万円の支払義務のあることを認める。

第２条　（丁）（戊）は前条に定める金○○○○万円のうち金○○○万円については平成○○年○月○○日甲らに現金で既に支払済みであるが、残金金○○○万円については、本日この示談書の締結と同時に甲らに支払い、甲らはこれを受領した。

第３条　甲らと（丁）（戊）は、第１条の金員は甲らの労働者災害補償保険法にもとづく労災保険給付を受ける権利に何ら影響を及ぼさないものであることを相互に確認するとともに、（丁）（戊）は、甲らの当該労災保険給付の受給手続に今後とも協力する。

第４条　甲らと（丁）（戊）は、本件事故に関し本示談書に定めるほか、何らの債権債務のないことを相互に確認する。

第５条　甲らは、本示談書に定める以外本件事故に関し、（丁）（戊）及びその従業員並びに発注者その他の工事関係者に対し、今後一切の異議申立、賠償その他の請求、訴え等を何ら行わないことを確約する。

　上記のとおり示談が成立したので、それを証するため、本書６通を作成し、（甲）（乙）（丙）（丁）（戊）及び立会人が各１通を保持する。

83

第1部　労働災害における民事損害賠償の基礎知識

```
平成○○年○○月○○日

    住所
      （甲）                    A              印
    住所
      （乙）                    B
          B法定代理人親権者母      A              印
    住所
      （丙）                    C              印
    住所
      （丁）      D建設株式会社　○○支店
                総務部長                ○○○○  印
    住所
      （戊）      株式会社E工務店
                代表者代表取締役          ○○○○  印
    住所
      立会人（本件被災者亡○○○○の叔父）   ○○○○  印
```

「委任状の記載例」

```
                    委　任　状

  平成○○年○○月○○日○○県○○市○○町○○番○○号において、当社の元
請施工に係るビル建設工事現場において発生した株式会社E工務店の従業員であっ
た被災者亡○○○○の労働災害による死亡事故につき、和解契約を締結する一切
の権限を当社○○支店総務部長○○○○に委任します。


    平成○○年○○月○○日


        委任者      住所
            D建設株式会社
                代表者代表取締役　○○○○　印
```

84

第４章　示談により労災事故に関する民事紛争を上手に解決するための基礎知識とは

「示談書の記載例」（後遺障害を残した場合）

示　談　書

　○○○○（以下「甲」という。）と株式会社○○工業（以下「乙」という。）との間において、本日、次のとおり円満に示談が成立した。

１．本件事故の概要
 (1)　本件事故の発生日：平成○○年○○月○○日午後10時15分頃
 (2)　事故の場所：○○県○○市○○町○丁目○○番○○号
　　　　　　　　　　　　乙会社本社工場正門
 (3)　被害者：甲
 (4)　本件事故の態様：甲が残業を終えて乙会社本社工場正門から出ようとした
　　　　　　　　　　　　際にボタン操作を誤り、スチィール製の自動扉が十分に
　　　　　　　　　　　　開いていなかったにもかかわらず、出ようとした際、閉
　　　　　　　　　　　　まりはじめた自動扉と門柱との間にはさまれて受傷した。
２．被害の概要
 (1)　入院日数　○○○日
 (2)　通院日数　○○日
 (3)　傷害及び後遺障害の内容・程度：脳挫傷、頭蓋骨骨折、両肺挫傷及び右腎
　　　　　　　　　　　　損傷等の傷害により入通院治療を受け、
　　　　　　　　　　　　障害等級３級の後遺障害を残した。

第１条　乙は甲に対し、本件事故につき慰謝料を含む一切の損害賠償として、労
　　　　働者災害補償保険法に基づく保険給付を除き、金4,000万円を損害賠償金と
　　　　して支払う。
第２条　乙は、前条の損害賠償金を次のとおり甲に持参又は甲の指定する銀行口
　　　　座に振り込んで支払う。
 (1)　本示談成立時　　　　　金　　　　　円
　　　甲は、本日、金　　　　　円を受領した。
 (2)　平成○○年○○月○○日までに　　金　　　　　円
 (3)　残金○○○○円につき、平成○○年○○月以降同○○年○○月まで毎月末
　　　日限り１ヶ月金○○円甲に対し分割して支払う。
第３条　乙は、前条の損害賠償金の分割金の支払いを１回でも遅滞したときは、
　　　　通知催告を要せず期限の利益を失い、残金の全額を一時に支払う。
　　② 　前項の場合には、乙は、残金についての期限の利益を喪失したときから、

85

第1部　労働災害における民事損害賠償の基礎知識

　　　　　　残債務全額を完済するまで年5％の割合による遅延損害金を支払う。
　第4条　甲と乙との間には、本示談書に定めるほか何らの債権債務のないことを
　　　　　相互に確認する。

　上記のとおり本示談が成立したので、本書2通を作成し、甲及び乙が各1通を
保有する。

　　平成○○年○○月○○日

（甲）東京都○○区○○町○丁目○○番○○号

　　　　　氏　名　　　　　　○○○○　　　　印

（乙）○○県○○市○○町○丁目○○番○○号
　　　　　株式会社○○工業
　　　　　　　代表者代表取締役　○○○○　　印
立会人　東京都○○区○○町○丁目○○番○○号
　　　　　氏名　○○○○　印

第4章　示談により労災事故に関する民事紛争を上手に解決するための基礎知識とは

8　示談成立後に後遺症が発症した場合、追加請求できるか
(1)　請求権放棄条項と示談の拘束力について

　前述のとおり、示談とは、紛争当事者間にある争いについて、自主的な話し合いを通じて互いに譲歩して一切の紛争を解決する契約です。したがって示談が成立すると、被害者が加害者に対して、示談金額以外の損害賠償請求を一切放棄して示談紛争を解決することになります。これが、「請求権放棄条項」と呼ばれるものであり、この場合、示談後に不服があってもさらに追加して請求することができなくなります。これは契約自由の原則上当然のことであり、こうした示談の効力を簡単に否定したりすると、何のために示談をしたのかわからなくなります。

(2)　示談当時予測できなかった後遺症の発症による損害について追加請求が認められる場合とは

　しかし、この請求権放棄条項について、将来いかなる事態が生じたとしても一切追加請求を認めないという効力を持たせてよいかどうかが問題になります。

　そこでこのように、一切追加請求をしないという示談をした場合について、最高裁は、示談成立の当時に予測できない後遺症が発症したようなときには、請求権放棄条項の文言にかかわらず、損害の追加請求ができるとし、次のように判示しました。

江州運輸事件（最高裁第二小法廷　昭和43年3月15日判決、判時511号）

判示事項：
　「一般に、不法行為による損害賠償の示談において、被害者が一定額の支払を受けることで満足し、その余の賠償請求権を放棄したときは、被害者は、示談当時にそれ以上の損害が存在したとしても、あるいは、

第1部　労働災害における民事損害賠償の基礎知識

それ以上の損害が事後に生じたとしても、示談額を上廻る損害については、事後に請求しえない趣旨と解するのが相当である。

　しかし、本件において原判決の確定した事実によれば、被害者Dは昭和32年4月16日左前腕部複雑骨折の傷害を受け、事故直後における医師の診断は全治15週間の見込みであったので、D自身も、右傷は比較的軽微なものであり、治療費等は自動車損害賠償保険金で賄えると考えていたので、事故後10日を出でず、まだ入院中の同月25日に、Dと上告会社間において、上告会社が自動車損害賠償保険金（10万円）をDに支払い、Dは今後本件事故による治療費その他慰藉料等の一切の要求を申し立てない旨の示談契約が成立し、Dは右10万円を受領したところ、事故後1か月以上経ってから右傷は予期に反する重傷であることが判明し、Dは再手術を余儀なくされ、手術後も左前腕関節の用を廃する程度の機能障害が残り、よって77万円余の損害を受けたというのである。

　このように、全損害を正確に把握し難い状況のもとにおいて、早急に小額の賠償金をもって満足する旨の示談がされた場合においては、示談によって被害者が放棄した損害賠償請求権は、示談当時予想していた損害についてのみと解すべきであって、その当時予想できなかった不測の再手術や後遺症がその後発生した場合その損害についてまで、賠償請求権を放棄した趣旨と解するのは、当事者の合理的意思に合致するものとはいえない。」

　すなわち最高裁は、示談によって示談金以外の賠償請求を放棄した被害者は、原則として、追加請求を認めないとしつつも、
　　①　全損害を把握し難い状況があったこと
　　②　早急に少額で示談した事実があったこと

第4章　示談により労災事故に関する民事紛争を上手に解決するための基礎知識とは

③　示談当時に予測できなかった後遺症が発症したことにより損
　　害が発生したこと

などがあった場合には、追加請求できる旨判示し、一定の条件のもと
に示談契約の拘束力を弱める場合があることを認めました。

したがって、示談のときに、将来後遺症の発症について不安をもっ
ている場合については、「その後遺症による損害賠償請求は、この示
談とは関係なく請求することができる」とか、また、「万一将来後遺
症が生じたときは、当事者双方において、誠実に協議する」旨明記し
ておくなどの措置を講じておくべきです。

9　示談が無効とされる場合とは

示談は、当事者による自主的な話し合いを通じて互いに譲歩して紛
争を解決するものであることから、示談が無効になるケースは稀です。

しかしながら、裁判において示談の効力が争われ、示談を無効とす
る事例があります。

(1)極洋捕鯨事件

示談の成立の過程で、被災者側の無知と窮迫とにつけ込んで不当で
低い金額で示談を成立させた場合

(2)ナルコ事件

示談に関する書面が作成しておらず、中華人民共和国の国籍を有す
る被災者側に示談の意味を理解させ同意を得たことに対する具体的な
裏付けもない場合

(3)住友重機械工業事件

じん肺に罹患した労働者がその当時の症状に対応する極めて低額な
障害補償金しか受けていないのにもかかわらず、当該補償を受ける際
に提出した念書により、今後何らかの異議を述べず、また何らの請求
（死亡による損害金の請求）をしないことを約した場合

実務上参考になると思われるので各々の判旨を紹介します。

89

第1部　労働災害における民事損害賠償の基礎知識

⑴　極洋捕鯨事件（東京地裁　昭和46年7月7日判決、判時649号）
事故態様：

　被告会社に雇用されて汽船の三等航海士として勤務していた船員が、艙内で角氷バラスト（積荷のない船舶の安全のため船内に積み込まれていたもの、トン当たり5.5枚）の投棄作業をしていた際に、巻き上げられた角氷の一部が落下したため、頭部を強打されて頭蓋骨骨折等により死亡した。

> **判示事項のポイント：**
>
> 　原告らの無知と窮迫とにつけ込んで、被告はわずか10万円を支払い、原告らに総額522万円以上の損害賠償請求権を放棄する効果をもたらす和解契約の部分は公序良俗に反して無効である。

判示事項：

　「《証拠略》によると、昭和40年1月16日に被告と原告らおよび原告ら代理人Hとの間に、被告主張のとおりの内容の契約が成立し、右契約に基づいて原告らは被告からそれぞれ前示の金50,000円の支払を受けたことが認められ、右認定を動かすに足りる証拠はない。

　しかしながら他方、《証拠略》によると、右の契約の成立するにいたった経緯につき次のような事実が認められる。すなわち、原告らは右の契約に先だち被告と賠償金の支払につき交渉した結果、被告から各金40,000円の支払を受けた。被告はそのとき以来、被告のような漁業会社が乗船中の船員の事故につき船員法、労働協約、社内規定に定められた金員以外に支払いをした例がなく、原告らに対するこの所定の金員は既に支払済であり、また被告にはなんら過失がないとして、損害賠償の請求には応じられないと主張し、前示契約の交渉にあたっても同様の主張をしていた。

　また原告らの依頼により代理人として右交渉に参加した全日本海員

第4章　示談により労災事故に関する民事紛争を上手に解決するための基礎知識とは

組合厚生部Ｈも原告らに対し、金500,000円程度の弔慰金ならともかく不法行為の賠償金を請求することは組合の力の及ばないことであり、訴訟で争っても難しいであろうと助言していた。その上、Ａの死亡により甚大な精神的打撃を受けた原告Ｉの精神状態は右の交渉当時頗る不安定であって交渉を長く続けることに堪えきれないような状態にあり、原告Ｇの憂慮するところであった。これらの事情から、法律的知識が欠如していた原告らとしてはこれ以上要求することは法律的に無理であり、実現の可能性もないと考えて交渉の妥結のみを急ぎ、前示の契約の締結に踏み切るにいたったものである。

> 　以上の事実が認められ、この認定に反する証拠はない。以上の事実に加えて、原告らが被告に対し前認定のとおり各自金2,613,121円（金50,000円受領前）の請求権を法律上有することを考え併せるときは、前示の契約は原告らが各自僅かに金50,000円の支払を受けることにより右の請求権を放棄した結果をもたらすものというべく、原告らの無知と窮迫とにつけ込んで原告らに著しく不利な事項を定めた契約であるというべきである。そうすると右の契約のうち、原告らが残余の請求権を放棄した部分は公序良俗に違反し、無効であるといわざるを得ない。」

⑵　**ナルコ事件（名古屋地裁　平成25年2月7日判決、労判1070号）**
事故態様：自動車部品の製造工場において、中華人民共和国の国籍を有する研修生が、パイプ曲げベンダーを使用して自動車の座席部品であるパイプを加工する作業に従事中、右示指を切断した。

判示事項のポイント：
　本件和解契約が「120万円」で填補されない残損害金があっても、原告（被災者）はその請求権を放棄したという合意を含むのであれば、そ

91

第1部　労働災害における民事損害賠償の基礎知識

の合意の事実については慎重に検討すべきところ、書面は作成されておらず、原告に「120万円」で和解するということの意味を正確に説明し理解させた上で同意を得たことに関する具体的な裏付けもないから、本件和解契約の成立を認める証拠がない。

判示事項：

「(4)争点1(4)（本件和解契約1の成否）について

ア　証拠（〈証拠・人証略〉）によれば、原告を被保険者とする損害保険契約に基づき、本件事故により原告が被った後遺障害に対する後遺障害保険金として56万円がM保険株式会社から支払われることになり、A協同組合は、原告の代理人として原告から同意書をもらって上記保険金の支払手続を行ったこと、被告代表者は、平成20年5月2日、中国E省N市内にある原告の実家を訪れ、原告の両親に120万円を交付し、原告の父親が署名した120万円の領収書を受け取ったこと、同領収書には、「金1,200,000円」という金額の下に「※　労働災害補償金として確かに受け取りました。本件につきまして今後一切の請求をいたしません。」との記載があったことが認められる。

（中略）

　　もっとも、本件事故により原告が被った損害としては、負傷による通院に対する慰謝料、後遺障害に関する逸失利益及び慰謝料であるところ、原告に対して支払われる予定であった上記保険金は後遺障害保険金であり、Hが労働基準監督署で聞いた労災保険の額も労災補償給付の金額であり得ると解されるから、Hが供述するように「120万円で示談する」ということに原告が同意したと認められるとしても、「120万円で示談する」という話の対象が上記原告の被った損害の全部とするものであったかは疑問がある。また、本件和解契約1が120万円で填補されない残損害金があっても原告はその請求権を放棄するという合意を含むものであるの

第4章　示談により労災事故に関する民事紛争を上手に解決するための基礎知識とは

であれば、その実体的効果に鑑みると被害者である原告が合意したという事実については慎重に検討すべきものであるところ、本件和解契約1に関する書面は作成されていないこと、Hが原告に対し「120万円で示談する」ということの意味を正確に説明して原告にきちんと理解させた上で同意を得たことに関する具体的な裏付けもない。

　そうすると、Hの上記供述をもって本件和解契約1が成立したとはなお認めるに足りないというべきである。そして、他に本件和解契約1が成立したと認めるに足りる証拠はない（上記認定の原告の父親が作成した領収書は、原告と被告間に本件和解契約1が成立したことを裏付けるものとはいえない。）。

　したがって、本件和解契約1の成立により原告は被告に対するその余の損害賠償請求権を放棄した旨の被告の主張は理由がない。」

(3)　住友重機械工業事件（横浜地裁横須賀支部　平成25年2月18日判決、判夕1394号）

事故態様：被告会社の被用者として造船作業に従事していた作業員がじん肺に罹患した。

判示事項のポイント：

　じん肺罹患当時の症状に対応する極めて低額な補償金しか受けていない場合、当該補償を受ける際に、被災者が生前に被告会社に提出した「今後何らかの異議を述べず、また、何らかの請求をしない」旨の念書は、障害補償手続が完了したことの合意にすぎず、この念書をもって、予め死亡慰謝料までをも放棄するものと解することは、労働者に一方的に不利益であり、公序良俗に反し無効というべきである。

判示事項：

「3　争点3（本件念書の解釈、効力）について

第1部　労働災害における民事損害賠償の基礎知識

　被告は、亡太郎が、被告に対して、本件念書をもって、亡太郎のじん肺り患に関する被告の補償義務の手続のすべてが残らず完了したことを確認するとともに、今後何らかの異議を述べず、また、何らの請求をしない旨約束した上で、被告から補償金298万円の支給を受けたことを理由に、亡太郎のじん肺り患に関する被告の亡太郎に対する損害賠償債務は存在しないなどと主張する。

　しかしながら、まず、亡太郎が被告との間で合意して取り交わした本件念書の内容は、前提事実7(5)のとおりであって、被告が支払う金員（298万円）は亡太郎が当時り患していたじん肺に対する障害補償金であり、同支払により同障害補償手続が完了したことを合意、確認したものであって、亡太郎において、原告が本訴で請求する死亡慰謝料の請求をしない（請求を放棄する）ことを約したものでないことが明らかであり、本件念書それ自体により本件請求をすることができないと解することはできない。
　次に、本件念書が、本件合意書及び本件覚書を前提として合意された経緯に照らして、本件念書と本件覚書を併せると、被告が主張するように、上記障害補償金の受領により、その後死亡した場合に差額支給をしないこととして、亡太郎が死亡による損害金の請求権を放棄したと解する余地があるが、前記のとおり、本件念書による亡太郎の意思表示に本件覚書の上記内容が含まれていると解することはできず、組合が亡太郎の代理人として本件覚書の合意をしたと認めることはできない（組合が亡太郎の代理人であれば、組合との間で亡太郎に関する合意書を取り交わせば足り、亡太郎との間で本件念書を取り交わす必要もない。）から、上記のように解する被告の主張を認めることはできないし、この点をおいて、仮に、亡太郎が本件覚書の上記内容を受け容れて本件念書の作成に応じたと解することができるとしても、被告が亡太郎に支払った補償金298万円は、被告において平成20年4月に改訂した補償規程では、亡太郎の例のようにじん肺管理区分2であった者がその後死亡した場合に、被告

第4章　示談により労災事故に関する民事紛争を上手に解決するための基礎知識とは

がその遺族に対して支払うべき死亡慰謝料額が2,000万円と定められていること（前提事実8⑶）に比して極端に低額なものである上、本件のように、使用者の安全配慮義務違反によりじん肺にり患した労働者が、当該使用者から、その当時の症状に対応する極めて低額な補償しか受けていない場合に、労働者が使用者に対して、当該補償を受ける際に、予め死亡慰謝料までをも放棄することは、労働者に一方的に不利益であることは明らかであり、かつ、合理性は全くなく、これを容認することは到底できない（それ故、被告においても平成18年12月に差額を支給する旨の補償規程の改訂（新設）をしている。前提事実8⑵）。したがって、本件覚書4項の規定は、公序良俗に反するものとして無効というべきである。すなわち、同規定を前提として、本件念書により、亡太郎が被告に対して、今後何らの異議を述べず、また何らの請求（死亡による損害金の請求）をしないことを約したとしても、本件念書のうち、そのように解される部分は、公序良俗に反するものとして無効というべきである。」

※上記判示事項中の「前提事実7⑸」、「本件念書」、「本件合意書」、「本件覚書」、「前提事実8⑵」、及び「前提事実8⑶」の内容は下記のとおりです。

「7　念書提出に至る経緯等

⑴被告は、同人を被告とする当庁昭和63年（ワ）第147号事件において、じん肺にり患した被告元従業員らである同事件原告らとの間で、平成9年3月31日に和解し、協定書及び覚書を取り交わした。

⑵被告は、上記和解に基づき、平成9年4月30日、全日本造船機械労働組合住友重機械・追浜浦賀分会（以下「組合」という。）との間で、以下のとおり記載された合意書（乙1）及び覚書（乙2）を取り交わした。」

第1部　労働災害における民事損害賠償の基礎知識

ア　合意書（以下「本件合意書」という。）

「1　じん肺管理区分3以上に該当し労災休業補償継続受給3年を経過した場合は業務上災害補償規程第7条を準用することとするが、じん肺の特異性に鑑み障害等級とじん肺管理区分との対応関係を次の通りとし、障害補償として退職時に支給する。退職後の場合であっても同様に取り扱うこととするが、補償額はそれぞれ3割を減額の上支給する。

管理区分　　4　　　　3のロ　　　3のイ
障害等級　　5　　　　7　　　　　9

2　じん肺管理区分4及び3のロに該当する業務上の傷病で労働不能の者が退職する場合は、業務上災害補償規程第6条の障害等級3級と見做し、障害補償として3,200万円を支給する。

3　じん肺管理区分3以上に該当する者が退職後にこれを原因とする業務上の死亡の場合は、業務上災害補償規程第5条を準用することとするが補償額は年齢により減額し次の通りとする。

65歳まで　　70歳まで　　75歳まで
1,600　　　　1,200　　　　1,000（万円）」

イ　覚書（以下「本件覚書」という。）

「1　合意書第1項及び第3項の適用にあたっては、その要件に該当しない場合であっても、これに準ずる程度であると認められる場合の取り扱いについては、組合と協議の上決定する。

2　退職者の適用にあたっては、定年退職者及びこれに準ずる者（雇用調整の年齢基準による退職者）を対象とし、当社業務との因果関係を確認する。

第4章　示談により労災事故に関する民事紛争を上手に解決するための基礎知識とは

　3　合意書各項の適用にあたっては、労働基準監督署による労災認定を必要とする。

　4　合意書第1項に該当し補償を受けた者が、その後、死亡した場合もしくはじん肺管理区分の変更があった場合も差額支給は行わない。

　5　支給にあたっては、本人またはその遺族より所定の念書を徴する。」

（中略）

　(5)亡太郎は、平成10年11月30日、被告から298万円を受領し、その際、被告に対し、以下の内容の念書（以下「本件念書」という。）に署名押印して提出した（甲9）。

　「1　会社は、甲野太郎に対し、平成9年4月30日付会社と全日本造船機械労働組合住友重機械・追浜浦賀分会との合意書並びに覚書に基づき、じん肺罹患に対する障害補償として、金2,980,000円を甲野太郎の指定する銀行口座に平成10年11月30日に振込んで支払う。

　2　甲野太郎は、じん肺罹患に対する会社の補償義務手続きの一切が完了したことを確認し、今後何らの異議を述べず、また何らの請求をしない。」

8　被告の業務上災害補償規程の改訂

　(1)被告は、本件念書作成当時、じん肺管理区分2以上に該当する被告従業員が、退職後に業務に起因して死亡した場合につき、1,000万円を補償する旨の業務上災害補償規程を設けていた。

　(2)被告は、平成18年12月1日に、業務上災害補償規程（平成15年4月1日から実施。以下「補償規程」という。甲10）を改訂し、補償後に死亡した場合、又はじん肺管理区分の変更があった場合には差額を支給する旨の条項（9条6項）を新たに設けた。

　(3)被告は、平成20年4月1日に改訂した補償規程により、じん肺管

97

理区分２以上に該当する従業員が、退職後にこれを原因とする疾病により業務上死亡した場合、遺族補償として、死亡時75歳までの場合は2,000万円、死亡時75歳超の場合は100万円を補償する旨、これにかかわらず、退職後に悪性胸膜中皮腫又は石綿を原因とする原発性肺がんにより死亡し、労災認定を受けている者については、死亡年齢によらず2,000万円を支給する旨（９条４項）を定めた。」

10 裁判上の和解に基づく義務の履行の態様が問題となる場合とは

和解条項における義務の履行の態様が和解の趣旨に照らして問題となった判例を紹介します。

神奈川SR経営労務センターほか事件
（東京高裁　平成27年８月26日判決、労判1122号）

本件は厚生労働大臣認可の労働保険事務組合である被控訴人（一審被告）会社に勤務する控訴人（一審原告）従業員が、不当な退職勧奨やパワーハラスメントを受けたとして損害賠償請求訴訟を提起した事例です。

本件控訴審判決は、同会社及び同会社の代表者会長らが、下記和解条項に反する不誠実な態度をとり続け、労務管理において再発防止に努める旨の義務を怠ったほか、周知義務の履行としても、本件和解の趣旨に照らして、和解条項を職員の前で読み上げ、その文言を記載した通知文書を同職員に回覧しただけでは通知義務の履行として不十分なものであったとし、また控訴人従業員に対する名誉棄損行為を認定して次のとおり判示し、慰謝料は300万円、弁護士費用は30万円を下回るものではないと判示しました。

当事者間で和解を成立させた趣旨とその履行態様を検討する上で参考になる事例と思われます。

第4章　示談により労災事故に関する民事紛争を上手に解決するための基礎知識とは

前訴和解条項の内容：（横浜地裁　平成27年1月30日判決、労判1122号）

「1　被告らは、原告に対し、被告らの言動が端緒となって本件が発生したことを重く受け止め、今後の労務管理において職場環境に配慮する等して、再発防止に努めることを約束する。

2　被告Yは、同被告の従業員である原告との間で和解が成立したことを、前項の文言を記載した上で同被告の全職員に回覧する等として周知させる。

3　被告らは、原告に対し、本件解決金として、連帯して70万円の支払義務があることを認め、これを、平成24年12月28日限り、原告代理人…名義の普通預金口座…に振り込む方法により支払う。

4　原告は、その余の請求を放棄する。

5　原告及び被告らは、原告と被告らとの間には、本和解条項に定めるもののほかに、何らの債権債務がないことを相互に確認する。

6　訴訟費用は各自の負担とする。

判示事項のポイント：

　前訴和解後の和解条項に基づく周知義務は、全職員が了解可能となる程度に周知させるべき義務を負ったものというべきであり、和解条項を職員の前で読み上げ、その文言を記載した通知文書を同職員に回覧しただけでは前訴和解条項（第2項）に基づく周知義務の履行として不十分である。

判示事項：

「(2)　周知義務違反について（争点(1)の②）

ア　控訴人は、被控訴人SRは、前訴和解（第2項）に基づく履行

第1部　労働災害における民事損害賠償の基礎知識

義務として、控訴人の名誉回復が図られる程度に和解の成立とその内容を周知することが求められたにもかかわらず、これを怠ったと主張する。

イ　前記認定事実によると、被控訴人Bは、前訴和解成立の15日後に当たる平成24年12月11日、被控訴人SRの職員の前で、前訴和解に係る和解条項第1項の文言のみを読み上げた上、同項の文言のみを記載した本件通知文書を同職員に回覧し、その後、これを回収した事実が認められる。

しかしながら、被控訴人SRが前訴和解で控訴人に対して約束したのは、「前訴被告らの言動が端緒となって控訴人が前件訴訟を提起したことを重く受け止めること、今後の労務管理において職場環境に配慮する等して、再発防止に努めること」であり、周知義務は、上記約束を前提に、被控訴人SRが、前訴被告らと被控訴人SRの職員である控訴人との間で前訴和解が成立したことについて、上記文言を記載した上で被控訴人SRの全職員に回覧する等して実際に周知させることを義務として負ったものと解される。

　したがって、ここにいう周知義務は、上記文言を記載した書面を形式的に職員に回覧することのみを意味するものでないことは当然である。被控訴人SRとしては、前訴和解の成立を受け、前訴被告らの言動が端緒となって控訴人が前件訴訟を提起したことを重く受け止めているとの認識及び姿勢を全職員に実際に周知させるべきであり、かつ、今後の労務管理において職場環境に配慮する等して、再発防止に努めること、これを控訴人と約束したことについて、全職員が了解可能となる程度に周知させる義務を負ったというべきである。

ところが、前記認定事実によると、被控訴人SRの副会長は、事件の公表を申し入れた控訴人に対し、「当事者同士が分かっていれば必要ない。」、「自分達は悪くない。」と述べて、取り合わなかったことが認められる上、

100

第4章　示談により労災事故に関する民事紛争を上手に解決するための基礎知識とは

本件総会における前件訴訟に至る経過と前訴和解をした理由等について、副会長が説明した際にも、控訴人の言動の紹介と批判に時間を割いて、前件訴訟が提起されたことについて、前訴被告らに非があるのではなく、むしろ控訴人に非があるように受け取られる発言をし、他方で、被控訴人SRとしての反省の意思の表明や再発防止策の決定及び発表を行わなかったことは、前記(1)認定のとおりである。

　ウ　結局のところ、被控訴人SRの前訴和解後の対応は、周知義務の履行としても不十分なものというほかなく、控訴人の前記主張は理由がある。」

第1部　労働災害における民事損害賠償の基礎知識

第5章
示談に応じなければならない
ときとは

■　労災保険で被災労働者の全ての損害をてん補できるか

　業務上の災害により、労働者が死亡、負傷、疾病にかかった場合、労基法は、使用者に、療養補償、休業補償、障害補償、遺族補償及び葬祭料等、一定の災害補償義務を負わせています（労基法第8章災害補償第75条～第88条）。これは使用者の無過失賠償責任主義に基づくものであり、この無過失賠償責任主義とは、使用者の故意、過失、安全配慮義務違反の有無にかかわらず、被災労働者の保護を図るため、業務上災害である限り、使用者は災害補償義務を負う旨規定しています。

　そして、使用者のこのような無過失賠償責任の履行を担保する制度として、労災保険法が制定され、労基法に規定する災害補償事由について労災保険法に基づいて労災保険給付されるべき場合には、その価額の限度において使用者は民法による損害賠償の責を免れる（労基法第84条）としました。

　しかし、労災保険給付により被災労働者の全ての損害がてん補されるのであれば問題はありませんが、この保険給付には、

　(1)　被災労働者の精神的苦痛に対する慰謝料がないこと

　(2)　休業3日目までの休業補償がないこと

　(3)　休業補償が全額補償されないこと

など、被災労働者が被った全ての損害を賠償していません。

　そのため使用者は、業務上災害の発生について民事上の帰責事由が

102

ある場合には、労災保険給付と実際の損害額との差額について、被災労働者から民事上の損害賠償を求められる場合があります。

2 使用者の民事上の損害賠償責任の法的根拠は

上述のとおり、業務上災害により被災した労働者は、労災保険法上の労災保険給付請求権と使用者に対する民事上の損害賠償請求権とを併せ持つわけですが、この場合、被災労働者が民事上の損害賠償請求をする際に、裁判手続によりその賠償請求をするのか、あるいは裁判外で、すなわち、使用者との話し合いを通じて「示談」により損害賠償請求をするのかのいずれかについて選択することになります（この「示談」とは、法律用語では「和解」と称されるものであり、民法第695条は、「和解は、当事者が互いに譲歩をしてその間に存する争いをやめることを約することによって、その効力を生ずる。」と定めております）。

したがって、被災労働者から民事損害賠償請求があり、示談による解決を求めてきた場合について、当該労働災害の発生について使用者に帰責事由がある場合に「示談」による解決を積極的に検討することになりましょう。使用者が損害賠償責任を負う根拠として、民法においては、その帰責事由について、不法行為に基づく場合と、債務不履行における安全配慮義務違反に基づく場合とがあります。

(1) **不法行為責任**
- 　一般不法行為責任　　　　民法第709条
- 　使用者責任　　　　　　　民法第715条
- 　注文者責任　　　　　　　民法第716条
- 　土地工作物の瑕疵責任　　民法第717条

(2) **債務不履行責任**
- 　安全配慮義務違反　　　　民法第415条

(3) **その他**

第 1 部　労働災害における民事損害賠償の基礎知識

・　自賠法の運行供用者責任、国家賠償法による賠償責任
　　特別法である自賠法第 3 条による運行供用者責任、国家賠償
法第 1 条による公務員の不法行為と賠償責任及び同法第 2 条に
よる営造物の設置管理の瑕疵と賠償責任などがあります。

第6章　一般不法行為責任とはどのようなものか

第6章

一般不法行為責任とはどのようなものか

　不注意などにより他人を傷つけたり、他人の物を壊した場合は、行為者はそれによって生じた損害を賠償しなければなりません。これが不法行為責任といわれるものであり、不法行為者のその行為によって生じた損害を賠償する責任を負わなければなりません。

　民法は、第709条において、過失責任主義に基づく不法行為の原則的規定を置いています。この過失責任主義とは、損害の発生について故意や過失がある場合についてのみ、損害賠償責任を負うとするものであり、無過失責任主義に対するものです。

民法第709条（不法行為による損害賠償）

1　故意又は過失によって　他人の権利又は法律上保護される利益を侵
　　　①　　　　　　　　　　③⑥
害した者は、これによって生じた損害を賠償する責任を負う。
　　　　　②④⑤

1　不法行為責任の成立要件

この不法行為責任が成立するためには、

(1)加害者に故意又は過失があること（民法第709条）

(2)加害行為者に責任能力があること（民法第712条、第713条）

(3)他人の権利等を侵害したこと（民法第709条）

(4)損害が発生したこと（民法第709条）

(5)加害行為と損害との間に因果関係があること（民法第709条）

105

第1部　労働災害における民事損害賠償の基礎知識

(6)侵害行為に違法性があること（民法第720条）

（上記(2)(6)は、被害者が証明すべき積極的要件ではなく、加害
行為者がその不存在を証明することによって免責を主張できる
消極的要件です。）

の要件が必要とされます。

民法第712条（責任能力）

1　未成年者は、他人に損害を加えた場合において、自己の行為の責任
を弁識するに足りる知能を備えていなかったときは、その行為につい
て賠償の責任を負わない。

民法第713条

1　精神上の障害により自己の行為の責任を弁識する能力を欠く状態に
ある間に他人に損害を加えた者は、その賠償の責任を負わない。ただし、
故意又は過失によって一時的にその状態を招いたときは、この限りで
ない。

民法第720条（正当防衛及び緊急避難）

1　他人の不法行為に対し、自己又は第三者の権利又は法律上保護され
る利益を防衛するため、やむを得ず加害行為をした者は、損害賠償の
責任を負わない。ただし、被害者から不法行為をした者に対する損害
賠償の請求を妨げない。

2　前項の規定は、他人の物から生じた急迫の危難を避けるためその物
を損傷した場合について準用する。

2　主張・立証責任

原告（被災者）が主張・立証しなければならないのは、上記(1)(3)(4)
(5)です。(1)につき、加害者の過失を証明するには損害発生の予見可能
性と結果回避義務の違反を原告が主張・立証しなければなりません。

第6章　一般不法行為責任とはどのようなものか

　なお、(2)(6)は、原告が立証すべき要件ではなく、被告が不法行為責任を免れるために立証責任を負う事由（抗弁事由）です。(6)については、違法性阻却事由と呼ばれています。

③　故意又は過失－損害発生の予見可能性と結果回避義務

　一般に「過失」とは、損害発生の予見可能性があったにもかかわらず、これを回避する行為義務（結果回避義務）を怠ったものであり、「故意」とは、結果の発生を認識しながらそれを容認して行為する心理状態であると理解されています。

　したがって労働災害の発生について予見可能性がないとき、たとえば、階段に設備上の瑕疵がないにもかかわらず、労働者が足を滑らせて階段から落下して被災するなどした場合について、使用者に損害発生の予見可能性がなければ結果回避義務も発生しないとしてその責任を負わない場合もあります。

④　相当因果関係

　賠償の対象になる損害は、故意による行為や過失と評価される行為と発生した損害との間に因果関係があることが必要です。しかし因果関係のある損害全部について賠償責任を負うのではなく、通説・判例は、相当と考えられる範囲に因果関係を限定しています。債務不履行に基づく損害賠償の範囲を定める民法第416条は、相当因果関係を定めたものであって、同条は不法行為にも類推適用されると解されています。

民法第416条１項（損害賠償の範囲）

１　債務の不履行に対する損害賠償の請求は、これによって通常生ずべき損害の賠償をさせることをその目的とする。

107

第1部　労働災害における民事損害賠償の基礎知識

5　損害賠償の方法等

　被害者において上記(1)(3)(4)(5)の各要件の存在を立証すると、加害行為者に対して、損害賠償請求権を取得することになります。そして、損害賠償の方法は、原則として金銭による賠償になります（民法第417条、第722条1項）。

> **民法第417条（損害賠償の方法）**
> 1　損害賠償は、別段の意思表示がないときは、金銭をもってその額を定める。
> **民法第722条1項（損害賠償の方法）**
> 1　第417条の規定は、不法行為による損害賠償について準用する。

6　損害賠償の対象

　損害賠償には、大別して、財産的損害の賠償と精神的損害（慰謝料）の賠償とがあります。

　労災保険給付には、慰謝料についての給付がないことから、被災労働者は労災保険給付を受けながら、民事上の損害賠償として慰謝料請求をする場合があり、その慰謝料額を決めるにあたり、示談によって、すなわち、互譲の精神により話し合いによって解決するときもありますし、示談が成立しないときには、裁判所に訴えを提起して争われるときもあります。

7　過失相殺

　労働災害によって生じた損害について、被害者にも落ち度、すなわち、過失がある場合には損害額から過失相当額が控除されます（民法第722条2項）。これは、賠償額を算定するにあたって被害者の過失相当分を減額するのが公平に適するとの考えによるものです。

108

第6章　一般不法行為責任とはどのようなものか

　なお、被害者に基礎疾患があることによって損害が発生、拡大した場合について、過失相殺の規定を類推適用し、被害者の病的素因を斟酌して損害賠償額を減額する事案があります。

民法第722条2項（過失相殺）
　2　被害者に過失があったときは、裁判所は、これを考慮して、損害賠償の額を定めることができる。

⑧　損害賠償請求権の消滅時効

　不法行為による損害賠償の請求権については、被害者又はその法定代理人が損害及び加害者を知ったときから3年間、不法行為の時から20年を経過したときに消滅するとされています（民法第724条）。

民法第724条（不法行為による損害賠償請求権の期間の制限）
　1　不法行為による損害賠償の請求権は、被害者又はその法定代理人が損害及び加害者を知った時から3年間行使しないときは、時効によって消滅する。不法行為の時から20年を経過したときも、同様とする。

　なお、労働災害の場合においては、民法第709条の一般的不法行為に基づいて使用者の責任を追及する事例はあまりなく、むしろ、使用者が雇用する従業員の過失行為を一般的不法行為として捉えて、使用者に対しては、民法第715条の使用者責任を追及する事例が圧倒的に多くあります。

　そしてさらに民法は、上記の一般的不法行為責任のほかに、特殊な不法行為責任として、使用者責任（民法第715条）、注文者責任（民法第716条）、土地工作物責任（民法第717条）があることは前述したとおりです。

第1部　労働災害における民事損害賠償の基礎知識

第7章

使用者責任とはどのようなものか

❶　使用者責任とは

　民法第715条は、ある事業（仕事）のために他人（被用者）を使用する者（使用者）は、その被用者が事業の執行について第三者に加えた損害を賠償する責任を負うものとし、使用者に代わって事業を監督する者も同様である旨規定しており、これを使用者責任といいます。

　この使用者責任の根拠について、近時は、使用者は被用者を使って利益を得ていることから損失もまた負担させるのが衡平に適するとの「報償責任」を基礎にして、代位責任とするのが通説とされています。

> 民法第715条（使用者等の責任）
> 1　ある事業のために他人を使用する者は、被用者がその事業の執行について第三者に加えた損害を賠償する責任を負う。ただし、使用者が被用者の選任及びその事業の監督について相当の注意をしたとき、又は相当の注意をしても損害が生ずべきであったときは、この限りでない。
> 2　使用者に代わって事業を監督する者も、前項の責任を負う。
> 3　前二項の規定は、使用者又は監督者から被用者に対する求償権の行使を妨げない。

　使用者責任の成立要件は次のとおりです。

⑴　使用者と被用者（直接の加害者）との間に使用関係があること

110

使用関係の存在が認定されるには、実質的な指揮監督の関係が必要とされています（小崎建設事件　最高裁第一小法廷　昭和45年2月12日判決、判時591号、熊谷建設・宏池建設事件　福岡地裁小倉支部平成10年3月26日判決、判タ1013号）。

⑵　**その被用者が事業の執行につき、第三者に不法行為を行ったこと**

使用者責任の成立要件の一つである「事業の執行につき」の概念については、極めて曖昧ですが、この概念について最高裁は、「『事業の執行に付き』とは、被用者の職務執行行為そのものには属してないが、その行為の外形から観察して、あたかも被用者の職務の範囲内の行為に属するものとみられる場合をも包含する」と判示（最高裁第三小法廷　昭和40年11月30日判決）しており、この考え方は外形理論（外形標準説）と呼ばれています。

⑶　**その損害が事業の執行につき加えられた損害であること**

⑷　**使用者が被用者の選任及びその事業の監督について相当の注意をしなかったこと**

使用者が被用者の選任及びその事業の監督について相当の注意をしたときは、使用者に賠償責任がないとされており、立証責任が転換されています。ただし、判例上、この免責を認めることはほとんどないとされています。

❷　下請負人の被用者の不法行為について元請負人が使用者責任を負う場合とは－元請負人の被用者と同様の指揮監督関係の存在

小崎建設事件（最高裁第一小法廷　昭和45年2月12日判決、判時591号）－下請負人の被用者の不法行為につき元請負人の使用者責任が認められた事例

事故態様：

石油スタンドの建設工事現場で、下請会社の現場責任者が、ベルト

第1部　労働災害における民事損害賠償の基礎知識

コンベアーで運ばれてきた土砂のかき分け作業をしやすくするために
ベルトコンベアーをずらそうとした際に、その場合本来ならばコンベ
アーの電源スイッチを切って電流を切断すべきであったにもかかわら
ず、それを怠り、そのままで動かしたため、モーター内の電線が切れ
てコンベアーの鉄枠に漏電し、これを握っていた作業員が感電即死し
た。

上 告 人：元請会社（K建設）
訴 外 U：元請会社の社員で本件工事責任者
訴 外 S：下請負人
訴 外 Y：下請負人の被用者で本件現場責任者

判示事項のポイント：
　元請負人は、下請負人の被用者を自社の直接の被用者と同様の指揮監
督をしていた場合、同被用者の過失によって惹起した事故について使用
者責任を負う。

判示事項：
　「原審の確定した事実関係によれば、本件工事の元請負人の地位に
ある上告会社は、その社員で土木技術者の訴外Uを工事の責任者とし
て現場に詰めさせて、下請負人である訴外Sの工事施工を指揮監督さ
せていたばかりでなく、右Sの被用者で工事の現場責任者である訴外
Yに対しても上告会社の直接の被用者と同様の指揮監督をしていた、
というのであるから、本件事故の発生状況につき原審の認定した事実
関係のもとにおいては、上告会社は、その被用者と同視すべき右Yが
上告会社の業務執行中その過失により右事故を惹起したものとして、
上告会社の損害賠償責任を肯定した原判決（その引用する第一審判決
を含む。）の判断は正当であり、原判決に所論の違法はない。」

112

第7章　使用者責任とはどのようなものか

❸　元請会社が自社と雇用関係にない孫請会社の被用者の不法行為によって生じた損害について使用者責任を負う場合とは

－直接間接に指揮監督するなど実質的な使用従属関係の存在

　上記のとおり、使用者責任とは、使用者と雇用関係にある被用者の不法行為によって生じた損害について賠償責任を負うとするものですが、当該被用者との間に雇用関係がなくても使用者責任を追及される場合があります。すなわち、元請会社と孫請会社の被用者との間に、実質的な使用従属関係が認められると、孫請会社の被用者の不法行為によって生じた損害について元請会社の使用者責任（民法第715条1項）が肯定される場合があります。

　次に紹介する裁判事例がそれです。元請会社及び下請会社の損害賠償責任を認めています。

熊谷建設・宏池建設事件（福岡地裁小倉支部　平成10年3月26日判決、判タ1013号）

事故態様：

　被告K建設を元請、訴外F組を下請、被告H建設を孫請として、施工されていたマンション建設工事の現場において、被告H建設からの依頼を受けて本件工事現場に派遣された作業員Xが、一輪車で正土を敷く作業に従事していた。被告H建設の従業員がミニユンボに乗ってレバーを操作し正土を一輪車に入れる作業を行っていたところ、旋回させたミニユンボのカウンターウェイト部分がXの右手小指及び右肩に当たり右肩腱板断裂の傷害を受けた。

　そこでXは、元請である被告K建設に対して、その従業員である本件工事現場配置の統括安全管理者Kの過失により、業務執行中に本件事故を発生させたとして民法第715条の使用者責任を、また、孫請の被告H建設に対して、その従業員である本件ミニユンボの運転手Iの過失により、本件事故を発生させたとして、民法第715条の使用者責

113

第1部　労働災害における民事損害賠償の基礎知識

任を追及した。

原告：X作業員（被告H建設の依頼で本件工事現場に派遣された作業員）

被告：K建設（元請業者）

被告：H建設（孫請業者）

訴外：I（本件加害車両であるミニユンボの運転手・被告H建設の従業員）

> **判示事項のポイント：**
>
> 　元請人が、下請人等の被用者を直接間接に指揮監督して工事を施工させている場合、元請人と同被用者との間に実質的な使用関係があるとして、同被用者の不法行為について、元請人は使用者責任を免れない。

判示事項：

> 「四　被告らの責任
> 1　被告H建設の責任

　Iは、車両系建設機械の運転者として、ミニユンボを操作するについては、ミニユンボの近くで共同作業を行っている原告Xの動静に十分注意し、その安全を確認して、原告Xに接触させないように旋回等を行う注意義務があったというべきところ、前記認定のとおり、原告Xの一輪車に正土を積んだ後、次の作業に移るためバケットを正面位置に戻すべく、原告Xの動静に十分に注意を払わず、漫然とミニユンボを操作して、これを正面位置より右に旋回させ過ぎたため、カウンターウェイト部分をミニユンボの本体から横にはみ出させて、原告Xの右手小指付近に接触させたものであるから、Iには、ミニユンボを旋回させるにつき過失があるといわざるを得ない。

114

第7章　使用者責任とはどのようなものか

　従って、被告H建設は、Iを雇用し、Iがその業務を執行中右のような不法行為によって本件事故を発生させたものであるから、民法第715条1項に基づき本件事故により原告Xが被った損害を賠償すべき責任がある。

2　被告K建設の責任

　（人証略）の各証言及び原告本人尋問結果によれば、被告K建設の工事部長であるKは、本件工事現場の安全管理義務者であり、本件工事の現場事務所に常駐して、本件工事に従事する労務者（下請業者の作業員等も含む。）について、就労者名簿を確認するなどして管理し、また、現場を1日に何度か見てはその部下であるFを通じて、下請業者の職長に対して、その日の工事内容や注意点を指示するなどの方法で、本件工事全体を統括していたこと、Iは、6、7年のミニユンボの運転歴を有するものの、車両系建設機械を運転できる法定の資格を有しておらず、本件事故当時は、それまでミニユンボを運転していたF組の従業員に代わって急遽ミニユンボを運転していたものであり、その操作には必ずしも習熟していなかったこと、Kにおいて、I及び原告らが本件事故当時の作業に従事するにあたり、作業員の機械との接触防止には余り配慮していなかったことが認められ、Kには、本件事故に際して、作業員に対する安全配慮を怠った過失があるというべきである。

　また、請負人は、その判断と責任において仕事を遂行するのが原則であり、元請人と下請人ないし孫請人の被用者との間に、使用関係はないのが通常であるが、元請人が、下請人等の被用者を直接間接に指揮監督して工事を施工させているような場合には、元請人と右被用者との間に実質的な使用関係があるものとして、右被用者の不法行為について、元請人は使用者責任を免れないと解するのが相当であるとこ

115

ろ、右認定のとおり、被告Ｋ建設は、現場事務所を設置してその従業員であるＫを本件工事現場に派遣して、常駐させ、下請業者の従業員等を全般にわたって、直接間接に指揮監督して、作業に従事させていたのであるから、孫請人の従業員であるＩとの間には実質的な使用関係にあったものというべきである。

従って、被告Ｋ建設は、被用者であるＫあるいは実質上使用関係にあるＩが業務の執行中右のような不法行為によって本件事故を発生させたものであるから、民法第715条１項に基づき本件事故により原告が被った損害を賠償すべき責任がある。」

第8章　注文者責任とはどのようなものか

第8章

注文者責任とはどのようなものか

1　注文者責任とは

民法第716条は、注文者責任について規定しています。

民法第716条（注文者の責任）

1　注文者は、請負人がその仕事について第三者に加えた損害を賠償する責任を負わない。　ただし、注文又は指図についてその注文者に過失があったときは、この限りでない。

---

(1)　「注文者」とは

注文者と請負人とは、指揮・監督の関係がないため、注文者が使用者責任を負わないことを注意的に規定したものとされています。

(2)　注文者の「注意又は指図」による過失について

本条ただし書については、注文者の「注文又は指図」が請負人の加害行為の原因になった場合には、衡平の観点から注文者が責任を負う場合があります。

以下に参考になると思われる裁判事例を紹介します。

注文者の責任を認めた裁判例

広島アストラムライン事件（広島地裁　平成10年3月24日判決、判時1638号）

事故態様：

広島新交通システム（アストラムライン）建設工事において、架設

117

第1部　労働災害における民事損害賠償の基礎知識

中のモノレール用橋桁（長さ63メートル余、重さ約59トン）が落下し、作業員を含む15名が死亡し、8名が負傷した事故について、死亡した15名のうち3名の遺族らが、本件工事の発注者である被告広島市、その請負業者であるS及びSの下請業者であるK物流及び本件建設工事に補助金を支出した国に対して、損害賠償を求めた事案です。判決では、発注者である広島市に対して、広島市は、一般私人が注文者である場合と異なり、建設事務所の技師らを通じて、工事の安全を含めて、本件工事の監督をしており、Sに対して、安全対策を確認し、転倒防止のワイヤーを取り付ける等の安全対策をとるよう指示すべき義務を怠り、注文又は指図につき過失があった旨認定しました。本件では、発注者である被告広島市は、本件事故による損害について民法第716条ただし書による賠償責任を負うとされました。

> 判示事項のポイント：
>
> 　地方公共団体である被告広島市は、準則に定める監督権限を適切に行使することを怠ったことにより惹起された自己について注文者責任を負う。

判示事項：

「4（一）以上のとおり、<u>被告広島市の地方公共団体としての責務並びに本件工事に係る監督体制及び監督に係る準則からすると、被告広島市は、本件工事に関して、単に工事が契約どおりに施工されるか否かの観点からのみならず、工事の安全性確保の観点からも、手引に安全管理として規定されているような、請負業者による安全管理体制の整備やその機能の状況等についての監督をすべき義務を負っていたものである。</u>」（中略）

「本件事故は、直接的には、作業員によるジャッキ架台の設置方法やジャッキヘッドを当てる位置が不適切であったことに起因するもの

であるが、それは、被告Sの現場代理人であるOが、ベント移動作業の監督をするために本件降下作業の現場から離脱し、適切な監督のないまま本件降下作業が続行されたことによるものであって、被告広島市が監督権限を適切に行使し、被告Sに対し、現場監督の適切な監督の下に作業を進めるべきことを厳重に指導するとともに、転倒防止ワイヤーの取り付け等の安全対策を取るべきことを指示していれば、本件事故の発生を未然に防止することができたことは明らかである。

したがって、被告広島市が右義務を怠ったことにより本件事故が発生したものということができる。

（六）よって、被告広島市は、民法第716条但書に規定する注文又は指図における過失があるものというべく、その余の争点につき判断するまでもなく、被告広島市は、本件事故について不法行為による損害賠償責任を負うと解すべきである。」

第1部　労働災害における民事損害賠償の基礎知識

第9章

工作物責任とはどのようなものか

１　工作物責任とは

民法第717条１項は、次のとおり、工作物責任について定めています。

> 民法第717条（土地の工作物等の占有者及び所有者の責任）１項
>
> １　土地の工作物の設置又は保存に瑕疵があることによって他人に損害
> を生じたときは、その工作物の占有者は、被害者に対してその損害を
> 賠償する責任を負う。ただし、占有者が損害の発生を防止するのに必
> 要な注意をしたときは、所有者がその損害を賠償しなければならない。

「土地の工作物の設置又は保存に瑕疵があること」及び「その瑕疵
を原因として他人に損害が発生したこと」が、工作物責任の成立要件
です。

本条は、第一次的な責任者を占有者とし、第二次的な責任者を所有
者としています。すなわち、占有者が責任を負わない場合には、所有
者が無過失責任を負うとするものです。これは民法の原則である過失
責任主義の例外であり、危険性の高い工作物の所有者に重い責任を課
したものです。

(1)　「土地の工作物とは」

伝統的には、人工的作業によって土地に接着された物、たとえば、
建物、擁壁、地溝のように土地に接着して築造された設備をいうとさ
れてきましたが、その概念は拡張される傾向にあります。すなわち、

120

判例上、建物に附属するエレベーター、エスカレーター、橋、道路、垣や擁壁、ガス管、トンネル、工事中の溝、作業用足場、丸太立掛け置場、ゴルフコース等もそれに含まれるとされています。

(2) 「瑕疵」とは

その物が本来備えるべき安全性を欠くということであり、瑕疵の有無は客観的に判定すべきものであって、占有者や所有者の故意・過失によることを必要としていません。

(3) 「よって」とは

「瑕疵」と評価すべき事実と損害との因果関係があれば足りると解されています。

(4) 「占有者」とは

通説・判例によれば、工作物を事実上支配する者をいい、物権法上の占有を意味します。

次に工作物責任を認めた裁判事例を3件紹介します。

① 岡山瓦斯事件（岡山地裁 昭和48年5月28日判決、判時748号）
事故態様 −工事中の溝

A（瓦斯会社）から、ガス導管埋設工事を請け負ったBは、道路を掘り下げて幅約0.7メートル、深さ約1.7メートルの溝を掘削し、ガス導管の設置を終えて、溝の一部の埋め戻しがなされていたところ、Bの被用者Xが、さや管接合のための電気溶接作業に従事中に、溝の上部の土砂が左右から矢板もろとも崩れ落ち、Xがその下敷きとなって圧死しました。そこでXの遺族らは、Aに対して、一次的に土地工作物の占有者としての責任を、二次的に使用者責任又は注文者責任（民法第716条ただし書）を根拠に、慰謝料の支払いを求めた事案です。本件では、被告Aは、本件溝を事実上支配するものとして民法第717条1項による占有者の責任を認めました。

なお、本件事案においては、過失相殺をするのを相当とするような

121

第1部　労働災害における民事損害賠償の基礎知識

事情を認めることはできないとして、被告A（瓦斯会社）の過失相殺の主張を否認しました。

> **判示事項のポイント：**
>
> 　本件溝の埋戻しについて最終的な許可や検査をする地位にある被告は、土地工作物である本件溝の占有者としての責任を負う。

判示事項：

　「本件ガス導管埋設工事の溝は民法第717条の工作物にあたると解するのが相当であるところ、なるほど、右溝は工事請負人S工務店がその掘さくをし矢板工を施し、ガス導管埋設工事中のものであったけれども、被告会社供給課新設係員訴外Nが工事現場にあって、被告の設計どおりの幅、深さ、矢板工をもって掘さくがなされているかどうかの点、ガス導管の位置、勾配、溶接等被告の設計どおりに被告所有のガス導管が埋設されるかどうかの点を検査し、その是正方の指示をしていたのみならず、掘さくされた溝の埋戻しについて最終的な許可を与え、埋戻しの検査をする地位にあったのであるから、S工務店の本件溝の占有のほかに、被告においても、自己のためにする意思をもって事実上これを支配していたと認められる。

　右のとおり、被告は本件溝の占有者とすべきところ、本件溝の設置につき瑕疵があり、そのため本件死亡事故が発生したことは、当事者間に争いがないから、被告は、本件溝の占有者として、民法第717条1項により、本件事故によって生じた損害を賠償する責任がある。」

②　和泉精機製作所事件（東京地裁　平成5年10月25日判決、判時1508号）

事故態様　－建物に附属するエレベーター

第9章　工作物責任とはどのようなものか

　金属廃品回収業を営むXは、取引先Aの工場で廃品回収作業を行うため、当該工場内の１階において、作業用エレベーターに乗り込もうとして手動式外扉に手をかけて横に引いたところ容易に開いたため、足を踏み出したところ、かごが来ていなかったため、足を踏み外して約3.8メートル下の昇降機の底部のコンクリート床面に転落し、約４か月の傷害を負いました。そこでXは、本件エレベーターが設置されている建物の所有者であり、また、占有者でもあるAに対して損害賠償請求をしました。本件では、Aは、本件エレベーターが設置されている建物の所有者、かつ、占有者として本件事故によりXが被った損害を賠償する責任があるとしました。

　なお、Xにつき、かご表示灯でかごの位置を確認することなく外扉の把手に手を掛けて横に引いたところ、容易に開いたので、そこにかごが来ているものと信じて足を踏み出した結果、本件事故に遭遇した過失があると認定し、30％の過失相殺をしています。

> 判示事項のポイント：
> 　被告の所有かつ占有する建物の構造部分である本件エレベーターは土地の工作物にあたり、安全装置が正常に作動しないのはその設置・保存に瑕疵があったと認める。

判示事項：

「建築基準法34条１項は、建築物に設ける昇降機は安全な構造でなければならない旨規定し、これを受けて、同法施行令129条の９がエレベーターの安全装置の設置義務を定め、その安全装置の一つとして、かご及び昇降路のすべての出入口の戸が閉じていなければ、かごを昇降させることができない装置（１項１号）並びに昇降路の出入口の戸は、かごがその戸の位置に停止していない場合においては、かぎを用

123

第1部　労働災害における民事損害賠償の基礎知識

いなければ外から開くことができない装置（1項2号）を掲げている。しかるに、前記認定事実によれば、本件エレベーターは、手動式外扉が完全に閉まっていない状態で、かごを移動させる電流回路が作動し、他階の呼出しに応じてかごが呼出階まで移動してしまい、密閉していない外扉が手動で容易に開いてしまう状態にあって、かごが1階に来ていないにもかかわらず、外扉が開いてしまった結果、本件事故が発生したものというべきであり、本件エレベーターは法令上の安全装置を具備していない欠陥があったことは明らかである。そして、本件エレベーターは、被告の所有かつ占有する本件工場内に設置された建物の構成部分であり、民法第717条1項にいう土地の工作物に当たるところ、右のような設置又は保存の瑕疵があったため、本件事故が発生したものである。」

③　信越放送・中日本航空・中部電力等事件（東京地裁　平成20年7月31日判決、判時2026号）

事故態様　－送電線

　取材ヘリコプターが電力会社の設置し所有する送電線に接触して墜落炎上し、搭乗していた放送局の記者、操縦士、整備士、及びカメラマンの全員が死亡した事故につき、主として電力会社の土地工作物責任の成否が問題にされた事案ですが、本件送電線については、民法第717条にいう「土地の工作物」に該当し、同法にいう「工作物の設置又は保存の瑕疵」とは、土地の工作物が通常有する安全性を欠いていることをいい、航空法上の設置義務に違反して昼間障害標識を設置しなかったことは、本件送電線が通常有すべき安全性を備えるための措置を欠いたものであって、本件送電線の設置・保存に瑕疵があったと認めるのが相当であると判示しました。

　判示事項のポイント：

第9章 工作物責任とはどのようなものか

① 「工作物の設置又は保存の瑕疵」とは、土地の工作物が通常有する安全性を欠いていることをいい、土地の工作物の設置又は保存に瑕疵があったと認められるかどうかは、当該工作物の構造、用法、場所的環境及び利用状況等諸般の事情を総合考慮して具体的、個別的に判断すべきである。

② 航空法上の設置義務に違反して昼間障害標識を設置しなかったことは、本件送電線が通常有すべき安全性を備えるための設置を欠いたものであり、本件送電線の設置・保存に瑕疵があったと認める。

判示事項：

「(2) 工作物責任の有無

ア 設置・保存の瑕疵の有無

　まず、本件送電線は、民法717条にいう「土地の工作物」に該当し得るものであるところ（最高裁第一小法廷昭和37年11月8日判決、民集16巻11号2216頁参照）、同法にいう「工作物の設置又は保存の瑕疵」とは、土地の工作物が通常有する安全性を欠いていることをいい、土地の工作物の設置又は保存に瑕疵があったと認められるかどうかは、当該工作物の構造、用法、場所的環境及び利用状況等諸般の事情を総合考慮して具体的、個別的に判断すべきである。これを本件についてみると、本件送電線のように、高さ60mを超える送電線は、低空飛行をしてきた飛行機やヘリコプター等と接触する危険性があることは否定できないのであるから、そのような危険を防止するためには、飛行機やヘリコプターから送電線の存在が認識しやすくなるような設備をしておく必要があるものと考えられる。航空法等の規定が、高さ60m以上の送電線（架空線）に昼間障害標識を設置する義務を課したのも、

125

第1部　労働災害における民事損害賠償の基礎知識

まさにそのような配慮に基づくものなのである。そうすると、このような航空法上の設置義務に違反して昼間障害標識を設置しなかったことは、本件送電線が通常有すべき安全性を備えるための措置を欠いたものであって、本件送電線の設置・保存に瑕疵があったと認めるのが相当である。

イ　因果関係

　被告中部電力は、本件送電線の設置・保存に瑕疵があるとしても、そのことと本件事故の発生との間には相当因果関係がないとも主張している。

　しかしながら、本件事故に関する航空事故調査報告書において、事故原因の一つとして、「送電線に航空障害標識が設置されておらず、鉄塔及び送電線が背景にとけ込み、それらの発見が困難であったこと」が挙げられていることは既に説示したとおりなのであるから、この一点のみを取り上げても、本件送電線の設置・保存の瑕疵と本件事故の発生との間に相当因果関係が存在することは明らかである。被告中部電力は、「乙山機長が慎重に確認をしていれば、本件送電線の存在に気付いたはずであり、現に、他に本件事故現場において他の事故が発生したことはないのであるから、本件送電線の存在に気付くことができなかったこと自体が乙山機長の過失である。」という趣旨の主張もしているが、機長の確認が不十分な場合であっても、送電線の存在を見逃すことがないようにするため、昼間障害標識が設置されるはずなのであるから、上記主張の点は、被告中部電力の責任を免れさせるようなものではない（乙山機長の過失が、通常では考えられないような非常識なものであったという場合は別であろうが、本件送電線そのものが見にくかったという事情の下においては、たとえ乙山機長に過失があったとしても、因果関係の断絶をもたらすような非常識なもので

126

第9章　工作物責任とはどのようなものか

あったと評価することはできない。)。

　なお、航空法上、国土交通大臣が設置の必要がないと認めた架空線については、昼間障害標識設置義務が免除されることになるが、本件送電線が、そのような免除の対象になり得るものであることについては何ら主張立証がなく、かえって、甲第126号証によれば、本件送電線は、本件事故後、国土交通省航空局から、緊急に整備すべき第一優先物件の一つに指定されたことが認められる。したがって、本件送電線については、昼間障害標識設置義務が免除されることが明白であったから、同標識を設置していなかったことが瑕疵には当たらないとか、瑕疵の存在と本件事故の発生との間に因果関係がないなどということもできない。」

127

第1部　労働災害における民事損害賠償の基礎知識

> ## 第10章
> # 債務不履行責任－安全配慮義務違反とはどのようなものか

❶　昭和50年最高裁判決－陸上自衛隊八戸駐屯地車輌整備工場事件

　労働災害により被災した労働者又はその遺族は、使用者に対して、損害賠償責任を追及する法的構成として、不法行為によるものが大半でしたが、昭和47年に安衛法が施行され、同法第3条1項により、快適な職場環境の実現と職場における労働者の安全と健康を確保することが事業者の責務であると定められたことから、判例においても、労働災害の責任を、安全施設や保護具の不備による使用者の雇用契約上の安全保証義務違反の債務不履行と構成するものが現れるようになるなどの状況のなかで、昭和50年2月25日、最高裁判所は、次のとおり、国が国家公務員に対して安全配慮義務を負う旨判示しました。

陸上自衛隊八戸駐屯地車輌整備工場事件（最高裁第三小法廷　昭和50年2月25日判決、判時767号）
事故態様：
　陸上自衛隊員が車輌整備工場において、車輌整備中、他の隊員が運転する大型自動車の後車輪で頭部を轢かれて即死した。
判示事項：

【国の公務員に対する安全配慮義務の内容】
　「国は、公務員に対し、国が公務遂行のために設置すべき場所、施設

128

第10章 債務不履行責任－安全配慮義務違反とはどのようなものか

> もしくは器具等の設備管理又は公務員が国もしくは上司の指示のもとに
> 遂行する公務の管理にあたって、公務員の生命及び健康等を危険から保
> 護するよう配慮すべき義務（以下「安全配慮義務」という）を負ってい
> るものと解すべきである。もとより、右の安全配慮義務違反の具体的内
> 容は、公務員の職種、地位及び安全配慮義務が問題となる当該具体的状
> 況等によって異なるべきものであ（る）」とし、さらに「右のような安
> 全配慮義務は、ある法律関係に基づいて特別な社会的接触の関係に入っ
> た当事者間において、当該法律関係の付随義務として当事者の一方又は
> 双方が相手方に対して信義則上負う義務として一般的に認められる」と
> している。

　この判決は、国が公務員に対して、安全配慮義務を負うことを認め
た最初の判決として注目すべきものであるだけでなく、この判決の理
論は、一般の私人間の労働契約関係における労災事故についても適用
があることから、それ以後、多くの判例において採用されており、判
例上確立した概念であるとされています。

❷　昭和59年最高裁判決－川義事件

　次の川義事件最高裁判決は、民間会社における労災事故に関する事
例ですが、その判決において、民間会社の使用者も、安全配慮義務を
負うことを明確にしました。

川義事件（最高裁第三小法廷　昭和59年4月10日判決、判時1116号）
事故態様：
　宿直勤務中の従業員が、反物を盗む目的で侵入した元従業員に首を
絞められバットで頭を殴られて殺害された。

第1部　労働災害における民事損害賠償の基礎知識

> 判示事項のポイント：
>
> 　使用者は、自己の雇用する従業員に対して、その生命、身体に危機が
> およばないように、物的設備を整備し、それが十分に整備することが困
> 難であるときは、宿直員を増員するとか、従業員の安全教育を十分に行
> うなど、従業員の生命、身体に危機が及ばないようにすべき安全配慮義
> 務を負う。

判示事項：

> 　「雇傭契約は、労働者の労務提供と使用者の報酬支払をその基本内容
> とする双務有償契約であるが、通常の場合、労働者は、使用者の指定し
> た場所に配置され、使用者の供給する設備、器具等を用いて労務の提供
> を行うものであるから、使用者は、右の報酬支払義務にとどまらず、労
> 働者が労務提供のため設置する場所、設備もしくは器具等を使用し又は
> 使用者の指示のもとに労務を提供する過程において、労働者の生命及び
> 身体等を危険から保護するよう配慮すべき義務（以下「安全配慮義務」
> という。）を負っているものと解するのが相当である。」

と判示し、民間会社の使用者も安全配慮義務を負うことを明らかにし、
次いで、

> 　「もとより、使用者の右の安全配慮義務の具体的内容は、労働者の職種、
> 労務内容、労務提供場所等安全配慮義務が問題となる当該具体的状況等
> によって異なるべきものであることはいうまでもないが、これを本件の
> 場合に即してみれば、上告会社は、Ｙ1人に対し昭和53年8月13日午前
> 9時から24時間の宿直勤務を命じ、宿直勤務の場所を本件社屋内、就寝

130

第10章　債務不履行責任－安全配慮義務違反とはどのようなものか

場所を同社屋1階商品陳列場と指示したのであるから、宿直勤務の場所である本件社屋内に、宿直勤務中に盗賊等が容易に侵入できないような物的設備を施し、かつ、万一盗賊が侵入した場合は盗賊から加えられるかもしれない危害を免れることができるような物的施設を設けるとともに、これら物的施設等を十分に整備することが困難であるときは、宿直員を増員するとか宿直員に対する安全教育を十分に行うなどし、もって右物的施設等と相まって労働者たるYの生命、身体等に危険が及ばないように配慮する義務があったものと解すべきである。

　そこで、以上の見地に立って本件をみるに、前記の事実関係からみれば、上告会社の本件社屋には、昼夜高価な商品が多数かつ開放的に陳列、保管されていて、休日又は夜間には盗賊が侵入するおそれがあったのみならず、当時、上告会社では現に商品の紛失事故や盗難が発生したり、不審な電話がしばしばかかってきていたというのであり、しかも侵入した盗賊が宿直員に発見されたような場合には宿直員に危害を加えることも十分予見することができたにもかかわらず、上告会社では、盗賊侵入防止のためののぞき窓、インターホン、防犯チェーン等の物的設備や侵入した盗賊から危害を免れるために役立つ防犯ベル等の物的設備を施さず、また、盗難等の危険を考慮して休日又は夜間の宿直員を新入社員1人としないで適宜増員するとか宿直員に対し十分な安全教育を施すなどの措置を講じていなかったというのであるから、上告会社には、Yに対する前記の安全配慮義務の不履行があったものといわなければならない。そして、前記の事実からすると、上告会社において前記のような安全配慮義務を履行しておれば、本件のようなYの殺害という事故の発生を未然に防止しえたというべきであるから、右事故は、上告会社の右安全配慮義務の不履行によって発生したものということができ、上告会社は、右事故によって被害を被った者に対しその損害を賠償すべき義務があるものといわざるをえない。」

第1部　労働災害における民事損害賠償の基礎知識

と判示し、盗賊が容易に侵入できないような物的設備を設けず、宿直員の増員や宿直員に対する安全教育を怠った等として、使用者に安全配慮義務違反に基づく損害賠償を命じました。

3　安全配慮義務に限界があるのか

　前述のとおり、安全配慮義務の適用範囲が広範であってもそれには限界があります。以下の事件では、安全配慮義務の履行補助者が道路交通法その他法令上当然に負うべき自動車の運転上の注意義務は使用者の安全配慮義務の内容に含まれないことを明白にしました。

陸上自衛隊第331会計隊事件（最高裁第二小法廷　昭和58年5月27日判決、判時1079号）
事故態様：

　会計隊長は、本件トラックを運転中、路面が滑りやすくなっているのを看過して急加速したところ、後輪が滑走し、その勢いで本件トラックが道路上で回転し反対車線に進入したところ、折から対面進行してきた大型貨物自動車と衝突し、その衝撃により、同乗の隊員が死亡した。

判示事項のポイント：

　国は、公務員に対して、その生命及び健康等を危険から保護する安全配慮義務を負っているが、車両の運転者において道路交通法その他の法令に基づいて当然に負うべきものとされている通常の注意義務は、安全配慮義務の内容に含まれない。

第10章　債務不履行責任－安全配慮義務違反とはどのようなものか

判示事項：

「国は、公務員に対し、国が公務遂行のために設置すべき場所、施設若しくは器具等の設置管理又は公務員が国若しくは上司の指示のもとに遂行する公務の管理に当たって、公務員の生命及び健康等を危険から保護するよう配慮すべき義務を負っている（最高裁昭和48年（オ）第383号同50年２月25日第三小法廷判決・民集29巻２号143頁）。右義務は、国が公務遂行に当たって支配管理する人的及び物的環境から生じうべき危険の防止について信義則上負担するものであるから、国は、自衛隊員を自衛隊車両に公務の遂行として乗車させる場合には、右自衛隊員に対する安全配慮義務として、車両の整備を十全ならしめて車両自体から生ずべき危険を防止し、車両の運転者としてその任に適する技能を有する者を選任し、かつ、当該車両を運転する上で特に必要な安全上の注意を与えて車両の運行から生ずる危険を防止すべき義務を負うが、運転者において道路交通法その他の法令に基づいて当然に負うべきものとされる通常の注意義務は、右安全配慮義務の内容に含まれるものではなく、また、右安全配慮義務の履行補助者が右車両にみずから運転者として乗車する場合であっても、右履行補助者に運転者としての右のような運転上の注意義務違反があったからといって、国の安全配慮義務違反があったものとすることはできないものというべきである。」

履行補助者とは：使用者が法人である場合は、法人に課されている安全配慮義務（債務）を履行するために使用する者を履行補助者といいます。現場で被用者を指揮監督する立場にある管理者又は管理者的立場にある者は、使用者からみれば使用者の債務の履行補助者であると評価されます。したがって上記事件においては、会計隊長が履行補助者に該当します。

❹ 安全配慮義務違反についての主張・立証責任は誰が負うのか

　訴訟において債務不履行責任（安全配慮義務違反）により使用者に損害賠償を請求するには、一定の事実を主張し、その存在を立証しなければなりません。これを主張・立証責任といい、この主張・立証責任を果たせないときは、損害賠償の請求は認められないことになります。したがって誰が主張・立証責任を負担するのかについては、訴訟当事者（原告、被告）にとって重大な問題になります。

　一般に、不法行為責任に基づいて損害賠償を求める場合には、原告（被害者）が被告（加害者）の故意・過失、違法性、加害行為と損害の発生との因果関係等必要な要件の全部について主張・立証しなければなりません。これに対し、債務不履行責任に基づいて損害賠償を求める場合には、被告が自己に帰責事由のないことを主張・立証しなければならないことから、原告からすると、債務不履行責任を問うことの方が被告に対してその責任追及が容易であるといわれています。

　しかし、この主張・立証責任の負担について、最高裁は、「国が国家公務員に対して負担する安全配慮義務に違反し、右公務員の生命、健康等を侵害し、同人に損害を与えたことを理由として損害賠償を請求する訴訟において、右義務の内容を特定し、かつ、義務違反に該当する事実を主張・立証する責任は、国の義務違反を主張する原告にある、と解するが相当である。」と判示（航空自衛隊航空救難群芦屋分遣隊事件　最高裁第二小法廷　昭和56年2月16日判決、判時996号）し、原告側が安全配慮義務違反の具体的内容について主張・立証しなければならないとしました。

　この判決によれば、原告は抽象的に安全配慮義務違反により被災したと主張するだけでは足らず、具体的事案において使用者が負うべき具体的安全配慮義務の内容を特定し、その不履行を立証しなければならないことになるため、原告の立証の困難さの程度については、不法

行為構成による損害賠償請求において原告が負担する主張・立証責任の場合とそれほどの違いはなくなったと指摘されています。

5 安全配慮義務の具体的内容とは

そこで具体的安全配慮義務の内容とは何か、についてですが、前掲の昭和50年の陸上自衛隊八戸駐屯地車輌整備工場事件最高裁判決は、安全配慮義務の具体的内容について、「もとより、右の安全配慮義務の具体的内容は、公務員の職種・地位及び安全配慮義務が問題となる当該具体的状況等によって異なるべきであり、自衛隊員の場合にあっては、更に当該勤務が通常の作業時、訓練時、防衛出動時（自衛隊法第76条）、治安出動時（同法第78条以下）または災害派遣時（同法第83条）のいずれにおけるものであるか等によっても異なりうべきものである」と判示し、安全配慮義務が抽象的に定義されたためその適用範囲が曖昧で広範になっています。

そのため、労働災害の個々の事案において、どのような内容の安全配慮義務が認められるかについては、個別具体的にかつ総合的に検討したうえで決定せざるを得ませんが、國井教授は、安全配慮義務の内容を把握するために、裁判例を検討され、次のように分類を試みています。

物的環境

　a 労務提供の場所に保安施設・安全施設を設ける義務

　b 労務提供の道具・手段として、安全な物を選択する義務

　c 機械等に安全装置を設置する義務

　d 労務提供者に保安上必要な装備をさせる義務

人的措置

　e 労務提供の場所に安全監視員等の人員を配置する義務

　f 安全教育を徹底する義務

　g 事故・職業病・疾病後に適切な救済措置を講じ、配置換えをし、治療を受けさせる義務

ｈ事故原因となりうる道具・手段につき、適任の人員を配する義務

（國井和郎「第三者惹起事故と安全配慮義務」判タ529号196頁）

6 **使用者の安全配慮義務を規定－労働契約法**

(1) **労働契約法の立法趣旨**

　安全配慮義務は、前掲の陸上自衛隊八戸駐屯地車両整備工場事件及び川義事件の各々の最高裁判決など様々な事案の判例が蓄積されることによって判例法理として形成されたものですが、民法に特別の規定がありません。

　判例法理は労働者及び使用者の多くにとって十分には知らされていないことから、労働契約に関する民事的なルールを明らかにし、労働者及び使用者が法によって示されたルールに沿った合理的な行動をとることが促されることを通じて個別労働関係紛争を防止し、労働者の保護を図りつつ、個別の労働関係の安定に資するために、労働契約法（平成19年12月5日法律第128号）が公布され、平成20年3月1日に施行されました。

　労働契約法は、労働契約関係における権利義務を規律する民事法規としての性質を有するものであり、民法の特別法として位置付けられます。

(2) **使用者の安全配慮義務を規定（同法第5条）**

　労働契約法は、その第5条（労働者の安全への配慮）において、「使用者は、労働契約に伴い、労働者がその生命、身体等の安全を確保しつつ労働することができるよう、必要な配慮をするものとする。」と規定し、労働契約に特段の根拠規定がなくとも、労働契約上の付随的義務として当然に、使用者は安全配慮義務を負うことを明らかにしたものであり、本条は、判例法理として確立した安全配慮義務を明文化したものです。

第10章　債務不履行責任－安全配慮義務違反とはどのようなものか

※平成24年8月10日基発0810第2号（労働契約法の施行について）

「5　労働者の安全への配慮（法第5条関係）

　(1)　趣旨

　　ア　通常の場合、労働者は、使用者の指定した場所に配置され、使用者の供給する設備、器具等を用いて労働に従事するものであることから、判例において、労働契約の内容として具体的に定めずとも、労働契約に伴い信義則上当然に、使用者は、労働者を危険から保護するよう配慮すべき安全配慮義務を負っているものとされているが、これは、民法等の規定からは明らかになっていないところである。

　　　　このため、法第5条において、使用者は当然に安全配慮義務を負うことを規定したものであること。

　　イ　これについては、次の裁判例が参考となること（別添）。

　　　○　陸上自衛隊事件（最高裁昭和50年2月25日第三小法廷判決。最高裁判所民事判例集29巻2号143頁）

　　　○　川義事件（最高裁昭和59年4月10日第三小法廷判決。最高裁判所民事判例集38巻6号557頁）」

　同条中の「労働契約に伴い」とは、労働契約に特段の根拠規定がなくとも、労働契約上の付随的義務として当然に、使用者は安全配慮義務を負うことを明らかにしたものであること、また、「生命、身体等の安全」とは、労働者の心身の健康も含まれるものであること、さらに、「必要な配慮」とは、一律に定まるものではなく、労働者の職種、労務内容、労務提供場所等の具体的な状況に応じて、必要な配慮をすることが求められることのほか、安衛法（昭和47年法律第57号）をはじめとする労働安全衛生法令においては、事業主の講ずべき具体的な

137

措置が規定されており、これらは当然に遵守すべきことと解されています。

　労基法にはその履行を強制し確保するための罰則規定があるのに対して、労働契約法には罰則規定が設けられておりません。上記のとおり、労働契約法は、労働契約における民事的なルールを定めた民法の特別法であることから、安全配慮義務を負う使用者が、その義務に違反した場合は、民事上で違法とされる効果（場合によっては損害賠償責任を負う）が生じるにすぎないと考えられます。

(3)　労働契約法における「労働者」と「使用者」（同法第2条）

　労働契約法第2条の「労働者」に該当するか否かについては、「使用者に使用されて」と規定されていることから、労務提供の形態や報酬の労務対償性等を総合的に勘案し、使用従属関係が認められるか否かによって判断されるものであり、労基法第9条の「労働者」の判断と同じものと解されています。

　さらに「使用者」については、「その使用する労働者に対して賃金を支払う者」と規定されていることから、会社等の法人については、法人そのものを指すことになります。これは労基法第10条の「事業主」に相当し、同条の「使用者」よりも狭い概念であると解されています。

　労働契約法の「労働者」と「使用者」の定義規定

　第2条　この法律において「労働者」とは、「使用者」に使用されて労働し、賃金を支払われる者をいう。

　2　この法律において「使用者」とは、その使用する労働者に対して賃金を支払う者をいう。

第11章　安全配慮義務と安衛法との関係は

> ### 第11章
>
> # 安全配慮義務と安衛法との関係は

1　安衛法は労災防止のための「最低基準」を定めたもの

　安衛法は、快適な職場環境の実現と職場における労働者の安全と健康を確保するための行政取締法規であり、労働災害の防止のためにその「最低基準」を定め（同法第3条1項）、刑事罰を背景として事業者にその遵守を強制しています。したがって、安衛法違反によって労働災害が発生したときは、事業者は、この最低基準に違反して労働災害を発生させたことになることから、労働者保護義務違反は明白であり、安全配慮義務違反となります。

　このことについては判例上も「労働安全衛生法、同規則は、直接には国と使用者との間の公法上の関係を規定するものであるが、使用者が労働者について危険を防止するために必要な措置を講ずべき義務があることを定め、その実施を行政的監督に服さしめる趣旨のものであるから、その規定するところは、使用者の労働者に対する私法上の安全配慮義務の内容を定める基準となるものというべきである」（中国電力鳥取支店倉吉電力所事件　鳥取地裁　昭和53年6月22日判決、判時920号）とされています。

※安衛法第3条1項：

　「事業者は、単にこの法律で定める労働災害の防止のための最低基準を守るだけでなく、快適な職場環境の実現と労働条件の改善を通じて職場における労働者の安全と健康を確保するようにしなければならない。（以下、略）」

139

第1部　労働災害における民事損害賠償の基礎知識

❷　安全配慮義務は安衛法の「最低基準」を超える義務を含む

　上記のとおり、安衛法が労働災害防止のための「最低基準」を定め
たのに対して、安全配慮義務は、判例上、「労働者が労務提供のため
設置する場所、設備もしくは器具等を使用し又は使用者の指示のもと
に労務を提供する過程において、労働者の生命及び身体等を危険から
保護するよう配慮すべき義務」とされ、次いで安全配慮義務の具体的
内容について、「労働者の職種、労務内容、労務提供場所等安全配慮
義務が問題となる当該具体的状況等によって異なるべきものである」（川
義事件　最高裁第三小法廷　昭和59年4月10日判決、判時1116号）と
されていることから、安全配慮義務は、安衛法の「最低基準」を超え
る義務を含んでいることは明白です。

　すなわち安全配慮義務は、個々の労働者が各々の就労場所で業務に
従事する過程で生じる個別的具体的な危険に対応しようとするもので
あるのに対して、安衛法の「最低基準」は、行政取締のために設定さ
れた画一的なもといえます。

❸　安衛法を守るだけでは安全配慮義務の完全履行とはいえない

　上記のとおり安衛法は、事業主が遵守すべき「最低限」の基準を示
しているにすぎず、その最低基準を超えて、事業主は労働災害が発生
する危険のある事項についても安全配慮義務を負担していることから、
安衛法を守っただけでは安全配慮義務を完全に履行したことにはなり
ません。

　判例上も、「労働基準監督署が法令上違反の点はないとしているこ
とも、前記安全配慮義務の存在を否定する理由にはならない。けだし、
労働基準監督署は労働安全衛生法、同規則等の法令に照らし法違反の
有無を検するものであるところ、右法律等は使用者が労働者に対する
危険防止のためにとるべき一般的な措置を定めその実施を行政的監督
に服させる趣旨のものであり、その規定するところは使用者の労働者

140

に対する私法上の安全配慮義務の内容を定める基準となり得るものではあるが、具体状況に応じて定められるべき右安全配慮義務内容のすべてを規定するものではないと考えられるからである。」（松村組事件　大阪地裁　昭和56年5月25日判決、労経速1113号）。

第1部　労働災害における民事損害賠償の基礎知識

第12章

安全配慮義務は、雇用契約関係にあることが前提となるか

1　元請業者は、下請業者の被用者に対して安全配慮義務を負うか

　安全配慮義務については、民法において特別の規定はありませんが、従前より、雇用契約上、労働者が労務に服する過程において、使用者が労働者の生命及び健康を危険から保護するよう配慮すべき義務であると説明されておりました。最高裁は昭和50年2月25日、陸上自衛隊八戸駐屯地車輌整備工場事件判決において、次のとおり、安全配慮義務は必ずしも雇用関係の存在を前提とはしない旨の判断を示しました。

　「国は、公務員に対し、国が公務遂行のために設置すべき場所、施設もしくは器具等の設備管理又は公務員が国もしくは上司の指示のもとに遂行する公務の管理にあたって、公務員の生命及び健康等を危険から保護するよう配慮すべき義務（以下「安全配慮義務」という。）を負っているものと解すべきである。」旨判示し、国が公務員に対して安全配慮義務を負うことを認め、さらに、「右のような安全配慮義務は、ある法律関係に基づいて特別な社会的接触の関係に入った当事者間において、当該法律関係の付随義務として当事者の一方又は双方が相手方に対して信義則上負う義務として一般的に認められるべきものであ」ると判示し、安全配慮義務は、必ずしも雇用関係の存在を前提としないとの判断を明白にしました。

　上記最高裁判決は、国と公務員との関係に対するものですが、安全配慮義務の考え方は民間企業において適用されることは前述したとお

142

りです（川義事件　最三小昭和59年4月10日判決、判時1116号）。

　そこで、下請業者の被用者に対して、元請業者が雇用関係にない場合であっても安全配慮義務を負うかが問題になります。

　三菱重工業神戸造船所事件判決において、最高裁は、次のとおり、元請業者は下請業者の被用者に対して安全配慮義務を負うことを明らかにしました。

(1)　三菱重工業神戸造船所事件（最高裁第一小法廷　平成3年4月11日判決、判タ759号）

事故態様：

　被告会社の造船所で、下請業者の従業員として造船業務に従事し、その結果騒音性難聴に罹患した。

上　告　人：被告会社

判示事項：

　「上告人の下請企業の労働者が上告人の神戸造船所で労務の提供をするに当たっては、いわゆる社外工として、上告人の管理する設備、工具等を用い、事実上上告人の指揮、監督を受けて稼働し、その作業内容も上告人の従業員であるいわゆる本工とほとんど同じであったというのであり、このような事実関係の下においては、上告人は、下請企業の労働者との間に特別な社会的接触の関係に入ったもので、信義則上、右労働者に対し安全配慮義務を負うものであるとした原審の判断は、正当として是認することができる。」

(2)　O技術事件（福岡高裁那覇支部　平成19年5月17日判決、労判945号）

　本事件は、孫請業者の従業員の労災死亡事件ですが、上記の三菱重工業神戸造船所事件の判例理論に沿う判断をした事例です。

第1部　労働災害における民事損害賠償の基礎知識

　控訴人らの「土木建築工事においては、元請業者は常に下請業者等の従業員に対して安全配慮義務を負う旨の主張に対して、「安全配慮義務は、通常は、雇用契約などの契約に伴って認められるものではあるが、直接の契約が認められない元請業者と下請業者の従業員との間においても、元請業者が下請業者の従業員との間に特別な社会的接触の関係に入った場合には、信義則あるいは条理上、下請業者の従業員に対して安全配慮義務を負う場合があると解される」と判断した上で、さらに認定した事実によれば、本件工事に従事したB産業（孫請業者）は、本件工事の施工に当たり、被控訴人（元請業者）から、現場代理人を通じて、間接・直接に指揮監督される関係にあったと認めるのが相当であるから、被控訴人は、孫請であるB産業の従業員であった被災者に対してもその安全に配慮する注意義務を負っていたと認められる旨判示しました（民法第709条、同法第715条）。

　その判示事項の詳細は、次のとおりです。

事故態様：

　沖縄市から元請業者が受注したL型コンクリート擁壁設置工事現場において、埋め戻しの作業に従事していた孫請業者の従業員が、鉄板と土壁面との間を支えていた桟木が外れて鉄板が土壁面側に倒れた際に、鉄板の土壁面側にいたためその間に挟まれて死亡した。

上　告　人：被災従業員の妻と子（1審原告）

被控訴人：O技術（1審被告、本件工事の元請業者）

訴外A土木：本件工事の下請業者

訴外B産業：被災従業員の雇用主、本件工事の孫請業者

　判示事項のポイント：

　　①　直接の雇用契約が認められない元請業者と下請業者の従業員との間においても、元請業者が下請業者の従業員との間に特別な社会的

144

第12章　安全配慮義務は、雇用契約関係にあることが前提となるか

接触の関係に入った場合には、信義則上あるいは条理上、下請業者
の従業員に対して安全配慮義務を負う場合があると解される。
②　孫請業者（B産業）は、元請業者から現場代理人を通じて、間接・
直接に指揮監督される関係にあったことから、元請業者は、孫請で
あるB産業の従業員であった被災者に対してもその安全に配慮する
注意義務を負う。

判示事項：

【元請業者が下請業者に従業員に対して安全配慮義務を負う場合とは】
「1　安全配慮する注意義務について

安全配慮義務は、通常は、雇用契約などの契約に伴って認められる
ものではあるが、直接の契約が認められない元請業者と下請業者の従
業員との間においても、元請業者が下請業者の従業員との間に特別な
社会的接触の関係に入った場合には、信義則あるいは条理上、下請業
者の従業員に対して安全配慮義務を負う場合があると解される。

【認定した事実等】

そこで、被控訴人が亡一郎に対して、信義則上・条理上、安全配慮
する義務を負うような特別な社会的接触の関係が認められるか否かを
検討する。
　この点について、控訴人は、土木建築工事においては、元請業者は
常に下請業者等の従業員に対して安全配慮義務を負う旨の主張をして
いるが、この主張に理由がないことは、原判決11頁17行目から12頁3
行目（労判本号36頁右段23行目～36頁右段39行目）に記載のとおりで

145

第1部　労働災害における民事損害賠償の基礎知識

ある。

2　被控訴人が亡一郎に対して安全配慮する注意義務を負っていたか。

⑴　先に認定したように、Ｂ産業による本件工事の施工は、Ｂ産業が自ら準備した作業器具等は使用しており、各工事の具体的な施工方法について、被控訴人の現場代理人Ｄが細かく指示を出していたとは認められない。Ｂ産業が孫請業者としての独立性を完全に喪失し、Ｂ産業の従業員が被控訴人の社外工として稼働していたとまでは認められない。

⑵　しかしながら、前記認定の事実関係によれば、①本件工事は、被控訴人が発注者である沖縄市から請け負い、Ａ土木に下請させ、更にＢ産業に孫請させている形式をとっているが、本件現場では、被控訴人の現場代理人ＤとＢ産業の現場代理人Ｅとが常駐し、被控訴人は、現場代理人を通じて、Ｂ産業の従業員の日々の作業を管理して指示を与えるなどの指揮監督していた（必要があれば、被控訴人の現場代理人は、Ｂ産業の従業員を直接指揮することも可能であった）、と認められる、②被控訴人の現場代理人は、Ｂ産業のＡ班が本件現場に入るに当たって、Ａ班のメンバーに労働災害を防止するための基本的な事項について直接に注意指導をしている、③被控訴人は、沖縄市の指導に従い、本件請負契約の締結に際し、財団法人建設業福祉共済団が行う建設労災補償共済制度に加入し、下請業者の労働者も被共済者としている（これは、被控訴人が下請業者の労働者に対しても労働災害の発生を防止することを要請されていたことを推認させるし、本件事故について共済金4000万円が被控訴人に支払われている。）、④被控訴人は、本件工事現場の作業中、Ｂ産業の従業員に被控訴人の名前の入った作業服を支給して、同作業服を着用するように指示している、との事情が指摘できる。

146

第12章 安全配慮義務は、雇用契約関係にあることが前提となるか

【被控訴人（元請業者）の安全配慮義務】

　上記指摘の事情及び前記認定の事実関係に照らせば、本件工事に従事したＢ産業は、本件工事の施工に当たり、注文者からの指揮監督を受けない独立した事業者である請負人ではなく（民法716条参照）、被控訴人から、現場代理人を通じて、間接・直接に指揮監督される関係にあった、と認めるのが相当であるから、被控訴人は、信義則及び条理上、孫請であるＢ産業の従業員であった亡一郎に対してもその安全に配慮する注意義務を負っていた、と認められる。

(3)　被控訴人は、被控訴人の現場代理人であるＤは、亡一郎らに対し、具体的な指示をしていなかったから安全配慮義務は負わないなどと主張している。しかし、前記認定のような関係が被控訴人とＢ産業の従業員との間で認められる以上、Ｄが亡一郎に具体的な指示をしていなかったことは、被控訴人が安全配慮義務を負うと認めることの妨げにはならない。被控訴人が主張するところは、上記(2)の認定説示を妨げるものではない。

3　本件事故に関し、被控訴人に安全配慮する注意義務違反があったか。

(1)　先に認定した事実によれば、被控訴人の現場代理人Ｄは、埋め戻し工事において仕切として鉄板を建てて作業することを知らされていたこと、使用される鉄板は重量800kgとかなりの重さがあったこと、Ａ班が行った鉄板の建て方は、桟木が外れたり土壁が崩れたりすれば鉄板が倒れる可能性があり、鉄板の建て方としては安全性に欠けるものであったこと（Ａ班の作業内容が、通常は考えられないような異常な工事方法であったとまでは認められない。）、本件作業に当たり、鉄板の固定を十分に行い、鉄板が倒れないようにその安全を確認して玉掛けを外すなどの注意をすれば、本件事故の発生は避けられたものと

147

第1部　労働災害における民事損害賠償の基礎知識

認められること、被控訴人の現場代理人Ｄ及びＢ産業の現場代理人Ｅとも、そのような注意指示を行っていないことが指摘できる。

(2)　とすれば、被控訴人は、鉄板を用いた本件作業を施工すれば、鉄板が倒れる危険性があることは予見が可能であったから、現場代理人を通じて、鉄板が倒れることによって発生する事故を防ぐために必要な注意指導をするとの労働者の安全に配慮する注意義務があったにもかかわらず、この注意義務に違反した過失があった、と認めることができる。

> 【被控訴人（元請業者）の安全配慮義務違反】

(3)　したがって、被控訴人は、上記安全配慮をする注意義務に違反した過失によって、亡一郎に生じた損害を賠償する民法709条の責任があるし、被控訴人の被用人であるＤの過失によって本件事故が生じているとも認められるから、亡一郎に生じた損害を賠償する民法715条の責任がある、と認められる。」

2　元請業者及び下請業者は、孫請業者の被用者に対して安全配慮義務を負うか

使用者は雇用契約の付随義務として、安全配慮義務を負うとする考え方は確立したものですが、孫請業者の被用者に対して、元請業者あるいは下請業者は、雇用関係を有しない場合であっても安全配慮義務を負うのでしょうか。

この問題について、北土建設・前田道路事件判決は、次のとおり判示し、元請業者及び下請業者は孫請業者の被用者に対しても安全配慮義務を負う旨明らかにしました。

北土建設・前田道路事件（札幌地裁　昭和59年2月28日判決、労判

第12章　安全配慮義務は、雇用契約関係にあることが前提となるか

433号）

事故態様：

　水道管敷設工事現場において、孫請業者の作業員が掘削作業中、旋回したキャタピラ式ショベル・ローダの一部が腰にあたり、ピット内に転落して腰部挫傷の傷害を負った。

　　本件工事発注者：札幌市

　　本件工事の元請会社：Ｋ建設（被告）

　　本件工事の下請会社：Ｍ道路（被告）

　　本件工事の孫請会社：Ｈ建設（本件被災者の雇用主）

　判示事項のポイント：

　　元請会社及び下請会社は、孫請会社の被災従業員を、自己の従業員に対するのと同様の立場で支配し従属させていたことから、被災従業員の生命、健康を保護すべき安全配慮義務を信義則上負う。

判示事項：

　【元請会社・下請会社が孫請会社の従業員に対して負う安全配慮義務の内容】

「3　右認定事実によると、被告Ｋ建設は、被告Ｍ道路が本件工事をＨ建設に再下請に出すことを容認し、本件工事現場に現場事務所を設け、現場代理人として従業員Ｓを派遣し、各種の用具、資材を搬入し、Ｓをして再下請業者であるＨ建設から供給された原告らを直接、間接に指揮監督をし、かつ、特定元方事業者の立場にあったものであり、被告Ｍ道路は、再下請業者であるＨ建設を選定し、前記現場事務所に従業員Ｎを派遣し、ＮはＳ及びＨの指示を受け、Ｈ建設から供給され

149

第1部　労働災害における民事損害賠償の基礎知識

た原告らを直接、間接に指揮監督していたものということができる。

　してみると、被告両名は、原告との間で直接の雇用契約を締結していたものではないが、原告を、自己の従業員に対するのと同様の立場で支配し従属させていたといわなければならず、また、労安法上の事業者に準ずる地位（被告Ｋ建設は少なくとも特定元方事業者の地位）にあったといわなければならない。

4　被告両名と原告との右のような関係を前提にすると、被告両名は原告に対し、本件事故発生の際の圧入ピット建設作業に関し、原告の生命、健康を保護すべき安全配慮義務を信義則上負っていたと認めるのが相当であり、労安法の諸規定（15条、20条、21条、24条、30条、59条、同規則第2編第1章の2第1節、同第2章第1節）を参酌して原告の身体と本件重機とが接触することを回避すべき被告両名の右義務の具体的内容を検討すると次のとおりとなる。

（一）原告に対する安全教育ないしＨ建設に対する安全教育の指導、援助

（二）圧入ピット建設現場に地山の掘削作業主任者を立会させ、直接作業を指揮させること

（三）重機の運転者に対する信号者を予め決め、そのなすべき一定の合図を決定し、運転者へ周知徹底し、運転者に対し、作業内容並びに指揮の系統を通知し、運転者をして信号者の合図を確認して運転させること

　被告Ｍ道路は、原告に対し安全配慮義務を負うべき立場になかった一理由として、自己が水道管敷設工事の専門業者でないことを主張するが、右の安全配慮義務はその内容に照らし、水道管敷設専門業者でない同被告にとっても実行可能なものであったことは明らかである。

5　被告両名が右の安全配慮義務を懈怠していたことは、前示の原告らの作業方法、本件事故発生の態様等に照らして明らかである。」

150

3 注文者は、請負人の労働者に安全配慮義務を負うか

(1) 注文者の請負人の労働者に対する安全配慮義務違反を認定した裁判例

　注文者の工場内で検蓋作業をしていた請負人の従業員が、作業台から転落して脳挫傷等の負傷を負い、約3か月後に死亡した事故について、注文者と当該従業員との間に実質的使用従属関係があるとして、注文者に請負人の従業員に対する安全配慮義務を認め、同義務違反による損害賠償責任を負う旨判示した裁判事例があります。

　本事例は、「注文者の供給する設備、器具等を用いて、注文者の指示のもとに労務の提供を行うなど、注文者と請負人の雇用する労働者との間に実質的に使用従属の関係が生じていると認められる場合には、その間に雇用契約が存在しなくとも、注文者と請負人との請負契約及び請負人とその従業員との雇用契約を媒介として間接的に成立した法律関係に基づいて特別な社会的接触の関係に入ったもの」と構成した上で、次のとおり、判示しました。

テクノアシスト相模・大和製罐事件（東京地裁　平成20年2月13日判決、判時2004号）

事故態様：

　請負人の従業員が、注文者の工場内において、高さ90cm、足場面積40cm四方の作業台の上に立ってライン上を流れる缶の蓋を検査する検蓋作業に従事していたところ、作業していた作業台から転落し頭部を工場床面に打ち付けて脳挫傷等の傷害を負い、約3か月後に死亡した。

原　　告：被災従業員の父母

被　　告：テクノアシスト相模（請負人、被災従業員の雇用主）

　　　　　大和製罐（注文者）

第1部　労働災害における民事損害賠償の基礎知識

> **判示事項のポイント：**
>
> 　注文者の供給する設備、器具等を用いて、注文者の指示のもとに労務の提供を行うなど、注文者と請負人の雇用する労働者との間に実質的に使用従属の関係が生じている場合には、その間に雇用契約が存在していなくても、注文者は、該当労働者に対して、使用者が負う安全配慮義務と同様の安全配慮義務を負う。

判示事項：

> **【注文者が請負人の従業員に対して安全配慮義務を負う場合とは】**

「5　被告大和製罐の責任（請求原因(4)アについて）

(1)　上記認定事実によれば、一郎は、被告テクノに雇用されていたものであって、被告大和製罐に雇用されていたわけではなく、被告大和製罐が注文者、被告テクノが請負人となる請負契約を前提として、被告テクノの従業員として被告大和製罐の本件工場において検蓋作業をしていたものである。

(2)　ところで、安全配慮義務は、ある法律関係に基づいて特別な社会的接触の関係に入った当事者間において、当該法律関係の付随義務として、信義則上、認められるものである。そして、注文者と請負人との間における請負という契約の形式をとりながら、注文者が単に仕事の結果を享受するにとどまらず、請負人の雇用する労働者から実質的に雇用契約に基づいて労働の提供を受けているのと同視しうる状態が生じていると認められる場合、すなわち、注文者の供給する設備、器具等を用いて、注文者の指示のもとに労務の提供を行うなど、注文者と請負人の雇用する労働者との間に実質的に使用従属の関係が生じて

152

いると認められる場合には、その間に雇用契約が存在しなくとも、注文者と請負人との請負契約及び請負人とその従業員との雇用契約を媒介として間接的に成立した法律関係に基づいて特別な社会的接触の関係に入ったものとして、信義則上、注文者は、当該労働者に対し、使用者が負う安全配慮義務と同様の安全配慮義務を負うものと解するのが相当である。

【認定した事実等】

(3)　しかるに、上記認定のとおり、本件検蓋作業は、被告大和製罐の工場内の、被告大和製罐が所有する機械・設備が設置された場所で行われ、作業の内容も、被告大和製罐が所有するナンバー３ラインのライン上を流れる缶蓋の検査であったことに加え、作業台も被告大和製罐の所有物であったことからすれば、注文者の供給する設備、器具等を用いて作業をしていたということができる。

　また、被告大和製罐の戊田は、作業台を準備した上で、被告テクノの丁原に対し、本件検蓋作業の内容、手順などを詳細に説明しており、これを踏まえて、被告テクノの丁原が被告テクノの従業員に対し、戊田の説明通りに指示を与えていたこと、本件検蓋作業のラインの稼働を管理していたのは、被告テクノではなく被告大和製罐であり、被告大和製罐がそのラインを止めたとき、被告テクノの従業員は、ラインの近くで待機していたことは上記認定事実のとおりであって、これらの事実に照らすと、被告テクノの従業員は、実質的には被告大和製罐の指示のもとに労務の提供を行っていたと評価するのが相当である。

(4)　以上によれば、被告大和製罐と被告テクノの従業員との間には、実質的に使用従属の関係が生じているものと認められるから、被告大和製罐は、被告テクノの従業員に対し、信義則上、安全配慮義務を負う。

第1部　労働災害における民事損害賠償の基礎知識

　その具体的内容については、被告テクノの場合と同様であるところ、被告大和製罐は、転落防止の措置が施されていない本件作業台を一郎に使用させたものであるから、安全配慮義務に違反したものというべきである。したがって、被告大和製罐は、原告らに対し、債務不履行に基づく損害賠償責任を負う。また、上記義務違反は被告大和製罐の不法行為にもあたるので、不法行為に基づく損害賠償責任も負う。」

(2)　注文者の下請業者の労働者に対する安全配慮義務を否定した裁判例

東京電力・西松建設・吉田建設事件（東京地裁　平成22年3月19日判決、判時2078号）
事故態様：

　神流川発電所新設工事のうち土木工事を下請受注した下請業者の従業員が、本件土木工事現場において、ハンマードリルを使用してコンクリート吹付面に穿孔する作業に従事中、ハンマードリルに付属する電気ケーブルの被覆の一部が損傷していたために感電して傷害を負い、後遺障害等級12級の障害を残存した事故につき、注文者は下請業者の被災従業員に対して直接の指示を与えて作業に当たらせた事情は一切認められないから、発注者と被災従業員との間には、注文者に安全配慮義務を課すべき雇用関係に準ずる法律関係は認められず、注文者が下請業者の被災従業員に対して安全配慮義務を負っていたということができないと判断し、被災従業員の注文者に対する本訴請求を棄却しました。

　しかし、本件土木工事の元請業者及び下請業者の両被告については、下請業者の被災従業員が使用した本件ハンマードリルの安全性を確保する等義務を負っていたにもかかわらず、このための措置を怠った責任があると認め、被災従業員の本訴請求を認容しました。

第12章　安全配慮義務は、雇用契約関係にあることが前提となるか

原告：被災従業員本人（下請業者の従業員）
被告：東京電力（注文者）
被告：西松建設（元請業者）
被告：吉田建設（下請業者）

判示事項のポイント：

　注文者は下請業者の被災従業員に対して直接の指示を与えて作業に当たらせた事情が一切なく、発注者と被災従業員との間には、注文者に安全配慮義務を課すべき雇用関係に準ずる法律関係が認められないことから、注文者は下請業者の被災従業員に対して安全配慮義務を負っていたということができない。

判示事項：

【注文者が下請業者の従業員に対して安全配慮義務を負う場合とは】

「(2)　ところで、請負契約の注文者は、請負人の仕事の結果のみを享受し、通常、請負人（下請人も含む。）や請負人の雇用する労働者の仕事の過程を直接拘束するものではないから、原則として、請負人の雇用する労働者に対する安全配慮義務を負うことはない（民法716条、636条参照）。しかし、注文者と請負人の労働者との間に、雇用契約に準ずる法律関係が認められるような場合には、注文者は、当該労働者に対し、その者が労務の提供をする過程で発生する危険からその生命や身体等を保護するよう配慮すべき義務（安全配慮義務）を負うと解される。そして、上記のような法律関係が認められるというには、当該労働者が注文者の供給する設備・器具等を用い、注文者の指示の下で労務の提供をしていたなどといった、実質的にみて、注文者と当該

155

第1部　労働災害における民事損害賠償の基礎知識

労働者との間に使用従属関係が生じていたことが必要である。

【認定した事実等】

　本件では、前記(1)の各認定事実に照らせば、被告東京電力は、本件ハンマードリルを含め、原告ら被告吉田建設の従業員が作業に用いる工具等を供給したり、原告ら労働者に直接の指示を与えて作業に当たらせていたりしたという事情は一切認められず、他に、被告東京電力と原告との間に、実質的な使用従属関係を認めるべき事情もうかがえない（原告は、被告東京電力が、通常の注文者であれば、工事に伴う環境汚染の予防に関する責任など負わないのに、同被告はかかる責任を負うことを公言していたのだから、同被告は、本件工事において通常の注文者を超える地位にあったなどとも主張するが、公益事業者たる同被告において、本件請負契約の契約書の中で「公害の防除」や「環境の保全」に関する社会的責任を負うことを謳い〔本件請負契約の契約書3条参照〕この責任の一端を受注業者も担う心構えを持つこととしたからといって、その契約上、請負人の地位まで有することになるなどといえないことは明らかである。）。

　なお、原告は、被告東京電力が本件請負契約上有する種々の権限等を根拠として、同被告が下請人の被用者たる原告に対し、指揮監督権を及ぼしうる地位にあったなどと主張するが、本件請負契約を根拠として被告東京電力が、同被告の工事の発注者としての地位を超えて原告ら労働者に対する指揮監督権を及ぼすことができたとはいい難い。すなわち、例えば、①本件工事の施行については、災害防止に関する具体的措置を定めてこれを原告ら労働者に周知徹底させるなどの義務を負う災害防止責任者を定めなければならないとされているのは、あくまで被告西松建設ら共同企業体であり（本件請負契約の契約書14条1項、2項）、被告東京電力としては、この措置について報告を求め

ることができるに止まり、その請求の相手方も、個々の労働者ではなく、元請人たる被告西松建設であり、②本件工事の適正・円滑かつ安全な施工のために被告東京電力が行うことができる必要な指示（同契約書19条、20条）についても、元請人たる被告西松建設に対して行い、前記(1)オのとおり、実際にも、個々の労働者に対する安全衛生上の指導等を被告東京電力の現場監理人が行ったことはなかったのであり、③本件工事現場の労働者等で工事施工に不適当と認められる者について、被告東京電力がその変更請求を行えるのも（同契約書24条）、あくまで元請人たる被告西松建設に対してであり、④労働者等が第三者に与えた損害についても、損害賠償等の措置は、原則的に元請人たる被告西松建設の責任で行うこととされ、被告東京電力は、同被告において「必要と認めるとき」に、かかる措置を「行うことができる」とされているにとどまる（同契約書48条）のであり、原告が指摘するその余の点も、その権限の上で、本件工事現場の労働者に対する指揮監督権を根拠づけるものではないことは明らかである。

　また、工事の設計監理のみを行っている場合には、当該発注者は、安衛法の「特定事業を行うもの」にはならないところ、本件工事において被告東京電力が「工事の実行」に関与しておらず、設計監理にのみ関与していたことは、前記(1)の各認定からも明らかであり、「本件工事において、請負業者全体を統括する施工主体として行動していた」とも評価しえない。そうすると、同被告が、本件工事について安衛法上の「事業者」、「元方事業者」及び「特定元方事業者」のいずれにも該当しないこともまた明らかで、これを前提として同被告が原告に対して安全配慮義務を負うとの原告の主張は失当というほかない。

　結局、被告東京電力と原告との間には、同被告に安全配慮義務を課すべき雇用関係に準ずる法律関係があるとは認められないから、被告が原告に対する安全配慮義務を負っていたということもできない。したがって、同被告に対する安全配慮義務違反の請求には理由がないこ

第1部　労働災害における民事損害賠償の基礎知識

とに帰する。

(3)　また、原告の主張する、「原告ら本件工事の作業員に対し、本件工事に内在・随伴する危険を告げ、危険防除に必要かつ適切な措置を講ずるための物的人的設備を整える不法行為法上の義務」の具体的内容が明らかでないことは、被告東京電力が指摘するとおりである上、前記のとおり被告東京電力に原告ら労働者に対する直接的な指揮監督権があったとはいいがたいし、実際に直接的な指揮監督を行っていたともいえないことを考えると、抽象的にせよ、原告のいう不法行為法上の義務を被告東京電力が負っていたとも解しがたい。したがって、同被告に対する不法行為に基づく請求も失当である。」

❹　親会社は、子会社の被用者に安全配慮義務を負うか

　本事案は、被告平和石綿工業に雇用され、石綿糸製造作業に従事する従業員のじん肺罹患について、使用者及び親会社である朝日石綿工業の安全配慮義務違反を認め損害賠償責任を認めた事例です。

平和石綿工業・朝日石綿工業事件
（長野地裁　昭和61年6月27日判決、判時1198号）

> 判示事項のポイント；
>
> 　被災従業員と親会社との間に雇用関係がなくても、両者間に実質上使用者、被用者の関係と同視しうるような経済的、社会的関係が認められる場合には、親会社は子会社の被用者である従業員に対しても信義則上子会社の安全配慮義務と同一内容の義務を負担する。

158

第12章　安全配慮義務は、雇用契約関係にあることが前提となるか

判示事項：

【親会社が子会社の被用者に対して安全配慮義務を負う場合とは】

「原告ら元従業員が雇傭契約を締結した相手方が被告平和石綿であることは明らかであり、原告ら元従業員と被告朝日石綿が雇傭契約を締結した事実を認めるに足りる証拠はない。

しかしながら、使用者の安全配慮義務は、労働者の労務供給に伴う危険性に対し、使用者が当該労働者の労務を支配管理するという法律関係があるが故に信義則上右労働関係の付随義務として認められるのであって、必ずしも雇傭契約に付随してのみ存するものではないから、当該労働者の労務を支配管理するという意味において事実上雇傭契約と同視しうる使用従属の関係が存する場合には右安全配慮義務を負うこととなる場合があるというべきである。これをいわゆる親子会社の場合についてみると、労働者が法形式としては子会社と雇傭契約を締結しており、親会社とは直接の雇傭契約関係になくとも、親会社、子会社の支配従属関係を媒介として、事実上、親会社から労務提供の場所、設備、器具類の提供を受け、かつ親会社から直接指揮監督を受け、子会社が組織的、外形的に親会社の一部門の如き密接な関係を有し、子会社の業務については両者が共同してその安全管理に当り、子会社の労働者の安全確保のためには親会社の協力及び指揮監督が不可欠と考えられ、実質上子会社の被用者たる労働者と親会社との間に、使用者、被用者の関係と同視できるような経済的、社会的関係が認められる場合には、親会社は子会社の被用者たる労働者に対しても信義則上右労働関係の付随義務として子会社の安全配慮義務と同一内容の義務を負担するものというべきである。」

159

第1部　労働災害における民事損害賠償の基礎知識

【認定した事実等】

「これを本件についてみるに、前記1に認定した諸事情からすると、被告朝日石綿と被告平和石綿とでは企業規模において大きな格差があり、資金面、技術面、原材料の購入と製品の売上面において被告平和石綿は被告朝日石綿に大きく依存しており、昭和45年5月を境に被告朝日石綿が被告平和石綿の全株式の4割を保有する筆頭株主となり、同年9月16日付で被告朝日石綿から被告平和石綿へ取締役2名、監査役1名が派遣され、右取締役のうち1名は昭和46年1月1日付で工場長の地位に就いたことからして、被告朝日石綿は、被告平和石綿を実質的に支配し、被告平和石綿は、被告朝日石綿に従属しているとみることができる。そして、被告朝日石綿と被告平和石綿の従業員との間には直接の雇傭契約関係は存在しないが、被告朝日石綿と被告平和石綿との支配従属関係を媒介として、労務給付の場所、設備、器具類は形式上被告平和石綿の提供したものであるけれども実質上被告朝日石綿から提供を受けたものとみることができる。また、形式上直接の指揮監督は被告平和石綿の山本社長又はその代行者である工場長松本好隆によってなされているが、前記のごとく全面的に被告平和石綿は被告朝日石綿の支配従属下にあるうえ、松本好隆は、もと被告朝日石綿横浜工場の石綿紡織部門の最高責任者であったもので、横浜工場の石綿紡織部門の移設ともいうべき被告平和石綿新工場の建設の指導と同工場建設後の生産管理を実施すべく、被告朝日石綿から被告平和石綿へ派遣されたものであること、しかも松本好隆は、被告朝日石綿横浜工場製造次長当時、職制上、石綿紡織品担当の責任者である第二業務部長佐藤正夫を通じて被告朝日石綿から指揮命令を受くべき地位にあったところ、佐藤正夫が被告平和石綿の非常勤取締役の地位をも兼有していることからすると、松本好隆の形式上の地位が横浜工場製造次長

第12章　安全配慮義務は、雇用契約関係にあることが前提となるか

から被告平和石綿工場長に変ったにすぎず、実質上松本好隆は佐藤正夫を通じて被告朝日石綿から指揮命令を受ける、被告朝日石綿の工場長としての立場で被告平和石綿の生産管理及び労務管理を担当実施してきたこととなるから、被告平和石綿の従業員は、松本好隆を通じて被告朝日石綿の指揮監督を受けたものとみることができる。更に、被告平和石綿は、外形的には独立した株式会社であるけれども、被告朝日石綿の石綿紡織品の一製造部門と同視しうる密接な関係を有していたから、被告平和石綿の粉じん作業について、除じん設備の改善及び充実、粉じん測定、労働時間短縮等の措置をとるについては、両被告が共同して行わなければその実を挙げることはできず、被告平和石綿の労働者の安全衛生確保のためには被告朝日石綿の協力及び指揮監督が不可欠であったと考えられる。そうとすると、松本好隆が工場長に就任した昭和46年1月1日ころ以降につき、被告朝日石綿と被告平和石綿の従業員との間に雇傭契約関係に準ずる労務指揮権の行使に関する法律関係が成立し、被告朝日石綿は、使用者と同視しうる地位にある者として、被告平和石綿の被用者たる従業員に対し、信義則上、右法律関係の付随義務である、被告平和石綿の安全配慮義務と同一内容の義務を負担することとなったというべきである。」

第1部　労働災害における民事損害賠償の基礎知識

第13章

過失相殺とはどのようなものか

■1　不法行為責任と債務不履行責任とで過失相殺が異なるか

　マンション建設工事現場で、作業員が足場から転落して負傷した場合、被災者自身にも損害の発生やそれを拡大させたことについて過失があるため、その作業員の損害額を算定するにあたって、被災者の過失部分を減額することが公平に適するとされています。民法第418条及び第722条2項は、裁判所が被災者（原告）の過失を考慮して損害賠償額から減額する旨規定しています。これが過失相殺であり、裁判においては、使用者側（被告）の主張によってなされますが、裁判所は、被災者及び使用者双方の過失を対比して総合的評価により認定した過失割合に基づいて減額を行うことから、使用者側が被災者の過失を基礎付ける具体的事実を主張・立証します。

　ところで、労働災害における損害賠償請求の根拠については、大別して、債務不履行責任（安全配慮義務違反）と不法行為責任とがありますが、過失相殺については、前者の場合と後者の場合とで、民法の規定の文言が違っています。

　すなわち、債務不履行責任の場合、民法第418条は、「債務の不履行に関して債権者に過失があったときは、裁判所は、これを考慮して、損害賠償の責任及びその額を定める。」と規定しており、裁判所は、損害賠償責任及び賠償額を算定するにあたり、必ず債権者（被災者）の過失を斟酌しなければならず、また場合により、債務者（加害者）の責任を否定することもできるように読めます。これに対して、不法

162

行為責任の場合、民法第722条2項は、「被害者に過失があったときは、裁判所は、これを考慮して、損害賠償の額を定めることができる。」と規定していることから、裁判所は、被害者の過失を斟酌することができるが、加害者（使用者）の責任を否定することはできないように読めます。

しかし過失相殺の制度は、「損害発生の当事者間において損害の公平な負担を図るという観念」によるものであり、その扱いに差違を設ける理由に乏しいとして、労働災害においても、損害賠償請求にあたり、不法行為責任又は債務不履行責任のいずれによって法律構成しようが、同様の扱いがなされており、労働災害の発生について被災作業員に過失が認められれば、損害賠償額を算出するにあたり、その過失に相当する金額が減額され、それに対応して、加害者側（使用者）が負担すべき金額が減額されます。

なお、雇用関係において使用者と労働者は実質的に対等ではないことから、対等であることを前提とした民法上の過失相殺を労働災害の場で適用することは、かえって公平さを欠くことになり適当でないとして、労働者の不注意を理由とする過失相殺を否定又は制限する見解がありますが（「裁判実務大系」8巻（民事交通・労働災害訴訟）、538頁以下、池田亮一）、このような見解は公平を欠いたものであり、裁判実務においては採用されておりません。

この点に関連して、下記のNTT東日本北海道支店事件について最高裁判所は、次のとおり、業務上の過重負担と基礎疾患とが共に原因となって同支店の職員が急性心筋虚血で死亡した事案について、車両衝突事故による損害賠償請求事件の最高裁判決を引用し、公平の観点から、民法第722条2項の規定を類推適用して、被害者の疾患を斟酌することができ、このことは労災事故による損害賠償請求の場合においても、基本的に同様である旨判示しています。

また、下記の竹屋事件においても、同趣旨の判断を示しております。

第1部　労働災害における民事損害賠償の基礎知識

NTT東日本北海道支店事件（最高裁一小法廷　平成20年3月27日判決　判時2003号）

> **事案の概要と判示事項のポイント：**
>
> 　本件は、新たに担当することになった法人営業業務の遂行に必要な知識・技能を習得することを目的とする研修会に参加した職員は、その基礎疾患として陳旧性心筋梗塞を有していたところ、当該研修が2か月以上にわたる長期間の連続する宿泊を伴うものであったことから、過度の精神的、身体的ストレスにより急性心筋虚血を発症して死亡した事案です。
>
> 　裁判所は、損害賠償の額を定めるに当たり、民法第722条2項の規定を類推適用して、被害者の疾患を斟酌することができるが、このことは、労災事故による損害賠償請求の場合においても、基本的には同様であると解されると判示されました。

判示事項：

「(1)被害者に対する加害行為と加害行為前から存在した被害者の疾患とが共に原因となって損害が発生した場合において、当該疾患の態様、程度等に照らし、加害者に損害の全部を賠償させるのが公平を失するときは、裁判所は、損害賠償の額を定めるに当たり、民法722条2項の規定を類推適用して、被害者の疾患をしんしゃくすることができる（最高裁昭和63年（オ）第1094号平成4年6月25日第一小法廷判決・民集46巻4号400頁参照）。このことは、労災事故による損害賠償請求の場合においても、基本的に同様であると解される。」

竹屋事件（津地裁　平成29年1月30日判決、労判1160号）

※上記判示事項と同趣旨の判断をし、過失相殺の規定を類推適用して、損害額から3割を控除した事例

第13章　過失相殺とはどのようなものか

> **事案の概要と判示事項のポイント：**
>
> 　本件は、被告会社に雇用され、ドーナツの製造、販売及び店舗管理等の業務に従事していた店長（他店舗の運営支援等を行う課長代理を併任）が、過重業務に従事したことにより致死性不整脈を発症して死亡した事案です。死亡した従業員は、発症前1か月間の時間外労働時間数は59時間57分、同6か月間の平均は112時間35分に達するなどの過重労働であり致死性不整脈との関連性は強いと判示しました。

判示事項：

> **[(4)過失相殺－抗弁]**

ア　被害者に対する加害行為と加害行為前から存在した被害者の疾患とが共に原因となって損害が発生した場合において、当該疾患の態様、程度等に照らし、加害者に損害の全部を賠償させるのが公平を失するときは、裁判所は、損害賠償の額を定めるに当たり、民法722条2項の規定を類推適用して、被害者の疾患をしんしゃくすることができる（最高裁平成4年6月25日第1小法廷判決・民集46巻4号400頁参照）。このことは、労災事故による損害賠償請求の場合においても、基本的に同様であると解される（最高裁平成20年3月27日第1小法廷判決・裁判集民事227号585頁＜NTT東日本北海道支店事件・労判958号5頁－編注＞）。

イ　前記3(5)のとおり、亡一郎が致死性不整脈により死亡したことについては、長時間労働により心身に負荷がかかったことが主たる原因と認められる。

　しかしながら、兼務の解消により死亡1か月前の業務時間は軽減さ

165

第1部　労働災害における民事損害賠償の基礎知識

れていたこと（別紙4の発症前1か月を参照）、亡一郎が複数の冠危険因子を有していたこと（前記3(4)）、これら冠危険因子は業務と関連性がないこと、喫煙をやめるように指摘されていたのに亡一郎が喫煙を続けていたこと（＜証拠・人証略＞、原告花子本人）、運動をするように指摘されていたのに亡一郎が運動もせず肥満を解消することもなかったこと（＜証拠略＞）、亡一郎が食事制限もせずに脂っこい食事や甘い飲料を日常的に摂取していたこと（＜証拠・人証略＞）からすると、被告会社及び被告代表者らに亡一郎の死亡による損害の全部を賠償させることは、公平を失するものといわざるを得ない。

　したがって、過失相殺の規定を類推適用して、前記(2)及び(3)の損害額から3割を控除すべきである。」

❷　工作物の瑕疵によって発生した労働災害についても過失相殺がなされるか

　民事上の損害賠償責任は「過失責任主義」によるものであり、故意・過失がある場合にだけ賠償責任を負うというものです。

　工作物責任について民法第717条1項は、「土地の工作物の設置又は保存に瑕疵があることによって他人に損害を生じたときは、その工作物の占有者は、被害者に対してその損害を賠償する責任を負う。ただし、占有者が損害の発生を防止するのに必要な注意をしたときは、所有者がその損害を賠償しなければならない。」と規定し、工作物の所有者については、占有者のような免責条項がなく、工作物の設置又は保存の瑕疵によって生じた損害については、主観的な故意・過失がなくてもその賠償責任を負わせています。これを無過失責任主義といい、危険責任の原理を含んでいます（危険責任とは、建物、塀など、他人に危険を及ぼすおそれのある、工作物の設置・保存に瑕疵があったときに重い責任を課すというもの）。

　そこで、工作物の瑕疵によって労働災害が発生した場合、工作物責

166

第13章　過失相殺とはどのようなものか

任を危険責任の原理にもとづく無過失責任主義であると考える立場に
立つと、当該工作物の所有者である使用者が全面的に責任を負担しな
ければならず、被災者の過失について過失相殺を認めることができな
いのかが問題になります。

　しかし、次のとおり、実際の裁判事例においては、工作物の瑕疵責
任の場合についても、被災者の過失が損害発生に寄与し負担している
ならば、その割合に応じて過失相殺をしています。

和泉精機製作所事件（東京地裁　平成5年10月25日判決、判時1508号）

事案の概要と判示事項のポイント：

　本件は、工場内にあるエレベーターに乗り込もうとして足を踏み出し
たところ、かごが来ていなかったため、約3.8メートル下の昇降器の底部
の床面に落下して負傷した事案ですが、被災者に、かごが来ているもの
と軽信して乗り込んだ過失があるとして、30％の過失相殺をしました。

判示事項：

　「原告は、本件事故当時、自ら操作して本件エレベーターを利用す
るのは初めてであったが、かご表示灯でかごの位置を確認することな
く外扉の把手に手を掛けて横に引いたところ、容易に開いたので、そ
こにかごが来ているものと信じて足を踏み出した結果、右事故に遭遇
したものである。しかし、本件エレベーターの位置及び構造等からす
れば、外扉が開いた時点で原告の眼前は暗闇ないしそれに近い状態で
あったと推認されるのであり、このような場合において、エレベーター
の利用者としては、何らかの異常に気付き、かごが来ているか否かを
疑ってしかるべきであり、そうとすれば、原告は、かごの位置を確認

167

第1部　労働災害における民事損害賠償の基礎知識

する義務を怠ったものといわざるを得ないから、右過失を斟酌して原告の損害賠償額を算定すべきものである。そして、前示のとおり、本件事故は本件エレベーターに前記法令違反の瑕疵があったことに主な原因があり、右瑕疵がなければ本件事故は発生しなかったものであることなど諸般の事情を総合考慮すると、原告の過失割合を3割と評価するのが相当である。」

③　過失相殺はどのようになされるか

　交通事故事件の場合には、多数の裁判事例の蓄積があることから、歩行者と自動車の事故、四輪車同士の事故、単車と四輪車の事故、自転車と自動車の事故及び高速道路上の事故等、事故態様が類型化され、しかも被害者及び加害者の過失割合を数値で示すなどして、過失割合の基準化が図られています（東京地裁民事交通訴訟研究会編「民事交通訴訟における過失相殺率の認定基準全訂5版」別冊判例タイムズ38号・平成26年発行）。

　これに対して労働災害の場合は、その事故原因が多種多様であることから、類型化することが難しいだけでなく、裁判事例の件数についても交通事故と比較すると、その件数がかなり少ないこともあり、使用者側及び被災労働者の過失割合を数値で表すのは極めて困難な状況にあります。

　しかしながら労災民事判例の大多数は、労働災害における過失相殺率の認定方法について、被害者・加害者双方の過失を対比し、両者の過失の態様・程度等を総合的に判断して過失相殺率を認定しようとする考え方を採っています。

④　裁判例にみる過失相殺の参考基準について

　裁判例において、当事者間における損害の公平な分担という観点から、具体的事案ごとに、被災労働者の過失と使用者の義務違反等とを

168

検討し、具体的に妥当な過失割合を定めています。

　そこで、過失相殺を認容した具体的な裁判例のうちから、おおよその過失割合を推定する上で参考になると思われる事例について、下記のとおり、過失相殺率別に一覧表にまとめました。ただし、これらはあくまでも参考基準であることをお断りしておきます。

　　　裁判例にみる過失相殺率算定のおおよその判断基準について

	過失相殺率	おおよその判断基準
1	10%	使用者の安全教育が不徹底であるなどの義務違反が認められるが、労働者が知識不足あるいは経験等が浅いため安全であると軽信して作業をしたことにより被災した場合等
2	20%	使用者の安全教育が不徹底であるなどの義務違反が認められるが、労働者が、業務遂行にあたり、通常必要とされる注意を怠り、漫然と作業したことにより被災した場合等
3	30%	一般的な指示のみで、具体的な注意を怠るなど使用者に義務違反が認められるが、労働者がマスクやヘルメット着用等をせず、また不注意等により被災した場合等
4	40%	使用者が設置した工作物についての瑕疵と、労働者の相当重大で危険を伴う作業方法とが競合して被災した場合等
5	50%	使用者の義務違反の程度に相応する労働者の不注意とが競合して被災した場合等
6	60%	使用者に義務違反が認められるが、労働者の経験等を考慮すると、軽率、不注意で危険を伴う作業態様により被災した場合等
7	70%	使用者に義務違反が認められるが、労働者にそれを上回るほどの軽率で重大かつ危険を伴う作業態様により被災した場合等
8	80%〜85%	使用者に義務違反が認められるが、労働者自身がほんの少しの注意を払えば危険を回避できたのにそれを怠り、軽率で重大かつ危険を伴う作業態様により被災した場合等

第1部　労働災害における民事損害賠償の基礎知識

1　過失相殺率：10%
　　使用者の安全教育が不徹底であるなどの義務違反が認められるが、労働者が知識不足あるいは経験等が浅いため安全であると軽信して作業したことにより被災した場合等

①日本通運事件　大阪高裁　平24.5.29判決（判時2160号）
○被災労働者の過失等
　運送会社の従業員が、石綿製品の製造販売会社の工場内で石綿等の運搬・搬入業務等を行っていたため、石綿粉じんにばく露し中皮腫を発症して死亡したが、被災者は、社会保険労務士の資格を有していたこと、備え付けの防じんマスクを着用しようとすればできたこと、衛生管理者として石綿を吸入することにより石綿肺を発症するおそれがある知識を持っていたことなどに照らすと、石綿製品の積込み作業現場においては、できるかぎり自己の健康・安全を守り保持するように努め、職場の安全確保に配慮し、注意すべき義務があるのにもかかわらず、防じんマスクの着用を怠ったこと等で、10%の過失があったというべきである。
○使用者の義務違反等
　被告日通は、石綿粉じんが飛散する石綿製造工場内で搬入搬出作業に立ち会う事務職員に防じんマスクの着用を徹底せず、必要な安全教育をしなかったことにより、同製造工場に出入りする従業員が石綿粉じんを吸引しないようにするための措置を怠ったものであり、安全配慮義務違反に基づく責任を免れない。

②Y興業（アルバイト転落負傷）事件　東京地裁　平18.11.30判決（労判908号）
○被災労働者の過失等
　被告会社が請け負った家屋の解体作業に従事していた原告アルバイト作業員が、廃材である鉄骨を2階の開口部から1階へ下ろす作業に従事中、鉄骨を投げ下ろそうとした際、原告が鉄骨と共に高さ約3.5メートルの地点から転落し、脊髄損傷等の障害（障害等級1級）を負った事故につき、原告は安全帯を装着しない状態で、被告に相談することなく鉄骨を投げ下ろしていたものであるが、原告の解体作業の経験（本件被災事故までに1年半程度の経験あり）を考慮すると、原告にも危険性の認識はし得たものであり、また近くにいた被告に相談するなどして危険回避のための措置をとり得たというべきであるが、被告の原告に対する安全に関する注意や指摘が一般的なものに止まっていたこと、原告は他の作業員よりも歳が若く（本件事故当時21歳）、解体作業の経験も少なかったことが窺われること等を考慮すると、原告の過失は1割が相当である。
○使用者の義務違反等
　原告は当初、1階にいた他の作業員らに手渡しする方法で鉄骨を下ろしていたが、その後は、手渡しするのではなく投げ下ろしていたものであるが、高さが3.5メートル程度の位置から1階へ突起物のある鉄骨を下ろすに当たり、その作業が手渡しによるものであったとしても、転落の危険は十分考えられることから、被告において、転落防止のための何らかの措置をとるべきであったにもかかわらず、被告はその措置をとらず、また原告に対して、日頃からヘルメットや安全帯を装着するようにと

170

注意し、分からないことがあったら、必ず聞きに来るように、自分勝手な判断で作業は絶対にやるな、と話しをしてはいたものの、本件事故当日、被告は、ヘルメット等を装着していない原告に対して、ヘルメットや安全帯の着用、作業手順について具体的な注意や指摘をしなかったのであるから、被告には本件事故につき、過失があるというべきである。

③マルハ事件　山口地裁下関支部　平13.4.23判決（判時1767号）

○被災労働者の過失等

　水産会社として遠洋漁業を営む被告会社が所有する船舶の甲板手は、チリの沖合において、本件船舶内にあるソイルタンクを修理するため、これが設置してあるソイルタンク室内に降りたところ、同室内に硫化水素が充満していたため、硫化水素中毒により死亡した事故につき、被災者は、本件事故前、一等航海士に対し、これからバルブの取替え作業を実施する旨報告し、同一等航海士から、「何かあったら報告するように。」と指示を受けていたところ、本件ソイルタンク室に降り、排出ポンプを手動で回して汚水排出作業をしたものの、実際には汚水が排出されておらず、バルブ取替えのためフランジ継ぎ手を取り外した瞬間、真っ黒な汚水が排出するという異常事態が発生したにもかかわらず、この事態を軽視し、同一等航海士に報告することもないまま、漫然とバルブ取り替え作業を継続しようとして本件事故に遭遇したのであるから、本件事故の発生については、被災者にも若干の過失があったことは否定できないが、同一等航海士の指示が極めて抽象的なものにとどまっていることに加えて、本件ソイルタンクから硫化水素ガスが発生する可能性があることの一般的知見の程度等を考慮すると、被災者の過失割合は、1割とするのが相当である。

○使用者の義務違反等

　本件船舶の安全担当者である一等航海士は、被災者に対して、危険な作業を命じるにあたり、換気や保護具の使用・看視員の配置等必要、適切な措置を講じなかった過失があるだけでなく、被告会社は、同一等航海士にも十分な教育活動等を施す必要があったというべく、硫化水素発生の危険性につき、本件船舶の安全担当者たる同一等航海士に対して十分な安全教育を施さなかった点において組織上の落ち度があり、ひいては、同教育を受けたとすれば、同一等航海士としても、嫌気性バクテリアによる大量の汚泥水中の含硫黄有機物等の分解等によって硫化水素が発生することは、容易に予見できたというべきであり、本件事故は、被告会社の組織としての落ち度が同一等航海士の無知ないし安全担当者としての不適格性をもたらしたものであって、これらがあいまって被告会社の過失を構成するというべきである。

第1部　労働災害における民事損害賠償の基礎知識

2　過失相殺率：20%

使用者の安全教育が不徹底であるなどの義務違反が認められるが、労働者が、業務遂行にあたり、通常必要とされる注意を怠り、漫然と作業したことにより被災した場合等

①ナルコ事件　名古屋地裁　平25.2.7判決（労判1070号）
○被災労働者の過失等
　自動車部品の製造工場において、中華人民共和国の国籍を有する外国人研修生が、自動車の座席部品であるパイプの加工作業に従事中、パイプ曲げベンダー（本件機械）で右示指を切断して負傷した事故につき、本件事故は、被災者が本件機械に右手でパイプを設置した後、右手でスイッチを入れるべきところ、誤って左手でスイッチを入れたことにより発生したものと認められるが、本件機械に安全装置が設置されていれば、本件事故の発生を防ぐことができたことを考慮すると、被災者の過失割合は2割とするのが相当である。
○使用者の義務違反等
　被告会社は、外国人研修生を自社の工場においてパイプ加工の作業に従事させるにあたって、同研修生の生命及び健康等を危険から保護するよう配慮すべき義務（安全配慮義務）を負っているものと解すべきところ、本件機械には安全装置が設置されておらず、また、同研修生は中国人であり、日本語をほとんど理解できず、また、研修生として来日した者であることを考慮すると、作業手順や注意事項及び事故発生時における対応等について、中国語で記載した書面を交付するか、中国語で説明した上、その内容・意味を正確に理解していることを確認するのでなければ、安全教育として不十分であって、安全配慮義務を尽くしているとはいえない。

②B重機等事件　名古屋地裁　平23.6.24判決（交民集44巻3号）
○被災労働者の過失等
　ビルディング新築工事現場において、ALCパネルをトラックに積んで運んできた被災者は、同トラックの荷台の上で資材の片づけ作業をしていたところ、クレーン車のクレーンにより吊り上げられたALCパネル（大きさの違う10枚のパネル）が荷崩れを起こして落下して被災者にあたり、右肩可動制限、強度の精神症状等の後遺障害を負わせた事故につき、被災者は揚重される荷物の下にいてはいけない旨厳重に言われていたにもかかわらず、揚重される荷物の下から避難することなく荷台の上で作業しており、被災者の過失相殺の割合は20％とするのが相当である。
○使用者の義務違反等
　本件クレーン車の運転手は、一度目の揚重の際に安定が悪いと感じた段階で、そもそも、大きさの違うALCパネルを10段も重ねて揚重することの危険性を認識し得たというべきであり、その時点で、危険な揚重をやめ、より安全な方法（締め付けをより強くする玉掛けをさせるとか、金網にALCパネルを入れて落下しないようにするなどの方法）で揚重すべき義務があるのにこれを怠り、安定を良くするために玉掛けをやり直させただけで揚重をし、ALCパネルを落下させた過失がある。また、玉掛け作業を担当していた作業員は、荷物の下に人がいないことを確認してから本

172

第13章　過失相殺とはどのようなものか

件クレーン車の運転手に揚重をしてもよいとの合図をすべき義務があるのにこれを怠った過失がある。

③テクノアシスト相模・大和製罐事件　東京地裁　平20.2.13判決（判時2004号）
○被災労働者の過失等
　注文者の製罐工場内において、請負人の従業員が、高さ90cm足場面積40cm四方の作業台の上に立ってライン上を流れる缶の蓋を検査する検蓋作業に従事中、作業台から転落して工場床面に頭部を強打し、脳挫傷・急性硬膜下血腫等の傷害を負って死亡した事故につき、被災者はヘルメットを着用していれば転落による衝撃を軽減できたものといえるから、ヘルメットの不着用の事実は過失と評価できるものの、被災者は本件事故の直前まではヘルメットを着用しており、被災者がヘルメットを外したのは、何らかの理由で身体に不調を感じたためであることに鑑みると、上記過失を過大に評価することはできず、過失の割合は、被災者2割と認めるのが相当である。
○使用者の義務違反等
　注文者である大和製罐とその工場内で作業に従事していた請負人の従業員との間に実質的使用従属関係があると認められることから、被告大和製罐は、本件被災者に対し、使用者が負う安全配慮義務と同様の安全配慮義務を負うものと解するのが相当であるところ、転落防止の措置が施されていない本件作業台を本件被災者に使用させていたものであることから安全配慮義務に違反したものというべきである。（なお、本件事故直後に、作業台を丈夫な柵をつけた新しいものに取り替えた。）。

④介護用品等クリーニング工場事件　東京地裁八王子支部　平15.12.10判決（判時1845号）
○被災労働者の過失等
　おむつ専門のクリーニング工場で、業務用の連続式大型自動洗濯機・乾燥機を操作して洗濯業務に従事していた従業員が、洗濯物がエアーシューター吸込口につまり、ほとんど乾燥しない状態で洗濯物が排出されるため、吸込口につまった洗濯物をシューターに入って除去した際に、何らかの理由でシェーカーが突然起動し、回転するシェーカー内で全身を打撲し、エアーシューターの吸込口に頭を引き込まれて頭蓋内損傷により死亡した事故につき、被災従業員は、知的障害を有していたとはいえ、被告会社に入社した当初から洗濯作業に従事し、長年にわたり洗濯主任の地位にあって、部下に対する指示・監督を行うなど相当の能力を有していたことに照らせば、本件事故以前に、工場長からエアーシューター吸込口に洗濯物が詰まった際の対処方法を聞き、復旧作業に従事したこともあったが、結局のところ、その対処方法を十分には理解していなかったとはいえ、詰まった洗濯物はシェーカー南側に設置された点検扉から取り除くべきであって、シェーカー内に入って取り除くべきでないこと程度は十分に認識していたものと考えられるにもかかわらず、被災従業員は、不用意にシェーカー内に進入した過失があるものというべきであり、同人の過失を2割と認めるのが相当である。
○使用者の義務違反等

173

第1部　労働災害における民事損害賠償の基礎知識

　被災従業員は、機械操作には習熟していたとはいえ、予期せぬトラブルに臨機に対応する能力に欠けることは、被告会社は知っていたにもかかわらず、本件事故発生時に、所長は工場の中二階にある事務所にいたこと、工場長も駐車場からリネン部の汚れ物を運んでいる最中であったこと、さらに副工場長は工場内にいなかったことの状況から、トラブル発生時に即座に被災従業員を適切に指導監督する態勢をとっておらず、同人が作業を行うについて安全確保のための配慮を欠いていたことは明らかである。また、被災従業員に対して、トラブルが発生した場合には、所長、工場長及び副工場長を呼んで対処方法を聞くように指導していたと主張するが、このような一般的指示をもって、被災従業員に対する安全教育が全うされたとは到底いい得ない。

⑤上津陸運事件　神戸地裁　平8.12.20判決（交民集29巻6号）
○被災労働者の過失等
　荷物の検査業務に従事していた検数員が、時速約10キロメートルの速度で後退してきた貨物自動車に衝突されて死亡した事故につき、被災者は、本件事故現場で勤務をし、同現場の状況を十分に把握しており、また、本件事故当時、加害車両が本件事故現場に到着したことを認識していたのであるから、たまたま同車の後退時に警笛は鳴らなかったものの、同車が被災者の立っていた付近に後退してくることを比較的容易に知り得たものと推認することができ、この場合、被災者としては、同車の動静に注意し、本件事故回避のための努力をすべきであったのにその努力が足らなかったものと言わざるを得ず、その点被災者にも多少の過失があり、その過失割合は20％とみるのが相当である。
○使用者の義務違反等
　加害車輌の運転手は、本件衝突地点付近にいた被災者の発見を見過ごしたか、その後、他の場所にいた被災者が本件衝突地点に入ってきたのを見過ごしたのか明確でないが、運転手としては、後方確認を十分にして後退すべきであり、しかもそれは十分に可能であったのにその確認を怠ったものといわざるを得ず、事業用の普通貨物自動車の職業運転手としての過失は大きいものといわざるを得ない。

3　過失相殺率：30%

一般的な指示のみで、具体的な注意を怠るなど使用者に義務違反が認められるが、労働者がマスクやヘルメット着用等を徹底せず、また不注意等により被災した場合等

①ユニック車荷物搭載被災事件　横浜地裁　平27.10.30判決（交民集48巻6号）
○被災労働者の過失等
　公害防止関連器具等制作・販売会社の被災者（原告、同会社の代表取締役）は、原告会社の工場敷地内で、被告運送会社のユニック車に荷物を搭載する作業に従事中、被告会社の作業員がユニック車のクレーンを操作して工場外へ本件荷物を引き出そ

174

第13章　過失相殺とはどのようなものか

うとした際、本件荷物を吊っていた平ベルトと本件荷物との間に左手中指及び薬指を挟まれて欠損する傷害を負った事故につき、本件工場の入口左手に本件荷物の搬出に支障となる定盤を設置していたこと、被災者は本件荷物の後方1メートル以上の位置におり、本件荷物が被災者に衝突する危険があったとはいえないのに、本件荷物が自身に向かってくるものと咄嗟に判断し、衝突を避けようとして両手を前に差し出して本件事故に至ったこと、本件荷物にクレーンのフックを装着したり、平ベルトを付けたままの状態で搬出の指示をしたのは原告会社の従業員であったことなどを考慮すると、原告側について30％の過失相殺をするのが相当である。

○使用者の義務違反等

　被告会社は、本件事故前にもユニック車のクレーンを使用して本件荷物と同様に本件工場から引き出し、運送する作業をしたことが相当回数ある上、本件事故は被告会社の作業員がクレーンを操作して本件荷物をユニック車に搭載する作業中に発生したものであり、同作業は、被告会社の事業の執行につき行われたものというべきである。

②環境施設・東部興産事件　福岡地裁　平26.12.25判決（労判1111号）

○被災労働者の過失等

　被災者は、被告東部興産に雇用され、生コンクリートの製造・販売、排出土の改良・販売等を業とする被告環境施設のプラントに派遣され、汚泥プラントの石灰貯蔵タンクにおいて作業中、足場とした木製の板（「本件道板」）が二つに折れ、約3ｍ30㎝の高さからコンクリート土間に墜落して受傷した事故につき、被災者は本件プラント上のような高所における作業においては安全帯の装着が必要であることを知りながら、しかも、安全帯を所持していてこれを装着することが容易であったのに装着を怠った過失が認められるが、他方において、安全帯を使用しない方法は、被災者に被告環境施設（派遣先）の従業員が作業手順を指示した際にとっていた方法であり、被災者がこれにならうことも理解できる面があることからすれば、過失相殺の割合は30％にとどめることが相当である。

○使用者の義務違反等

　被告両社は、本件道板が被災者の体重に耐え得るものか予め確認し、安全でない道板を撤去し、又はより頑健かつ安全なものと交換する等の義務や、本件道板上で作業しないこと及び作業時に安全帯を使用することについて被災者が遵守するよう管理監督すべき義務を負っていたのにこれを怠った過失があると認められる。

③Ｏ技術事件　福岡高裁那覇支部　平19.5.17判決（労判945号）

○被災労働者の過失等

　Ｌ型コンクリート擁壁設置工事現場において、埋め戻しの作業に従事していた孫請会社の従業員が、鉄板と土壁面との間を支えていた桟木が外れて鉄板が土壁側に倒れた際に、鉄板の土壁面側にいたためその間に挟まれて死亡した事故につき、被災者は、本件工事までに土木工事等に従事する経験を有していたこと、本件作業方法は、被災者本人も参加して決定したものであったことなどの本件事故の発生に至る経験及び本件事故の態様を総合すると、本件事故が発生したことにつき、被災者

175

第1部　労働災害における民事損害賠償の基礎知識

にも落ち度があったと認められる点を考慮すると、損害賠償額から3割を控除するのが相当である。
○使用者の義務違反等
　本件工事に従事した孫請会社は、本件工事の施工にあたり、注文者からの指揮監督を受けない独立した事業者である請負人ではなく（民法716条参照）、被控訴人会社（第1審被告）から、現場代理人を通じて、間接・直接に指揮監督される関係にあった、と認めるのが相当であるから、被控訴人会社は、信義則及び条理上、孫請会社の従業員であった被災者に対してもその安全に配慮する注意義務を負っていたと認められるところ、被控訴人会社は、鉄板を用いた本件作業を施工すれば、鉄板が倒れる危険性があることは予見が可能であったから、現場代理人を通じて、鉄板が倒れることによって発生する事故を防ぐために必要な注意指導をするとの労働者の安全に配慮する注意義務があったにもかかわらず、この注意義務に違反した過失があったと認めることができる。

④矢崎部品・テクノサイエンス事件　福岡地裁　平19.1.24判決（労判939号）
○被災労働者の過失等
　ブラジル国籍の労働者は訴外会社に雇用され、被告会社（矢崎部品）の工場において一人で射出成形機械を使用してコネクター成形作業に従事していたところ、12個あるボタンを押し間違えたため、本件機械の金型取付部が上昇し、油圧シリンダーケース部と金型取付部の間に左手を挟まれて負傷した事故につき、被災者は本件機械を一人で使用するようになって21日目に本件事故が発生したものであり、いまだ本件機械の操作に熟練していたとはいい難い上、本件機械の安全教育も十分に受けていなかったし、ボタンの押し間違えには十分に注意して慎重に操作すべきは当然であり、ボタンを押して機械を作動させる際には、手などの身体の一部が機械の可動部分に接近しないようにすることも作業者の当然の注意義務というべきであるのに、これらの注意義務を怠った過失があり、被災者の損害に3割の過失相殺をするのが相当である。
○使用者の義務違反等
　被告らは、本件機械を用いた作業による危険から作業員の身体の安全を保護するように配慮すべき義務があるというべきところ、ボタンの押し間違いを防止する措置を講じなかったこと、また、安全カバーを設置するか、手など身体の一部が危険限界内にあるときには上型取付部板が上昇するのを防止する安全装置を設けなかったこと、さらに、本件機械を安全に扱うための安全教育として、本件機械の仕組みとその危険性を十分に理解させた上で、上型取付板と油圧シリンダーケース底部の間に手など身体の一部が挟まれないように、具体的な作業手順等を教育する業務を怠った事実が認められる。

⑤喜楽鉱業事件　大阪地裁　平16.3.22判決（判時1866号）
○被災労働者の過失等
　廃油の収集、処理、再生等を業とする被告会社の本社工場内にある廃溶剤タンク内において送気マスクを装着せずに清掃作業に従事していた作業員が、有機溶剤中

176

毒に罹患して死亡した事故につき、被災作業員は、5年以上にわたって有機溶剤の取扱業務に従事し、本件事故までに少なくても4、5回本件タンク内の清掃作業に従事したことがあること、乙種第四類危険物取扱者免状及び第一種衛生管理者の免許を取得し、有機溶剤の危険性や有毒性に関しても一応の知識を有していたものと推認できることから、同人は、送気マスク等の保護具を装着せずに本件タンクに立ち入れば、有機溶剤中毒により生命に危険がおよぶことを認識できたと考えられることから、同人には、このような危険を十分に考えずに本件タンク内に立ち入った過失があるといわざるを得ない。

○使用者の義務違反等

本件事故当時、溶剤タンクの清掃についての作業手順や注意事項、特に、送気マスク等の着用をせずにタンク内に立ち入ってはならないことを文書で具体的かつ明確に定めていなかったこと、被災作業員に本件作業を命じた次長は、被災作業員に対して、単に本件タンクから廃溶剤の抜き取り作業を命じ、しかも、送気マスク等を装着せずに本件タンク内に立ち入ることを禁ずる旨の注意、指導はしなかったこと、本件抜き取り作業を補助した他の従業員は、有機溶剤の有害性・危険性に関する安全教育を受けたことがなかったうえ、本件抜き取り作業の手順を全く理解しておらず、また、本件タンク内の廃溶剤が有害・危険な有機溶剤を含有するものであることや、送気マスク等の保護具を装着せずに本件タンク内に入ることは危険であることも知らず、被災作業員が作業中に本件タンク内に入り込むのを目撃しても、その危険性を全く感じず、何らこれを制止しなかったこと、しかも、本件タンクには、有害・危険物を貯蔵していることや、送気マスク等を装着せずにタンク内に立ち入ることを厳禁する旨の表示をしていなかったなどを考慮すると、被告会社に安全配慮義務を怠った過失があると認められる。

⑥フナツ産業事件　京都地裁舞鶴支部　平13.5.18判決（判タ1115号）

○被災労働者の過失等

鉄鋼製品の加工・販売を業とする被告会社の工場内で、見習い研修中の社員が、H型鋼を組立矯正機に登って足で押し出そうとした際に、作動させた上昇中の押さえローラーを制止させないままその上部の鉄棒に両手を置いて作業したため、当該鉄棒と矯正機上部の鉄棒との間に両手を挟まれ両手圧挫創の傷害を負った事故につき、被災者は、本来、責任者の指導監督の下で作業を行わなければならない立場にあったもので、責任者がその場にいない場合には戻るまで作業を中止すべきであったにもかかわらず、責任者が他の作業に従事するためその場を離れた間に、被災者は、自分の判断で作業を続けたうえ、作動し上昇中の押さえローラー部上部の鉄棒に手を置けば、その鉄棒と本件機械の外部との間に手を挟まれることは容易に認識できたにもかかわらず、自ら作動させた押さえローラーを停止させることなく、その上部の鉄棒に両手を置いたまま作業を続けたため、本件事故で負傷したことから、被災者にも30％の過失があったとするのが相当である。

○使用者の義務違反等

本件事故当時、被災者を指導していた責任者が荷下ろし作業のためにその場を離れるに当たっては、現に機械を作動させたまま作業の途中でその場を離れたのであるから、被災者に対して、作業の中止を明確に指示すべきであったのに、これを怠っ

177

第1部　労働災害における民事損害賠償の基礎知識

たうえ、わずか4、5メートルしか離れていない場所において、容易に被災者の状況を把握することができたのであるから、被災者が作業を始めたときはこれを中止させるか、その作業状況を監督することができたにもかかわらず、これを怠ったため本件事故の発生を防止できなかったものであり安全配慮義務違反が認められる。

4　過失相殺率：40%
使用者が設置した工作物についての瑕疵と、労働者の相当重大で危険を伴う作業方法とが競合して被災した場合等

①北海道開発局帯広開建事件　釧路地裁帯広支部　平26.4.21判決（判時2234号）
○被災労働者の過失等

　牧場内にある国が設置、管理する貯留槽の調査に際して、国の職員が誤って貯留槽の蓋を槽内に落としたため、同牧場の経営者夫妻がその回収行為を自ら申し出て槽内に立ち入ったところ、急性硫化水素中毒の疑いで死亡した事故につき、亡夫妻としては、槽内に落下した蓋を回収するにあたり、専門業者に依頼するか、十分な換気を行うなどの安全対策を講じるべきであったところ、そのような対策を講じなかった亡夫妻において相当程度の落ち度が認められることから、亡夫妻につき40%の過失相殺をするのが相当である。

○使用者の義務違反等

　亡夫妻が本件貯水槽の内部に立ち入る可能性の高いことを認識していた本件職員らは、本件貯水槽内に自らの過失によってその蓋を落下させた事故を起こしておきながら、特段の警告等もすることなく亡夫妻に蓋の回収を委ねたのはあまりに軽率であったと言わざるを得ない。仮に、事業所の所長に本件事故を報告するなどしていれば、本件事故を防止することのできた可能性があったことも併せ考えると、本件職員らの過失の程度が亡夫妻の落ち度を下回るものということはできない。

②トオカツフーズ事件　東京高裁　平13.5.23判決（判タ1072号）
○被災労働者の過失等

　調理パン・おにぎり等の製造販売を業とする被告会社の従業員が、炊飯室内で、始業点検を行っていた際、飯缶反転装置の飯缶を乗せた枠が反転した後、元に戻る際に、本件枠と本件装置のフレーム部分との間にできた隙間に首と右腕を挟まれ、左下顎骨折に伴う出血によって窒息して死亡した事故につき、被災者は、本件事故の3カ月ほど前から炊飯部門の仕事を行うようになったのであるから、本件枠が反転した後、8秒間は停止するものの、その後は元に戻るため、本件隙間に身体を入れれば挟まれることは熟知していた等の事情を総合勘案すると、被災者につき4割の過失相殺をするのが相当である。

○使用者の義務違反等

　本件隙間は、上部において約35センチメートルあって、人が手や首を入れようとすれば入る幅を有していること、本件装置のスカートやアングルに異物が付着することがあり、本件隙間から付着の状態を見ることが出来ること、本件装置は8秒間

第13章　過失相殺とはどのようなものか

完全に停止しその間開いていることが認められることから、本件装置にアングルがあるとしても、本件装置に従事する者が異物を除去しようとして、本件隙間に身体を挿入することは予想でき、挟まれればその者の身体や生命に危険を及ぼすおそれがあるといえるから、本件装置には危険性が内在しているものというべく、これを防止するための安全柵やカバーを付さなかったことは、安全配慮義務の履行に関し不履行があったといわざるを得ない。

③第一工業所事件　神戸地裁　平6.10.18判決（判タ880号）
○被災労働者の過失等
　溶接業等を営む被告会社の自動車運転手兼溶接工が、同会社社長の指示により、溶接を終えた機械ベース（長さ約2.9メートル、幅約2.3メートル、重量約2トンの鋼鉄製板）をトラックに積み込む作業に従事中、ベースを支えていた支柱がはずれたため、2枚のベースの間に全身を挟まれて死亡した事故につき、同ベースの大きさ及び重量と同ベースを仮置きした床には鉄板が敷かれているために同ベースが滑り易いことを考慮すれば、同ベースとこれを支える支柱とをわずか1箇所だけ4ないし6ミリメートル程度溶接しただけでは溶接の強度が不十分であるということは、被災者の経歴、その資格（本件事故の7カ月前に入社、普通自動車運転免許、電子工事免状、危険物取扱者免状2種4類）からすれば、容易に理解できるものであるだけでなく、しかも、同人が何らかの衝撃を同ベースに加えたことも本件事故の一因と推認されることからすれば、同人には本件事故発生に寄与した過失があるというべきであり同人の損害額の算定にあたっては、過失相殺としてその4割を減額するのが相当である。
○使用者の義務違反等
　被告会社では毎月1回の安全会議や毎日の朝礼において、事故防止のための提案、検討の場を設けていたが、具体的に被災者に対し、アーク溶接の業務に関する安全のための指導教育を行わず、特に、機械ベースを支柱に仮置きする際の同ベースと支柱との溶接の程度や床に敷かれた鉄板と同ベースとの接点を滑り止めのために溶接で仮止めするよう指導教育をしなかったうえ、コンクリートの床部分を同ベースの仮置き場所として指定することもせず、滑り止め設備を設けることもしなかったことが認められ、被災者に対する安全配慮義務の履行を怠っていたというべきである。

5　過失相殺率：50%
使用者の義務違反の程度に相応する労働者の不注意とが競合して被災した場合等

①種広商店事件　福岡地裁　平25.11.13判決（労判1090号）
○被災労働者の過失等
　菓子種製造販売会社の従業員が、半自動最中皮焼成機を使用して最中皮の焼成作業に従事中、同機の熱せられた金型に左手の親指を挟まれて同指に火傷を負った事故につき、被災従業員は、かねてより被告会社から金型が閉じ始めたらすぐに手を

179

第1部　労働災害における民事損害賠償の基礎知識

引くようにとの指導を受けていたのにその指導に従わず、金型が閉じ始めたのを感知しながらも手を挟まれることはないと見込んで作業を続行し、さらに、事故当日の午後には作業時間に余裕がなかったのに、その旨を被告会社に報告して善処を求めることもしなかったのは同人の落ち度であり軽視できず、50％の過失相殺をすることが相当である。

○使用者の義務違反等

　被災従業員が従事した最中皮焼成作業は、金型が約150℃の高温に達し火傷の危険性が高いのに、半自動最中皮焼成機には、過って人体が挟まれた場合でも直ちに解放できる安全装置がなかったこと、また本件事故までに、本件作業に10回程度しか従事しなかった被災従業員に対して、被告会社は安全教育を十分に行わず、また、事故防止のための監督や事故発生の場合に直ちに支援できる者を置かなかったのは、被災従業員に対する安全教育や、作業方法・状況等注視する等、適切に監督する配慮を怠ったものと認められる。

②明津運輸事件　東京地裁　平12.5.31判決（交民集33巻3号）

○被災労働者の過失等

　運送業務を業とする被告会社で貨物自動車の運転を含む運送荷役業務に従事していた従業員が、京浜流通センターの構内において、助手とともに積み荷のカーゴを貨物ホームに降ろす際に、カーゴの下敷きとなって負傷した事故につき、被災者は、被告会社における一般的作業手順とは異なる手順（貨物ホームに降りる者は、やや下側からカーゴを支えることになり、危険が大きい手順となる。）で本件カーゴを貨物ホームに降ろそうとしたうえ、助手が本件カーゴをつかんで制御していると安易に信頼し、同助手に声をかけて共同することなく本件カーゴとともに後ずさりし、両脇に飛び退くなど比較的容易に下敷きになることを回避することが可能であったと考えられるのにこれを怠り、本件カーゴの下敷きになった過失があるというべきである。

○使用者の義務違反等

　重量の重い荷物の運送作業という危険性の高い作業に従事し、かつ、被災者の助手として作業をするにあたり、当該助手は、作業手順については、被災者の指示を守り、異なる手順を採ったときは、声を掛け合うなどして危険の内容に協動する注意義務があったにもかかわらず、当該助手は、これを怠り、これまでと異なり、自らラッシングベルトを外して車輌前部側のフックも外したうえ、被災者が本件カーゴとともに後ずさりをしているのに、これを持って動きを制御することもなく、漫然とラッシングベルトを巻いていた過失があるというべきである。

③三東食品加工事件　東京高裁　平11.10.20判決（判時1713号）

○被災労働者の過失等

　物品保管荷役・運送等を業とする被告会社の従業員が、冷凍庫内で、リーチフォークリフトを運転して冷凍食品の入出庫作業に従事中、本件リフトの右横に顔を出して本件リフトを後退させたところ、本件リフトがスリップしたため、冷凍庫内のコンクリート製の柱と本件リフトの雨除け用鉄枠の間に前頭部を挟まれて負傷（障害

180

第13章　過失相殺とはどのようなものか

等級第9級）した事故につき、被災者が本件リフトを後退させる際に、コンクリート製の柱が存在することや、そこまでの距離を認識できたにもかかわらず、それを怠り、頭部を本件リフトから右側に出したままの状態で後退し、本件事故を惹起した過失があるというべきであり、被災者にも50％の過失があったとするのが相当である。

○使用者の義務違反等

　ヘルメットの支給や着用の指示を明確にせず、ヘルメットを着用せずに作業することが倉庫全体で習慣化していたにもかかわらず、これを放置していたうえ、被災者が本件冷凍庫内で作業を始めた当初に作業の指導をしたのみで、採用まもない（本件事故の約2週間前に被告会社に採用）被災者を一人で作業させ、本件リフトについて危険な操作、運転をしていないか否かなどの監督、注意を怠ったため、被災者が、本件リフトの右横に顔を出したまま本件リフトを後退させるなどの危険な運転操作をすることを防止することができず、そのため本件事故が発生し、かつ、その際被災者にヘルメットを着用させていなかったため、被災者の傷害の程度がより重篤になったことが認められる。

6　過失相殺率：60%

使用者に義務違反が認められるが、労働者の経験等を考慮すると、軽率、不注意で危険を伴う作業態様により被災した場合等

①鳥取大学附属病院事件　鳥取地裁　平21.10.16判決（労判997号）

○被災労働者の過失等

　医師免許取得後に被告大学附属病院において無報酬で診療行為に従事していた医師が、普通乗用自動車を運転してアルバイト先の外部病院に向かう途中、同車を対向車線に徐々にはみ出させ、そのまま約30mにわたり進路を変更することなく進行し、対面直進してきた大型貨物自動車と正面衝突して死亡した事故につき、被災医師は、本件事故の直前に、長時間の業務等により極度に睡眠が不足し疲労状態にあり、そのために居眠り状態に陥ったことが原因で本件事故が発生したと認めるのが相当であるが、自らの希望によりアルバイト当直を続けており、被災医師自身のアルバイトも同人の疲弊を増大させたということができ、過失割合については被災医師6割と認めるのが相当である。

○使用者の義務違反等

　被告大学は、指導官を通じて、被災医師が極度の過労状態に陥るのを予見し、被告大学附属病院や外部病院における業務の軽減を図るなどの適切な措置を講じるなどにより、被災医師が極度の疲労状態、睡眠不足に陥ることを回避すべきことを具体的な安全配慮義務として負っていたというべきであるところ、被告大学は、上記適切な措置を講じることなく漫然と放置し、被災医師を相当の長期間にわたり継続して過重な業務に従事させ、とりわけ本件事故の直前1週間には極度の睡眠不足を招来するような態様で業務に従事させて過労状態に陥らせ、さらに本件事故の前日には、緊急手術及び学会の研究会の開催による人手不足という事情にあったにせよ、

181

第1部　労働災害における民事損害賠償の基礎知識

外部病院でのアルバイト当直が予定されていた被災医師を徹夜の手術に従事させたものであって、被告大学の上記安全配慮義務違反と本件事故との間の因果関係も認められることから、過失割合については、被告大学4割と認めるのが相当である。

②滋野鐡工事件　富山地裁高岡支部　平10.7.14判決（判タ1042号）
○被災労働者の過失等

　被告会社の作業所において硝酸を使用する作業に従事する作業員が、硝酸の暴露により肺機能及び視力障害を受けた事故につき、被災者は、硝酸が有毒で危険であり、本件作業に際してシールド付きヘルメットや防毒マスク等を着用するよう指導を受け、同マスク及び吸収缶は本件作業所に設置され、度々同マスクを着用するように注意されていたにもかかわらず、これらを着用していなかったこと、被災者が本件作業に従事した前後に、数人本件作業に従事しており、特にTは、被災者が本件作業に従事する前約2年3カ月間本件作業に従事し、しかも当初約7カ月間は、硝酸タンクの数が少なかったとはいえ、換気扇が1個だったにもかかわらず健康には異常はなく、肺機能が低下したのは被災者だけであり、被災者が同疾病に罹患したのは、被災者の過失に起因していることが大きいものというべきである。（障害等級9級）
○使用者の義務違反等

　硝酸は劇物で、安全衛生法等で安全及び衛生の教育義務が定められているにもかかわらず、被告会社代表者自身、被災者の作業当時、硝酸についての同知識に欠け、その有毒性、危険性、いかなる疾病に罹患するか、同危険を防ぐためにどのようにすればよいのかについて具体的に説明、指導することを怠り、単に危険であると話し、保護具を着用させたのみであることから、この点において安全配慮義務違反が認められ、また、工業用の50%硝酸が市販されているならば、この濃度では蒸気が上がらないのであるから、より安全である同濃度の硝酸を購入すべきであったと考えられる。

③森製作所事件　大阪地裁　昭55.10.17判決（判時995号）
○被災労働者の過失等

　プレス加工業を営む被告会社の工場内で、ピンクラッチ型式50トンパワープレスで自動車排気ガス測定装置の金属製把手の縁を切断する作業に従事していたプレス工が、作業が一段落して椅子から降りようとし、左手を本件プレス機械の切刃部分において体重を支えようとした際、誤って足踏ペダルを踏んでしまったため、機械が作動し、左手をはさまれて、左手の親指を除く四指及び左手掌の大半を切断喪失する傷害を受けた事故につき、被災者は、本件プレス機械を使用して作業を行う際、作業のために必要な場合を除いてみだりに危険限界内に自己の身体の一部を入れず、また、危険限界内に身体の一部が入っているときは、プレスを作動させないよう十分注意すべき義務があるのに、これを怠り、作業上の必要がないのに、椅子から降りる際体重を支えるために危険限界内に左手を入れ、かつ、左手が危険限界内にあるのに誤って足踏ペダルを踏んでプレスを作動させた点において過失が認められるが、当該過失は、プレス機械を使用して作業する際の基本的注意義務を怠ったものというべきであり、被災者は、本件事故当時プレス工として約13年の経験を有していた

事実が認められることをも併せ考慮すると、その過失を斟酌して、損害の6割を減ずるのが相当である。

○使用者の義務違反等

　一般に、プレス機械の安全装置には、両手操作式、光線式、手払い式及び手引き式等の各種類があり、両手操作式は、プレス機械を操作するにあたって両手で押しボタンを押すために手がプレス機械の内部に入らない原理を利用した装置でノンリピート装置が伴わなければならないものであり、光線式は、手が機械内に入ると自動的に機械の作動が停止する仕組みの装置であり、手払い式は機械内に手が入るとこれを手払い棒で払うようになっている装置であり、手引き式は、ひもで手を引っぱっているため、機械の中に手を入れようとするとひもで引っ張られて中に入ることを妨げる装置である。このうち両手操作式は、作業態様如何によっては、作業者の手がプレス機械内部に入り込む可能性を防ぎきれないのに対し、その他の安全装置は、これらの安全装置が正常に機能している限り、作業者の手がプレス機械内部に入り込むのを未然に防ぐことができる。

　被告会社では、本件事故後に手引き式安全装置を設置したのであるが、これを当初から設置しておけば、本件の如く不用意に切刃部分に手を置くようなことは避け得たであろうと思料されるため、同会社は、本件プレス機械が連続作動、足踏操作、片手操作で取り扱われる場合にも、作業者の手を同機械による危害から守るべき安全装置を取り付けるべき安全配慮義務があったのに、これを怠った過失があって、このために本件事故が発生したものということができる。

7　過失相殺率：70%

使用者に義務違反が認められるが、労働者にそれを上回るほどの軽率で重大かつ危険を伴う作業態様により被災した場合等

①川島コーポレーション事件　千葉地裁木更津支部　平21.11.10判決（労判999号）

○被災労働者の過失等

　有料老人ホームにおいて勤務する介護ヘルパー2級の資格を有する介護者は、ベットと車いすの脇の床に仰向けに倒れていた入居者（被介護者）を、一人で車いすに移乗させようとしたところ、被介護者の体が硬直し、足からずり落ちそうになったために、抱え直して腕と腰に力を入れて持ち上げようとしたところ、右手関節を負傷した事故につき、被災者は、本来2人以上の者によって対処すべき状況であったのに、介護者にとって危険な方法で入居者を移乗させたこと、また、手段を尽くして他のヘルパーを呼ばなかった落ち度があるほか、ヘルパー2級の資格を有する者として、同資格に係る業務の危険を回避する義務があり、これを怠っていたことは軽視することができず、過失割合を7割と認めることが相当である。

○使用者の義務違反等

　介護者は肉体的にも、精神的にも多くの負担を伴う上、現場の実情に応じて様々な対応が必要になる場合があることから、介護者の健康・安全保持のために、その現場の実情に即した実践的な教育を施すことは、ヘルパー2級の有資格者に対して

第1部　労働災害における民事損害賠償の基礎知識

も不可欠であったというべきところ、本件の場合、他の職員を呼ぶには、居住者（被介護者）の部屋に設置されていた緊急コールを使用することが可能であったのに、被災者はそのような対処方法について教育されておらず、また、一人で居住者を車いすに移乗させる場合、被災者がとった方法は危険であることを教育されていなかったのであるから、被告会社の過失割合は、3割と認めることが相当である。

②防衛大学校校友会パラシュート部事件　東京地裁　平4.4.28判決（判時1436号）
○被災労働者の過失等

　防衛大学校校友会のパラシュート部に所属していた学生が、月例降下訓練に参加し、利根川左岸のターゲットを目指して降下したところ、風に流されて水中に落ちて溺死した事故につき、被災者は、大学校の1年生であり、成人と同程度の判断能力と自己の行動に対して責任を持つべき年齢に達していたこと（18歳）、本件事故は、大学校の正課の教育訓練の一環と考えるべき校友会活動において生じたものであるが、同校友会活動においては学生の自主性が認められており、同活動における安全の確保及び事故発生防止は、当該活動にかかわる学生が自らの判断に基づき自らの責任で自主的に行うことが期待されていた面があること、また、本件降下において、被災者は、地上の誘導に従って風に正対する必要があるのに、地上からの指示に従った適切な操作をせず、その後利根川への着水降下が予想される事態に至ったにもかかわらず、着水準備行為を行わないまま利根川に着水し、結局水死するに至ったものであり、被災者に通常の注意を著しく怠り自ら危険な状態を作出したといわざるを得ない状況があること等の事実を考慮すれば、本件事故の発生には被災者自身の過失が大きな原因になっているものと認められるから、本件事故の損害の算定につき7割の過失相殺をするのが相当というべきである。
○使用者の義務違反等

　防衛大学校としては、物的設備及び人員配置を整備充実したうえ、部長、顧問等を通じて学生に対してパラシュート降下の安全確保に対する注意を喚起するための指導助言をなすことだけで安全配慮義務の履行として足りるものではなく、パラシュート部の日常的な部活動において個々の危険から学生を保護するため具体的状況に応じた方策を講じる等具体的な指導監督を行い、もって、学生の生命及び健康等を危険から保護するように配慮すべき義務があるというべきである。

　そこで検討するに、被災者が降下する直前の地上風は、風向きが北西から北北西に変わるとともに、風速も毎秒4、5メートルの風が恒常的に吹いている状況から7メートル程度の風が吹く状態に変わっていたのであるから、同人を降下させるについては、地上にいる顧問らは、同人がいまだ未熟な降下訓練生であること、同人の使用していたセブンTU傘が初心者用のもので、操縦性に欠けているところがあること、及び降下場が利根川の河川敷で、川岸に予めボート、浮き袋、ロープ等の装具の準備がなかったこと等から、かかる状況の下で同人を降下させれば、操縦を誤り、風に流されて利根川水上に着水し本件のごとき重大な事件が発生することを客観的に予測しえたというべきであるから、顧問らはかかる危険に思いを致し、同人の技量に鑑み、事故の発生を未然に防止するために、ターゲットを取り除き、発煙筒をたく等により降下を中止させ、もって同人の生命の安全に配慮すべき義務があっ

第13章　過失相殺とはどのようなものか

たものといわなければならない。しかしながら、顧問らは、そのまま同人を降下させたのであるから、当該安全配慮義務に違反した結果、本件事故が発生したものといわざるを得ない。

③門前町立門前中学校事件　金沢地裁　昭62.6.26判決（判時1253号）
○被災労働者の過失等
　門前町立中学校の高圧受電設備の周囲に張りめぐらされている金網フェンスの張替工事を請け負った金網張替工事業者（被災者）が、当該工事に従事中、本件受電設備に梯子をかけて昇り、新しい金網フェンスを天井部分に広げていた際に感電して死亡した事故（感電したことは認められるが、ただし感電の具体的態様は不明）につき、被災者は、本件受電設備に電流が流れていることを知りつつ本件工事を行い死亡するにいたったものであるところ、本件受電設備において流れている高圧電流が人体にとって極めて危険なものであることは通常人にとっては常識に属するものというべきであり、このような状況下で当該受電設備に極めて近接した金網フェンスの張替工事を漫然と行った被災者の行為は、同人が電気の専門業者でなくても軽率という外なく、本件事故については同人自身に重大な過失があったものというべきであり、7割を減額するのが相当である。
○使用者の義務違反等
　被告町の職員であり、本件請負契約の締結ないし履行においてその衝に直接当たってきたM校長やY主事において、被告の支配する門前中学校内で被災者が本件受電設備（電力容量は44キロワット、電圧は6600ボルト、対地電圧は3810ボルト、その四方及び天井部分には安全のため幅約3.4メートルにわたって金網が張られていた）に電流が流れているにもかかわらず本件工事を施工しているのを視認したものであるが、本件作業の性質等に照らし被災者において同電流による感電の危険をあえて冒してまで本件工事を施工すべき特段の事情があったとは到底いいえないから、M校長やY主事は直ちに被災者に工事を中止させるべき注意義務を負っていたところ、これを怠った過失により、同人を感電死させたことは明らかである。

8　過失相殺率：80%〜85%

使用者に義務違反が認められるが、労働者自身がほんの少しの注意を払えば危険を回避できたのにそれを怠り、軽率で重大かつ危険を伴う作業態様により被災した場合等

①H工務店事件　大阪高裁　平20.7.30判決（労判980号）
○被災労働者の過失等
　戸建住宅の新築工事現場において、2階の床部にコンパネ（合板）をはめ込む作業に従事していた大工（一人親方）が、自ら持参したカケヤ（両手打ちの鎚）を当て木に当て損ない、バランスを失って建物外側に転落して負傷した事故につき、被災者は30年以上の経験を有する大工であり、相応の道具選択と技量が期待されてい

185

第1部　労働災害における民事損害賠償の基礎知識

たこと、本件現場では足場等が設置されていないことを明らかに確認しつつも、被告会社に何らかの措置を求めなかったこと、両手打ちのカケヤを振り上げて当て木を打ちコンパネをはめ込もうとしたが、当て木上部を叩いたため、バランスを崩して前のめりになりそのまま落下したもので、道具選択と技量に誤りがあったこと等を考慮すると、被災者の過失相殺は8割をもって相当と認める。

〇使用者の義務違反等

　2階部は地面から約3.5mの高所であったことから、被災者を含む高所作業従事者が墜落する危険を防止するために、外回りの足場を設置し、これが物理的に困難な場合には代わりに防網を張り、安全帯を使用させるなど墜落を防止するための措置を講ずべき義務があったのに、このような危険防止措置を何らとらなかった安全配慮義務違反が認められる。

②山陽カンツリー倶楽部事件　神戸地裁姫路支部　平11.3.31判決（判時1699号）

〇被災労働者の過失等

　ゴルフ場においてキャディーとして稼働していた被災者が、ゴルフ場でキャディーの業務に従事中、プレーヤーの打球が右臀部に当たって負傷した事故につき、被告会社の安全配慮義務違反による部分もあるが、被告会社は、抽象的にはプレーヤーの前方に出ないように相当の注意ないし指導をしており、またプレーヤーの前方に出ないことは、ゴルフ競技に携わる者として基本的な事項であるといえること、換言すれば、プレーヤーの前方に出ることが自己の身体の安全を害する危険性は通常十分認識し得るということからすると、本件事故は、被災者が安易にプレーヤーの前方に出たことによって生じたといえるのであって、大幅な過失相殺はやむを得ない事案であり、被災者に生じた損害の8割を減じるのが相当である。

〇使用者の義務違反等

　雇用契約上の安全配慮義務に怠りがないと認めるためには、抽象的に危険を告知し、一般的に安全対策を指導するだけでは足りず、具体的な状況において、従業員が安全を損なうような行動に出た場合あるいはその恐れがある場合には、適宜安全のための指導をする必要があることは雇用契約に付随する義務というべきであって、被告会社は、被災者に対して、十分な安全対策の指導を怠ったものといわなければならず、安全配慮義務違反の債務不履行があったと認められる。

③藤島建設事件　浦和地裁　平8.3.22判決（労判696号）

〇被災労働者の過失等

　大工が上棟式直後に個人住宅建設現場において、1階屋根の垂木に破風板を打ちつける作業をしていたところ、外回りに足場が設けられていなかったことから足を踏み外し、3メートル下の地上に転落して脊髄損傷の傷害を受け、両下膝まひの後遺障害を負った事故につき、被災者は、本件事故の当時、約20年の経験を有する大工であったこと、1階の屋根部分は、垂木やけたが濡れているなど足もとが滑りやすい状況にあったこと、垂木に破風板を打ち付ける作業に従事する際、外回りの足場がない場合には、極めて不安定な姿勢になることを余儀なくされること、本件建築の進行状況は、外回りの足場の設置に至るまでは格別遅延しておらず、降雪さえ

186

第13章 過失相殺とはどのようなものか

なければ予定どおり足場を設置することができたことが認められることから、被災者は、本件事故当時、前示の態様で、当該作業に従事することが極めて危険であることを十分認識しており、また、外回りの足場がないまま、当該作業に従事する必要はなかったものと考えられるから、外回りの足場その他墜落を防止するための設備が設置されるまで当該作業を控えるべきであったにもかかわらず、危険はないものと軽信し、必要もないのに漫然と当該作業に従事した過失により本件事故に至ったものというべきであって、その過失割合は、8割とするのが相当である。

○使用者の義務違反等

　被告は、被災者を高さ約3メートル以上の高所において木工事の作業に従事させており、被災者が当該高所から墜落する危険のあることは容易に予見することができたものと認められることから、本件事故の当時、被告の安全配慮義務の履行として、外回りの足場、防網などの墜落を防止するための設備を本件現場に設置する（労働安全衛生規則518条、519条）とともに、当該設備が設置されていない場合には、被災者に対して、高所における作業に従事することを禁止するなど墜落による危険を防止するための措置を講ずべき義務があったものというべきであるにもかかわらず、被告は被災者に対し、当該足場その他の墜落を防止するための設備のない高所における作業に従事することを禁止することなく、被災者が地上約3メートルの高所において作業に従事することを漫然と黙認したものであって、その安全配慮義務違反は明らかである。

④料亭寄宿舎従業員転落死事件　大阪地裁　平9.5.12判決（判時1626号）

○被災労働者の過失等

　被告会社では、家族らで料亭を経営し、1階を店舗、調理場、経営者居住用とし、2階を店舗、寮とし、3階を宴会場として各々利用しているが、同社では、中学を卒業したばかりの従業員は寮に入寮することを義務付けており、被災者も入寮して勤務していたが、業務終了後の午後11時ころ、同じ寮居住者である他の同僚とともに銭湯に行き、被災者の実家に立ち寄ったのち、翌日午前1時30分ごろ帰寮したところ、1階入口が既に施錠されていて本件建物内に入れなかったため、被災者は、本件建物3階の窓から寮内に入ろうとしたところ、手に握った雨樋が折れて転落して死亡したが、被災者は、一緒にいた同僚が1階入口を開いてもらおうとしていたのを制止し雨樋を登って3階窓から侵入するという極めて危険な方法で寮に入ろうとして起きたものであって、その責任の大部分は被災者にあると認められるから、その過失割合は、被災者が8割5分を相当と認める。

○使用者の義務違反等

　被告会社では、施錠後に帰寮した場合でも1階入口以外の危険な場所から本件建物内に侵入するような危険な行動をとらないよう十分注意するとともに、施錠時刻を帰寮可能な時間にきちんと定め、それまでに帰寮するよう指導教育するとか、あるいは、営業終了時刻がまちまちで施錠時刻を定めにくいというのであれば、施錠後でも寮居住者が容易に帰寮できるような方法を確立しておく安全配慮上の義務があったのにこれを怠り、一定の施錠時刻を定めて予め寮居住者に知らせることなく、被告会社経営者家族らの都合で日々まちまちの時刻に寮居住者の帰寮の有無を確認することなく施錠し、施錠後の帰寮者に対して危険な行動をとらないよう注意するこ

187

第1部　労働災害における民事損害賠償の基礎知識

ともなく、また被告会社の代表取締役の妻が被災者を含む寮居住者に対して従業員教育とはいってもいささか度を超えた厳しい叱責（中でも被災者に対しては、度々「親の顔が見たいわ。親の躾はどないなっとんねん。」などといった言葉を用いて厳しい叱責をしていた。）を繰り返していたため、寮居住者に1階入口からの帰寮をためらわせる状況を作り出し、もって安全配慮義務に違反したことが本件事故の一因となったものと認められる。

⑤**大豊運輸事件　広島高裁岡山支部　昭62.5.28判決**（労判521号）
○被災労働者の過失等
　特殊タンク船の船長が、積載運航してきた苛性ソーダを、圧縮窒素を用いて、大阪工場に荷揚げし、次の船積港である尼崎に向かう途中の洋上において、タンク内の清掃のためタンク内に入ったところ、タンク内に窒素がなお残留、充満していたため、機関長ともども窒息死した事故につき、苛性ソーダの荷役の加圧用には窒素は通常使用されないところであり、このことは被災船長も了知していたものとみられ、また、窒素の充満したタンク内に立ち入ることは直ちに窒息死する虞れのある危険なものであることは、通常人においても当然に予期すべきものであり、化学薬品を運搬する被災船長らは控訴人会社から一般的な酸欠についての教育等も受けていたのであるから、当然に当該危険性を認識し、船のコンプレッサーを利用する等して換気を十分に図り、適宜な方法で安全を確認してから、タンク内に立ち入るべき注意義務があったにもかかわらず、被災船長らは、敢えて窒素を使用したうえ、その後の安全確保のための措置を取ることもなく、軽率にタンク内に立ち入った過失は大きいものというべきであり、控訴人会社の安全配慮義務及びその履行の状況に被災船長の過失並びに本件事故の態様を総合勘案するとき、本件事故について被災船長の過失割合は85％と認めるのが相当である。
○使用者の義務違反等
　控訴人会社は、タンク内における酸欠及び有毒ガスの滞留による危険性につき一般的な安全教育をし、また、一般に、圧力荷役で窒素の使用を禁止し、タンク内の洗浄時の手順等を一般的に指導し、検知器具の使用を勧めており、また、無機質で可燃物でもない苛性ソーダの荷役の加圧用に窒素は通常使用されないところではあるが、その他の場合に使用される場合もあり、現に荷揚港には窒素も配管されており、そのうえ、本船ではカーゴポンプの圧力不足で恒常的にエアーによる加圧を行っていたというのであるから、控訴人会社としては訪船時等に当該ポンプ使用の実状を把握し、窒素使用の可能性を予見して、被災船長らに対しその使用の危険を配慮した十分具体的な指示教育をなすべきであったとみられ、しかるに、控訴人会社の行なった当該教育、指示等は一般的で、特に本船に即したものともみられず、また、海務部長による当該検知器具の設置の勧めも、その後設置の有無等につき確認したような状況も全く窺われないところで、窒素の危険性の大きさを考慮に入れるとき、これらはいずれも控訴人会社の安全配慮を欠いたものといわざるを得ない。

188

第13章　過失相殺とはどのようなものか

5　素因減額とは－過失相殺の類推適用

　前述のとおり、損害額を算出するにあたり被害者側にも「過失」が認められる場合、公平の観点から当事者間の利害を調整し損害の公平な分担を図るために、その過失分を賠償額から減額することを「過失相殺」といいますが、被害者の素因（心因的要因や病的・体質的要因等）についてもこれを「過失」と同列に扱って、損害賠償額を算出するにあたり当該素因を斟酌できるか否かが問題になります。

　この点について、民法第722条2項（あるいは民法第418条）の過失相殺の規定を類推適用し、被災者の素因を損害賠償額の算定にあたり斟酌することの可否が争点になった裁判例があります。

6　心因的要因を素因とする減額を肯定した裁判例

(1)　前田道路事件（松山地裁　平成20年7月1日判決、判時2027号）

事案の概要と判示事項のポイント：

・土木建築工事会社の営業所所長がうつ病を発症して自殺

・過失相殺率　60％

　土木建築工事会社の営業所所長は、営業成績を仮装するために行った不正経理を是正するために、上司による過剰ノルマの強要や、度重なる叱責・注意を受けたことから、うつ病に罹患し、「怒られるのも、言い訳をするのもつかれました。」との遺書を残して自殺した事案につき、上司の被災者に対する叱責等はその執拗性からみて違法であること、当該叱責等は被災者が行った不正経理に端を発することや上司に隠匿していた不正経理がうつ病の発症に影響を及ぼしたものであり、これらの事情は損害の発生又は拡大に寄与した要因であることから、次のとおり、被災者における過失割合は6割を下らないと認めるのが相当であると判示しました（民法第709条、同法第722条2項）。

　（なお、第2審・高松高裁平成21年4月23日判決（判時2067号）では、

189

第1部　労働災害における民事損害賠償の基礎知識

> 上司が被災者に対して行った指導や叱責は、社会通念上許容される業務
> 上の指導の範囲を超えた過剰なノルマ達成の強要や執拗な叱責に該当せ
> ず不法行為にあたらず、自殺に至る予見可能性はなく安全配慮義務違反
> も認められないとして1審被告会社の損害賠償責任を否定。）。

判示事項：

【使用者の義務違反等】

「イ　しかし、約1800万円の架空出来高を遅くとも会計年度の終わ
りまでに解消することを踏まえた上での事業計画の目標値は、年間業
績で赤字を計上したこともあったことなど東予営業所を取り巻く営業
環境に照らして達成困難な目標値であったというほかなく、平成16年
のお盆以降に、毎朝工事日報を報告させて、その際ほかの職員が端か
ら見て明らかに落ち込んだ様子を見せるに至るまで叱責したり、業績
検討会の際に「会社を辞めれば済むと思っているかもしれないが、辞
めても楽にならない」旨の発言をして叱責したことは、不正経理の改
善や工事日報を報告するよう指導すること自体が正当な業務の範囲内
に入ることを考慮しても、社会通念上許される業務上の指導の範疇を
超えるものと評価せざるを得ないものであり、前記4で検討したよう
に、太郎の自殺と叱責との間に相当因果関係があることなどを考慮す
ると、上記太郎に対する上司の叱責などは過剰なノルマ達成の強要あ
るいは執拗な叱責として違法であるというべきである。」

【被災労働者の過失責任等】

「8　争点⑤（過失相殺及び損益相殺の可否）

第13章　過失相殺とはどのようなものか

　(1)身体に対する加害行為を原因とする被害者の損害賠償請求において、裁判所は、加害者の賠償すべき額を決定するに当たり、損害を公平に分担させるという損害賠償法の理念に照らし、民法722条 2 項の過失相殺の規定を類推適用して、損害の発生又は拡大に寄与した被害者の性格等の心因的要因を一定の限度でしんしゃくすることができる（最高裁判所昭和59年オ第33号同63年 4 月21日第一小法廷判決・民集42巻 4 号243頁参照）。

　(2)前記までで認定した事実によれば、太郎の上司による叱責等は太郎が行った不正経理に端を発することや上司に隠匿していた不正経理がうつ病の発症に影響を及ぼしたと推認できることが明らかであり、これらの事情は損害の発生又は拡大に寄与した要因であると認められる。そして、一連の経緯の発端、東予営業所に関する経営状況、太郎の上司の叱責等の内容、太郎が隠匿していた不正経理の総額とそこに至った事情等を総合的に考慮すると、太郎における過失割合は 6 割を下らないと認めるのが相当である。」

(2)　フォーカスシステムズ事件（東京高裁　平成24年 3 月22日判決、労判1051号）

> **事案の概要と判示事項のポイント：**
> ・システムエンジニアが精神障害（うつ病及び解離性遁走）を発症し、急性アルコール中毒から心停止に至って死亡
> ・過失相殺率　30％
> 　被告会社に勤務するシステムエンジニアは、長時間労働、配置転換に伴う業務内容の高度化・業務量の増大、事実上の降格等の業務上の出来事による心理的負荷によって精神障害（うつ病及び解離性遁走）を発症し、正常な認識と行為の選択が著しく阻害された状態に陥り、無断欠勤し、河川敷のベンチで過度の飲酒行為に及んだため急性アルコール中毒から

191

第1部　労働災害における民事損害賠償の基礎知識

心停止に至って死亡した事案につき、被告会社は、業務による重大な心理的負荷を受け、精神障害の発症の危険があることを認識し得たにもかかわらず、適切な措置を採らなかったことが認められるが、被災者については、上司と面談した際に業務上の負荷が過大で精神的につらい状況にあることを申し出なかったことや、就労後の時間を適切に使用すべきであるのに、就寝前にブログやゲームに時間を費やしたのは、自らの精神障害の要因となる睡眠不足を増長させたことになり、その落ち度は軽視できないとして、損害の分配における公平の観点から、次のとおり、3割の過失割合にすると判示しました（民法第715条）。

　（なお、第1審の大阪地裁平成23年3月7日判決は、2割を減額するのが相当であると判示。）

判示事項：

【使用者の義務違反等】

　「(5)第1審被告の予見可能性及び安全配慮義務違反等（争点(4)及び(5)関係）

　ア　労働者が長時間にわたり業務に従事する状況が継続するなどして疲労や心理的負荷等が過度に蓄積すると、その心身に重大な影響を及ぼし、健康を損なう危険のあることは、周知の事柄であり、労働基準法の労働時間制限や労働安全衛生法の健康管理義務（健康配慮義務）の定めは、上記のような危険の発生の防止をも目的とするものと解されるから、使用者は、その雇用する労働者に従事させる業務を定めてこれを管理するに際し、業務の遂行に伴う疲労や心理的負荷等が過度に蓄積して労働者の心身の健康を損なうことがないように注意する義務を負うと解される。そして、使用者に代わって労働者に対し業務上

第13章　過失相殺とはどのようなものか

の指揮監督を行う権限を行使する者は、使用者のこの注意義務の内容に従ってその権限を行使すべきである（最高裁平成12年３月24日第二小法廷判決・民集54巻３号1155頁参照）。

　イ　ところで、前判示の各事実によれば、一郎が所属していたＢ社一括チームのプロジェクトリーダーの地位にあり、事実上同人の直属の上司であったＣは、一郎の長時間にわたる時間外労働を認識しており、配置転換による業務内容の変化・業務量の増大による心理的負荷の蓄積についても、その立場上容易に認識し得たものというべきである。また、第１審被告の管理本部人事管理部長で、労務管理、安全衛生の責任者であったＤは、長時間にわたる時間外労働時間が労働者の心身に与える影響についての知見や時間外労働に関する厚生労働省の通達については認識しており、勤務表において一郎が長時間労働に従事していたことは認識していたのであり、その地位及び権限から一郎の配置転換を含む勤務状況の詳細及びこれに伴う心理的負荷についても容易に認識し得たというべきである。そうすると、第１審被告の代理監督者の立場にあったＤ及びＣは、一郎の労働状態が心身の健康を損なうおそれがある状態であることを認識し得たと認められる。

　しかるに、Ｄ及びＣは、一郎が体調不良を理由に休暇を取った際にも、当時の労働状態から心理的負荷等が過度に蓄積したために同人が心身の健康を損なうおそれのある状態にあることに思い至らず、これに何ら配慮することがなかったことなどから、一郎が長時間労働に継続的に従事していることを認識し、業務による重大な心理的負荷を受け精神障害の発症の危険があることを認識し得たにもかかわらず、一郎の業務上の負担を軽減する適切な措置を採らなかったものと認められる。

【被災労働者の過失・責任等】

第1部　労働災害における民事損害賠償の基礎知識

　「「一郎の長時間労働は恒常的なものであり、必然的に睡眠時間の不
足も日常的なものとなるから、就労後の時間を適切に使用し、できる
だけ睡眠不足を解消するよう努めるべきであったところ、就寝前にブ
ログやゲームに時間を費やしたのは、自ら精神障害の要因となる睡眠
不足を増長させたことになり、その落ち度は軽視できないものである。」
に改める。

　ウ　原判決49頁8行目＜70頁左段11行目＞の「以上のほか、」から
同頁13行目＜70頁左段18行目＞末尾までを「以上の諸点のうち、一郎
においても、自らの趣味のために睡眠不足を招いたことは、それが心
身の健康を損ねる大きな要因であることから、自己の意思によって健
康管理に努めるべきであったと指摘することも可能であり、この点は
第1審原告らの落ち度として相応の考慮をせざる得ないのであり、そ
の他本件に顕れた一切の事情を総合考慮すると、第1審原告らに生じ
た損害の全てについて第1審被告にその責めを負わせるのは損害の分
配における公平の観点からは相当でなく、第1審原告らに3割の過失
割合を認め、上記損害を減ずるのが相当である。」」

(3)　公立八鹿病院組合事件（鳥取地裁米子支部　平成26年5月26日 判決、労判1099号）

> **事案の概要と判示事項のポイント：**
> ・病院勤務の整形外科医がうつ病を発症して自殺
> ・過失相殺率　20%
> 　公立病院の整形外科に所属する医師が、長時間労働により心身の極度
> の疲弊、消耗を来し、そのうえ上司の指導や叱責が通念上許容される範
> 囲を超えるものであったことが加わってうつ病を発症し、自宅として居
> 住していた職員用宿舎の浴室内にて、コンロで燃料を燃やし一酸化炭素
> 中毒となって自殺した事案につき、被告病院組合は、医師らの時間外勤

第13章　過失相殺とはどのようなものか

務時間の把握自体が不十分であり、また、本件疾病等を防止し得る処置をとっていないなどの適正管理義務違反が認められるが、被災医師については、本件疾病発症を認識しながら医師への受診等によりその発症可能性を軽減する行動を自らとらなかったこと、被告病院組合への赴任が本件疾病の発症につき環境の変化という外因の存在が指摘されていること等を総合的に考慮すると、損害の公平な分担の観点から、過失相殺（民法722条2項）の規定を類推適用し、次のとおり、損害額を2割減じるのが相当であると判示しました（民法第709条、第715条、第722条2項）。

判示事項：

【使用者の義務違反等】
「(3)被告組合の責任について

ア　使用者は、その雇用する労働者に従事させる業務を定めてこれを管理するに際し、労働者の労働時間、勤務状況等を把握して労働者にとって長時間又は過酷な労働とならないよう配慮するのみならず、業務の遂行に伴う疲労や心理的負荷が過度に蓄積して労働者の心身の健康を損なうことがないよう注意する義務（適正管理義務）を負い、使用者に代わって労働者に対し業務上の指揮監督を行う指揮監督者も使用者が負う同義務の内容に従ってその権限を行使すべきこととなる（前掲最高裁平成12年3月24日第二小法廷判決参照）。」

【被災労働者の過失・責任等】
「(5)争点4（過失相殺又は素因減額の適否）

(1)原告らは、本件において、過失相殺や素因減額がなされるべきで

195

第1部　労働災害における民事損害賠償の基礎知識

はないと主張する。

　しかし、亡一郎は本件病院に10月1日に赴任し、約2か月（12月上旬）に本件疾病を発症し、その後間もなくの12月9日に本件自殺に至っているところ、証拠（＜証拠略＞）によれば、被告組合が電子カルテのログイン、ログアウト時間を基に算定した時間外労働時間は、被告丁原が10月に107.76時間、11月に98.34時間、同丙川が10月に79.08時間、11月に73.56時間であり（なお、同算定において、亡一郎の時間外労働時間は10月に176.39時間、11月に159.28時間とされており、上記1(1)に照らすと同算定はやや過小な可能性がある。）、上記1(1)アの総患者数等も考慮すると、被告丁原や同丙川ら自身も過重な業務に従事していたことが認められ、自らもその改善を求めるなどしていた。また、本件病院においても、医師の確保が大学病院等の派遣人事により制約されるという現実の中で、医師の負担軽減のために一定程度の努力をしてきたともいえる。そして、上記1(5)のとおりの亡一郎の10月の勤務状況、本件疾病の診断については専門医ですら意見が分かれるなど困難なものであること（上記1(9)）、上記1(2)及び証拠（＜証拠・人証略＞、弁論の全趣旨）、亡一郎の赴任はF大学が決定したものであって、本件病院には亡一郎の従前の勤務状況や性格を知る者がいなかったと認められることに照らせば、被告組合及び精神疾患の専門医でもない被告丁原や同丙川が、亡一郎の能力、性格、業務に対する姿勢及び体調の変化を適時に正確に把握し、即座に対応するのがやや困難な状況であったことは否めない。

　また、上記1(5)、(9)で認定のとおり、亡一郎は、本件疾病発症の1か月以上前である10月23日の時点で本件疾病発症の可能性を認識し、また、医師としての研修を経たことにより一般人に比して本件疾患やそれに対する対応につき知識を得ていたと考えられるが（＜証拠略＞）、本件疾患発症までに医師への受診等によりその発症可能性を軽減する行動を自らとっておらず、むしろ本件病院職員らが体調を気遣うなど

第13章　過失相殺とはどのようなものか

しても、周囲に心配をかけまいという人柄の良さの表れであるとはいえ、根拠もなしに、大丈夫である、心配しないでよい、などと応答していたものである。

さらに、亡一郎にとって本件病院への赴任は、知人や地縁のない土地への初めての転居かつ勤務であって、信用できる医学的知見に基づく平成11年報告書において中等度（日常的に経験し、一般的に問題とならない程度のストレスと、人生の中で希に経験することもある強いストレスとの中間）のストレス強度に当たる引越し、転居を伴う転勤や業務内容の変化（＜証拠略＞）と評価されること、上記1⑽のとおり、大植医師が本件疾病の発症につき、環境の変化という外因の存在を指摘していることなども認められる。

　以上述べた諸事情を総合的に考慮すると、損害の公平な分担の観点からして、被告らのみに本件損害の全てを負担させるのは相当でなく、過失相殺（民法722条2項）の規定を類推適用し、損害額を2割減じるのが相当であり、その限りで上記原告らの主張は採用できない。」

　上記事件の控訴審判決（広島高裁松江支部平成27年3月18日判決、労判1118号）は、第1審判決を変更し、過失相殺ないし素因減額を否定しました。原告及び被告の双方が控訴。

　本控訴審判決は、一定の能力を有する専門職である医師の職場における安全配慮義務及び過失相殺ないし素因減額についてのあり方を示す事例になると思われます。

判示事項のポイント：

①　被災医師の能力不足が長時間労働の一因となったことは認めつつも、同医師が本件病院に赴任する前の大学病院での稼働状況等から、同程度の経験を有する医師と比較して格別能力が劣るとは言えず、同医師の能力不足は上司らの通常予想される範囲を外れるものであっ

197

第1部　労働災害における民事損害賠償の基礎知識

たとは認められないこと（電通事件　最二小平成12年3月24日判決を引用）。

※電通事件最高裁判決の「同種の業務に従事する労働者の個性の多様さとして通常想定される範囲を外れるものでない限り、」「そのような事態は使用者として予想すべきものというべきである」との判断手法を労働者の能力に当てはめて、被災医師の能力不足は上司らの通常予想される範囲を外れるものでないとして過失相殺ないし素因減額を否定しています。

②　体調の悪化が看取される場合、被災医師本人から積極的に申告することは期待し難いものであり、また、転属を願い出ることをしなかったことを同医師の不利益として考慮することはできない（東芝事件　最二小平成26年3月24日判決を引用）。

判示事項のポイント①に関する判示事項：
「5　争点4（過失相殺又は素因減額の適否）について

(1)一審被告組合は、仮に一審被告らの行為と亡一郎の自殺との因果関係が認められるとしても、亡一郎は赴任からわずか2か月余りで自殺行為に及んでおり、一審被告らがこれを予見することは困難であったこと、亡一郎自身、医師でありながら、本件疾病について治療やカウンセリングを受けたり、本件病院の関係者に悩みを打ち明けるなどの対応をとっていないこと、母親への過度の依存や精神の脆弱さがうかがえること、亡一郎の自信喪失には亡一郎自身の能力不足や極めて真面目な性格も影響していること等から、大幅な過失相殺若しくは素因減額がなされるべきである旨主張する。

(2)しかしながら、<u>公共団体や企業等に雇用される労働者の性格が多様のものであり、ある業務に従事する特定の労働者の性格が同種の業務に従事する労働者の個性の多様さとして通常想定される範囲を外れる</u>

198

第13章 過失相殺とはどのようなものか

ものでない限り、その性格及びこれに基づく業務遂行の態様等が業務の過重負担に起因して当該労働者に生じた損害の発生又は拡大に寄与したとしても、そのような事態は使用者として予想すべきものというべきであるから、労働者の性格が前記の範囲を外れるものでない場合には、業務の負担が過重であることを原因とする損害賠償請求において使用者の賠償すべき額を決定するに当たり、被害者の性格及びこれに基づく業務遂行の態様等を心因的要因としてしんしゃくすることはできないというべきである（最高裁平成12年3月24日第2小法廷判決・民集54巻3号1155頁）。

亡一郎は、本件病院への赴任前の大学病院の勤務時には格別問題なく職務に従事しており、整形外科医として大学病院で半年間の臨床経験しかなかった医師として、格別能力が劣っていたとは認められないこと、特に精神的な脆弱を示す精神科への通院や胃潰瘍等といった既往歴もなかったこと、転勤の際に母親が引っ越しの手伝いに来たことは、家族であればごく普通にあり得ることであって、他の証拠を考慮しても、格別亡一郎が母親に過度に依存していたと認めるに足りないこと、亡一郎については家族等プライベートでも問題があったことはうかがわれないこと、一審被告らは亡一郎の医師としての経験も十分認識した上で迎え入れたものであること等に鑑みると、亡一郎の能力や性格等の心因的要素が通常想定される範囲を外れるものであったとは認められない。」

判示事項のポイント②に関する判示事項：

「(3)また、亡一郎は、本件病院赴任後、本件病院の関係者に悩みを打ち明けたり、前任者のように派遣元の大学病院に対し転属を願い出るといった対応をしていないのであるが、使用者は、必ずしも労働者からの申告がなくても、その健康に関する労働環境等に十分注意を払うべき安全配慮義務を負っており、労働者にとって過重な業務が続く中

第1部　労働災害における民事損害賠償の基礎知識

でその体調の悪化が看取される場合には、体調の異変等について労働者本人からの積極的な申告は期待し難いものであって、このことを踏まえた上で、必要に応じた業務軽減などの労働者の心身の健康への配慮に努める必要があるものというべきであるから（最高裁平成26年3月24日第2小法廷判決・集民246号89頁参照）、前任者がそうであったからといって、亡一郎が本件疾病を発症する以前に、責任感から自ら職務を放棄したり、転属を願い出る等しなかったことを捉えて、亡一郎の落ち度ということはできない。」

（中略）

「(6)以上より、一審被告組合の賠償責任につき、過失相殺又は素因減額は認められず、一審被告組合の主張は採用できない。」

200

第13章　過失相殺とはどのようなものか

7　病的・体質的要因を素因とする減額を肯定した裁判例

(1)　システムコンサルタント事件（東京高裁　平成11年7月28日判決、労判770号）

事案の概要と判示事項のポイント：

・システムエンジニアが高血圧性脳溢血を発症

・基礎疾患（本態性高血圧症）

・過失相殺率　50％

　コンピューターのシステム開発業務に従事していたシステムエンジニアであったBが、恒常的な過重業務等により高血圧症が増悪し、高血圧性脳出血を発症した事件につき、裁判所は、被災者Bの年間総労働時間が平均して約3,000時間近くに達していて極めて過大であること、大手銀行のソフトウエア開発プロジェクトの責任者として日常的に高度の精神的緊張にさらされていたこと、さらに同人は基礎疾患として本態性高血圧を有しており、当該業務が相対的に有力な原因となって本態性高血圧が自然的経過を超えて増悪し、脳出血発症に至って死亡したものであり、同人の死亡と当該業務との間に相当因果関係があると認められること、さらに被告会社に業務を軽減させるなどの配慮を怠った等安全配慮義務違反に基づく債務不履行責任を認めたうえで、被災者Bの損害額を算定するにあたり、次のとおり判示し、損害額から50％を減額しています（民法第415条、同法第418条）。

判示事項：

　「Bは、一審被告に入社した直後である昭和54年12月ころには、既に最高血圧140、最低血圧92の境界域高血圧であったのであり、このようなB自身の基礎的要因も、その後の血圧上昇に対し何らかの影響を与えていたと解することが相当であるから、Bの血圧の上昇から脳

第1部　労働災害における民事損害賠償の基礎知識

出血発症についての全責任を一審被告に負わせることは衡平を欠き、相当ではない。

　右事情を総合的に考慮すれば、本件において一審被告に賠償を命ずべき金額は、民法第418条を類推適用して、右認定の損害額のうち、その50パーセントを減ずることが相当であるというべきである。」

(2)　川崎市水道局事件（横浜地裁川崎支部　平成14年6月27日判決、判時1805号）

　　事案の概要と判示事項のポイント：
　　・水道局職員が心因反応ないし精神分裂病（統合失調症）を発症して自殺
　　・精神疾患について入通院加療中
　　・過失相殺率　70％
　　川崎市水道局職員であったＡが、職場で上司からいじめを受けて心因反応ないし精神分裂症（総合失調症）を発症して自殺した事件について、裁判所は、本件自殺は、いじめによる精神疾患の結果によって生じたものであり、管理職において、いじめの制止、防止策等の適切な措置を怠るなど安全配慮義務違反が認められること、被災者Ａの資質ないし心因的要因も加わって自殺の契機になった旨認定し、同人の損害額を算定するにあたり、次のとおり判示し、損害額から70％を減額しています（国賠法第1条1項）。

判示事項：

　「(4)過失相殺の規定の類推適用

第13章 過失相殺とはどのようなものか

　Aは、いじめにより心因反応を生じ、自殺に至ったものであるが、いじめがあったと認められるのは平成7年11月ころまでであり、その後、職場も配転替えとなり、また、同月から医師の診察を受け、入通院をして精神疾患に対する治療を受けていたにもかかわらず、これらが功を奏することなく自殺に至ったものである。<u>これらの事情を考慮すると、Aについては、本人の資質ないし心因的要因も加わって自殺への契機となったものと認められ、損害の負担につき公平の理念に照らし、原告らの上記損害額の7割を減額するのが相当である。</u>」

(3)　ジェイ・シー・エム事件（大阪地裁　平成16年8月30日判決、労判881号）

事案の概要と判示事項のポイント：
・中古車情報誌の制作・編集会社のアルバイト社員が心筋梗塞を発症して死亡
・基礎疾患なし
・過失相殺率　20%
　中古車情報誌を制作・編集する会社のアルバイト社員であったCが、採用後2カ月後に心筋梗塞を発症して死亡した事件につき、被災者Cは、死亡1週間前で50時間30分、死亡4週間前で88時間の時間外労働をし、さらに死亡前9日間は休日もなく連続勤務していることなど長時間労働による職業的ストレスと喫煙の影響とが相俟って心筋梗塞を発症したものと推認することができること、被災者Cの死亡とその業務との間に相当因果関係があると認められること、被災者Cは日々の業務に不慣れで、著しい精神的ストレスを受けているにもかかわらず、被告は、疲労の解消に必要十分な休日や睡眠時間を確保するなど適正な労働条件を確保すべき注意義務を怠ったことは明らかであること、したがって被告は、安全配慮義務違反（債務不履行責任）に基づき損害を賠償する責任があると認定し、被災者Cの損害額を算定するにあたり、次のとおり判示し、

203

第1部　労働災害における民事損害賠償の基礎知識

損害額から20%を減額しています（民法第415条、同法第418条）。

判示事項：

「3　争点(3)（寄与度減額）について

　(1)　被告は、Ｃに内因性の原因があったとして、損害額を減額すべきことを主張するが、Ｃに心臓疾患その他の死亡をもたらすような先天的な疾患があったと認められないことは前記のとおりであり、この点に関する被告の主張は採用しない。

　(2)　しかしながら、前記のとおりＣの喫煙が心筋梗塞の発症に少なからず寄与したものと推認されるところ、Ｃの１日当たりの喫煙本数は、心筋梗塞発症の危険度からいえば相当程度多かったこと、喫煙が健康に悪影響を及ぼすことは周知の事実であり、Ｃもそのことは十分承知していたものと考えられること、Ｃは、疲労が相当程度蓄積した状態にあることを自覚していながら、なお喫煙を続けていたと考えられること等の事情を考慮すると、本件においてＣの被った損害の全部を被告に賠償させることは公平の観点から相当でないと認められる。

　そして、民法第418条を類推適用して、Ｃの損害額の20%を減ずるのが相当である。」

(4)　積善会（十全総合病院）事件（大阪地裁　平成19年５月28日判決、判時1988号）

事案の概要と判示事項のポイント：

・病院勤務の麻酔医がうつ病を発症して自殺

・うつ病の悪化につき、てんかんの既往症の影響あり

204

第13章　過失相殺とはどのようなものか

・過失相殺率　30％

　病院勤務の麻酔医が従事した業務は、拘束時間が長時間に及ぶものであること、処置の当否如何によっては患者の身体に重大な結果をもたらすことから精神的緊張を強いられること、同麻酔医は経験が浅く軽易と思われる業務であっても負担を感じること、勤務時間外でも緊急手術等のために呼び出される可能性があること等、心理的にも負担があったこと等からうつ病に罹患し、麻酔薬を静脈内に注射する方法により自殺した事案につき、被告は、同麻酔医のうつ病の症状が悪化しているのを認識していたのに、その業務を軽減するための措置を具体的に講じることなく、当直を含め通常どおりの業務に従事させて同麻酔医に対する安全配慮義務を怠ったが、同麻酔医については、うつ病に罹患し悪化するに至ったことにつき、てんかんの既往症が影響していること、また、精神科医による診察を受けなかったことが、うつ病を悪化させ自殺するに至らせたとして、次のとおり、過失相殺として損害額の30％を減額するのが相当であると判示しました（民法第709条、同法第715条、同法第722条２項）。

判示事項：

【使用者の義務違反等】

「(1)一般に、使用者は、従業員との間の雇用契約上の信義則に基づき、従業員の生命、身体及び健康を危険から保護するように配慮すべき義務（安全配慮義務）を負い、その具体的内容として、労働時間、休憩時間、休日、休憩場所等について適正な労働条件を確保した上、労働者の年齢、健康状態等に応じて従事する作業時間及び内容の軽減、就労場所の変更等適切な措置を執るべき義務を負うところ、松子は被告病院において麻酔科医として勤務していたのであるから、被告病院は、

205

第1部　労働災害における民事損害賠償の基礎知識

松子に対し、前記義務を負っていた。

　そして、被告病院における松子の業務は、労働時間の質量ともに決して軽いものではなく、丙川医師は、松子のうつ病の症状が悪化していると認識し、遅くとも平成15年11月ころには、被告病院における業務を継続させることは困難であると考えるに至り、被告病院長においても、同年12月までには、松子を被告病院において勤務させるのは困難であるとの考えから松子を異動させる方針を固めていたのであるから、被告病院としては、その時点で松子に休職を命じるか、あるいは業務負担の大幅な軽減を図るなどの措置を執り、松子に十分な休養をとらせるべき注意義務を負っていたというべきである。とりわけ、松子が平成16年1月5日に自殺を示唆するメモを残して失踪した後にあっては、松子が自殺する危険性が顕在化し、かつ、切迫した状況にあったのであるから、より一層松子の健康状態、精神状態に配慮し、十分な休養をとらせて精神状態が安定するのを待ってから通常の業務に従事させるべき注意義務があったというべきである。

　しかるに、被告病院長は、丙川医師を通じて松子の業務の負担を適宜の方法により軽減する措置を執りつつも、松子を引き続き勤務させ、平成16年1月5日に松子が失踪し、自殺する危険性が顕在化した段階においても、松子の業務を軽減するための措置を具体的に講じることなく、当直勤務を含め、通常どおりの業務に松子を引き続き従事させていたのであるから、松子に対する安全配慮義務を怠ったというべきである。」

【被災労働者の過失・責任等】
「5　過失相殺について

　被告の主張は、過失相殺にかかる主張を含むものと解されるところ、松子が自殺に至った経緯は前記認定のとおりであるが、うつ病に罹患

第13章　過失相殺とはどのようなものか

し、悪化するに至ったことにつき、松子のてんかんの既往症が影響していることは否定し難いところである。また、松子は、丙川医師から再三勧められたにもかかわらず、精神科医による診察を受けなかったことが、うつ病を悪化させ自殺するに至らせたものと考えられる。

　かかる事情について、松子の病状を考慮すると、直ちに松子に過失があると評価することはできないものの、本件における損害賠償額を算定するにあたっては、これを全面的に被告の負担に帰することは公平を失するというべきであるから、民法722条2項の規定を類推適用して損害額から相当額を控除するのが相当であり、本件においては、前記の事情を総合考慮し、損害額の30%を減額するのが相当である。」

(5)　ＮＴＴ東日本北海道支店事件（最一小　平成20年3月27日判決、判時2003号）

事案の概要と判示事項のポイント：

・法人営業業務担当職員が急性心筋虚血を発症して死亡

・基礎疾患（陳旧性心筋梗塞）

・過失相殺規定（民法第722条2項）を類推適用しなかったことにつき、法令の解釈適用を誤った違法があるとして原審に差し戻し

・差戻審の札幌高裁判決は70%を減額

　新たに担当することになった法人営業業務の遂行に必要な知識・技術を習得することを目的とする研修会に参加した職員が、当該研修が2か月以上にわたる長期間の連続する宿泊を伴うものであったことから、過度の精神的、身体的ストレスにより急性心筋虚血を発症して死亡（死亡当時58歳）した事案につき、被災職員は、その基礎疾患として陳旧性心筋梗塞を有していたことから、死亡による損害の全部を上告人会社に賠償させることは公平に反するとし、損害賠償額を定めるにあたり、過失相殺に関する規定（民法第722条2項）を類推適用し、被災職員の疾患

207

第1部　労働災害における民事損害賠償の基礎知識

をしんしゃくすべきであるのに、当該規定を類推適用しなかった原審の
判断は、法令の解釈適用を誤った違法があり、原審に差し戻すのが相当
である、と次のとおり判示しました（民法第722条2項）。

判示事項：

「3　原審は、上記事実関係等の下において、要旨次のとおり判断し、
上告人の不法行為を理由とする被上告人らに対する損害賠償の額を定
めるに当たり過失相殺に関する規定（民法722条2項）の類推適用を
しなかった。

(1)　上告人は、第一審において過失相殺を主張しない旨釈明してい
るところ、控訴審において過失相殺に関する規定の類推適用を主張す
ることは、著しく信議に反するものであり、また、第一審の軽視にも
つながるものである。したがって、上告人の上記主張は、訴訟上の信
義則に反するものとして許されない。

(2)　上記の経緯に照らすと、本件において、上告人の主張がないの
に過失相殺に関する規定を類推適用することは相当でない。

4　しかしながら、原審の上記判断は是認することができない。そ
の理由は、次のとおりである。

【過失相殺に関する規定の類推適用】

「(1)被害者に対する加害行為と加害行為前から存在した被害者の疾
患とが共に原因となって損害が発生した場合において、当該疾患の態
様、程度等に照らし、加害者に損害の全部を賠償させるのが公平を失
するときは、裁判所は、損害賠償の額を定めるに当たり、民法722条
2項の規定を類推適用して、被害者の疾患をしんしゃくすることがで
きる（最高裁昭和63年（オ）第1094号平成4年6月25日第一小法廷判

第13章　過失相殺とはどのようなものか

決・民集46巻4号400頁参照）。このことは、労災事故による損害賠償請求の場合においても、基本的に同様であると解される。

【職権による過失相殺】

　また、同項の規定による過失相殺については、賠償義務者から過失相殺の主張がなくとも、裁判所は訴訟にあらわれた資料に基づき被害者に過失があると認めるべき場合には、損害賠償の額を定めるに当たり、職権をもってこれをしんしゃくすることができる（最高裁昭和39年（オ）第437号同41年6月21日第三小法廷判決・民集20巻5号1078頁参照）。このことは、同項の規定を類推適用する場合においても、別異に解すべき理由はない。

　(2)前記事実関係等によれば、太郎が急性心筋虚血により死亡するに至ったことについては、業務上の過重負荷と太郎が有していた基礎疾患とが共に原因となったものということができるところ、家族性高コレステロール血症（ヘテロ型）にり患し、冠状動脈の二枝に障害があり、陳旧性心筋梗塞の合併症を有していたという太郎の基礎疾患の態様、程度、本件における不法行為の態様等に照らせば、上告人に太郎の死亡による損害の全部を賠償させることは、公平を失するものといわざるを得ない。

　原審は、前記3(1)記載の理由により、上告人が原審において過失相殺に関する規定の類推適用を主張することは訴訟上の信義則に反するものとして許されないというのであるが、そもそも、裁判所が過失相殺に関する規定を類推適用するには賠償義務者によるその旨の主張を要しないことは前述のとおりであり、この点をおくとしても、前記2(2)記載の本件訴訟の経過にかんがみれば、第一審の段階では上告人において太郎が家族性高コレステロール血症にり患していた事実を認識していなかったことがうかがわれるのであって、上告人の上記主張が

209

第1部　労働災害における民事損害賠償の基礎知識

訴訟上の信義則に反するものということもできない。

(3)そうすると、上告人の不法行為を理由とする被上告人らに対する損害賠償の額を定めるに当たり過失相殺に関する規定（民法722条2項）の類推適用をしなかった原審の判断には、過失相殺に関する法令の解釈適用を誤った違法があるというべきである。」

　上記事件の差戻審の札幌高裁判決（札幌高裁　平成21年1月30日判決、労判976号）は、次のとおり判示し、70%を減額しました。控訴人はNTT東日本。

判示事項：

「4　争点(3)（過失相殺の可否）について

　被控訴人は、本件の上告審判決が本件において損害賠償額の算定に当たり斟酌すべき事由として取り上げることができるとしているのは、一郎が有していた基礎疾患のみであり、それ以外の事由は斟酌すべきではない旨を主張する。

　しかし、上告審判決は「家族性高コレステロール血症（ヘテロ型）にり患し、冠状動脈の2枝に障害があり、陳旧性心筋梗塞の合併症を有していたという一郎の基礎疾患の態様、程度、本件における不法行為の態様等に照らせば、上告人に一郎の死亡による損害の全部を賠償させることは、公平を失するものといわざるを得ない。」（5頁）と判示しているのであるから、当裁判所が損害賠償額の算定に当たり斟酌すべき事由は、単に一郎の基礎疾患の態様、程度に止まらず、「本件における不法行為の態様等」も含まれるというべきであり、被控訴人の上記主張は採用することができない。

　前記認定のとおり、本件は、長期間にわたる出張の連続により、疲

210

第13章　過失相殺とはどのようなものか

労の回復が不十分となり、一郎の基礎疾患が自然的経過を超えて増悪して死亡するに至ったと考えられる事案である。したがって、一郎の死亡について、控訴人に全責任があるわけではなく、基礎疾患が自然的経過を超えて増悪する要因に応じて責任を負うべきである。

(1)　基礎疾患の態様及び程度

　前記認定のとおり、平成5年7月、冠状動脈に有意な狭窄が認められ、一郎は、陳旧性心筋梗塞（合併症として高脂血症）と診断されているところ、心筋梗塞を含む虚血性心疾患の危険因子として挙げられる①加齢（男性では45歳以上）、②冠動脈疾患の家族歴、③喫煙習慣、④高血圧、⑤高コレステロール血症、⑥精神的・肉体的ストレスのうち、上記診断の時点で、①から③まで及び⑤の因子があったものである。そして、一郎は、平成5年8月と12月の2回にわたり、PTCAを受けたが、その後も冠状動脈の閉塞は改善されなかった。

　前記認定のとおり、家族性高コレステロール血症（ヘテロ型）のある男性患者の22パーセント、女性患者の10パーセントが心筋梗塞に罹患し、死亡に至った患者の死因は冠状動脈性心疾患が70パーセントを占め、死亡平均年齢は男性54歳、女性69歳であるとの調査報告がある。したがって、家族性高コレステロール血症（ヘテロ型）の患者には、PTCA等の治療をしても、再び冠状動脈の狭窄が生じやすいため、心筋梗塞への罹患や再発は避けることが困難であり、冠状動脈性心疾患により50歳台で死亡に至る確率が高いものであったということができる。

　以上のとおり、一郎が陳旧性心筋梗塞を発症するについては、家族性高コレステロール血症（ヘテロ型）という遺伝的素因が原因の大半を占めていると考えられ、基礎疾患への罹患について控訴人が責任を負うべきものとはいえない。

211

第1部　労働災害における民事損害賠償の基礎知識

(2)　不法行為の態様

　基礎疾患が自然的経過を超えて増悪することに寄与した要因として
は、前記認定のとおり、①生活の本拠がある旭川で休養する機会が乏
しく、疲労の回復が十分でないまま、宿泊を伴う出張が連続する形で
本件研修を受けたこと、②雇用形態の選択について悩み、選択の結果
として本件研修終了後に発令されるかもしれない異動への不安から精
神的ストレスが増大したこと、である。

　このうち、精神的ストレスについては、控訴人において予見し、又
は回避することが困難であったと認められるから、控訴人に過失（債
務不履行構成においては安全配慮義務違反）がなく、不法行為の内容
として、精神的ストレスを増大させたことは含まれない。控訴人の不
法行為の態様は、一郎の疲労回復が不十分になりやすい日程で宿泊を
伴う出張が連続する形の本件研修を受けさせたことである。

(3)　控訴人の責任割合

　前記のとおり、家族性高コレステロール血症（ヘテロ型）を合併し
た陳旧性心筋梗塞という基礎疾患は、50歳台の男性を死亡に至らせる
確率が高い疾患であるから、一郎の死亡については、基礎疾患の存在
が原因の大半を占め、長期間にわたる出張の連続により、疲労の回復
が不十分となり、基礎疾患を自然的経過を超えて増悪させたことは、
一郎の死亡の原因のうち30パーセントを占めるとするのが相当であり、
控訴人は、この限度で責任を負うものである。」
と判示し、70％の減額をしました。

212

第13章　過失相殺とはどのようなものか

⑹　ホテル日航大阪事件（神戸地裁　平成20年４月10日判決、労判974号）

事案の概要と判示事項のポイント：
・ホテル営業部販売グループ課長が血圧性脳内出血を発症
・基礎疾患（血管病変）、その最たる危険因子である高血圧、糖尿病等
・過失相殺・素因減額40％
　ホテル営業部販売グループ課長は、基礎疾患として血管病変を有していたところ、同課長が従事した修学旅行業務は、閑散期は別として、繁忙期には質量ともに相当程度過酷であったことから血圧性脳内出血を発症して１級障害を負った事案につき、被告会社は、同課長の労働時間が異常に長時間に及んでいることを把握していたのに、労働時間の短縮、業務内容の変更、労働量の削減等、同課長の業務負担を軽減するための適正かつ有効な措置を十分とっていない点で注意義務違反が認められるが、同課長については、基礎疾患のほかに、その最たる危険要因である高血圧、糖尿病、肥満傾向もあったこと、健康診断では医師の診察を受けるように指示を受けていることを知りながら、閑散期に医師の診察を受けることもしなかった等、同課長の素因及び自己の健康管理懈怠等を考慮して、次のとおり、過失相殺・素因減額として、損害額の４割を控除するのが相当であると判示しました（民法第415条、同法第418条、同法第709条、同法第715条）。

判示事項：

【使用者の義務違反等】
「4　争点⑶（被告の安全配慮義務違反）について

213

第1部　労働災害における民事損害賠償の基礎知識

(1)労働者が労働日に長時間にわたり業務に従事する状況が継続するなどして、疲労や心理的負荷等が過度に蓄積すると、労働者の心身の健康を損なう危険のあることは、周知のところである。したがって、使用者は、その雇用する労働者に従事させる業務を定めてこれを管理するに際し、業務の遂行に伴う疲労や心理的負荷等が過度に蓄積して労働者の心身の健康を損なうことがないよう注意する義務を雇用契約上の信義則に基づき負うと解するのが相当である。また、使用者に代わって労働者に対し業務上の指揮監督を行う権限を有する者は、使用者の同注意義務の内容に従って、その権限を行使して、労働者の心身の健康を損なうことがないよう注意する義務を負う。

具体的には、使用者は、労働時間、休憩場所、休暇等について適正な管理を行い、各労働者の年齢や健康状態に応じて、当該労働者が従事する業務の負担軽減や労働時間の短縮等につき適切な措置をとるべき義務を負う。

(2)ア　被告は、原告太郎の年齢を始め、健康診断の実施により、高血圧症等の疾病を有している等の健康状態を把握していたのであるから、Jをして、かかる状態に応じた業務負担となるように、適宜業務量を調整し、原告太郎の心身の健康を損なわないように配慮すべき義務があった。

J自身は、前記1(6)のとおり健康診断の結果を知らなかったが、そもそも長時間労働の継続による疲労の蓄積が心身の健康を損なうことは周知の事実であり、営業部出勤管理表により、原告太郎の平成14年10月から12月中旬までの労働時間が異常に長時間に及んでいることを把握していたのであるから、原告太郎が営業販売グループ課長の職にあり、管理職として自身の勤務時間を管理する立場にあったことを考慮しても、原告太郎に労働時間を短縮するように指示するか、それが原告太郎の努力によっても不可能ないし困難であれば、労働時間の短縮を可能にすべく、業務を他の従業員に振り分けるか、新たに増員す

214

第13章　過失相殺とはどのようなものか

るなどして、原告太郎の労働時間を適正範囲にまで短縮すべき措置を
とる注意義務があったというべきである。」

（中略）

　「(3)以上によれば、Ｊには、労働時間の短縮、業務内容の変更、労
働量の削減等原告太郎の業務負担を軽減するための適正かつ有効な措
置を十分にとっていない点で注意義務違反があるといわざるを得ない。
被告にも、この点で安全配慮義務違反が認められるとともに、Ｊの使
用者として、使用者責任を負うといわざるを得ない。

（中略）

【被災労働者の過失・責任等】
「6　争点(5)（過失相殺・素因減額）について

　(1)本件発症については、原告太郎に基礎となる血管病変があり、原
告太郎はその最たる危険要因である高血圧や、関係要因である糖尿病、
肥満傾向を有していたこと、平成13年及び14年の健康診断では、総合
的に医師の治療を受けるよう指示を受けていたこと、さりながら本件
発症から過去５年のうちに原告太郎がこれらの改善のために医療機関
を受診した形跡がないことについては既に認定したとおりである。
　(2)原告太郎は自身の健康状態について最も良く知り得る立場にあり、
実際に被告における健康診断等で異常な結果が出ていることを認識し、
具体的な指示も受けていたのであるから、閑散期に医師の診療を受け
たり、生活指導を受けて生活習慣の改善に努めるなどの努力をすべき
であったし、繁忙期においても、体調に異常を感じたのであれば、そ
の旨Ｊ等に申し出るなどすべきであった。しかしながら、原告太郎は、
閑散期に医師の診療を受けることもせず、自己の健康維持、管理に努
めなかったと見受けられる。
　したがって、これらの原告太郎の素因及び自己の健康管理懈怠等を

215

第1部　労働災害における民事損害賠償の基礎知識

考慮して、その損害額の4割を控除するのが相当である。」

(7)　名神タクシー事件（神戸地裁尼崎支部　平成20年7月29日判決、
　　労判976号）

事案の概要と判示事項のポイント：
・タクシー運転手がタクシー運転業務に従事中脳梗塞を発症
・基礎疾患（高血圧）
・寄与度減額　60％
　被告タクシー会社に雇用されてタクシー運転業務に従事していた運転
手は、タクシー運転業務中に脳梗塞を発症（発症時71歳）し、右上下肢
麻痺等の後遺障害（2等級）が残存した事案につき、同運転手には、年齢、
高血圧、及び喫煙の3個のリスクファクターによって何らかの基礎疾患
を有する状態にあると推認されるところ、本件脳梗塞は、同運転手の有
していた要因（被告会社の健康診断で継続して高血圧を指摘されたのに
それを放置し、喫煙習慣があるほか、適度な運動や健康的な生活を心が
けたことがない等）と、被告会社における過重労働による負荷が共働原
因となって発症したものであるとして、公平の見地から、民法第418条
及び722条2項を類推適用して、次のとおり、6割の寄与度減額をする
のが相当であると判示しています（民法第415条、同法第418条）。

判示事項：

【使用者の義務違反等】
「2　争点(2)（被告会社の安全配慮義務違反及び被告乙山の職務上の重
過失の有無）について

216

第13章　過失相殺とはどのようなものか

(1)使用者は、雇用契約上の信義則に基づき、労働者の生命及び身体を危険から保護するよう配慮すべき義務（「安全配慮義務」）を負っているところ、疲労や心理的負荷が過度に蓄積すると労働者の心身の健康を損なう危険があることは周知のところであるから、使用者は、被用者に対し、業務の遂行に伴い被用者にかかる負荷が著しく過重なものとなって、被用者の心身の健康を損なうことがないよう、労働時間、休憩時間及び休日等について適正な労働条件を確保する義務を負っているというべきである。

(2)前記認定のとおり、原告については、被告会社の実施する定期健康診断において高血圧症を示唆する所見が連続して得られていた上、原告は、本件脳梗塞発症当時71歳と高齢であって、疲労の蓄積により脳・心臓疾患を発症する危険性の高い状況にあり、かつ、上記危険性を、被告においても十分に認識可能であったことが認められる。そうすると、被告会社としては、原告にかかる負荷が過重なものとなって、上記の危険性が現実化することのないよう、原告の公休出勤や時間外労働を制限するなどの方法により、原告について適正な労働条件を確保する義務があったというべきである。

にもかかわらず、被告会社は、上記の義務を尽くさず、原告を争点(1)における当裁判所の判断のとおり過重労働に従事させ、本件脳梗塞の発症に至らせたのであるから、被告会社に上記安全配慮義務違反があることは明らかである。

(中略)

【被災労働者の過失・責任等】

「(2)寄与度減額

争点(1)に関する当裁判所の判断のとおり、本件脳梗塞は、原告の基礎疾患が過重な業務の負荷により増悪して発症に至ったものと認めら

第1部　労働災害における民事損害賠償の基礎知識

れるところ、原告については、①年齢とともに脳・心臓疾患発症のリスクは高まるものとされているところ、原告は本件脳梗塞発症当時71歳と高齢であったこと、②被告会社の実施する健康診断において、平成13年5月以降、継続して高血圧を指摘されながら、平成14年11月に近医を受診したほかは医療機関を受診することもなく上記高血圧を放置し、かつ、上記のとおり近医を受診した際に降圧剤を処方されるも1か月足らずで自己判断でその服用を中止していること、③50年間にわたる喫煙習慣を有し、かつ、適度な運動や健康的な食生活などを心がけた形跡が全くみられないこと、④上記③の生活習慣が高血圧症を増悪させ、脳・心臓疾患に至る可能性があることを認識することが十分可能であったにもかかわらず、健康診断において高血圧を指摘された後もこれらの生活習慣を全く改めなかったことなど、被告会社における業務とは無関係に、本件脳梗塞発症につながる要因があったことを指摘することができる。

　前記のとおり、本件脳梗塞は、原告の有していたこれらの要因と、被告会社における過重業務による負荷が共働原因となって発症したものと認められるのであるから、本件脳梗塞発症による原告の損害の全額を被告らに賠償させることは公平の見地から相当ではなく、民法418条及び722条2項を類推適用し、原告に関する上記事情が本件損害の発生に寄与した割合に応じて損害額を減額するのが相当である（最高裁平成20年3月27日第一小法廷判決・裁判所時報第1457号1頁参照）ところ、本件における原告の業務の過重性の程度や、原告に関する上記①ないし④の事情等にかんがみ、上記寄与の割合は6割とするのが相当である。」

8　「性格」を素因とする減額を否定した裁判例－電通事件最高裁判決とその判例理論に沿う裁判例

電通事件最高裁判決（最二小法廷平成12年3月24日判決、判時

218

第13章　過失相殺とはどのようなものか

1707号）

　大手の広告代理店の社員が過剰な長時間労働によりうつ病を発症して自殺した事案について、最高裁判所は、業務の負担が過重であることを原因とする損害賠償請求において、労働者の「性格」が、同種の業務に従事する労働者の個性として通常想定される範囲を外れるものでない限り、過失相殺を認めない旨判示しました（民法第415条、同法第709条、同法第715条）。実務上参考となると思われるので、次のとおり、紹介します。

　判示事項のポイント：

　　使用者が賠償すべき額を決定するにあたり、被災者の性格等は、同種の業務に従事する労働者の個性の多様さとして通常想定される範囲を外れるものでないため同人の性格及びこれに基づく業務遂行の態様等をしんしゃくすることはできない。

判示事項：

【被災者の性格等の心因的要因と民法第722条２項類推適用】

　「身体に対する加害行為を原因とする被害者の損害賠償請求において、裁判所は、加害者の賠償すべき額を決定するにあたり、損害を公平に分担させるという損害賠償法の理念に照らし、民法第722条２項の過失相殺の規定を類推適用して、損害の発生又は拡大に寄与した被害者の性格等の心因的要因を一定の限度でしんしゃくすることができる（最高裁昭和59年（オ）第33号同63年４月21日第一小法廷判決・民集42巻４号243頁参照）。

219

第1部　労働災害における民事損害賠償の基礎知識

　この趣旨は、労働者の業務の負担が過重であることを原因とする損害賠償請求においても、基本的に同様に解すべきものである。

【労働者の個性の多様さと使用者等による業務上の指揮監督上の配慮】

　しかしながら、企業等に雇用される労働者の性格が多様のものであることはいうまでもないところ、ある業務に従事する特定の労働者の性格が同種の業務に従事する労働者の個性の多様さとして通常想定される範囲を外れるものでない限り、その性格及びこれに基づく業務遂行の態様等が業務の過重負担に起因して当該労働者に生じた損害の発生又は拡大に寄与したとしても、そのような事態は使用者として予想すべきものということができる。しかも、使用者又はこれに代わって労働者に対し業務上の指揮監督を行う者は、各労働者がその従事すべき業務に適するか否かを判断して、その配置先、遂行すべき業務の内容を定めるのであり、その際に、各労働者の性格をも考慮することができるのである。したがって、労働者の性格が前記の範囲を外れるものでない場合には、裁判所は、業務の負担が過重であることを原因とする損害賠償請求において使用者の賠償すべき額を決定するに当たり、その性格及びこれに基づく業務遂行の態様等を、心因的要因としてしんしゃくすることはできないというべきである。

　これを本件についてみると、I（被災者）の性格は、一般の社会人の中にしばしば見られるものの一つであって、Iの従事する業務との関係で、その性格を積極的に評価していたというのである。そうすると、Iの性格は、同種の業務に従事する労働者の個性の多様さとして通常想定される範囲を外れるものであったと認めることはできないから、一審被告の賠償すべき額を決定するに当たり、Iの前記のような性格及びこれに基づく業務遂行の態様等をしんしゃくすることはできないというべきである。」

220

※**本件電通事件の原審**（東京高裁　平成９年９月26日判決、労判724号）は、大手の広告代理店の社員であったＩが過剰な長時間労働によりうつ病に陥り自殺した事件について、裁判所は、被災者の長時間労働、うつ病、自殺による死亡との間に相当因果関係があるとしたうえ、上司らが被災者の長時間労働及び健康状態の悪化を知りながら、労働時間を軽減するなどの措置を怠ったことにつき民法第715条に基づく損害賠償責任を肯定し、被災者Ｉの損害額を算定するにあたり、次のとおり判示し、損害額から30％を減額しています。

判示事項：

「Ｉのうつ病罹患ないし自殺という損害の発生及びその拡大について、Ｉの心因的要素等被害者側の事情も寄与しているものというべきであるから、損害の公平な分担という理念に照らし、民法第722条２項の過失相殺の規定を類推適用して、発生した損害のうち７割を控訴人に負担させるのが相当である。」（判決文中の「控訴人」とは、第１審被告会社を指します。）指します。）

⑴　電通事件最高裁判決の判例理論に沿う裁判例

　上記電通事件最高裁判決以降、その判例理論に沿うものとして、被災労働者の性格及びこれに基づく業務遂行の態様等を、心因的要因としてしんしゃくせず、損害額の減額を行わない旨判示した裁判例があります。

①　アテスト（ニコン熊谷製作所）事件（東京高裁　平成21年７月28日判決、労判990号）

事案の概要と判示事項のポイント：
・半導体製造装置の完成品検査の業務に従事していた業務請負会社の社員がうつ病を発症して自殺

第1部　労働災害における民事損害賠償の基礎知識

・損害額算定にあたり、性格等を心因的要因としてしんしゃくできない

　半導体製造装置の完成品検査の業務に従事していた業務請負会社の社員が、業務の過重性に基づくうつ病を発症して自殺した事案につき、被災社員は非常にまじめで責任をもって仕事をする人物であり、被災社員の性格あるいはこれに基づく業務遂行の態様等が損害の発生又は拡大に寄与したとしても、そのような場合に、当該業務に従事する特定の労働者の性格が同種の業務に従事する労働者の個性の多様さとして通常想定される範囲を外れるものでない場合には、その性格及びこれに基づく業務遂行の態様等を心因的要因としてしんしゃくすることはできないと判示しました（民法第415条、同法第709条、同法第715条）。

　（第1審・東京地裁平成17年3月31日判決（判時1912号）は、3割減額）。

判示事項：

【被災労働者の過失・責任等】
「(3)素因減額について

　1審被告アテストは、執着性格といったストレス・ぜい弱性を二郎が有していたため、通常の労働者であれば精神障害を発症しない程度の心理的負担によってうつ病を発症したと考えるのが相当であり、一見して過重な業務が存在しない本件においては、労働者の個性の多様性を実質的に検討した上で使用者の責任の程度が検討されるべきであって、二郎のこのストレスぜい弱性に応じて素因減額が行われるべきであると主張しており、広瀬徹也及び詫摩武俊の意見書（＜証拠略＞）にはこれに沿う記載があり、当審証人詫摩の供述中にはこれと同旨の部分がある。

　しかし、二郎のうつ病発症が通常の労働者であれば精神障害を発症

第13章　過失相殺とはどのようなものか

しない程度の心理的負担によったものであるとも、本件において一見
して過重な業務が存在しないともいうことができないことは既に説示
したところから明らかである。そして、二郎が非常にまじめで責任を
持って仕事をする人物であったことは既に説示したとおりであるが、
こうした二郎の性格あるいはこれに基づく業務遂行の態様等が損害の
発生又は拡大に寄与したとしても、そのような場合に、当該業務に従
事する特定の労働者の性格が同種の業務に従事する労働者の個性の多
様さとして通常想定される範囲を外れるものでない場合には、裁判所
は、業務の負担が過重であることを原因とする損害賠償請求において
使用者の賠償すべき額を決定するに当たり、その性格及びこれに基づ
く業務遂行の態様等を心因的要因としてしんしゃくすることはできな
いというべきであるところ（最高裁平成12年３月24日第二小法廷判決・
民集54巻３号1155頁参照）、二郎のこうした性格が同種の業務に従事
する労働者の個性の多様さとして通常想定される範囲を外れるものと
まで認めるに足りる証拠はない。これらによれば、１審被告アテスト
の上記主張は失当である。」

②　康正産業事件（鹿児島地裁　平成22年２月16日判決、判時2078号）

事案の概要と判示事項のポイント：
・外食店の支店長が心室細動を発症（低酸素脳症による完全麻痺）
・損害額算定にあたり、性格等を心因的要因としてしんしゃくできない
　外食店の支店長は、長時間労働による相当程度の過労蓄積のほか、必
要な人員が補充されず、また人件費の制約を課され、さらに、売上や人
件費の目標達成を著しく求められたが、それを達成できずに精神的に過
度の負担を受けることとなったこと等により、就寝中に心室細動を発症
し低酸素脳症による完全麻痺となり高度障害が残存した事案につき、被

第1部　労働災害における民事損害賠償の基礎知識

告会社は、被災者の過酷な労働環境に対して、見て見ぬふりをして、これを漫然と放置したなど多分の非難可能性が認められるほか、被災者については、同人の性格及びこれに基づく業務遂行の態様等が本件発症に寄与したとしても、これを心因的要因として斟酌することはできないとしました。

　ただし、疲労が蓄積しているのにもかかわらず睡眠時間を削って深夜にドライブや食事するなど、健康維持の観点から労働者に合理的に期待される生活態度を逸脱しているというほかないが、同人の健康管理の不備が本件発症に寄与している可能性もあったという点を考慮して、民法第418条ないし同法第722条2項を適用して、次のとおり、その損害額から2割を控除するのが相当であると判示しました（民法第415条、同法第418条、同法第709条、同法第722条2項）。

判示事項：

【使用者の義務違反等】

「イ　A店の状況の認識

　また、被告としては、正社員が3名であること、丙川が体調不良であること（丁原も、丙川の体調不良を気遣っていた。）、A店では深夜にも作業をしないと必要な業務をこなしきれない状況にあり、この深夜の作業は原告一郎が行っていること（同人は深夜に作業する旨を甲田次長に報告している。）なども認識していた上、さらに原告一郎や丙川らの人員補充要請も受けていたのであるから、A店が慢性的な人手不足にあること及び原告一郎が最もそのしわ寄せを受けていることの認識もあったというべきである。

(4)しかしながら、被告は、原告一郎の勤怠記録が実際の労働時間を反

映しておらず、勤怠記録に現れている以上の長時間労働が存在していることを認識し又は容易に認識し得たにもかかわらず、長時間労働の実態を正確に把握しようともせず、勤怠記録による労務管理を継続していた。また、Ａ店が人手不足であること及び原告一郎の労働が過重なものとなっていることを知りながら、人員補充要請に至ってもなお、Ａ店に十分な数の正社員を配置することなく人手不足の状態で店舗を運営させた。

　これら事実は、原告一郎の時間外労働に対して何らのコスト負担も感じない被告が、原告一郎の過酷な労働環境に対して、見て見ぬふりをし、これを漫然と放置したということを意味するものであって、被告に安全配慮義務違反があったことは明らかであり、同義務違反は原告一郎に対する債務不履行のみならず不法行為にも該当するというべきである。」

【被災労働者の過失・責任等】
「3　争点(3)（過失相殺）について
⑴原告一郎の健康管理

ア　前記認定の事実によれば、原告一郎は、平成16年の夏ころから、勤務時間が長く休息が十分に取れていないと感じ、また支配人の職責も負担に感じて、周囲にも「仕事がきつい」とか「過労である」などと言っていたのであるから、同人としても疲労が蓄積していることを十分に自覚していた。また、本件発症直前の数週間の健康状態を見ると、扁桃腺炎にかかったり、食欲が落ちたり、胸の痛みを感じたりしており、より顕著な異常が現れていたというべきである。

　その一方で、原告一郎は、仕事が終わった後、深夜に戊田とドライブや食事に行くことがあり、時には帰宅が４時ころになることもあった（その頻度は必ずしも明らかでないものの、本件発症前数か月間の

第1部　労働災害における民事損害賠償の基礎知識

原告一郎は、休日にも出勤しておりプライベートな時間が極めて少なかったと考えられることや、戌田が退勤後も店舗に残っているところを何度も目撃されていることからしても、少なくとも1、2度ではなかったと推認される。）また、本件発症前日にも、支配人会議が終わってから戌田と食事をし、自宅には戻らずにそのまま午後8時ないし8時30分ころに出勤した。このように、原告一郎が、ただでさえ短い休息時間をプライベートに充てていた結果、仕事による疲労の回復がさらに困難となったことは否定できないし、上記のとおり本件発症直前に原告一郎に体調面の異変がみられたことも考えると、自己の健康管理に対する原告一郎の意識次第によっては、本件発症が回避できた可能性も否定はできない。

　労働者は、一切の余暇を犠牲にして疲労の回復に努めることまでを求められるものではないとしても、一般の社会人として自己の健康の維持に配慮することが当然に期待されており、いかなる態様・程度の健康維持が求められるかは、当該労働者が提供する労務の内容、労働時間・賃金等の労働条件、労働者自身の健康状態等の諸要素に照らして、総合的に判断されるべきものである。本件では、そもそも原告一郎の労働が過重なものとなったことにつき、被告に多分の非難可能性があることは前述のとおりであるが、その点を斟酌してもなお、原告一郎の労働の実態、生活状況全般及び本件発症直前の健康状態等に照らせば、疲労が蓄積しているにもかかわらず睡眠時間を削って深夜にドライブや食事をするのは、健康維持の観点から労働者に合理的に期待される生活態度を逸脱しているというほかなく、当事者間の衡平を図る上では、このような原告一郎の行動が本件発症に対して与えた影響も考慮せざるを得ない。

（中略）

第13章　過失相殺とはどのようなものか

(2)原告一郎の性格及び業務遂行方法

ア　このほか、上記のような原告一郎の業務遂行態様や、「支配人という立場だし、店のことが心配だ」、「みんな頑張ってくれているから、僕だけが逃げ出すわけにはいかない」などの発言からは、原告一郎が真面目で責任感の強い性格であったことがうかがわれる。そして、その性格ゆえに、原告一郎が人手不足で業績の落ち込むＡ店に対して強く責任を感じていたこと、割り切って休めなかったこと、他人に負担を強いるよりも先に自分が負担を引き受けてしまったことなども、原告一郎の労働がこれほど過重なものとなった原因の一部であることは否定できない。

　しかしながら、業務の負担が過重であることを原因として労働者の心身に生じた損害の発生又は拡大に、当該労働者の性格及びこれに基づく業務遂行の態様等が寄与した場合において、その性格が同種の業務に従事する労働者の個性の多様さとして通常想定される範囲を外れるものでないときは、使用者が賠償すべき額を決定するに当たり、その性格等を心因的要因として斟酌することはできないというべきであり（最高裁平成12年３月24日第二小法廷判決・民集54巻３号1155号参照）、本件においても、原告一郎の性格が、同種の業務に従事する労働者の個性の多様さとして通常想定される範囲を外れるものであったとは認められないから、同人の性格及びこれに基づく業務遂行の態様等が本件発症に寄与したとしても、これを心因的要因として斟酌することはできない。

③　大庄事件（京都地裁　平成22年５月25日判決、判時2081号）

　事案の概要と判示事項のポイント：

第1部　労働災害における民事損害賠償の基礎知識

・飲食店の店舗で調理担当として勤務していた従業員が、急性左心機能不全を発症して死亡

・損害額算定にあたり、被災従業員の性格等は考慮すべき事情であるとまではいえない。

　飲食店の全国チェーンを展開する会社の従業員が、同社の運営する店舗で調理担当として勤務していたところ、恒常的な長時間労働により急性左心機能不全により死亡した事案につき、被告会社は、被災従業員の労働時間を把握し、長時間労働にならないような体制をとり、労働時間、休憩時間及び休日等が適正になるように注意すべき義務があるのにこれを怠ったと認定したが、被災従業員については、研修等で学んだ内容をノートに克明に記録するなど非常に真面目な性格であり、新入社員であったことなどから、早く出勤したり、休憩時間に休憩せずに仕事をしたとしても、このような性格は、一般の社会人の中にしばしば見られるものであって、労働者の個性として通常想定される範囲内のものであるとし、被告らの賠償すべき損害額を決定するにあたって考慮すべき事情であるとまではいえない、と判示しました（民法第709条）。さらに控訴審である大阪高裁（平成23年5月25日判決、労判1033号）は1審判決を維持し、最高裁第三小法廷は、平成25年9月24日、会社の上告、上告受理申立を退ける決定を下しました。

判示事項：

【被災従業員の性格】

「一郎の労働時間は、前記のとおり、4か月にわたって毎月80時間を超える長時間の時間外労働となっており、一郎が従事していた仕事は調理場での仕事であり、立ち仕事であったことから肉体的に負担が大

きかったといえることからすれば、前記の認定基準に照らしても、一郎の直接の原因となった心疾患は、業務に起因するものと評価でき、後述する被告会社の安全配慮義務違反等と一郎の死亡との間の相当因果関係を肯認することができる。」

【使用者の義務違反等】

「使用者は、その雇用する労働者に従事させる業務を定めてこれを管理するに際し、業務の遂行に伴う疲労や心理的負荷等が過度に蓄積して労働者の心身の健康を損なうことがないよう注意する義務を負う。そして、この義務に反した場合は、債務不履行を構成するとともに不法行為を構成する。

　被告会社は、労働者である一郎を雇用し、自らの管理下におき、甲田店での業務に従事させていたのであるから、一郎の生命・健康を損なうことがないよう配慮すべき義務を負っていたといえる。具体的には、一郎の労働時間を把握し、長時間労働とならないような体制をとり、一時、やむを得ず長時間労働となる期間があったとしても、それが恒常的にならないよう調整するなどし、労働時間、休憩時間及び休日等が適正になるよう注意すべき義務があった。

　しかるに、前記1(1)ないし(3)で認定したとおり、被告会社では、給与体系において、本来なら基本給ともいうべき最低支給額に、80時間の時間外労働を前提として組み込んでいた。また三六協定においては1か月100時間を6か月を限度とする時間外労働を許容しており、実際、特段の繁忙期でもない4月から7月までの時期においても、100時間を超えるあるいはそれに近い時間外労働がなされており、労働者の労働時間について配慮していたものとは全く認められない。また、一郎については被告会社に入社以後、健康診断は行われておらず、一郎が提出した健康診断書は、被告会社への入社1年前に大学で実施した簡

第1部　労働災害における民事損害賠償の基礎知識

易なものであり（前記1⑷ウ）、被告会社の就業規則で定められていたことさえ守られていなかった。

　そして、前記1⑻で認定したとおり、労働者の労働時間を把握すべき部署においても、適切に労働時間は把握されず、甲田店では、1か月300時間を超える異常ともいえる長時間労働が常態化されており、一郎も前記のとおりの長時間労働となっていたのである。それにもかかわらず、被告会社として、そのような勤務時間とならないよう休憩・休日等を取らせておらず、何ら対策を取っていなかった。

　以上のことからすると、被告会社が、一郎の生命、健康を損なうことがないよう配慮すべき義務を怠り、不法行為上の責任を負うべきであることは明らかである。」

【被災従業員の過失・責任等】
「5　過失相殺（争点⑷）

　被告らは、一郎の動脈硬化等の基礎疾患や、慢性的な睡眠不足及び過度の飲酒により、一郎の日常生活における不摂生、健康を保持すべき義務（自己管理）を怠ったことが死亡の一因であるから、過失相殺がなされるべきである旨主張する。

　しかしながら、前記2⑸イで認定・判断したとおり、睡眠不足が一郎の責任であることや、一郎が日常的に過度の飲酒をしていたとはいえない。

　また、前記1⑸によれば、一郎が動脈硬化等の基礎疾患を有していたものとまでは認められない。

　なお、一郎が真面目であり、几帳面であったことなどから、その性格が死亡に寄与したことを理由に過失相殺することが考えられるが、一郎の前記性格は、一般の社会人の中にしばしばみられるものであって、労働者の個性として通常想定される範囲内のものであるから、被

第13章　過失相殺とはどのようなものか

告らの賠償すべき損害額を決定するにあたって考慮すべき事情である
とまではいえない。

　その他、本件全証拠によっても、一郎の側に過失があったことを認
めるに足りる事情はない。」

④　農林漁業金融公庫（訴訟承継人日本政策金融公庫）事件（大阪地
　　裁　平成25年３月６日判決、判タ1390号）

事案の概要と判示事項のポイント：
・公庫の農業融資担当者がうつ病を発症して自殺
・性格等を心因的要素とする減額を否定
　公庫のＴ支店において農業融資担当業務に従事していた従業員は、ま
じめで穏やかな性格で、客観的には多くはない業務量であっても、時間
をかけてこなしてきたため、時間外労働を相当しても業務が遅れがちであっ
たところ、Ｎ支店へ異動後は、残業が制限されていたため、残業で業務
の遅れを取り戻すことができずにさらに心理的負荷が重なってうつ病を
発症し、希死念慮により自殺した事案につき、裁判所は、電通事件最高
裁判決（最二小平成12年３月24日）を引用し、被災者の性格及びこれに
基づく業務遂行の態様等を、心因的要因としてしんしゃくしない旨、次
のとおり判示しています（民法第709条、同法第722条２項）。

　（なお、被災従業員は、公庫における勤務経験も14年と比較的長く、
管理職ではないもののそれに準じる地位にあり、新人とは異なることな
どからすれば、何らかの健康上の問題があれば、自ら申出や相談などが
あることを期待してよい状況にあったことや、自己の健康の維持に配慮
すべき義務を怠った面があるとして損害額を３割減じる旨判示）
※本事件の控訴審である大阪高裁（平成26年７月17日、判時2235号）
は、業務と自殺との間の相当因果関係を否定し、公庫の損害賠償責任を
否定しました。その後、最高裁第一小法廷は、平成27年８月26日付で上

231

第1部　労働災害における民事損害賠償の基礎知識

告不受理の決定（労判1126号）をし、本控訴審判決は確定しました。

判示事項：

【使用者の義務違反等】

「公庫では、健康につき要注意・要治療事項、仕事のさせ方につき人事管理上通常以上のリスクがある者についての情報は、異動先の支店長に送付されるシステムがあったから（乙67）、職員の勤務状況について、各職員の資質や適正に応じて情報を提供し、異動の前後を通じて各職員に応じた対応をとれなかった理由はない。現実には、N1課長には、異動してくる亡太郎に関して、具体的に何も引継ぎがされておらず、N7職員が長崎支店に異動する前にうつ病を発症していたことすら知らなかったと認められるが、異動先の長崎支店の上司であるN1課長が、亡太郎の性格や勤務状況を知らされることがなく現に認識していなかったとしても、これらの情報は、公庫の組織全体としては認識できていたといえる。

公庫は、亡太郎がまじめで穏やかな性格で、時間外労働を相当しても業務がなお遅れがちであったことを前記のとおり認識していたのであるから、その亡太郎の性格や勤務状況について配慮することが可能であった。しかし、亡太郎に対して、形式的な入庫以後の年数から筆頭調査役としての役割を期待し、亡太郎自身が十分自覚している業務の遅れを叱責して、心理的負荷を蓄積させるばかりであったといえる。公庫は、亡太郎の健康状態を悪化させることのないように配慮ないし注意し、亡太郎に合った業務や対応をするについて十分な考慮もなく、適切な措置等を採らなかったといえ、このような公庫の行為は安全配慮義務や注意義務に反するものである。

232

第13章　過失相殺とはどのようなものか

　なお、仮に可能な限りの配慮や注意をした場合でも、業務成績が上がらず、例えば給与や賞与といった面で業務の評価は低くなることもあり得るが、これは、当該労働者の問題としてやむを得ないものであり、このことは使用者の労働者の健康等に対する安全配慮義務や注意義務とは別の問題である。

　エ　被告は、公庫職員の業務量及び亡太郎の業務量並びに亡太郎の担当していた個々の具体的業務内容からすれば、亡太郎のうつ病発症等を予見することは不可能であった、あるいは、亡太郎の労働時間についても、特に早出出勤については、亡太郎の生活スタイルであって労働時間と見ることはできず、これを前提とすると、時間外労働時間は短いことからうつ病発症を予見することは不可能であったなどと主張する。

　しかし、上記のとおり、亡太郎は、客観的に多くはない業務量であっても、時間をかけてこなしてきたと認められ、その状況を公庫は認識できたことは前記のとおりであるから、数字の上での形式的な業務量だけからみて予見できなかったとする被告の主張は、採用できない。

【被災労働者の過失・責任等】
「(3)争点(3)（過失相殺）について

　労働者の業務の負担が過重であることを原因とする損害賠償請求において、裁判所は、加害者の賠償すべき額を決定するに当たり、損害を公平に分担させるという損害賠償法の理念に照らし、民法722条2項の過失相殺の規定を類推適用して、損害の発生又は拡大に寄与した被害者の性格等の心因的要因を一定の限度でしんしゃくすることができるが、ある業務に従事する特定の労働者の性格が同種の業務に従事する労働者の個性の多様さとして通常想定される範囲を外れるものでない場合には、業務の負担が過重であることを原因とする損害賠償請

第1部　労働災害における民事損害賠償の基礎知識

求において使用者の賠償すべき額を決定するに当たり、その性格及び
これに基づく業務遂行の態様等を、心因的要因としてしんしゃくする
ことはできないというべきである（最高裁判所昭和63年4月21日第一
小法廷判決・民集42巻4号243頁、最高裁判所平成12年3月24日第二
小法廷判決・民集54巻3号1155頁参照）。

　これを本件についてみると、損害の発生又は拡大に寄与した亡太郎
の性格や勤務態度は、責任感がありまじめであったが、計画的効率的
事務処理が不得手であったことが認められる。しかし、このような性
格等は、公庫に従事する労働者の個性の多様さとして通常想定される
範囲外とはいえない。したがって、亡太郎の上記性格及びこれに基づ
く業務遂行の態様等を、心因的要因としてしんしゃくすることはでき
ない。」

⑤　東芝事件（最二小法廷　平成26年3月24日判決、労判1094号）

事案の概要と判示事項のポイント：
・電気機械器具製造会社の技術担当従業員がうつ病を発症し、休職期間
　満了後に解雇
・損害額を算定するにあたり、被災従業員が自らの精神的健康に関する
　情報を上司に申告しなかったことをもって過失相殺をすることはできず、
　また、同種の業務に従事する労働者の個性の多様さとして通常想定さ
　れる範囲を外れるぜい弱性などの特性等を有していたことをうかがわ
　せるに足りる事情があるということはできない。

　　電気機械器具製造を業とする会社の従業員は、同会社の深谷工場に
　おいて、技術担当して、新製品の製造ラインを構築するプロジェクト
　の一つの工程において初めてプロジェクトのリーダーに就任して勤務
　していたところ、うつ病を発症して欠勤・休職し、休職期間満了後に
　解雇された事案につき、東京高裁（平成23年2月23日判決、労判1022号）

第13章　過失相殺とはどのようなものか

は、同会社に、被災従業員の業務量を適切に調整して心身の健康を損なうことやさらなる悪化をたどることがないように配慮すべきであるのにこれを怠ったのは雇用契約上の安全配慮義務に違反するが、被災従業員については、現実に生じている体調不良等を産業医や上司に申告しなかったこと（過失相殺）は、同会社において、本件うつ病の発病を回避したり、発病後の増悪を防止する措置をとる機会を失わせる一因となっており、また、入社後、慢性的にひどい生理痛を抱えていたこと、慢性頭痛、神経症の診断を受けており、業務を離れて治療を続けながら９年を超えて、なお寛解に至らないこと等から個体側の脆弱性が存在したものと推測されること（素因減額）から、損害の公平な分担という見地から、民法418条（及び722条２項）を類推適用して、次のとおり、同会社において賠償すべき損害の額を全損害額の８割と認めるのが相当であると判示し、過失相殺及び素因減額として２割の減額をしました。

　これに対して、最高裁判所（平成26年３月24日第二小法廷判決、労判1094号）は、上告人（被災従業員）が被上告人（会社）に対して体調不良等の情報を申告しなかったことを上告人の責めに帰すべきものということはできないこと、また、本件うつ病については、電通最高裁判決を参照し、上告人について、同種の業務に従事する労働者の個性の多様さとして通常想定される範囲を外れるぜい弱性などの特性等を有していたことをうかがわせるに足りる事情があるということはできないとして、本件を原審である東京高裁に差し戻すのが相当であると判示しました（民法第418条、同法第722条２項）。

　差戻審である東京高裁は、平成28年８月31日、上記最高裁判決の判断に沿って、被災従業員のうつ病は会社（１審被告）における過重な業務に起因するものであり、自己の精神的健康に関する情報を上司に申告しなかったことを被災従業員の過失と評価することはできないとして、会社に約5,949万円の支払いを命じました。

第1部　労働災害における民事損害賠償の基礎知識

判示事項：

【過失相殺について】

「(1)ア　上告人は、本件鬱病の発症以前の数か月において、前記２(3)のとおりの時間外労働を行っており、しばしば休日や深夜の勤務を余儀なくされていたところ、その間、当時世界最大サイズの液晶画面の製造ラインを短期間で立ち上げることを内容とする本件プロジェクトの一工程において初めてプロジェクトのリーダーになるという相応の精神的負荷を伴う職責を担う中で、業務の期限や日程を更に短縮されて業務の日程や内容につき上司から厳しい督促や指示を受ける一方で助言や援助を受けられず、上記工程の担当者を理由の説明なく減員された上、過去に経験のない異種製品の開発業務や技術支障問題の対策業務を新たに命ぜられるなどして負担を大幅に加重されたものであって、これらの一連の経緯や状況等に鑑みると、上告人の業務の負担は相当過重なものであったといえる。

イ　上記の業務の過程において、上告人が被上告人に申告しなかった自らの精神的健康（いわゆるメンタルヘルス）に関する情報は、神経科の医院への通院、その診断に係る病名、神経症に適応のある薬剤の処方等を内容とするもので、労働者にとって、自己のプライバシーに属する情報であり、人事考課等に影響し得る事柄として通常は職場において知られることなく就労を継続しようとすることが想定される性質の情報であったといえる。使用者は、必ずしも労働者からの申告がなくても、その健康に関わる労働環境等に十分な注意を払うべき安全配慮義務を負っているところ、上記のように労働者にとって過重な業務が続く中でその体調の悪化が看取される場合には、上記のような情報については労働者本人からの積極的な申告が期待し難いことを前提とした上で、必要に応じてその業務を軽減するなど労働者の心身の健

康への配慮に努める必要があるものというべきである。また、本件に
おいては、上記の過重な業務が続く中で、上告人は、平成13年３月及
び４月の時間外超過者健康診断において自覚症状として頭痛、めまい、
不眠等を申告し、同年５月頃から、同僚から見ても体調が悪い様子で
仕事を円滑に行えるようには見えず、同月下旬以降は、頭痛等の体調
不良が原因であることを上司に伝えた上で１週間以上を含む相当の日
数の欠勤を繰り返して予定されていた重要な会議を欠席し、その前後
には上司に対してそれまでしたことのない業務の軽減の申出を行い、
従業員の健康管理等につき被上告人に勧告し得る産業医に対しても上
記欠勤の事実等を伝え、同年６月の定期健康診断の問診でもいつもよ
り気が重くて憂鬱になる等の多数の項目の症状を申告するなどしてい
たものである。このように、上記の過重な業務が続く中で、上告人は、
上記のとおり体調が不良であることを被上告人に伝えて相当の日数の
欠勤を繰り返し、業務の軽減の申出をするなどしていたものであるか
ら、被上告人としては、そのような状態が過重な業務によって生じて
いることを認識し得る状況にあり、その状態の悪化を防ぐために上告
人の業務の軽減をするなどの措置を執ることは可能であったというべ
きである。これらの諸事情に鑑みると、被上告人が上告人に対し上記
の措置を執らずに本件鬱病が発症し増悪したことについて、上告人が
被上告人に対して上記の情報を申告しなかったことを重視するのは相
当でなく、これを上告人の責めに帰すべきものということはできない。
ウ　以上によれば、被上告人が安全配慮義務違反等に基づく損害賠償
として上告人に対し賠償すべき額を定めるに当たっては、上告人が上
記の情報を被上告人に申告しなかったことをもって、民法418条又は
722条２項の規定による過失相殺をすることはできないというべきで
ある。」

第1部　労働災害における民事損害賠償の基礎知識

【個体側の脆弱性と素因減額】

「(2)また、本件鬱病は上記のように過重な業務によって発症し増悪したものであるところ、上告人は、それ以前は入社以来長年にわたり特段の支障なく勤務を継続していたものであり、また、上記の業務を離れた後もその業務起因性や損害賠償責任等が争われて複数の争訟等が長期にわたり続いたため、その対応に心理的な負担を負い、争訟等の帰すうへの不安等を抱えていたことがうかがわれる。これらの諸事情に鑑みれば、原審が摘示する前記3(2)の各事情をもってしてもなお、上告人について、同種の業務に従事する労働者の個性の多様さとして通常想定される範囲を外れるぜい弱性などの特性等を有していたことをうかがわせるに足りる事情があるということはできない（最高裁平成10年（オ）第217号、第218号同12年3月24日第二小法廷判決・民集54巻3号1155頁参照）。

(3)以上によれば、被上告人の安全配慮義務違反等を理由とする上告人に対する損害賠償の額を定めるに当たり過失相殺に関する民法418条又は722条2項の規定の適用ないし類推適用によりその額を減額した原審の判断には、法令の解釈適用を誤った違法があるものというべきである。」

※公立八鹿病院組合事件（広島高裁松江支部　平成27年3月18日判決、労判1118号）は、上記東芝事件最二小判決を引用して、次のとおり判示しました。

事案の概要と判示事項のポイント：

本件は、公立病院の整形外科に所属する医師が、長時間労働により心身の極度の疲弊、消耗を来し、そのうえ上司の指導や叱責が通念上許容

第13章　過失相殺とはどのようなものか

される範囲を超えるものであったことが加わってうつ病を発症し、自宅として居住していた職員用宿舎の浴室内にてコンロで燃料を燃やし一酸化炭素中毒となって自殺した事案です。

裁判所は、体調の悪化が看取される場合、被災医師本人から積極的に申告することは期待し難いものであり、また、転属を願い出ることをしなかったことを同医師の不利益として考慮することができず、過失相殺ないし素因減額は認められないと判示しました。

判示事項:

「(3)また、亡一郎は、本件病院赴任後、本件病院の関係者に悩みを打ち明けたり、前任者のように派遣元の大学病院に対し転属を願い出るといった対応をしていないのであるが、使用者は、必ずしも労働者からの申告がなくても、その健康に関する労働環境等に十分注意を払うべき安全配慮義務を負っており、労働者にとって過重な業務が続く中でその体調の悪化が看取される場合には、体調の異変等について労働者本人からの積極的な申告は期待し難いものであって、このことを踏まえた上で、必要に応じた業務軽減などの労働者の心身の健康への配慮に努める必要があるものというべきであるから（最高裁平成26年3月24日第2小法廷判決・集民246号89頁参照）、前任者がそうであったからといって、亡一郎が本件疾病を発症する以前に、責任感から自ら職務を放棄したり、転属を願い出る等しなかったことを捉えて、亡一郎の落ち度ということはできない。」

（中略）

「(6)以上より、一審被告組合の賠償責任につき、過失相殺又は素因減額は認められず、一審被告組合の主張は採用できない。」

第1部　労働災害における民事損害賠償の基礎知識

9 「性格」を素因とする減額を肯定した裁判例

　前述の電通事件最高裁判決は、労働者の「性格」が、同種の業務に従事する労働者の個性の多様さとして「通常想定される範囲を外れるものでない場合」には、その性格及びこれに基づく業務遂行の態様等を、心因的要因としてしんしゃくすることはできない、と判示しております。しかし、下記に紹介する判例は、被災労働者の「性格」が、「通常想定される範囲を外れるもの」として、これを心因的要因としてしんしゃくし、損害額の減額を認めました。

⑴　デンソー・トヨタ自動車事件（名古屋地裁　平成20年10月30日判決、労判978号）

> **事案の概要と判示事項のポイント：**
> ・被告会社の従業員が、他社へ長期出張中にうつ病を発症して休職したが、復職後にうつ病を再発
> ・被災従業員の性格等は、同種の業務に従事する労働者の個性の多様さとして通常想定される範囲をいささか外れるものと認められる
> ・素因減額30%
> 　被告デンソーの従業員が、被告トヨタ自動車への長期出張中にうつ病に罹患し、休職後に復帰して共同開発プロジェクトに関連する業務に従事したが、うつ病を再発した事案につき、被告らは、被災従業員の第1回うつ病発症については、業務の軽減、その他何らかの援助を与えるべきであったがこれを怠り安全配慮義務の不履行が認められるが、本件うつ病の発症には被災従業員の精神的脆弱性や性格も影響しており、その性格及びこれに基づく業務遂行の態度等は、同種の業務に従事する労働者の個性の多用さとして通常想定される範囲をいささか外れていると認められるとして、次のとおり、素因減額として公平の見地から、3割の減額をするのが相当であると判示しています（民法第415条、同法第418条）。

240

第13章 過失相殺とはどのようなものか

判示事項：

【使用者の義務違反等】

「原告の性格について見ると、執着性格、森田神経質に分類される性格傾向を示すようである（＜証拠略＞）が、それ自体を発症要因として取り上げる程度のものであると認めるに足りる証拠はない。しかしながら、このような性格は、上司からの業務上の依頼を断れずに引き受けてしまう、他の社員に仕事の督促ができない、業務上必要な事項の質問ができないことになり、そのこと自体を苦にしたり、また、本来、できるはずの仕事が回らなくなってしまったり、将来に不安を抱くおそれがあるというべきである。

エ　第1回うつ発症の原因とそれに対する被告らの予見可能性
（ア）第1回うつ発症等の原因について

　前認定1の事実に原告の供述（＜証拠略＞、原告本人）を併せると、第1回うつは、前記のとおり客観的過重労働には至らないものの、かなり重い業務による負荷と原告の性格に、次のような経過が相まって発症し、悪化するに至ったと解される。

　すなわち、原告は、平成11年11月15日に、C主査の厳しい叱責のため2日間会社を休むほどの衝撃を受け、数日後、被告デンソーN部長に被告デンソーに帰社させて欲しい旨訴えて最大3か月で帰社させる旨の約束を得た。原告は、それを信じて当面勤務を続けたが、同年12月には、仕事が多過ぎて心身の疲労を感じる状態になり、仕事が多過ぎて自分一人ではできない旨B主担当員に相談したが、業務上の配慮は得られず、平成12年2月、3月には、緊急性の高い不具合対応を含

241

第1部　労働災害における民事損害賠償の基礎知識

む業務のため、1か月の時間外労働時間が80時間を超えた。原告は、帰社するまでの辛抱であるとこれに耐えていたが、約束に反し、3か月を過ぎても帰社することができず、かえって同年4月に長期出張の延長を命じられ、同年12月までの延長を承諾してしまったことから、第1回うつを発症した。さらに、同年5月には結核の通院を開始し、同年6月中旬には「うつ状態」と診断された旨被告デンソーに報告して、業務上の配慮をされたものの、自ら時間外労働を行い、同年8月30日から2か月の休職に至ったというものである。

> （イ）被告らの予見可能性について

　このような事実経過は、被告らにおいて、概ね認識しうるものであり、これによれば、原告は平均的な社員よりも精神的に脆弱であったこと、また、前記のような性格傾向から客観的な業務内容よりも負担が過重なものになりやすいところ、原告にとって業務が過重になっていて、業務負担を軽減しなければ、原告が第1回うつを発症し、これが悪化して休職に至るおそれがあることを予見することができたものというべきである。」

（中略）

> 「オ　業務と第1回うつ発症等との間の相当因果関係及び被告らの安全配慮義務違反の存否
> （ア）相当因果関係

　前記エのとおりであるから、被告らが原告に行わせた業務の遂行ないし、これを軽減する措置をとらなかったことと第1回うつ発症・悪化との間には、いわゆる条件関係が認められるほか、原告の業務上の過重負荷が第1回うつ発症等に相当程度の寄与をしており、原告の性

242

格等と共働原因となってこれを招来したというべきであるから、相当因果関係も認められる。」

（中略）

「（イ）被告らの安全配慮義務違反
a　被告トヨタについて

前記エ（イ）a（b）のとおりであるから、平成11年12月、原告がB主担当員に対し、「現在の負荷では、私一人では対応できません。」と述べたことにより、被告トヨタは、原告に対し、業務の軽減、その他何らかの援助を与えるべき義務が生じ、その後も、原告の業務遂行の状況や健康状態に注意し、援助を与える義務があったというべきであり、それにもかかわらず、少なくとも原告が第1回うつを発病するまでこれを怠っていたのであるから、同義務の不履行がある。」

（中略）

「b　被告デンソーについて

前記エ（イ）b（b）のとおりであるから、被告デンソーは、平成11年11月には、原告に対し、業務の軽減、その他何らかの援助を与えるべき義務が生じ、その後も、原告の業務遂行の状況や健康状態に注意し、援助を与える義務があったというべきであり、それにもかかわらず、少なくとも原告が第1回うつを発病するまでこれを怠り、また、遅くとも平成12年3月には被告デンソーに帰社させるべきであったのに、かえって長期出張の延長をしたのであるから、同義務の不履行がある。」

243

第1部　労働災害における民事損害賠償の基礎知識

【被災労働者の過失・責任等】
「カ　原告の素因等の考慮

　ところで、原告の業務は、客観的過重労働には至っておらず、第1回うつ発症には、前認定のような原告の精神的脆弱性や性格も影響していると考えられる。そして、このような性格等に起因して、原告は、平成11年12月に、B主担当員に仕事が回らないと相談した際、どこが回らないかと聞かれると黙り込んでしまって自らの業務の負担を強く訴えることなく、平成12年4月に、O主任部員から長期出張延長を告げられた際も、強く申し出ることなく納得して引き下がってしまうなど、周囲への助力や配慮を求めるに当たって、はっきりと自己の意思を告げることができず、結核で通院を開始した際も、通院に関する配慮だけでなく、病気なのだから業務負担自体を軽減してくれるように述べることもできたのに、それをせず、同年6月にまた、うつ病の診断を受けた際も、主治医に「しばらく会社を休んだ方が治りが早い。」と言われたのであるから、この時点で休職をするべきであったのにもかかわらず、それをせず、業務負担の軽減を受け、残業をしないよう指示され、業務負担の軽減を受けた後も、残業を続けるなどしている。これらの原告の行為が、うつ病の発症及びその悪化に影響を与えたことは否定できない。そして、このような原告の性格及びこれに基づく業務遂行の態度等は、同種の業務に従事する労働者の個性の多用さとして通常想定される範囲をいささか外れるものと認められる（誰しも、上司からの仕事の依頼を断ったり、多忙な同僚に仕事を頼んだり、自らの知識不足を知られたりしたくないが、心身の健康を害するような状況にあるにもかかわらず、それを避けることは通常想定される範囲を逸脱しているといわざるをえない。）。したがって、民法722条の類推適用により、被告らの安全配慮義務違反による損害賠償額を算定す

244

第13章　過失相殺とはどのようなものか

るに当たっては、この事情も斟酌すべきである。

（中略）

「イ　素因減額

　前述の諸事情を総合して判断すると、原告の上記損害につき、公平の見地から３割の減額をし、７割の限度で認容するのが相当である。」

(2)　鹿児島県教育センター事件（鹿児島地裁　平成26年３月12日判決、判時2227号）

事案の概要と判示事項のポイント：

・市立中学の女性教員が、校長等のパワーハラスメントにより、精神疾患を増悪させたことにより正常な判断ができない状態に追い込まれて自殺

・被災教員は、対人関係にストレスをためやすい傾向があり、これが労働者の個性の多様さとして想定される範囲を逸脱している部分も存在し、病気休暇を取得するなど自己の健康を保持するための行動をとっていない

・減額割合50％（素因減額30％及び過失相殺20％）

　ストレス反応の精神疾患をかかえる市立中学の女性教員が、指導力向上特別講習を受講中、同校の校長、教頭、県教育委員会、教育センターの指導官のパワーハラスメントにより女性教員の精神疾患を増悪させ正常な判断ができない状態に追い込まれて自殺した事案につき、同教員に対する教育センターでの個別研修を決定した段階で、校長らは同教員が精神疾患により通院治療中であることを知っていながら、主治医に同教員の病状について十分な確認をしなかったのは、教員の健康状態を把握し、その悪化を防止すべき安全配慮義務に違反するが、同教員については、

245

第1部　労働災害における民事損害賠償の基礎知識

> 対人関係にストレスをためやすい傾向があり、これが労働者の個性の多様さとして想定される範囲を逸脱している部分もあること、合理的な判断をすることができる判断能力があったにもかかわらず、病気休暇を取得するなどの自己の健康を保持するための行動をとっていないこと等が認められることから、損害賠償額の算定にあたっては、次のとおり、素因減額3割及び過失相殺2割を控除し、その減額割合は5割であると判示しました（国賠法第1条1項、同法第3条）。

判示事項：

【使用者の義務違反等】

「3　争点(1)（被告らの公務員である丙川校長らの信義則上の安全配慮義務違反ないし国家賠償法上の違法性の有無）について

(1)使用者は、その雇用する労働者に従事させる業務を定めてこれを管理するに際し、業務の遂行に伴う疲労や心理的負荷等が過度に蓄積して労働者の心身の健康を損なうことがないよう注意する義務を負うと解するのが相当であり、使用者に代わって労働者に対し業務上の指揮監督を行う権限を有する者は、使用者の上記注意義務の内容に従ってその権限を行使すべきものである（最高裁平成10年（オ）第217号、第218号同12年3月24日第二小法廷判決・民集54巻3号1155頁参照）。

　この理は、地方公共団体とその設置する中学校に勤務する地方公務員との間においても同様に当てはまるものであって、地方公共団体が設置する中学校の校長は、自己が指揮監督する教員が、業務の遂行に伴う疲労や心理的負荷等が過度に蓄積して労働者の心身の健康を損なうことがないよう注意する義務を負うと解するのが相当である。」

（中略）

第13章　過失相殺とはどのようなものか

「(6)これらの経緯に照らせば、丙川校長、丁原教頭、被告県教育委員会、戊田指導官及び本件担当指導官らの上記(3)ないし(5)の一連の各行為は、亡松子の精神疾患を増悪させる危険性の高い行為であるというべきであって、前記第3・1(8)エにおいて認定した井料医師の意見書中に、「根本的に学校関係・教育委員会側と主治医側との大きな違いは、甲野さんが(a)精神疾患なのか、(b)心身は正常で素行が悪い単なる問題教員、指導力不足教員、この(a)(b)の判定に尽きる。主治医としては、(a)である。」、「指導力不足、職業人としての自覚がないという判断で教育センターへの措置決定を下された際、精神疾患で通院治療中であった事を校長及び教育委員会は了解していたにも関わらず、しかも主治医に十分な病状確認をせずに措置決定を下された点」が亡松子の「自殺を誘因したもの」とする部分は、労働者の健康状態を把握し、健康状態の悪化を防止するという被告県及び被告市の信義則上の安全配慮義務に違反したことを指摘する内容であって、正鵠を得たものであると評価するのが相当である。」

【被災労働者の過失・責任等】
「(4)素因減額及び過失相殺

　上記損害額の合計は、7933万4975円となるところ、前記第3・4(1)で判示したとおり、亡松子が自殺するに至ったことについては、業務上の負荷と亡松子が有していた精神疾患とが共に要因となったものということができるところ、前記第3・1(1)ないし(4)で認定したとおり、亡松子が自殺の7年前の平成11年に精神疾患に罹患しているほか、亡松子が対人関係にストレスをためやすい傾向があり、これが労働者の個性の多様さとして想定される範囲を逸脱している部分も存在すること、平成17年3月、丙川校長が亡松子に病気休暇の延長を勧めたが、亡松子は、当時、自己の状態を把握し、合理的な判断をすることがで

247

第1部　労働災害における民事損害賠償の基礎知識

きるだけの判断能力があったにもかかわらず、これらを断っており、その後も亡松子が病気休暇を取得するなど自己の健康を保持するための行動をとっていないこと等に照らせば、被告らに亡松子の死亡による損害の全部を賠償させることは、公平を失するものといわざるを得ず、素因減額3割及び過失相殺2割を控除して、その減額割合は5割であるというべきであり、減額後の金額は、3966万7487円となる。」

第14章　安全配慮義務違反と不法行為責任に基づく損害賠償責任とで差異があるか

第14章

安全配慮義務違反と不法行為責任に基づく損害賠償責任とで差異があるか

■1　安全配慮義務違反と不法行為責任に基づく損害賠償責任の違いとは

　労働災害事故が発生した場合、被災者本人又はその遺族が、使用者に対して損害賠償請求をする法的構成については、前述のように大別して、安全配慮義務違反（債務不履行責任）によるものと不法行為責任によるものとがあります。

　従前は、不法行為責任によるものが多くありましたが、昭和50年の最高裁判決（陸上自衛隊八戸駐屯地車輌整備工場事件）が安全配慮義務の存在を認めたことから、それ以降安全配慮義務違反によるものが主流になっています。

　法的構成の違いに応じて、安全配慮義務違反と不法行為責任に基づく損害賠償責任との主な差異は次のとおりです。

　すなわち、不法行為責任による損害賠償請求権は３年で時効消滅し、原告側（被災者本人又は遺族）に被告側（使用者）の過失を立証する責任があることから、被害者の救済を図る方法として不十分であるのに対し、安全配慮義務違反による損害賠償請求権は10年で時効消滅にかかることと、さらに被告側が故意・過失等の帰責事由の不存在を主張・立証する責任を負うとすることから被害者の救済の範囲が拡張されているということができます。

　しかし、安全配慮義務違反の場合は、不法行為責任の場合と異なり、死亡被災者の遺族固有の慰謝料を認めないだけでなく、安全配慮義務

249

第1部　労働災害における民事損害賠償の基礎知識

違反に該当する事実の主張・立証責任が原告（被災者）にある（航空自衛隊航空救難群芦屋分遺隊事件、最二小法廷昭和56年2月16日判決、判時996号）とされその立証の困難さについては、不法行為責任を追及する要件の全部について原告が立証しなければならない困難さとを比較すると両者はそれほど異ならないなどと指摘されています。

原告側：被災者本人又は遺族　被告側：使用者

法的構成 関連事項	安全配慮義務違反 （債務不履行責任）	不法行為責任
①主張・立証責任の所在	原告側が安全配慮義務違反に該当する事実関係について主張・立証しなければならない。	原告側が被告側の故意・過失を主張・立証しなければならない。
②帰責事由の不存在 免責事由の存在	被告側が安全配慮義務を尽くしたことなど帰責事由の不存在を主張・立証しなければならない。	被告側が免責事由の存在を主張・立証しなければならない。
③死亡慰謝料請求権	被災者本人にのみ認める。（遺族は相続により被災者本人の死亡慰謝料請求権を取得する）	被災者本人につき認める。（同左）
④遺族固有の慰謝料請求権	遺族と被告側とは雇用契約ないしこれに準ずる法律関係の当事者でないため認めない。（注1）	遺族（父母・配偶者・子など近親者）にも固有の慰謝料請求権を認める。死亡と同視される被害についても同様とする。（民法第711条）（注2）
⑤消滅時効の期間、起算点	10年　権利を行使することができる時から	3年　被災者が損害及び加害者を知った時から
⑥過失相殺	実際上、安全配慮義務違反、不法行為責任につきこれら両者の間に区別はないといわれている。	
⑦過失相殺の主張・立証責任	安全配慮義務違反、不法行為責任とも、損害賠償義務者側（被告側）が被災者本人の過失の事実を主張・立証するが、過失相殺の主張がなくても、裁判所が職権により過失相殺する場合がある。（注3）	
⑧遅延損害金請求権の発生	損害賠償の請求を受けた日の翌日（注4）	労災事故発生日

第14章　安全配慮義務違反と不法行為責任に基づく損害賠償責任とで差異があるか

（注1）
　鹿島建設・大石塗装事件判決（最一小昭和55年12月18日判決、判時992号）は、次のように判示しています。
　　事故の態様：転炉工場建設工事現場において、鉄骨塗装工事に従事していた作業員が、
　　　　　　　　作業中、地上31メートルの高所から足を滑らせて墜落死亡した。
判示事項
　「上告人らは子である亡Kを失ったことによる精神的苦痛に対する慰藉料としてそれぞれ125万円の支払を求め、原審は上告人ら各自につき50万円の限度でこれを認容しているが、亡Kと被上告人らとの間の雇傭契約ないしこれに準ずる法律関係の当事者でない上告人らが雇傭契約ないしこれに準ずる法律関係上の債務不履行により固有の慰藉料請求権を取得するものとは解しがたいから、上告人らは慰藉料請求権を取得しなかったもの」

（注2） 民法第711条
　他人の生命を侵害した者は、被害者の父母、配偶者及び子に対しては、その財産権が侵害されなかった場合においても、損害の賠償をしなければならない。

（注3） 損害賠償義務者の過失相殺の主張がなくても、裁判所は職権による過失相殺ができるか。
　過失相殺の法的性質については様々な説がありますが、最高裁判所は、不法行為責任及び債務不履行責任にもとづく損害賠償請求の事案について次のとおり判示しています。
　①　不法行為責任に基づく損害賠償請求事案
　「被害者に過失のあるときは、裁判所がこれをしんしゃくすることができることは民法722条の規定するところである。この規定によると、被害者の過失は賠償額の範囲に影響を及ぼすべき事実であるから、裁判所は訴訟にあらわれた資料にもとづき被害者に過失があると認めるべき場合には、賠償額を判定するについて職権をもってこれをしんしゃくすることができると解すべきであって、賠償義務者から過失相殺の主張のあることを要しないものである（大審院判昭和2年（オ）802号・同3年8月1日民集7巻648頁参照）。」（最三小昭和41年6月21日判決、昭和39年（オ）第437号、判タ194号）と判示し、訴訟にあらわれた資料にともづいて被害者に過失があると認める場合には、裁判所は職権による過失相殺ができるとの解釈を示しました。上記昭和41年最高裁判決と同旨、ＮＴＴ東日本北海道支店事件、最一小平成20年3月27日判決、判時2003号。
　②　債務不履行責任に基づく損害賠償請求事案
　「民法418条による過失相殺は、債務者の主張がなくても、裁判所が職権ですることができるが、債権者に過失があった事実は、債務者において立証責任を負うと解すべきである。」（最三小昭和43年12月24日判決、判タ230号）
　以上のことから、最高裁判所は、債務不履行（安全配慮義務違反）、不法行為責任ともに、損害賠償義務者（被告側）において、被災者本人の過失を基礎づける事実の立証はすべきであるとの判断を示していると解されます。
　実務において、裁判所は当事者双方の過失を対比し総合的評価により認定した過失割合に基づいて減額を行うことから、損害賠償義務者（被告側）が、被災者本人の過失を基礎付ける具体的事実を主張・立証する必要があります。

251

第1部　労働災害における民事損害賠償の基礎知識

（注4）上記「（注1）鹿島建設・大石塗装事件最高裁判決」は、次のように判示しています。

判示事項：
　「ところで、債務不履行に基づく損害賠償債務は期限の定めのない債務であり、民法412条3項によりその債務者は債権者からの履行の請求を受けた時にはじめて遅滞に陥るものというべきであるから、債務不履行に基づく損害賠償請求についても本件事故発生の翌日である昭和43年1月23日以降の遅延損害金の支払を求めている上告人らの請求中右遅滞の生じた日以前の分については理由がないというほかはないが、その後の分については、損害賠償請求の一部を認容する以上、その認容の限度で遅延損害金請求をも認容すべきは当然である。」
※民法第412条3項
　　債務の履行について期限を定めなかったときは、債務者は、履行の請求を受けた時から遅滞の責任を負う。

> 第15章　業務上災害に関する労災保険給付の内容は

第15章

業務上災害に関する労災保険給付の内容は

１　労災保険給付の概要

　労働者が、業務上において負傷したり疾病にかかったり又は死亡した場合等の業務災害について、使用者は、療養のための費用を負担したり、そのために労働できない場合でも休業中の賃金を一定程度補償しなければならず、これを災害補償といいます（労基法第75条以下）。

　こうした使用者の災害補償を補完する制度、すなわち被災労働者の救済を確実なものとするために労災保険法による労災保険制度があり、労災保険法第１条の「業務上の事由」とは、労災保険法第12条の８第２項の規定からも明らかなように、労基法第75条等の「業務上」の概念と同一であると解されることから、災害補償が行われるべき場合には、労災保険の保険給付も行われることになります。

　さらに、労基法第84条１項は、同法に規定する災害補償の事由について、労災保険法に基づいて給付が行われるべき場合においては、使用者は補償の責を免れる旨規定しております。

２　労災保険給付の種類

　労災保険給付には業務災害と通勤災害に関する保険給付がありますが、本書は業務災害に関わるものであることから、業務災害による保険給付の概要について説明します。

　保険給付は、基本的に、被災労働者または遺族の請求により行われ、支給あるいは不支給の決定は、所轄の労働基準監督署長によって行わ

253

第1部　労働災害における民事損害賠償の基礎知識

れます（労災保険法第12条の８第２項、労災則第１条３項）。ただし、二次健康診断等給付については、病院または診療所を経て所轄の労働局長に請求することになります。

■「給付基礎日額」と「平均賃金」について

労災保険では、療養補償給付、介護補償給付、二次健康診断等給付以外の保険給付額を具体的に算出するための基礎として、「給付基礎日額」を用います。

この「給付基礎日額」とは、原則として、労基法の平均賃金に相当する額をいいます。

平均賃金とは、原則として、業務上の負傷や死亡の原因となった事故が発生した日又は医師の診断によって疾病の発生が確定した日（賃金締切日が定められているときは、傷病の発生日の直前の賃金締切日）の直前３か月間にその労働者に支払われた賃金の総額（ボーナスや臨時に支払われる賃金を除く）を、その期間の暦日数で割った、１日当たりの賃金額です。ただし、給付基礎日額については最低保障額が定められており、算定した給付基礎日額がその額に満たないときは、最低保障額が給付基礎日額になります（「平均賃金」の算定方法の詳細につき、本書第２部第３章「平均賃金を算定するには」参照、本書431頁）。

(1)療養補償給付

療養を必要とする場合に支給されます。現物給付としての「療養の給付」と現金給付としての「療養の費用の支給」の２種類があります。

「療養の給付」は、労災病院や指定医療機関・薬局等（「指定医療機関等」）で、無料で治療や薬剤の支給等を受けられます（これを「現物給付」といいます）。

「療養の費用の支給」は、近くに指定医療機関等がないなどの理由で、指定医療機関等以外の医療機関や薬局等で療養を受けた場合に、その

療養にかかった費用を支給する現金給付です。

療養補償給付は、治療費、入院料、移送費など通常療養のために必要なものが含まれ、傷病が治ゆするまで行われます。

労災保険における「治ゆ」とは、傷病の症状が安定し、医学上一般に認められた医療を行っても、その医療効果が期待できなくなった状態をいい、この状態を労災保険では「治ゆ」（症状固定）といいます。この状態に至った場合には、療養補償給付は支給されません。

「治ゆ」した後に後遺障害が残った場合は、障害の程度に応じて、障害補償給付（障害の程度が重い第1級から第7級には年金又は障害の程度が軽い第8級から第14級には一時金）を受けることができます。

「通院費」（「療養の費用の支給」のうちの一つ）が支給される場合があります。

(2)休業補償給付

休業4日目から、休業1日につき給付基礎日額の60％相当額が支給されます。このほかに、社会復帰促進等事業として給付基礎日額の20％相当額が休業特別支給金として支給されますので、合計で給付基礎日額の80％の支給を受けることになります。

休業4日目からの計算式

支給額：休業補償給付　＝（給付基礎日額の60％）×休業日数

　　　　休業特別支給金＝（給付基礎日額の20％）×休業日数

休業の初日から第3日目までの期間（待期期間）については、業務上災害の場合は、使用者が休業補償（1日につき平均賃金の60％）をすることになります（労基法第76条）。

(3)傷病補償年金

業務災害による傷病が療養を開始してから1年6か月を経過しても治らず、かつ、当該傷病による障害の程度が傷病等級表（巻末資料6を参照）の傷病等級に該当する場合に、当該障害の状態が継続している間支給されます。

第1部　労働災害における民事損害賠償の基礎知識

　　　支給額（当該障害の状態が継続している期間1年につき）
　　　給付基礎日額の313日分支給（傷病等級第1級）
　　　　　　　　　　277日分支給（傷病等級第2級）
　　　　　　　　　　245日分支給（傷病等級第3級）
　※請求手続
　　　傷病補償年金の支給・不支給の決定は、所轄の労働基準監督
　　署長の職権によって行うことから、他の保険給付と異なり請求
　　手続は必要ありません。しかし、療養開始後1年6か月を経過
　　しても傷病が治っていないときは、その後1か月以内に「傷病
　　の状態等に関する届」を所轄の労働基準監督署長に提出する必
　　要があります。
　※傷病補償年金と休業補償給付との関係について
　　　傷病補償年金が支給される場合には、療養補償給付は引き続き
　　支給されますが、休業補償給付は支給されません。
　※傷病等級が第1級または第2級の胸腹部臓器、神経系統・精神
　　の障害があり、現に介護を受けている場合は、介護補償給付を
　　受給することができます。

(4)障害補償年金

　傷病が治ゆ（症状固定）した後に身体に障害等級第1級から第7級
までに該当する障害が残ったときに支給されます。また、障害の程度
がそれよりも軽いとき（第8級から第14級）には、(7)障害補償一時金
が支給されます。
　　　支給額
　　　給付基礎日額の313日分支給（障害等級第1級）
　　　　　　　　　　277日分支給（障害等級第2級）
　　　　　　　　　　245日分支給（障害等級第3級）
　　　　　　　　　　213日分支給（障害等級第4級）
　　　　　　　　　　184日分支給（障害等級第5級）

156日分支給（障害等級第６級）

131日分支給（障害等級第７級）

※障害等級別の身体の障害の程度については、「巻末資料５」を参照。

※障害等級が第１級または第２級の胸腹部臓器、神経系統及び精神の
障害を有しており、現に介護を受けている場合は、介護補償給付を
受給することができます。

(5)障害補償年金前払一時金

障害補償年金を受給することとなった場合、１回に限り、年金の前
払いを受けることができます。

傷病が治ゆし、被災労働者が一時的に資金を必要とするときに、障
害補償年金受給権者は、その障害等級に応じて下記の表に掲げている
一定額の中から選択し請求することができます。

障害補償年金前払一時金の給付の範囲

障害等級	前払一時金の額	
第１級	給付基礎日額の	200日分、400日分、600日分、800日分、1,000日分、1,200日分または1,340日分
第２級	〃	200日分、400日分、600日分、800日分、1,000日分または1,190日分
第３級	〃	200日分、400日分、600日分、800日分、1,000日分または1,050日分
第４級	〃	200日分、400日分、600日分、800日分または920日分
第５級	〃	200日分、400日分、600日分または790日分
第６級	〃	200日分、400日分、600日分または670日分
第７級	〃	200日分、400日分または560日分

ただし、前払一時金の支給を受けると、障害補償年金は、各月分（１
年を経過した以降の分は年５％の単利で割り引いた額）の合計額が、
前払一時金の額に達するまでの間支給停止されます。

(6)障害補償年金差額一時金

障害補償年金の受給者が死亡した場合、その者に既に支給された障
害補償年金と障害補償年金前払一時金の合計額が、障害等級に応じて

定められている一定額に満たないときは、その差額が一時金として遺族に支給されます。

　障害補償年金差額一時金の支給を受けることができる遺族は、次の(1)または(2)の遺族で、支給を受けるべき順位は、(1)、(2)の順序、さらに(1)、(2)の中では下記記載の順となります。

　(1)　労働者の死亡の当時その者と生計を同じくしていた配偶者（注）、
　　子、父母、孫、祖父母、兄弟姉妹
　　（注）　婚姻の届出をしていないが、事実上婚姻関係と同様の事情
　　にあった者を含みます。下記(2)において同じ。
　(2)　上記(1)に該当しない配偶者、子、父母、孫、祖父母、兄弟姉妹

障害補償年金差額一時金の額

障害等級	障害補償年金差額一時金
第 1 級	給付基礎日額の　1,340日分
第 2 級	〃　　　　1,190日分
第 3 級	〃　　　　1,050日分
第 4 級	〃　　　　　920日分
第 5 級	〃　　　　　790日分
第 6 級	〃　　　　　670日分
第 7 級	〃　　　　　560日分

(7)障害補償一時金

　傷病が治ゆ（症状固定）した後に身体に障害等級第8級から第14級までに該当する障害が残ったときに一時金として支給されます。

　　支給額
　　給付基礎日額の503日分支給（障害等級第8級）
　　　　　　　　391日分支給（障害等級第9級）
　　　　　　　　302日分支給（障害等級第10級）
　　　　　　　　223日分支給（障害等級第11級）
　　　　　　　　156日分支給（障害等級第12級）

第15章　業務上災害に関する労災保険給付の内容は

　　　　101日分支給（障害等級第13級）

　　　　56日分支給（障害等級第14級）

※障害等級別の身体の障害の程度については、「巻末資料５」を参照。

(8)遺族補償年金

　遺族補償年金は、「受給資格者」（受給する資格を有する遺族）のうちの最先順位者（「受給権者」）に対してだけ支給されますが、遺族補償年金の受給権者がいないときは、下記⑽のとおり、遺族に対して遺族補償一時金が支給されます。

　被災労働者が死亡した場合、その遺族（被災労働者の死亡当時その収入によって生計を維持していた配偶者、子、父母、孫、祖父母、兄弟姉妹）は「受給資格者」ですが、受給資格者のうち先順位にある者（「受給権者」）にだけ支給されます。また妻以外の遺族については、被災労働者の死亡の当時に一定の高齢または年少であるか、あるいは一定の障害の状態にあることが必要とされています。

（※「被災労働者の死亡当時その収入によって生計を維持していた」とは、もっぱらまたは主として被災労働者の収入によって生計を維持していた場合だけでなく、被災労働者の収入によって生計の一部を維持していた、いわゆる「共稼ぎ」の場合もこれに含まれます。）

　　遺族補償年金の支給額

　　遺族数１人　　給付基礎日額の153日分

　　　　　　　　（その遺族が55歳以上の妻又は
　　　　　　　　　一定の障害状態にある妻の場
　　　　　　　　　合は給付基礎日額の175日分）

　　　　２人　　給付基礎日額の201日分

　　　　３人　　　　〃　　　　223日分

　　　　４人以上　　〃　　　　245日分

※　受給権者が２人以上あるときは、その額を等分した額がそれぞれの受給権者が受ける額になります。

259

第1部　労働災害における民事損害賠償の基礎知識

■遺族補償年金の受給権者となる順位
①　妻または60歳以上か一定障害の夫
②　18歳に達する日以後の最初の3月31日までの間にあるか一定障害の子
③　60歳以上か一定障害の父母
④　18歳に達する日以後の最初の3月31日までの間にあるか一定障害の孫
⑤　60歳以上か一定障害の祖父母
⑥　18歳に達する日以後の最初の3月31日までの間にあるか60歳以上または一定障害の兄弟姉妹
⑦　55歳以上60歳未満の夫
⑧　55歳以上60歳未満の父母
⑨　55歳以上60歳未満の祖父母
⑩　55歳以上60歳未満の兄弟姉妹
※　一定の障害とは、障害等級第5級以上の身体障害をいいます。
※　配偶者の場合、婚姻の届出をしていなくても、事実上婚姻関係と同様の事情にあった方も含まれます。
　　また、被災労働者の死亡の当時、胎児であった子は、生まれたときから受給資格者となります。
※　最先順位者が死亡や再婚などで受給権を失うと、その次の順位の者が受給権者となります。（これを「転給」といいます）。
※　⑦～⑩の55歳以上60歳未満の父・父母・祖父母・兄弟姉妹は、受給権者となっても、60歳になるまでは年金の支給は停止されます（これを「若年停止」といいます）。

■遺族補償年金の受給権の消滅（失権）
　遺族補償年金の受給権者について、身分上の変化が生じるなど次のいずれかに該当することになった場合には、受給権が消滅します。こ

第15章　業務上災害に関する労災保険給付の内容は

の場合、次順位の遺族が年金の支給を受けることになります（これを「転給」といいます）。

(1)　死亡したとき

(2)　婚姻をしたとき（届出をしていないが、事実上婚姻関係と同様の事情がある場合を含みます。）

(3)　直系血族または直系姻族以外の者の養子となったとき（届出をしていないが、事実上養子縁組関係と同様の事情にある場合を含みます。）

(4)　離縁によって、死亡した労働者との親族関係が終了したとき

(5)　子、孫または兄弟姉妹については、18歳に達する日以後の最初の３月31日が終了したとき（被災労働者の死亡の時から引き続き一定障害の状態にあるときを除きます。）

(6)　一定障害の状態にある夫、子、父母、孫、祖父母または兄弟姉妹については、その事情がなくなったとき

(9)遺族補償年金前払一時金

遺族補償年金を受給することとなった遺族は、１回に限り、年金の前払いを受けることができます。

また「若年停止」により年金の支給が停止されている場合であっても、前払いを受けることができます。

前払一時金の額は、給付基礎日額の1,000日分、800日分、600日分、400日分、200日分の額の中から希望する額を選択できます。なお、前払一時金が支給されると、遺族補償年金は、各月分（１年経ってからの分は年５％の単利で割り引いた額）の合計額が前払一時金の額に達するまでの間支給停止されます。

(10)遺族補償一時金

遺族補償一時金は次のいずれかの場合に支給されます。

支給要件及び支給内容は次のとおりです。

ア　被災労働者の死亡当時、遺族補償年金を受ける遺族がいない場

261

第1部　労働災害における民事損害賠償の基礎知識

合、給付基礎日額の1,000日分が受給権者（※）に支給されます。
　イ　遺族補償年金の受給権者が最後順位者まで全て失権したとき、
　　受給権者であった遺族の全員に対して支払われた年金の額及び遺
　　族補償年金前払一時金の額の合計額が、給付基礎日額の1,000日分
　　に満たない場合、給付基礎日額の1,000日分から既に支給された遺
　　族補償年金等の合計額を差し引いた額が、受給権者（※）に支給
　　されます。
　上記のア及びイの受給権者（※）は次のとおりです。
（※）遺族補償一時金の受給権者となる順位（上記ア及びイにつき同じ）
　遺族補償一時金の受給資格者は、次の①〜④にあげる遺族でありこ
のうち最先順位者が受給権者となります（②〜③の中では、子・父母・
孫・祖父母の順）。同順位者が2人以上いる場合は、それぞれ受給権
者となります。
　なお、子・父母・祖父母・兄弟姉妹の身分は、被災労働者の死亡の
当時の身分です。
　　①　配偶者
　　②　労働者の死亡の当時その収入によって生計を維持していた子・
　　　父母・孫・祖父母
　　③　その他の子・父母・孫・祖父母
　　④　兄弟姉妹

(11)葬祭料

　葬祭料の支給対象は必ずしも遺族とは限りません。通常は葬祭を行
うにふさわしい遺族となります。葬祭料の額は、315,000円の基本額に
給付基礎日額の30日分を加算した額（その額が給付基礎日額の60日分
に満たない場合は、給付基礎日額の60日分）が支給されます。

(12)介護補償給付

　障害補償年金又は傷病補償年金の受給者のうち、障害等級・傷病等
級が第1級の者と第2級の精神神経・胸腹部臓器の障害を有する者で

あって民間の有料の介護サービスなどや親族または友人・知人により現に常時又は随時介護を受けている場合に支給されます。ただし、障害者支援施設（生活保護を受けている場合に限る。）、介護老人保健施設、特別養護老人ホーム等の施設に入所している者は支給されません。これらの施設に入所している間は、施設において十分な介護サービスの提供を受けていると考えられることから、支給対象にならないとされています。

⒀二次健康診断等給付

労働安全衛生法に基づいて事業主が行った直近の定期健康診断等（一次健康診断）において、次の①②のいずれにも該当するときは、二次健康診断等給付を受けることができます。

① 血圧検査、血中脂質検査、血糖検査、腹囲又はＢＭＩ（肥満度）の測定の全ての検査において異常の所見があると診断されていること。

② 脳血管疾患又は心臓疾患の症状を有していないと認められること。

二次健康診断等給付は、1年度内（4月1日から翌年の3月31日までの間）に1回のみ健診給付病院等（労災病院または都道府県労働局長が指定する病院・診断所）でのみ受けることができます。

3 労災保険給付を補足する特別支給金とその性質

⑴特別支給金の種類

業務上の災害による労災保険給付の他に、同保険給付を補足するため社会復帰促進等事業として特別支給金が支給されます。特別支給金は、支給理由、支給内容等は労働者災害補償保険特別支給金規則に定めるところによりますが、労災保険給付のうちの療養補償給付、葬祭料、介護補償給付及び二次健康診断等の給付に対して特別支給金は支給されません。

263

第1部　労働災害における民事損害賠償の基礎知識

　休業4日目から、休業1日につき給付基礎日額の60％相当額が休業補償給付として支給されますが、これに上乗せして、給付基礎日額の20％相当額が休業特別支給金として支給されることはよく知られています。

　この特別支給金は、労災保険法第29条1項の社会復帰促進等事業（旧労働福祉事業）として一定の支給条件に基づいて支給されるものですが、その種類として、休業特別支給金のほかに、障害特別支給金、遺族特別支給金、傷病特別支給金、障害特別年金、障害特別一時金、遺族特別年金、遺族特別一時金、傷病特別年金があります（労働者災害補償保険特別支給金支給規則第2条）。

※これらの特別支給金の内容については、巻末資料7の「業務上災害による労災保険給付を補足する『特別支給金』について」を参照。

(2)労災特別支給金の性質

　これらの労災特別支給金の性質について、コック食品事件最高裁判決（最二小法廷　平成8年2月23日判決　判時1560号）は、「政府は、労災保険より、被災労働者に対し、休業特別支給金、障害特別支給金等の特別支給金を支給する（労働者災害補償保険特別支給金支給規則（昭和49年労働省令第30号））が、右特別支給金の支給は、労働福祉事業の一環として、被災労働者の療養生活の援護等によりその福祉の増進を図るために行われるものであり、（中略）特別支給金が被災労働者の損害をてん補する性質を有するということはできず、したがって、被災労働者が労災保険から受領した特別支給金をその損害額から控除することはできないというべきである。」と判示し、労災特別支給金は損益相殺の対象にしないことを明らかにしました。

❹　労災保険給付と民事上の損害賠償責任との関係

　労災保険給付は業務上の災害によって労働者に生じた損害の全てをてん補するものではなく、また慰謝料も含まれてはいないことから、

第15章　業務上災害に関する労災保険給付の内容は

不足分をカバーするため、被災労働者又はその遺族は、債務不履行や不法行為等民事法上の損害賠償請求権により、当該災害によって被った損害の賠償を使用者に請求することになります。

　そのため同一の事由により、労災保険給付と使用者からの損害賠償の双方によって重ねて損害のてん補がなされることとなるのは不合理であるだけでなく、また労災保険の保険料については使用者がその負担をしていることでもあるので、民事損害賠償と労災保険給付との重複は使用者にとって二重の負担にもなり、両者間の調整が必要となります。

　こうした問題について、労災保険法と民事損害賠償との関係について調整規定がなかったことから、従来、労基法第84条2項（※）を類推適用し、政府が労災保険に基づく保険給付を行った場合、使用者は同一の事由については、その価額の限度で損害賠償責任を免れるとしてその解決を図ってきました。

　しかし、将来給付予定の労災年金については、現実にその給付がなされていないことから、損害賠償額から控除できるかが争われてきたわけですが、この争点について最高裁判決は、非控除説を採用する旨明らかにしています（本書第1部第20章「将来給付予定の労災保険給付金は損害賠償額から控除できるか」参照（本書307頁）。

（※）労基法第84条2項

　「使用者は、この法律による補償を行った場合においては、同一の事由については、その価額の限度において民法による損害賠償の責を免れる。」

5　業務災害に関する労災保険給付請求の時効

　業務上の災害により、労働者が負傷、疾病に罹患又は死亡した場合、被災労働者や遺族は、労災保険の保険給付を請求することができます。この保険給付の請求権については、次のとおり、2年で時効にかかる

第1部　労働災害における民事損害賠償の基礎知識

ものと5年で時効にかかるものがありますが、時効によって消滅するのは保険給付の支給決定請求権です。そのため、傷病補償年金については、被災者の請求によらずに所轄の労働基準監督署長の職権によって給付を決定するものであることから、時効の問題を生じることはありません（労災保険法第42条、第59条、第60条、昭和52年3月30日基発第192号）。

業務災害に関する労災保険給付等の種類	時効期間	時効の起算点
療養補償給付 （療養の費用請求の場合）	2年	療養に要する費用の支出が確定した日ごとにその翌日
休業補償給付	2年	療養のため労働することができず賃金を受けない日ごとにその翌日
葬祭料	2年	被災労働者が死亡した日の翌日
介護補償給付	2年	介護を受けた月の翌月の1日
二次健康診断等給付	2年	一次健康診断の結果を了知し得る日の翌日
障害補償年金	5年	傷病が治った日の翌日
障害補償一時金	5年	傷病が治った日の翌日
障害補償年金差額一時金	5年	被災労働者の死亡した日の翌日
障害補償年金前払一時金	2年	傷病が治った日の翌日 ただし、当該傷病の治った日の翌日から2年以内で、かつ、年金の支給決定の通知があった日の翌日から1年以内であれば、障害補償年金を受けた後でも前払一時金を請求できる。この場合は、それぞれの障害等級に対応する最高限度額から、既に支給された年金の額を減じた額の範囲内で請求することになる。
遺族補償年金	5年	被災労働者が死亡した日の翌日
遺族補償一時金	5年	被災労働者が死亡した日の翌日
遺族補償年金前払一時金	2年	被災労働者が死亡した日の翌日 　ただし、被災労働者が亡くなった日の翌日から2年以内で、かつ年金の支給決定の通知があった日の翌日から1年以内であれば、遺族補償年金を受けたあとでも前払一時金を請求できる。この場合は、給付基礎日額の1,000日分から既に支給された年金の額の合計額を減じた額の範囲で請求することになる。

266

第15章 業務上災害に関する労災保険給付の内容は

❻ 業務災害の認定を受けるには、「業務遂行性」、「業務起因性」が必要

　上記のとおり、労災保険の保険給付は、業務災害（業務が原因となった労働者の負傷、疾病、障害又は死亡）に対してなされますが、業務災害と認定されるには、「業務遂行性」及び「業務起因性」が求められます。

　すなわち、業務上の事由による労働者の負傷、疾病、障害又は死亡とは、業務が原因となった傷病等を指し、業務と傷病等との間に一定の因果関係がある場合であって、このような業務と傷病等との間の因果関係を認定実務上「業務起因性」と呼んでいます。

　そしてまた、業務災害に対する労災保険の保険給付は、労働者が労災保険法の適用を受けている事業主に雇われて働いていることが原因となって生じた傷病等に対してなされることから、その原因が当該労働関係のもとにあることを条件として発生したことを要することになり、この「労働者が労働関係のもとにあること」を認定実務上「業務遂行性」と呼んでいます。

　したがって、業務上の傷病等と認められるためには、業務起因性が認められる必要があり、業務起因性が成立するためには、その第一次的な条件として業務遂行性が認められなければならないことになります。

■業務災害の認定基準の類型

　業務災害の認定基準について、行政実務においては次のような類型に分けて扱われています。

【業務上の負傷について】

　①事業主の支配・管理下で業務に従事している場合

　　所定労働時間内や残業時間内に事業場内において業務に従事している場合が該当します。

267

第1部　労働災害における民事損害賠償の基礎知識

　　　この場合の災害は、被災労働者の業務としての行為が原因
　となって発生するものと考えられるので、特段の事情のない
　限り、業務災害として扱われます。

　　　しかし、労働者が就業中に私用を行い、又は業務を逸脱す
　る恣意的行為をしていて、それらが原因となって被災した場
　合や、労働者が故意に災害を発生させた場合等には、業務災
　害と認められません。

②事業主の支配・管理下にあるが業務に従事していない場合

　　　昼休みや就業時間前後に事業場施設内にいる場合が該当し
　ます。

　　　この場合、出社して事業場内にいても業務に従事している
　わけではありませんので、行為そのものは私的行為になりま
　す。しかしこの場合であっても、事業場の施設・設備や管理
　状況等が原因となって災害が発生した場合については業務災
　害と認められます。

③事業主の支配下にあるが、管理下を離れて業務に従事してい
　る場合

　　　出張や社用で外出するなど事業場外で業務に従事している
　場合が該当します。事業主の管理下を離れてはいるものの、
　事業主の指示により業務に従事していることから、積極的に
　私的行為を行うなど特段の事情のない限り、一般的には業務
　災害と認められます。

【業務上の疾病について】

　　　業務上疾病と認められるためには、業務と疾病との間に相当
　因果関係が認められなければなりません。

　　　就業時間中に労働者が脳出血を発症した場合でも、その発症
　原因に足り得る業務上の理由が認められない限り、業務と疾病
　との間に相当因果関係は成立しないことから、業務上疾病と認

268

第15章　業務上災害に関する労災保険給付の内容は

められません。これに対して、就業時間外に発症した場合であっても、業務上の有害因子にばく露したことによって発症したものと認められると業務と疾病との間に相当因果関係が成立し、業務上疾病と認められます。

　業務上疾病認定の3要件

　①労働の場に有害因子が存在していること

　　この場合の有害因子とは、業務に内在する有害な化学物質、身体に過度の負担のかかる作業態様の諸因子を指します。

　②健康障害を起こし得るほどの有害因子の量、期間にさらされたこと

　③発症の経過及び病態が医学的にみて妥当であること

　　業務上の疾病は、労働者が業務に内在する有害因子に接触し、又はこれが侵入することによって起こることから、少なくともその有害因子へのばく露開始後に発症したものになります。この発症の時期の判断については、ばく露した有害因子の性質、ばく露条件等によって潜伏期間が異なることから、発症時期の判断については医学的に妥当なものでなければなりません。

❼　労働基準監督署長による労災保険給付に関する決定に不服がある場合の手続

　前記のとおり、労災保険給付は、基本的に、被災労働者または遺族の請求により行われ、支給、不支給の決定は労働基準監督署長によって行われます（労災保険法第12条の8第2項、労災則第1条3項）。

　労働基準監督署長が行った労災保険給付に関する決定について不服がある場合には、被災労働者または遺族は、次の手続により不服申立

269

を行うことができます（労災保険法第38条、第40条及び労審法第7条、第8条、第25条、第38条等）。

　平成28年4月1日に施行された改正労災保険審査請求制度（不服申立手続）の概要は下記のとおりです。

① 審査請求

　　先ず、労働基準監督署長による労災保険給付に関する決定（以下「原処分」といいます。）があったことを知った日の翌日から起算して3か月以内に当該原処分を行った労働基準監督署の所在地を管轄する都道府県労働局に置かれた「労働者災害補償保険審査官」（以下「審査官」といいます。）に対して審査請求をすることができること。

② 再審査請求

　　次に、その「審査官」の決定に不服がある場合には、決定書の謄本が送付された日の翌日から起算して2か月以内に厚生労働大臣のもとに置かれた「労働保険審査会」（以下「審査会」といいます。）に対して再審査請求をすることができること。また、審査官に対して審査請求をした日から3か月を経過しても決定がないときは、決定を経ないで審査会に対して再審査請求をすることができること。

③ 原処分に対する取消訴訟の提起

　　次の場合に原処分に対する取消訴訟を提起することができること。

　　ア　原処分についての審査請求に対する審査官の決定を経た後であれば、国（法務大臣）を被告として、決定があったことを知った日の翌日から起算して6か月以内に提起することができること。

　　イ　審査官に対して審査請求をしている場合には、審査請求をした日から3か月を経過しても審査請求についての決定がな

第15章　業務上災害に関する労災保険給付の内容は

　　いときは、審査官の決定を経ないで原処分に対する取消訴訟
　　を提起することができること。
ウ　審査会に対して再審査請求をした場合には、再審査請求に
　　対する裁決を経る前または裁決があったことを知った日の翌
　　日から起算して6か月以内に原処分に対する取消訴訟を提起
　　することができること。

第1部　労働災害における民事損害賠償の基礎知識

第16章

脳・心臓疾患の発症と死亡（過労死含む）及び心理的負荷による精神障害の発病と自殺等の労災認定基準の概要等について

1　労働者自身の健康管理は基本的に個人の問題ではあるものの、過労死、過労自殺、セクハラ問題等は社会の重大な関心事

　労働者が自己の健康に関心を持ち、健康を維持・管理することは当然のことと言えます。

　しかし、恒常的な長時間労働に従事するなどの業務上の理由により、労働者の健康面に支障が生じて脳・心臓疾患を発症し高度の後遺障害を残したり、過労死する事案があるほか、職務遂行等において強い心理的負荷を受けたことによりうつ病等の精神障害を発症したり、時には自殺等を図る事案すらあり、さらに、上司がセクハラ・パワハラ等により労働者に過度の心理的負荷を与え、名誉感情をいたずらに害するなどしたことによりうつ病を発症し自殺を図る事案等も生じております。

　このような状況の下で、最高裁判所から、大庄事件（大学卒業後、入社後わずか4か月で、恒常的な長時間労働により自宅で就寝中に急性左心機能不全を発症して死亡した事案、最三小法廷　平成25年9月24日会社の上告棄却・上告不受理決定）及び東芝事件（過重な業務負担によりうつ病を発症し増悪した事案、最二小法廷　平成26年3月24日判決　労判1094号）について各々言渡しがあり、さらに過労死等防止対策推進法が平成26年11月1日に施行されるなど、近年、過労死等を防止しメンタルヘルス対策を適切に実施して労働者の健康を保持・増進させて快適な職場環境を整えることは喫緊の重要課題となってお

272

ります。

　またそのような折に、セクシャルハラスメントに関連する事案として、平成27年2月26日、最高裁判所第一小法廷は、大阪市の第3セクターの水族館「海遊館」の男性管理職2名が、複数の女性従業員に対して性的な発言によるセクシャルハラスメントを行い、当該セクシャルハラスメントによって女性従業員らに著しい不快感や嫌悪感を抱かせたなど企業秩序や職場規律に看過し難い有害な影響を与えたことを懲戒事由として、それぞれ出勤停止30日間と10日間の懲戒処分及び1等級の降格処分を行ったのは妥当であったと判示（海遊館事件　判時2253号）して大阪高裁判決を破棄し、男性管理職側の上告を棄却した旨の報道がなされたこともあり、労働者のメンタルヘルスをめぐる問題は社会の大きな耳目を集めております。

② 判例における労働者自身の健康管理責任と使用者の義務について

(1) 労働者自身の健康管理について

　この労働者自身の健康管理について、判例においても、「労働者は、一般の社会人として、自己の健康の維持に配慮すべきことが期待されているのは当然であるが、亡太郎は、高松支店に勤務当時は、朝食を公庫において取るなどして公庫に滞在する時間を自ら長くし、休息の時間を適切に確保して自己の健康の維持に配慮すべき義務を怠った面があるというべきである。」と判示（農林漁業金融公庫（訴訟承継人日本政策金融公庫）事件　大阪地裁　平成25年3月6日判決　判タ1390号）されており、また、「原告太郎は、自身の健康状態について最も良く知り得る立場にあり、実際に被告における健康診断等で異常な結果が出ていることを認識し、具体的な指示も受けていたのであるから、閑散期に医師の診察を受けたり、生活指導を受けて生活習慣の改善に努めるなどの努力をすべきであったし、繁忙期においても、体

第1部　労働災害における民事損害賠償の基礎知識

調に異常を感じたのであれば、その旨J等に申し出るなどすべきであった。

　しかしながら、原告太郎は、閑散期に医師の診察を受けることもせず、自己の健康維持、管理に努めなかったと見受けられる。」と判示（ホテル日航大阪事件　神戸地裁　平成20年4月10日判決　労判974号）されており、さらに「亡一郎はその従事する作業についてある程度主体的に選択し得る立場にあったともいえるのであって、亡一郎が作業に伴う疲労や心理的負荷等が過度に蓄積して心身の健康を損なう事態を避けるためには、自らにおいても業務量を適正なものとし、休息や休日を十分に取ることにより疲労の回復に努めるべきであったことは否定できない」（山元事件　大阪地裁　平成28年11月25日判決　労判1156号）と判示されているところです。

⑵　**使用者の労働者に対する健康に関する義務について**

　他方において判例は、使用者について、「使用者は、その雇用する労働者に従事させる業務を定めてこれを管理するに際し、業務の遂行に伴う疲労や心理的負荷等が過度に蓄積して労働者の心身の健康を損なうことがないように注意してする義務を負うと解するのが相当」（電通事件　最二小　平成12年3月24日判決　判時1707号）であると判示しております。この電通事件は、長時間にわたる残業を伴う業務に従事した労働者の過労自殺について使用者の損害賠償責任を認めた最高裁判例であり、そのため実務に与える影響が大きく、その後、この判例理論に沿った処理がされております。

❸　労災申請と裁判手続による使用者への民事損害賠償請求とは各々別個の手続

　恒常的な時間外労働等を伴う過重な業務によって過労死したり、強いストレスによりうつ病等の精神疾患を発病するなどの労働災害が発生した場合、被災労働者は、労災申請により労災認定がなされると労

第16章　脳・心臓疾患の発症と死亡(過労死含む)及び心理的負荷による精神障害の発病と自殺等の労災認定基準の概要等について

災保険の給付を受けることができるとともに、使用者に対して、裁判手続により民事損害賠償を求めることも可能です。

　この労災申請と民事損害賠償請求は各々別個の手続であることから、これらの手続を並行して行うことも、あるいは、労災申請を先行させて行うこともできます。

　これは一般論ですが、労災認定を受けると使用者に対する民事損害賠償請求がしやすくなると考えられることから、労災申請を先行させる場合があり得ると思われます。

　そこで本章では、以下に、脳・心臓疾患及び精神障害の労災認定基準の概要について説明いたします。

４　脳・心臓疾患の発症と死亡（過労死含む）及び心理的負荷による精神障害の発病と自殺等の労災認定基準の通達について

　業務上の原因により発症した心疾患（心筋梗塞など）・脳血管疾患（脳梗塞など）とこれらの疾患によって死亡（過労死）した場合及びストレス（心理的負荷）が関係した精神障害とその精神障害によって自殺を図った場合（セクシャルハラスメントも含む）について、労災認定を受けるには労働基準監督署長の労災認定を得なければなりません。その認定基準は、次のとおり、行政通達により示されております。

　　・「脳血管疾患及び虚血性心疾患等（負傷に起因するものを除く。）の認定基準」（平成13年12月12日付基発第1063号）
　　・「心理的負荷による精神障害の認定基準」（平成23年12月26日付基発1226第１号）

５　脳・心臓疾患の発症及び死亡（過労死含む）の労災認定基準通達の概要について

「脳血管疾患及び虚血性心疾患等（負傷に起因するものを除く。）の

275

第1部 労働災害における民事損害賠償の基礎知識

認定基準」（平成13年12月12日付基発第1063号）

■脳血管疾患の発症及び虚血性心疾患（負傷に起因するものを除く。）の労災認定基準等

(1) **基本的な考え方**

脳血管疾患及び虚血性心疾患等（負傷に起因するものを除く。以下「脳・心臓疾患」という。）は、その発症の基礎となる動脈硬化等による血管病変又は動脈瘤、心筋変性等の基礎的病態（以下「血管病変等」という。）が長い年月の生活の営みの中で形成され、それが徐々に進行し、増悪するといった自然経過をたどり発症に至るものとされています。

しかしながら、業務による明らかな過重負荷が加わることによって、血管病変等がその自然経過を超えて著しく増悪し、脳・心臓疾患が発症する場合があり、そのような経過をたどり発症した脳・心臓疾患は、その発症に当たって、業務が相対的に有力な原因であると判断し、業務に起因することの明らかな疾病として取り扱う。

(2) **対象疾患**

本認定基準は、次に掲げる脳・心臓疾患を対象疾病として取り扱う。

① 脳血管疾患：脳内出血（脳出血）、くも膜下出血、脳梗塞、高血圧性脳症

② 虚血性心疾患等：心筋梗塞、狭心症、心停止（心臓性突然死を含む。）、解離性大動脈瘤

(3) **認定要件（下記①、②、③）**

発症前に、「業務による明らかな過重負荷」を受けたことによって発症した脳・心臓疾患は、労基則別表第1の2第8号に該当する疾病として取り扱う。

認定要件として、次の3つの認定要件、すなわち、①「異常な出来事」、②「短期間の過重業務」、③「長期間の過重業務」が設けられており、①、②又は③の認定要件を充足することによって労災認定され

276

る。

① 認定要件－「異常な出来事」

　発症直前から前日までの間において、発生状態を時間的及び場所的に明確にし得る異常な出来事に遭遇したこと。

　　a　精神的負荷：極度の緊張、興奮、恐怖、驚がく等の強度の精神的負荷を引き起こす突発的又は予測困難な異常な事態に遭遇。

　　　　　　　　　→業務に関連した重大な人身事故や重大事故に直接関与し、著しい精神的負荷を受けた場合など。

　　b　身体的負荷：緊急に強度の身体的負荷を強いられる突発的又は予測困難な異常な事態に遭遇。

　　　　　　　　　→事故の発生に伴って、救助活動や事故処理に携わり、著しい身体的負荷を受けた場合など。

　　c　作業環境の変化：急激で著しい作業環境の変化

　　　　　　　　　→屋外作業中、極めて暑熱な作業環境下で水分補給が著しく阻害される状態や特に温度差のある場所への頻回な出入りなど。

　　その１　評価期間：発症直前から前日までの間

　　その２　過重負荷の有無の判断：通常の業務遂行過程においては遭遇することがまれな事故又は災害等で、その程度が甚大であったか、気温の上昇又は低下等の作業環境の変化が急激で著しいものであったか等について検討し、これらの出来事による身体的、精神的負荷が著しいと認められるか否かという観点から、客観的かつ総合的に判断する。

② 認定要件－「短期間の過重業務」

第1部　労働災害における民事損害賠償の基礎知識

　　発症に近接した時期において、特に過重な業務に就労したこ
　と。
　その1　「特に過重な業務」：日常業務（通常の所定労働時間
　　　　内の所定業務内容）に比較して特に過重な身体的、精
　　　　神的負荷を生じさせたと客観的に認められる仕事をい
　　　　う。
　その2　評価期間：発症前おおむね1週間
　その3　過重負荷の有無の判断：特に過重な業務に就労した
　　　　と認められるか否かについては、業務量、業務内容、
　　　　作業環境等具体的な負荷要因を考慮し、同僚労働者又
　　　　は同種労働者（以下「同僚等」という。）にとっても、
　　　　特に過重な身体的、精神的負荷と認められるか否かと
　　　　いう観点から、客観的かつ総合的に判断する。
　　　※「同僚等」とは、脳・心臓疾患を発症した労働者と
　　　　　同程度の年齢、経験等を有する健康な状態にある
　　　　　者のほか、基礎疾患を有していたとしても日常業
　　　　　務を支障なく遂行できる者をいう。
　その4　業務と発症との時間的関連性：業務と発症との時間
　　　　的関連性を考慮して、発症直前から前日までの間の業
　　　　務が特に過重であるか否か、発症直前から前日までの
　　　　間の業務が特に過重であると認められない場合であっ
　　　　ても、発症前おおむね1週間以内に過重な業務が継続
　　　　している場合には、業務と発症との関連性があると考
　　　　えられるので、この間の業務が特に過重であるか否か、
　　　　を判断する。
　　　　→具体的な負荷要因　労働時間、不規則な勤務、拘束
　　　　　時間の長い勤務、出張の多い業務、交替制勤務・深
　　　　　夜勤務、作業環境（温度環境・騒音・時差）、精神

278

的緊張を伴う業務

③　認定要件－「長期間の過重業務」

　発症前の長期間にわたって、著しい疲労の蓄積をもたらす特に過重な業務に就労したこと。

　　その1　疲労の蓄積：恒常的な長時間労働等の負荷が長期間にわたって作用した場合には、「疲労の蓄積」が生じ、これが血管病変等をその自然経過を超えて著しく増悪させ、その結果、脳・心臓疾患を発症させることがあることから、発症との関連性において、業務の過重性を評価するに当たっては、発症前の一定期間の就労実態等を考察し、発症時における疲労の蓄積がどの程度であったかという観点から判断する。

　　その2　評価期間：発症前おおむね6か月間

　　その3　過重負荷の有無の判断：著しい疲労の蓄積をもたらす特に過重な業務に就労したと認められるか否かについては、業務量、業務内容、作業環境等具体的な負荷要因を考慮し、同僚等にとっても、特に過重な身体的、精神的負荷と認められるか否かという観点から、客観的かつ総合的に判断する。

　　　　また、業務の過重性の具体的な評価に当たっては、疲労の蓄積の観点から、労働時間のほか、不規則な勤務、拘束時間の長い勤務、出張の多い業務、交替制勤務・深夜勤務、作業環境（温度環境・騒音・時差）、精神的緊張を伴う業務の負荷要因について十分検討することになっている。

　　その4　労働時間の評価の目安：発症日を起点とした1か月単位の連続した期間をみて、

　　　①　発症前1か月間ないし6か月間にわたって、1か月

第1部　労働災害における民事損害賠償の基礎知識

当たりおおむね45時間を超える時間外労働が認められ
ない場合は、業務と発症との関連性が弱いと評価でき
ること、

② 　おおむね45時間を超えて時間外労働時間が長くなる
ほど、業務と発症の関連性が徐々に強まると評価でき
ること、

③ 　発症前1か月間におおむね100時間又は発症前2か
月ないし6か月間にわたって、1か月当たりおおむね
80時間を超える時間外労働が認められる場合は、業務
と発症との関連性が強いと評価できること、を踏まえ
て判断する。

※上記①、②、③でいう時間外労働時間数は1週間当たり40時間を超
えて労働した時間数をいう。

脳・心臓疾患の業務起因性の判断のフローチャート

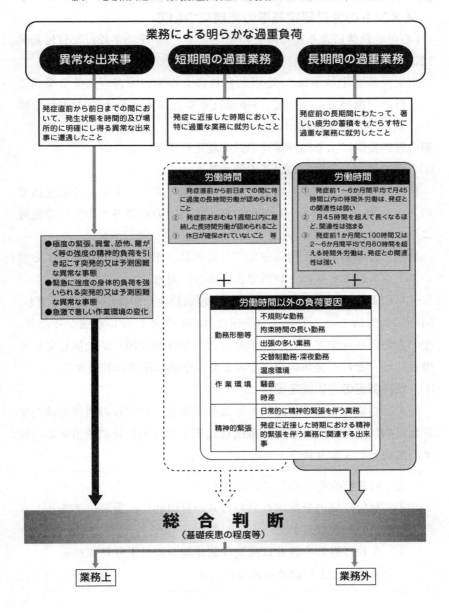

第1部　労働災害における民事損害賠償の基礎知識

6　心理的負荷による精神障害の発病と自殺、セクシャルハラスメントの労災認定基準の概要について

「心理的負荷による精神障害の認定基準」（平成23年12月26日付基発1226第1号）

※上記新認定基準は、「心理的負荷による精神障害等に係る業務上外の判断指針について」（平成11年9月14日付基発第544号）を廃止して改めたもの。

■心理的負荷による精神障害の労災認定基準等

(1)　精神障害の発病についての考え方

精神障害は、外部からのストレス（仕事によるストレスや私生活でのストレス）とそのストレスへの個人の対応力の強さとの関係で発症に至ると考えられている。

発病した精神障害が労災認定されるのは、その発病が仕事による強いストレスによるものと判断できる場合に限る。

仕事によるストレス（業務による心理的負荷）が強かった場合でも、同時に私生活でのストレス（業務以外の心理的負荷）が強かったり、その人の既往症やアルコール依存など（個体側要因）が関係している場合には、どれが発病の原因なのかを医学的に慎重に判断する。

(2)　精神障害の労災認定要件

労災認定のための要件は次のとおりであり、いずれの要件も満たす対象疾病は、労働基準法施行規則別表第1の2第9号に該当する業務上の疾病として取り扱う。

---

① 対象疾病を発病していること。

② 対象疾病の発病前おおむね6か月の間に、業務による強い心理的負荷が認められること。

③ 業務以外の心理的負荷及び個体側要因により対象疾病を発病したとは認められないこと。

第16章 脳・心臓疾患の発症と死亡(過労死含む)及び心理的負荷による精神障害の発病と自殺等の労災認定基準の概要等について

a 「業務による強い心理的負荷が認められる」とは、業務による具体的な出来事があり、その出来事とその後の状況が、労働者に強い心理的負荷を与えたことをいう。

b 心理的負荷の強度は、精神疾患を発病した労働者がその出来事とその後の状況を主観的にどう受け止めたかではなく、同種の労働者が一般的にどう受け止めるかという観点から評価する。「同種の労働者」とは、職種、職場における立場や職責、年齢、経験などが類似する人をいう。

(3) 認定基準で対象とする精神障害について

認定基準で対象とする精神障害(以下「対象疾病」という。)は、国際疾病分類第10回修正版(ICD−10)第Ⅴ章「精神及び行動の障害」に分類される精神障害であって、認知症や頭部外傷などによる障害(F0)およびアルコールや薬物による障害(F1)は除く。

業務に関連して発病する可能性のある精神障害の代表的なものは、うつ病(F3)や急性ストレス反応(F4)などである。

ICD−10第Ⅴ章「精神及び行動の障害」分類

分類コード	疾 病 の 種 類
F0	症状性を含む器質性精神障害
F1	精神作用物質使用による精神及び行動の障害
F2	統合失調症、統合失調症型障害及び妄想性障害
F3	気分〔感情〕障害
F4	神経症性障害、ストレス関連障害及び身体表現性障害
F5	生理的障害及び身体的要因に関連した行動症候群
F6	成人のパーソナリティー及び行動の障害
F7	精神遅滞(知的障害)
F8	心理的発達の障害
F9	小児期及び青年期に通常発症する行動及び情緒の障害、特定不能の精神疾患

第1部 労働災害における民事損害賠償の基礎知識

(4) 業務による強い心理的負荷が認められる場合とは

　発病前おおむね6か月の間に起きた業務による出来事について、後記の「精神障害の労災認定フローチャート」中の「②業務による心理的負荷の評価」において「1 特別な出来事に該当する出来事がある場合」について「強」と評価されると、上記認定要件の②を満たすものとする。

　本認定基準では、出来事と出来事後を一連のものとして総合評価を行う。具体的な評価手順は、次のとおり。

　1 「特別な出来事」に該当する出来事がある場合

　　→別表1（「業務による心理的負荷評価表」）の「特別な出来事」（特別な出来事の類型・「心理的負荷が極度のもの」、「極度の長時間労働」）に該当する出来事が認められた場合には、心理的負荷の総合評価を「強」とする。

　2 「特別な出来事」に該当する出来事がない場合

　　以下の手順により心理的負荷の強度を「強」「中」「弱」と評価する。

　　①「具体的出来事」への当てはめ

　　　　業務による出来事が、別表1の「具体的出来事」のどれに当てはまるか、あるいは近いかを判断する。

　　　　※別表1の「特別な出来事以外」として揚げられている「具体的出来事」（出来事の類型・「事故や災害の体験」、「仕事の失敗、過重な責任の発生等」、「仕事の量・質」、「役割、地位の変化等」、「対人関係」、「セクシャルハラスメント」ごとにその平均的な心理的負荷の強度を、強い方から「Ⅲ」「Ⅱ」「Ⅰ」と示している。

　　② 出来事ごとの心理的負荷の総合評価

　　　　当てはめた「具体的出来事」の欄に示されている具体例の内容に、事実関係が合致する場合には、その強度で評価する。

　　　　事実関係が具体的に合致しない場合には、「心理的負荷の

「総合評価の視点」の欄に示す事項を考慮し、個々の事案ごとに評価する。

③　出来事が複数ある場合の全体評価

・複数の<u>出来事が関連して生じた場合</u>には、その全体を一つの出来事として評価する。原則として最初の出来事を具体的出来事として別表1に当てはめ、関連して生じたそれぞれの出来事は出来事後の状況とみなし、全体の評価をする。

・<u>関連しない出来事が複数生じている場合</u>には、出来事の数、それぞれの出来事の内容、時間的な近接の程度を考慮して、次のとおり、全体の評価をする。

強＋中又は弱	→強
中＋中　（「中」が複数）	→強または中
	（近接の程度、出来事の数、
	その内容を考慮して全体を
	評価する）
中＋弱	→　中
弱＋弱	→　弱

(5)　**長時間労働がある場合の評価方法**

長時間労働に従事することも精神障害発病の原因となり得ることから、長時間労働を次の3通りの視点から評価する。

1「特別な出来事」としての「極度の長時間労働」

発病直前の極めて長い労働時間を評価する。

→「強」になる例

①　発病直前の1か月におおむね160時間以上の時間外労働を行った場合

②　発病直前の3週間におおむね120時間以上の時間外労働を行った場合

2「出来事」としての長時間労働

第1部　労働災害における民事損害賠償の基礎知識

　　発病前の１か月から３か月間の長時間労働を出来事として評価する。

　　→「強」になる例

　　①　発病直前の２か月間連続して１月当たりおおむね120時間以上の時間外労働を行った場合

　　②　発病直前の３か月間連続して１月当たりおおむね100時間以上の時間外労働を行った場合

　３　他の出来事と関連した長時間労働

　　出来事が発生した前や後に恒常的な長時間労働（月100時間程度の時間外労働）があった場合、心理的負荷の強度を修正する要素として評価する。

　　→「強」になる例

　　転勤して新たな業務に従事し、その後月100時間程度の時間外労働を行った場合

　　　※上記の時間外労働時間数は目安であり、この基準に至らない場合でも、心理的負荷を「強」と判断することがあり得る。

　　　　（※ここでの「時間外労働」は、週40時間を超える労働時間をいう。）

⑹　評価期間の特例－いじめやセクシャルハラスメント

　認定基準では、発病前おおむね６か月の間に起こった出来事について評価する。ただし、いじめやセクシャルハラスメントのように、出来事が繰り返されるものについては、発病の６か月よりも前にそれが始まり、発病まで継続していたときは、それが始まった時点からの心理的負荷を評価する。

⑺　業務以外の心理的負荷及び個体側要因の判断について

　上記⑵の認定要件のうち、「③業務以外の心理的負荷及び個体側要因により対象疾病を発病したとは認められること」とは、次のア又は

イの場合をいう。

　ア　業務以外の心理的負担及び個体側要因が認められない場合

　イ　業務以外の心理的負荷又は個体側要因は認められるものの、業
　　務以外の心理的負荷又は個体側要因によって発病したことが医学
　　的に明らかであると判断できない場合

1　業務以外の心理的負荷の判断

　　別表第2の「業務以外の心理的負荷評価表」中の「出来事の類型」
　として掲げられている「自分の出来事」、「自分以外の家族・親族の
　出来事」、「金銭関係」、「事件、事故、災害の体験」、「住環境の変化」、
　「他人との人間関係」の出来事別に心理的負担の強度を、強い方から、
　「Ⅲ」、「Ⅱ」、「Ⅰ」と評価する。しかし、「Ⅲ」に該当する出来事が
　複数ある場合については、それが発病の原因であるといえるかを慎
　重に判断する。

2　個体側要因の評価について

　　精神障害の既往歴やアルコール依存状況等の個体側要因について
　は、その有無と内容について確認をし、個体側要因がある場合は、
　それが発病の原因といえるかを慎重に判断する。

⑻　「自殺」の取り扱いについて

　業務によりＩＣＤ-10のＦ0からＦ4に分類される精神障害を発病
したと認められる者が自殺を図った場合には、精神障害によって、正
常な認識や行為選択能力が著しく阻害され、あるいは自殺行為を思い
とどまる精神的能力が著しく阻害されている状態に陥ったものと推定
し、業務起因性を認める。

⑼　「発病後の悪化」の取り扱いについて

　業務以外の心理的負荷により発病して治療が必要な状態にある精神
障害が悪化した場合は、悪化する前に業務による心理的負荷があって
も、直ちにそれが悪化の原因であるとは判断できない。

　ただし、別表1の「特別な出来事」に該当する出来事があり、その

第1部　労働災害における民事損害賠償の基礎知識

後おおむね6か月以内に精神障害が自然経過を超えて著しく悪化したと医学的に認められる場合に限り、その「特別な出来事」による心理的負荷が悪化した原因と推認し、原則として、悪化した部分については労災補償の対象になる。

⑩　「治ゆ（症状固定）」とは

　労災保険における「治ゆ」とは、健康時の状態に完全に回復した状態のみをいうものではなく、傷病の症状が安定し、医学上一般に認められた医療を行っても、その医療効果が期待できなくなった状態（傷病の症状の回復・改善が期待できなくなった状態）をいう。

　したがって、精神障害についても、「症状が残存しているが、これ以上医療効果が期待できない」と判断される場合には、「治ゆ」（症状固定）となり、療養（補償）給付や休業（補償）給付は支給されない。通常の就労（1日8時間の勤務）が可能な状態で「寛解（かんかい）」の診断がなされている場合は、治ゆの状態と考えられる。

　なお、治ゆ後、症状の変化を防止するために長期間にわたり投薬などが必要とされる場合には、「アフターケア」を、一定の障害が残った場合には障害（補償）給付を、受けることができる。

第16章 脳・心臓疾患の発症と死亡(過労死含む)及び心理的負荷による精神障害の発病と自殺等の労災認定基準の概要等について

精神障害の労災認定フローチャート

① 認定基準の対象となる精神障害を発病している

別表1

② 業務による心理的負荷の評価

1　特別な出来事に該当する出来事がある場合

2　特別な出来事に該当する出来事がない場合

（1）「出来事」の平均的な心理的負荷の強度の判定　　：（Ⅰ、Ⅱ、Ⅲ）

（2）出来事ごとの心理的負荷の総合評価　　　　　　：（弱、中、強）

（3）出来事が複数ある場合の心理的負荷の強度の全体評価　：（弱、中、強）

弱	中	強

労災にはなりません

別表2

③-1　業務以外の心理的負荷の評価

強度Ⅲに該当する出来事が認められない	強度Ⅲに該当する出来事が認められる
かつ	または

③-2　個体側要因の評価

個体側要因がない	個体側要因がある

労災認定 ← 業務以外の心理的負荷や個体側要因により発病したのかを判断

労災認定 ◀ ■ ■ ■ **自 殺**

精神障害によって、正常な認識や行為選択能力、自殺行為を思いとどまる精神的な抑制力が著しく阻害されている状態で行われたもの

労災にはなりません

289

第1部　労働災害における民事損害賠償の基礎知識

第17章

労災保険給付と他の社会保険給付との支給調整とは

１　労災年金と国民年金・厚生年金との支給調整

　業務上の災害により負傷した労働者が、労災保険から労災年金として障害補償年金、遺族補償年金、傷病補償年金の給付を受けるとともに、同一の事由によって厚生年金や国民年金などの社会保険から年金として障害厚生年金や遺族基礎年金などを受ける場合があります。

　このような場合については、両者の間で支給調整が行われます。国民年金・厚生年金はそのまま全額支給されるのに対して、労災年金については一定割合を減額調整して支給されます。これは、同一の事由について二重にてん補が行われる不合理を調整しようとするものです。

　年金間の調整率は、労災年金の種類別、併給される国民年金・厚生年金の種類別に次の表のようになっています。

調整率表(A)

社会保険の種類 ＼ 併給される年金給付	障害(補償)年金	遺族(補償)年金	傷病(補償)年金
厚生年金及び国民年金　障害厚生年金及び障害基礎年金	0.73		0.73
厚生年金及び国民年金　遺族厚生年金及び遺族基礎年金又は寡婦年金		0.80	

290

第17章　労災保険給付と他の社会保険給付との支給調整とは

厚生年金	障害厚生年金	0.83		0.88
	遺族厚生年金		0.84	
国民年金	障害基礎年金	0.88		0.88
	遺族基礎年金 又は寡婦年金		0.88	

(注)　「障害（補償）年金」は、業務災害についての「障害補償年金」と通勤災害についての「障害年金」の双方を表わしており、他の労災年金についても同様です。

（計算例）

　傷病補償年金（労災保険）と障害厚生年金（厚生年金保険）とを受ける場合につき、傷病補償年金の支給調整額の計算方法

　前　提

　給付基礎日額　　　　　　　　　　　　　　　　　　10,000円

　労災保険の傷病補償年金額（傷病等級第2級）　　　2,770,000円

　　　（10,000円×277日分）

傷　病　等　級	傷病（補償）年金額
第1級	給付基礎日額の313日分
第2級	給付基礎日額の277日分
第3級	給付基礎日額の245日分

　支給調整率　　　　　　　　　　　　　　　　0.88

　障害厚生年金（厚生年金保険）　　　　　　　X円

　　①支給調整後の傷病補償年金額（労災保険）

　　　　　　2,770,000円×0.88＝2,437,600円

　　②障害厚生年金額（厚生年金保険）については、そのまま全額支給

　　　　　　　　　　　　　　　　　　　　　X円

　　　支給額合計（①＋②）　　　　　2,437,600円＋X円

　ただし、上記年金間の調整における調整限度額は、上記「調整率表(A)」の調整率を乗じて減額した労災保険年金額が、調整前の労災保険

291

第1部　労働災害における民事損害賠償の基礎知識

年金額から併給される国民年金・厚生年金額を減じた残りの額を下回る場合については、調整前の労災保険年金額から、併給される国民年金・厚生年金額を減じた残額になります。

❷　休業（補償）給付と国民年金・厚生年金との支給調整

　同一の事由に関して、休業（補償）給付と国民年金・厚生年金とが併給される場合において、休業（補償）給付は、次の表のように、一定の調整率を乗じて減額して支給され、国民年金・厚生年金についてはそのまま全額支給されます。

調整率表(B)

併給される社会保険の年金の種類	厚生年金及び国民年金の障害厚生年金及び障害基礎年金	厚生年金の障害厚生年金	国民年金の障害基礎年金
調整率	0.73	0.88	0.88

　ただし、休業（補償）給付と国民年金・厚生年金との間の調整限度額は、上記「調整率表(B)」の調整率を乗じて減額した休業（補償）給付の額が、調整前の休業（補償）給付の額から、同一の事由により支給される国民年金・厚生年金額の365分の1の額を減じた残りの額を下回る場合については、その減じた残りの額になります。

292

第18章　交通事故における使用者責任と運行供用者責任について

第18章

交通事故における使用者責任
と運行供用者責任について

■1　自賠法第３条の運行供用者責任の特徴は

　従業員が業務上社有車を運転し、誤って歩行者をはねて負傷させ、その際に民家のブロック塀に激突してそれを崩壊させた交通事故につき、会社は、被害者に対して、従業員を雇用する使用者として損害賠償責任を負わなければなりません。

　すなわち、民法第715条１項は、「ある事業のために他人を使用する者は、被用者がその事業の執行について第三者に加えた損害を賠償する責任を負う。」と規定しており、この責任が使用者責任といわれるものです。

　また会社は、従業員が人身事故により第三者を負傷させたわけですから、自賠法第３条の運行供用者責任も負うことになります。

　自賠法第３条は運行供用者責任について次のように規定しています。

　「自己のために自動車を運行の用に供する者は、その運行によって他人の生命又は身体を害したときは、これによって生じた損害を賠償する責に任ずる。ただし、自己及び運転者が自動車の運行に関し注意を怠らなかったこと、被害者又は運転者以外の第三者に故意又は過失があったこと並びに自動車に構造上の欠陥又は機能の障害がなかったことを証明したときは、この限りでない。」

　この規定は、自動車事故による損害賠償責任に関し、民法第709条及び第715条の特則を定めたものですが、自動車の人身事故の損害賠償責任は無過失責任主義によることを明白にし、ただし書において、

293

第1部　労働災害における民事損害賠償の基礎知識

運行供用者に故意・過失の挙証責任を転換させ、例外的にその免責を認めたものと解されています。したがって、被害者が損害賠償請求をするには、自動車の運行によって損害が発生した事実のみを申し立てればよいことになります。

　なおこの規定は、物損事故には適用がなく人身事故に対してだけ適用されますので、それ以外の物損（上記の事例では、民家のブロック塀を崩壊）等の損害は民法によって処理することになります。

２　運行供用者責任の免責要件とは

　民法の考え方によれば、不法行為によって被害を被った被害者は、加害者に故意・過失があったことを主張・立証しなければなりません。しかしこれに対し、自賠法において加害者は、次の三要件を主張・立証しなければ免責されないとしています。

　すなわち、自己のために自動車を運行の用に供する者（運行供用者）は、自動車の運行によって他人に人的損害を与えた場合、免責されるには、

　　(1)**自己及び運転者が自動車の運転に関して注意を怠らなかったこと。**
　　(2)**被害者又は運転者以外の第三者に故意・過失があったこと。**
　　(3)**自動車の構造上の欠陥又は機能の障害がなかったこと。**
について主張・立証しなければなりません。

　この三つの要件を全て立証することは事実上容易でないことから、運行供用者責任は無過失責任に近いものになっています。

　なお、次の場合には、運行供用者責任は発生しません。

　①**不可抗力によって損害が発生した場合**

　「自動車の運行によって」という要件を満たしていないために責任を問うことができません。

　②**正当防衛によってやむを得ず人を傷つけた場合**

　民法第720条１項によれば、正当防衛とは、他人の不法行為に対し、

第18章　交通事故における使用者責任と運行供用者責任について

自己又は第三者の権利を防衛するため、やむを得ず加害行為をすることであり、この場合、加害行為者には自力救済が認められ、不法行為の違法性が阻却されます。

❸　「運行供用者」とは

自賠法第3条は、「自己のために自動車を運行の用に供する者」、すなわち運行供用者を本条における責任主体と定めています。

「自己のために」とは、自動車の運行についての支配権とそれによる利益を自己が有するという意味であることから、運行供用者は、自動車の保有者だけでなく、自動車泥棒のように正当な権限を有しないで自動車を運転した者等も含むとされています。

その他、第三者の所有にかかる自動車の運行において発生した事故であっても、次のとおり、会社等が運行供用者としての責任を負う場合があります。

(1)　会社の従業員がマイカーを運転して、会社の工事現場から自宅に帰る途中、事故を起こした場合において、従来よりしばしば営業所と会社の工事現場への往復に利用し、上司の指示があるときは、自宅から工事現場への往復にも利用し、その際には同僚を同乗させることも多く、会社は、この自動車の利用に関して承認し、ガソリン手当等を支給していたなどの事実関係の下においては、会社は、運行支配と運行利益を有するとして、自賠法第3条の運行供用者としてその責任を負う。

(2)　元請人が下請人から自動車と運転手の派遣をうけ、元請人の被用者と一緒に業務に従事させ、元請人が業務の指揮監督をしていた場合、その運転者が、食事のために自動車を運行して事故を起こした場合、元請人が運行供用者としての責任を負う。

(3)　孫請会社の従業員が自家用普通貨物自動車（実質的な所有者は孫請会社）を運転して、工事の施工先に向かう途中、本件車両を

295

第1部　労働災害における民事損害賠償の基礎知識

後進させた際に起こした人身事故につき、①元請会社と孫請会社との間に直接の契約関係がないこと、②元請会社と本件車両を運転していた孫請会社の従業員との間に指揮監督関係があったこと、③本件車両の運行ルートは、実質的に元請会社が決定していたこと、④元請会社は、本件車両を含め工事に使用する車両のタイヤのすり減り具合や車検切れの有無を確認していたこと、⑤本件車両には元請会社の親会社のロゴマークのマグネット標識が取り付けられ、孫請会社の従業員らは、当該親会社のロゴが付いたユニフォームを着用して工事に従事していたこと等から、本件車両の運行は、元請会社の支配のもとに、元請会社のためにされたということができ、元請会社は、自賠法第3条の運行供用者として、その責任を負う（テクノロジーネットワークス事件　横浜地裁平成24年9月11日判決　判時2170号）。

4 「他人」とは

自賠法第3条における「他人」とは、自己のために自動車を運行の用に供する者（運行供用者）及び運転者以外の者をいい、運転者はこの「他人」には含まれていません。

したがって、妻子や好意同乗者、会社の使用人等も含まれることになります。

5 自賠責保険給付の支払限度額及び仮渡金制度の概要について

(1) 損害の範囲と支払限度額

自賠責保険は、全ての自動車の保有者に対し、自動車1台ごとに加入が義務づけられている強制保険です。事故が発生したときには、まず自賠責保険から給付が行われ、その後に加害者が任意で加入している保険等から損害賠償が行われます。自賠責保険の契約を締結しない

で自動車を運転すると、1年以下の懲役又は50万円以下の罰金に処せられます（自賠法第86条の3）。

自賠責保険から給付される損害の範囲、支払限度額は下表のとおりです（自賠法第13条1項、同法施行令第2条、別表第1、第2）。

	損害の範囲	支払限度額 （被害者1名あたり）
傷害による損害	治療関係費、文書料、休業損害、慰謝料等	最高120万円まで
後遺障害による損害	逸失利益、慰謝料等	（別表第1） 神経系統・精神・胸腹部臓器に著しい障害を残して介護が必要な場合 ・常時介護のとき　最高4,000万円まで ・随時介護のとき　最高3,000万円まで （別表第2） 後遺障害の程度により ・第1級　3,000万円〜第14級　75万円まで 　（各後遺障害等級に対応する保険金額の詳細については、「巻末資料2　自賠責保険の保険金額の変遷」を参照）
死亡による損害	葬儀費、逸失利益、慰謝料（本人及び遺族）	最高3,000万円まで
死亡に至るまでの傷害による損害	傷害による場合と同じ	最高120万円まで

(2)　仮渡金制度

この仮渡金制度は、自動車による交通事故により死傷した被害者の葬儀費用や治療費等の支払など当座の資金を必要とする被害者を保護する見地から設けられたものであり、損害賠償額が確定する前であっても、被害者から自賠責保険会社に対して、直接当座の資金の支払を

第1部　労働災害における民事損害賠償の基礎知識

請求することができます（被害者請求）。

仮渡金（自賠法施行令第5条）

1．死亡者1人につき　290万円

2．次の傷害を受けた者1人につき　40万円

　イ　脊柱の骨折で脊髄を損傷したと認められる症状を有するもの

　ロ　上腕又は前腕の骨折で合併症を有するもの

　ハ　大腿又は下腿の骨折

　ニ　内臓の破裂で腹膜炎を併発したもの

　ホ　14日以上病院に入院することを要する傷害で、医師の治療を
　　要する期間が30日以上のもの

3．次の傷害（前2のイからホまでに掲げる傷害を除く）を受けた
　者　20万円

　イ　脊柱の骨折

　ロ　上腕又は前腕の骨折

　ハ　内臓の破裂

　ニ　病院に入院することを要する傷害で、医師の治療を要する期
　　間が30日以上のもの

　ホ　14日以上病院に入院することを要する傷害

4．11日以上医師の治療を要する傷害（上記2のイからホまで及び
　前3のイからホまでに掲げる傷害を除く）を受けた者　5万円

第19章　交通事故と労災保険との関係はどうなっているか−第三者行為災害で示談をする場合、どのような点に注意したらよいか

第19章

交通事故と労災保険との関係はどうなっているか−第三者行為災害で示談をする場合、どのような点に注意したらよいか

1 第三者行為災害とは

営業社員が、上司に命じられて、商談のために会社所有の自動車を運転して得意先の会社に向かう途中で交通事故に遭遇して死亡したとか、あるいは、道路建設工事に従事していた作業員が、たまたま運転を誤って工事用の金網フェンスを突き破って進入してきた自動車に轢過されて負傷した事故等について、これらの事故が業務災害であると認められると、労災保険から所定の保険給付がなされます。

ここでいう「第三者」とは、当該災害に係る当事者である政府、事業主及び被災労働者以外の者を指し、この第三者の行為によって業務災害を被った場合に保険給付を行うときに、この災害を労災保険制度上「第三者行為災害」と呼んでいます。

第三者の不法行為（第三者行為災害）によって業務災害が発生した場合については、被災労働者は、労災保険による保険給付を受ける権利を取得するとともに加害者である第三者に対しても民事上の損害賠償請求権を取得することになります。

しかし、交通事故という同一の事由によってこれらの権利を両方とも行使できるとすると二重の利得となって不合理であることから、労災保険法は第12条の4第1項及び第2項において、被災労働者が保険給付を受けた場合には、政府は、その給付額を第三者に請求（求償）することとし、また、被災労働者が加害者である第三者から先に民事上の損害賠償を受けた場合には、労災保険の保険給付額から既に受け

299

第1部　労働災害における民事損害賠償の基礎知識

た額を控除してその差額を給付することと定めています。

> 労災保険法第12条の4（第三者の行為による事故）
> 1　政府は、保険給付の原因である事故が第三者の行為によって生じた場合において、保険給付をしたときは、その給付の価額の限度で、保険給付を受けた者が第三者に対して有する損害賠償の請求権を取得する。
> 2　前項の場合において、保険給付を受けるべき者が当該第三者から同一の事由について損害賠償を受けたときは、政府は、その価額の限度で保険給付をしないことができる。

❷ 民事損害賠償と労災保険との調整はどのようにするのか ─「求償」と「控除」

　第三者行為災害における損害賠償請求と労災保険給付との調整方法については、次のとおり、⑴「求償」と⑵「控除」があります。

⑴ 労災保険給付が第三者の民事損害賠償よりも先に行われた場合 ─「求償」による

　第三者行為災害によって被災者が損害を被った場合、その加害者は、災害の原因となった加害行為に基づき民事上の損害賠償責任を負うことになりますが、労災保険給付は、人身損害のてん補を目的としていることから民事上の損害賠償と同様の性質をもっています。

　このことから、労災保険給付が第三者の損害賠償よりも先に行われることになると、第三者が負うべき損害賠償を政府が肩代わりして行うことになることから、政府は、労災保険の給付額相当額を第三者から返してもらうことになります。これが求償といわれるものです（労災保険法第12条の4第1項）。

⑵ 第三者の民事損害賠償が労災保険給付よりも先に行われた場合 ─「控除」による

被災者が加害者である第三者から損害賠償を受け、さらに重ねて労災保険給付を受けると、損害が二重にてん補されることになり不合理であることから、労災保険においては、損害賠償額のうちから労災保険の給付額を控除して給付を行っています。これが「控除」といわれるものです（労災保険法第12条の４第２項）。

❸ 労災保険給付調整の対象となる損害項目とはどのようなものか

求償あるいは控除の対象となる事項は次のとおりです。

なお特別支給金については、社会復帰促進等事業として支給されるものであり、また、被災者の精神的苦痛に対する慰謝料についても支給調整の対象ではありません。

労災保険給付（ ）内は通勤災害の場合	対応する損害賠償の損害項目
療養補償給付（療養給付）	治療費
休業補償給付（休業給付）	休業により喪失したため得ることができなくなった利益
傷病補償年金（傷病年金）	同上（療養開始後１年６カ月を経過しても治らない場合、休業補償を打ち切りその時点における障害の程度に応じて一定額の年金を受ける利益）
障害補償年金（障害給付）	身体障害により喪失又は減少して得ることができなくなった利益
介護補償給付（介護給付）	介護費用
遺族補償給付（遺族給付）	労働者の死亡により遺族が喪失して得ることができなくなった利益
葬祭料（葬祭給付）	葬祭費

（注１）損害賠償のうち、受給者の精神的苦痛に対する慰謝料及び労災保険の給付の対象外のもの（たとえば、自動車の修理費用、遺体捜索費、義肢、補聴器等）は、同一の事由によるものではないので、支給調整の対象となりません。

（注２）社会復帰促進等事業として支給される特別支給金は保険給付ではないので支給調整の対象にはなりません。支給調整の対象とならない特別支給金の種類として、休業特別支給金、傷病特別支給金、障害特別年金、遺族特別年金等があります。

301

第1部　労働災害における民事損害賠償の基礎知識

4　自賠責保険等と労災保険との関係はどのようになっているか－被災労働者はいずれか一方を自由に選択できる

交通事故により業務上被災した場合について、被災労働者は労災保険給付と自賠責保険等（自動車損害賠償責任保険又は自動車損害賠償責任共済）による保険金支払いのいずれか一方を自由に選択することができる扱いになっています。

そして一般には、次のようなメリットがあることから、先に自賠責保険等から保険金の支払いを受けることが多いようです（自賠先行）。

①仮渡金制度や内払金制度を利用することによって損害賠償額の支払いが速やかに行われること。

②自賠責保険等には、労災保険では給付されない慰謝料が含まれていること。

③休業損害については、労災保険では80％（休業補償給付60％＋休業特別支給金20％）しかてん補されないのに対して、自賠責保険等では100％てん補されること。

ただしこの場合、両保険（自賠責保険等及び労災保険）の調整という問題が生じることになり、労災保険では次のように調整しています。

①自賠責保険等の保険金支払限度額（死亡による損害の場合は3,000万円、傷害による損害の場合は120万円、後遺障害による損害については等級に応じて最高3,000万円・介護を要する場合は最高4,000万円）まで労災保険給付を控除すること。

②労災保険給付を先に受ける場合（労災先行）には、同一の事由による災害について自賠責保険等から支払いを受けることはできないこと。

5　示談をする場合の注意点は

そこで労災保険の受給権を有する被災者と加害者である第三者との間で示談を締結する場合、どのような点に注意しなければならないの

でしょうか。

　示談とは、前述のように、紛争当事者が互いに譲歩してその間に存する紛争をやめる合意であることから、この示談において被災者は、第三者（加害者）に対して有する損害賠償請求権の一部又は全部を放棄することもあり得るのであり、この場合、放棄した範囲については損害賠償を受けたものとみなされて労災保険法第12条の４第２項が適用されるため、保険給付が行われなくなる場合があります。

　この件について最高裁も、「被災労働者ら自らが、第三者の自己に対する損害賠償債務の全部又は一部を免除し、その限度において損害賠償請求権を喪失した場合においても、政府は、その限度において保険給付をする義務を免れるべきことは、規定をまつまでもなく当然のこと」である旨判示しています（小野運送事件　最三小法廷　昭和38年６月４日判決　判時338号）。

　そこで次の通達では、被災労働者が不利にならないように、示談の効果をなるべくせまく評価しており、示談内容の全てが次の事項の全部に該当する場合については保険給付を行わないとしています。

> **平成17年２月１日基発第0201009号通達**
>
> 「労災保険給付を行わない場合の要件は次の２点である。
>
> ㈠　当該示談が真正に成立していること
>
> 　　なお、次のような場合には真正に成立した示談とは認められないこと。
>
> 　a　当該示談の成立が錯誤、心裡留保（その真意を知り、又は知り得べかりし場合に限る。）に基づく場合
>
> 　b　当該示談の成立が詐欺又は強迫に基づく場合
>
> ㈡　当該示談の内容が、第一当事者等（被害者側）の第二当事者等（加害者側）に対して有する損害賠償請求権（労災保険給付と同一の事由に基づくものに限る。）の全部のてん補を目的としていること。

第1部　労働災害における民事損害賠償の基礎知識

> 　なお、次のような場合には、損害の全部のてん補を目的としているものとは認められないものとして取り扱うことになる。
> a　損害の一部について労災保険給付を受けることを前提として示談している場合
> b　示談書の文面上、全損害のてん補を目的とすることが明確になっていない場合
> c　示談書の文面上、全損害のてん補を目的とする旨の記述がある場合であっても、示談の内容及び当事者の供述等から判断し、全損害のてん補を目的としているとは認められなかった場合
> 　また、示談が真正な全部示談と認められるかどうかの判断を行うに当たっては、示談書の存在及び示談書の記載内容のみにとらわれることなく、当事者の真意の把握に努める必要がある。」

6　派遣労働者に係る第三者行為災害について

　第三者行為災害となるためには、保険給付の原因となった災害が第三者の行為等によって生じたものであって、かつ、第三者が受給権者に対して損害賠償責任を負っていることが必要です。

　しかし、派遣労働者に発生した労働災害で、第三者の直接の加害行為がない場合でも、次のア及びイの両方に該当する場合は、派遣先事業主を第三者とする第三者行為災害として扱われます（平成24年9月7日基発0907第4号）。

　ア　派遣労働者の被った災害について、派遣先事業主の安全衛生法令違反が認められる場合

　イ　上記アの安全衛生法令違反が、災害の直接原因となったと認められる場合

　このため、労働基準監督署から提出を求められた場合は、第三者行為災害届など必要な書類を提出することになります。

7 第三者行為災害に関する提出書類について

(1) 被災者側の提出書類

　第三者行為災害について保険給付を受けようとする場合には、「第三者行為災害届」を被災者の所属する事業場を管轄する労働基準監督署長に提出します。この届けは、支給調整を適正に行うためのものであり、原則として労災保険給付に関する請求書に先立ち、または請求書と同時に提出します。

　添付書類は次のとおりです。

　　① 交通事故による損害の場合

　　a 「交通事故証明書」又は「交通事故発生届」
　　　（自動車安全運転センターの証明がもらえない場合は「交通事故発生届」

　　b 念書（兼同意書）

　　c 示談書の謄本（示談が行われた場合。写しでも可）

　　d 自賠責保険等の損害賠償金等支払証明書又は保険金支払通知書
　　　（仮渡金又は賠償金を受けている場合。写しでも可）

　　e 死体検案書又は死亡診断書（死亡の場合のみ。写しでも可）

　　f 戸籍謄本（死亡の場合のみ。写しでも可）

　　② 交通事故以外の事由による損害の場合

　　a 念書（兼同意書）

　　b 示談書の謄本（示談が行われた場合。写しでも可）

　　c 死体検案書又は死亡診断書（死亡の場合のみ。写しでも可）

　　d 戸籍謄本（死亡の場合のみ。写しでも可）

※添付書類についての注意事項

※ 念書（兼同意書）

　念書（兼同意書）には、労災保険給付の価額を限度として被災者等が第三者に対して有する損害賠償請求権を政府が取得し、第三者

第1部　労働災害における民事損害賠償の基礎知識

に対して求償を行う場合があること及び個人情報保護の取り扱いに関しての同意が記載されており、必ず労災保険給付を受ける本人が自署すること。

※　**交通事故証明書**

交通事故証明書は、自動車安全運転センターで証明を受けたものを提出すること。警察署に届け出ていないなどの理由により証明書を提出できない場合は、「交通事故発生届」を提出すること。

(2)　**加害者側である第三者の提出書類**

「第三者行為災害報告書」を提出します。この書類は、第三者に対する事項、災害発生状況及び損害賠償金の支払状況等を確認するために必要なものです。

第20章　将来給付予定の労災保険給付金は損害賠償額から控除できるか

> 第20章

将来給付予定の労災保険給付金は損害賠償額から控除できるか

　前述のように、業務上の災害によって生じた被災労働者等の損害のてん補が二重に行われないように、民事損害賠償と労災保険給付について合理的な調整が求められますが、次のとおり、将来給付予定の労災年金の控除の可否について判示した最高裁判決を2件紹介します。

　その1件は、「使用者行為災害」の事例であり、もう1件は「第三者行為災害」の事例です。

　「使用者行為災害」とは、下記の三共自動車事件のように、会社の管理上の不注意等により発生した災害、すなわち、本例ではトラクターショベルのバケットが落下しないように鋼の安全管理をする注意を怠ったことにより業務災害が発生したなど、当該災害が労災保険関係の当事者（政府、事業主及び被災労働者）のうちの事業主の行為（不注意）によって発生した場合に、保険給付を行うとき、当該災害を労災保険制度上「使用者行為災害」と呼んでいます。

　これに対して「第三者行為災害」とは、労災保険関係の当事者（政府、事業主及び被災労働者）以外の者の行為によって業務災害が発生した場合に、保険給付を行うとき、当該災害を労災保険制度上「第三者行為災害」と呼んでいます。

■1　最高裁判所は非控除説を採用

(1)　使用者行為災害の裁判例

　昭和52年10月25日、最高裁判所は使用者行為災害の事例において次

第1部　労働災害における民事損害賠償の基礎知識

のように判示し、初めて非控除説の立場に立った見解をとることを明白にしました。

三共自動車事件（最高裁第三小法廷　昭和52年10月25日判決、判時870号）

　本件は従業員が会社構内でトラクターショベルの点検修理業務に従事中、同ショベル車のバケットが落下して脳挫傷等の傷害を負った事案ですが、将来にわたり労災年金分が継続して給付されることが確定していても、いまだ現実の給付がない以上、予め損害賠償額から控除することはできない旨次のとおり判示しました。

判示事項：

　　「労働者災害補償保険法に基づく保険給付の実質は、使用者の労働基準法上の災害補償義務を政府が保険給付の形式で行うものであって、厚生年金保険法に基づく保険給付と同様、受給権者に対する損害の填補の性質をも有するから、事故が使用者の行為によって生じた場合において、受給権者に対し、政府が労働者災害補償保険法に基づく保険給付をしたときは労働基準法第84条第2項の規定を類推適用し、また、政府が厚生年金保険法に基づく保険給付をしたときは衡平の理念に照らし、使用者は、同一の事由については、その価額の限度において民法による損害賠償の責を免れると解するのが、相当である。そして、右のように政府が保険給付をしたことによって、受給権者の使用者に対する損害賠償請求権が失われるのは、右保険給付が損害の填補の性質をも有する以上、政府が現実に保険金を給付して損害を填補したときに限られ、いまだ現実の給付がない以上、たとえ将来にわたり継続して給付されることが確定していても、受給権者は使用者に対し損害賠償の請求をするにあたり、このような将来の給付額を損害賠償債権額から控除することを要しないと解するのが、相当である（最高裁昭和50年（オ）第431号、同52年5月27日第三小法廷判決参照）。」

すなわち、本判決は、使用者行為災害の事例において、①既に労災保険給付を受けた額については、損害賠償金額から控除することができること、②将来支給予定の金額については、たとえそれが将来にわたって継続して支給されることが確定していても、損害賠償金額から控除しない、と判示したものです。

(2) 第三者行為災害の裁判例

次に、第三者行為災害の事例について最高裁は、既に、上記判決引用の判決において、将来の障害補償年金と障害厚生年金を損害賠償額から控除できない旨、次のとおり判示し、非控除説を採用することを明らかにしておりました。

仁田原・中村事件（最高裁第三小法廷　昭和52年5月27日判決、判時857号）
判示事項：

「厚生年金保険法40条及び労働者災害補償保険法（昭和48年法律第85号による改正前のもの。）20条は、事故が第三者の行為によって生じた場合において、受給権者に対し、政府が先に保険給付又は災害補償をしたときは、受給権者の第三者に対する損害賠償請求権はその価額の限度で当然国に移転し、これに反して第三者が先に損害の賠償をしたときは、政府はその価額の限度で保険給付をしないことができ、又は災害補償の義務を免れるものと定め、受給権者に対する第三者の損害賠償義務と政府の保険給付又は災害補償の義務とが、相互補完の関係にあり、同一事由による損害の二重填補を認めるものではない趣旨を明らかにしている。そして、右のように政府が保険給付又は災害補償をしたことによって、受給権者の第三者に対する損害賠償請求権が国に移転し、受給権者がこれを失うのは、政府が現実に保険金を給付して損害を填補したときに限られ、いまだ現実の給付がない以上、たとえ将来にわたり継続して給付

第1部　労働災害における民事損害賠償の基礎知識

> されることが確定していても、受給権者は第三者に対し損害賠償の請求
> をするにあたり、このような将来の給付額を損害額から控除することを
> 要しないと解するのが、相当である。」

❷　従来の「非控除説」を微修正

　その後最高裁は、地方公務員等共済組合法の規定に基づく退職年金
の受給者が不法行為によって死亡し、その相続人が遺族年金の受給権
を取得した事例において、寒川・森島事件最高裁大法廷平成5年3月
24日判決（判タ853号）は、

> 「被害者又はその相続人が取得した債権につき、損益相殺的な調整を
> 図ることが許されるのは、当該債権が現実に履行された場合又はこれと
> 同視し得る程度にその存続及び履行が確実であるということができる場
> 合に限られるというべきである。」

と判示し、本判決は、従前の非控除説を微修正して、既給付分のほか
支給確定分、具体的には口頭弁論終結日に受けることが確定している
月分までを控除すべきものと解しています。

　上記三共自動車事件及び仁田原・中村事件の最高裁判決により、裁
判実務においては、非控除説で決着がついたと考えられる状況にあり
ます。

　しかしながら、そもそも、使用者による民事損害賠償と労災保険給
付とは、同一の事由による損害をてん補する制度であることから、こ
の非控除説では、将来給付予定の労災年金については、依然として、
二重に損害のてん補がなされるという不合理は解決されず、しかも労
災保険の保険料を負担する使用者にとっては、労災保険における保険
利益が損なわれている状況にあります。

310

そこで昭和55年に労災保険法が改正され、労災保険給付と民事損害賠償との調整措置として、労災保険法第64条が設けられました。

本条における調整措置は、次の2つです。

❸ 民事損害賠償の側における調整措置（労災保険法第64条1項）

(1)障害補償年金、遺族補償年金、障害年金又は遺族年金の受給権者が、同一事由について、使用者からこれらの年金給付に相当する民事損害賠償を受けることができる場合は、その使用者は、これらの者の年金受給権が消滅するまでの間、前払一時金の最高限度額相当額の法定利率（年5分）による現価の限度で民事損害賠償の履行をしないことができます。そして、この民事損害賠償の履行が猶予されている場合において、年金給付又はその前払一時金が支給された場合には、その価額の法定利率による現価の限度で、使用者は、民事損害賠償の責を免れます。すなわち、その分の賠償額が減額されます。

「民事損害賠償の履行をしないことができる」とは

これは「民事損害賠償の履行の猶予を受けることができる」ということであり、履行期を一定期間先に延ばすことができることを意味します。そして使用者がこの損害賠償の履行の猶予を受けている間に、労災保険から実際に労災年金又は当該年金に係る前払一時金が支給されると、当該支給額分について使用者の賠償責任が縮減されます。

なお、この履行猶予は、使用者側に抗弁権として付与されていると解されており、使用者は裁判上この抗弁権を行使しなければ履行猶予を受けることができなくなります。また、この抗弁権は、示談交渉においてもすることができるし、裁判においては事実審の終局である高裁の口頭弁論終結時までにすることができるとされています。

311

第1部　労働災害における民事損害賠償の基礎知識

履行猶予額の算定式

$$\begin{pmatrix}\text{損害発生時から前払一時金} \\ \text{を受けるべき時までの法定} \\ \text{利率により計算される額}\end{pmatrix} = \boxed{\text{履行猶予額}} \times \begin{pmatrix}\text{法定利率} \\ \text{（年5分）}\end{pmatrix} \times \begin{pmatrix}\text{損害発生時から前} \\ \text{払一時金を受ける} \\ \text{べき時までの期間}\end{pmatrix}$$

$$\text{履行猶予額} = \frac{\text{前払一時金最高限度額}}{1 + \text{法定利率} \times \text{損害発生時から前払一時金を受けるべき時までの期間}}$$

遺族補償年金前払一時金の最高限度額

遺族補償年金の前払一時金の最高限度額
給付基礎日額の1,000日分

障害補償年金前払一時金の最高限度額

障害等級	額	障害等級	額
第1級	給付基礎日額の1,340日分	第5級	給付基礎日額の790日分
第2級	〃　　　　1,190日分	第6級	〃　　　　670日分
第3級	〃　　　　1,050日分	第7級	〃　　　　560日分
第4級	〃　　　　920日分		

　(2)関連判例として、遺族補償年金前払一時金の最高限度額（給付基礎日額の1000日分）の履行を猶予された事例があります。損害額の算定について実務上参考になると思われますので、次に掲げます。

①ハヤシ事件（福岡地裁　平成19年10月24日判決、労判956号）

　本件は、産業用ロボット製作会社の製造部部長が、発症前1～12ヶ月の時間外労働時間は約74～168時間であり、相当長時間にわたって長時間労働を続け、盆休みや正月休みもほとんど取れなかったなど、精神的肉体的に疲労を蓄積させる過重なものであったことから、くも膜下出血を発症して死亡した事案です。

312

第20章　将来給付予定の労災保険給付金は損害賠償額から控除できるか

　裁判所は、被告会社の履行猶予の主張を認め、遺族補償年金の前払
一時金最高限度額（平均賃金給付基礎日額の1000日分）の履行を猶予
し、次のとおり、判示しました。

　　　原告：被災者の妻及び子３名

　　　被告：ハヤシ（被災者の使用者）

判示事項：

「7　履行猶予の抗弁

　被告は履行猶予の抗弁を主張し、原告らはこれを争わないから、被告は、
労災保険法64条１項１号に規定される「その損害の発生時から当該年金
給付に係る前払一時金給付を受けるべき時までの法定利率により計算さ
れる額を合算した場合における当該合算した額が当該前払一時金給付の
最高限度額に相当する額となるべき額の限度で」その損害賠償の履行を
しないことができる。

　そして、前払一時金の最高限度額は、給付基礎日額の1000日分に相当
する額であるから（同法60条２項）、本件における遺族補償年金の前払
一時金の最高限度額は、太郎の平均賃金給付基礎日額である１万6295円（＜
証拠略＞、争いがない。）の1000日分である1629万5000円である。

　また、同法64条１項１号の「損害発生時」は、太郎の死亡時である平
成16年２月19日、「前払一時金を受けるべき時」は、遺族補償給付の支
給決定のあった平成17年10月25日と認められる（＜証拠略＞）。

　したがって、履行猶予額は、以下のとおり、1629万5000円から、損害
の発生時から当該年金給付に係る前払一時金給付を受けるべき時までの
法定利率により計算される額 {履行猶予額×0.05×（１年＋249／365日）}
を控除した額となる。

履行猶予額＝1629万5000円－ {履行猶予額×0.05×（１年＋249／

第1部　労働災害における民事損害賠償の基礎知識

365日）｝

　　履行猶予額＝1629万5000円÷｛1＋0.05×（1年＋249／365日）｝

　　よって、履行猶予額は、以下のとおり、1503万0768円である。

　　1629万5000円÷｛1＋0.05×（1＋249／365)｝＝1503万0768円（小
数点以下切り捨て）

　　そして、履行猶予額1503万0768円のうち、前記のとおり、既に遺族
補償年金1004万5315円は支払済みであり、損益相殺の対象とされてい
るから、同金額を控除した498万5453円について履行を猶予されるこ
ととなるが、原告らが今後遺族補償年金を受給することにより免除さ
れるので、これを控除すべきである。そうであれば、同控除後の損害
額は、以下のとおりである。

　　ア　原告花子　2392万4011円

　　2641万6738円－（498万5453円×1／2）＝2392万4011円（小数点
以下切り捨て）

　　イ　その余の原告ら　各1164万9008円

　　1247万9917円－（498万5453円×1／6）＝1164万9008円（小数点
以下切り捨て)｣

②**西日本旅客鉄道事件**（大阪地裁　平成27年3月20日判決、判タ1421
　号）

　　本件は、鉄道事業を営む被告会社で保安設備関係の業務に従事して
いた従業員は、自殺前1年間の月平均時間外労働時間数は最大で159
時間5分、最小で134時間1分であるなど極度の恒常的な長時間労働
等過重な業務に従事したためうつ病に罹患し、勤務先の電気工事事務
所付近のマンションの14階から投身自殺した事例です。

　　裁判所は、被告会社の履行猶予の主張を認め、遺族補償年金の前払
一時金の最高限度額（給付基礎日額の1000日分）の履行を猶予した例
ですが、本書第2部第2章の**6**事例として掲載しております（本書

314

408頁）。

③竹屋事件（津地裁　平成29年1月30日判決、労判1160号）

　本件は、被告会社に雇用され、ドーナツの製造、販売及び店舗管理等の業務に従事していた店長（他店舗の運営支援等を行う課長代理を併任）が、発症前1ヶ月間の時間外労働時間数は59時間57分であったが、同6ヶ月間の平均は112時間35分に達するなど、過重労働により致死性不整脈を発症して死亡した事案です。

　裁判所は、被告会社の履行猶予の主張を認め、遺族補償年金前払一時金の最高限度額（給付基礎日額の1000日分）の履行を猶予する旨判示しました。その要旨は、上記①②と同様ですので省略します。

4　労災保険給付の側での調整措置（労災保険法第64条2項）

　保険給付の受給権者である被災労働者又はその遺族が、使用者から民事損害賠償を受けることができる場合において、当該保険給付の受給権者に対し、同一の事由について保険給付に相当する民事損害賠償が行われたときは、政府は、下記の「支給調整基準」により、その価額の限度で保険給付を行わないことができます。すなわち、左欄に掲げる民事損害賠償を受けたときは、各々の損害項目に対応して右欄に掲げる保険給付の支給調整を行うものとし、支給調整は所定の範囲で行います。

　したがって、対応する保険給付のない精神的損害（慰謝料）及び物的損害等に対する賠償額等については支給調整は行われません。

第1部　労働災害における民事損害賠償の基礎知識

支給調整基準

民事損害賠償の損害項目	支給調整を行う労災保険給付
逸失利益	障害（補償）給付
	遺族（補償）給付
	傷病（補償）年金
	休業（補償）給付
療養費	療養（補償）給付
葬祭費用	葬祭料（葬祭給付）

(注)「障害（補償）給付」は、業務災害についての「障害補償給付」と通勤災害についての「障害給付」の双方を表わす用語です。他の保険給付を表す用語についても同様です。

316

第21章　労災保険の遺族補償給付と民事損害賠償請求権者とが異なる場合の問題点とは

第21章

労災保険の遺族補償給付と民事損害賠償請求権者とが異なる場合の問題点とは

■1　内縁関係にある配偶者への遺族補償給付の控除の可否

(1)　遺族補償給付とは

　労働者が業務上の災害により死亡した場合、その遺族に対して遺族補償給付が行われます。これは、労働者の死亡によってもたらされる被扶養利益の喪失をてん補することを目的としてなされる給付であることから、その対象となる遺族は自ずと一定の範囲に限定されます（労災保険法第16条の2）

(2)　受給資格者、受給権者とは

　遺族補償給付を受けることができる遺族を受給資格者といい、労働者の死亡当時その収入によって生計を維持していた配偶者、子、父母、孫、祖父母及び兄弟姉妹が該当します。しかし、これら受給資格者の全員がそれぞれ同年金を受けられるわけではなく、次の順序により、最先順位者にだけ給付されます。この最先順位者を「受給権者」といいます（同法第16条の2第3項）。

　なお、最先順位者が2人以上あるときは、その全員がそれぞれ受給権者となります。

　　　　第1順位　配偶者（内縁関係にあった者も含まれる）

　　　　第2順位　子

　　　　第3順位　父母

　　　　第4順位　孫

　　　　第5順位　祖父母

第1部　労働災害における民事損害賠償の基礎知識

第6順位　兄弟姉妹

　また、受給権者となる者は、労働者が死亡した当時の最先順位者だけではなく、最先順位者が死亡や再婚（届出をしていないが、事実上婚姻関係と同様の事情にある場合を含む。）等により受給権が消滅（失権）すればその次の順位の者が最先順位者として受給権者になります（同法第16条の4第1項）。これを「転給」といいます。

(3)　**遺族補償給付の受給権者と民法上の相続人とが異なる場合について**

　労働災害により労働者が死亡した場合、民事損害賠償請求権は被災者本人がこれを取得し、その相続人がこれを相続することから、この場合、相続人と民事損害賠償請求権者とは同一になります。

　しかしながら、労災保険の遺族補償給付の受給権者となる配偶者については、内縁の配偶者、すなわち、婚姻の届出をしていなくても事実上婚姻関係と同様の事情にあり、また被災労働者の死亡の当時その者の収入によって生計を維持していた配偶者も含むとしています。

　これに対して民法は、内縁の配偶者については相続権を認めていないため、遺族補償給付の受給権者と民法上の相続人とが異なることとなることから、次の問題が生じることになります。

　たとえば、被災労働者に両親及び内縁の妻がいた場合、この両親は法定相続人として被災労働者の死亡に伴う被災者本人の民事損害賠償請求権を相続し、使用者に対してその請求権を行使することになります。

　しかし内縁の妻は、被災者の相続人ではないため被災者本人の民事損害賠償請求権を行使できないものの、被災労働者の死亡の当時その者の収入によって生計を維持しており、また「事実上婚姻関係と同様の事情にあった者」に該当すると、労災保険の遺族補償給付の受給権者としてその給付を受けることができます。

　したがってこの場合、法的には、法定相続人である被災者の両親に

318

第21章　労災保険の遺族補償給付と民事損害賠償請求権者とが異なる場合の問題点とは

対しては遺族補償が給付されていないため控除の対象にはなりません。

2 遺族補償給付の受給権者でない相続人への控除の可否

(1) 問題の所在について

　被災労働者に妻と2人の子供があった場合、民法によれば法定相続人は、その妻甲と子供2人乙及び丙であり、各人は次のとおり法定相続し、使用者に対して民事損害賠償請求をすることになります。

　　　妻甲　4分の2

　　　子乙　4分の1

　　　子丙　4分の1

　この場合、労災保険の遺族補償給付の受給権者（最先順位者）は妻のみであることから、控除を請求できるのはその妻に対してだけか、あるいは子供2人に対しても控除を請求できるか否かが問題になります。

(2) 控除できる範囲について

　本事例においては、受給権者である妻が遺族補償給付金全額の給付を受けた場合、妻が受けるべき民事損害賠償額に対してのみ労災保険金を控除できるだけです。

　したがって、遺族補償給付額が、妻が相続した民事損害賠償額を超過する場合であっても、その超過額について子供2人に対して更に控除を求めることはできないことになります。

319

第1部　労働災害における民事損害賠償の基礎知識

第22章

労災保険給付の遺族補償年金をもってする損益相殺的調整の対象となるのは「逸失利益の元本」か、それとも「遅延損害金」か等（最高裁大法廷平成27年3月4日判決）

1　損益相殺的調整の対象となるのはなにか

　業務災害により労働者が死傷した場合、被災労働者や遺族は使用者から民事損害賠償を受けるとともに労災保険の給付を受けることができます。この場合、同一の事由により、使用者による損害賠償と労災保険に基づく給付が行われると損害が二重に填補される結果になり不合理であるため、損害賠償額を算定するに当たり、公平の観点から、労災保険により給付を受けた分を差し引くことになります。これが損益相殺といわれるものです。

　フォーカスシステムズ事件最高裁判決（最大平成27年3月4日、労判1114号）においては、被災労働者が不法行為によって死亡した場合における労災保険給付の遺族補償年金について、損害賠償額を算定するに当たり、①その損益相殺的調整の対象とするのは「損害の元本」か、それとも「遅延損害金」か、及び②損害が填補されたと法的に評価されるのはいつか、が争点となりました。

🗖　フォーカスシステムズ事件の概要

　コンピュータとその周辺機器、通信機器等の開発、製造、販売等を業とする会社のシステムエンジニアは、長時間労働、配置転換に伴う業務内容の変化・業務量の増加等の業務に起因する心理的負荷等が極度に蓄積したために精神障害（うつ病及び解離性とん走）を発症し、正常な認識と行為の選択が著しく阻害された状態で、河川敷のベンチ

第22章　労災保険給付の遺族補償年金をもってする損益相殺的調整の対象となるのは「逸失利益の元本」か、それとも「遅延損害金」か等（最高裁大法廷平成27年3月4日判決）

において過度の飲酒行為に及んだためアルコール中毒から心停止に至り死亡（死亡時25歳）したものであるとし、第一審被告に不法行為（使用者責任）に基づく損害賠償責任を認定しました（原告は被災者の父母、第1審・東京地裁平成23年3月7日判決、過失相殺20％、判決認容額5960万円、労旬報1749号／第二審・東京高裁平成24年3月22日判決、使用者に損害賠償を命じた第一審判決を維持、ただし過失相殺30％、判決認容額4386万円、労判1051号）。

しかしながら、遺族補償年金の損益相殺的調整の方法について、第一審判決は、遺族補償年金は遅延損害金から損益相殺的調整をしたのに対して、第二審判決は損害額の元本から損益相殺的調整を行うべきであると判断し、第一審と第二審とで判断が分かれておりました。

その後上告審である最高裁大法廷は、平成27年3月4日、争点①につき、労災保険給付の遺族補償年金が填補の対象とする損害は、被害者の死亡による逸失利益等の消極的損害と同性質、かつ、相互補完性を有する「逸失利益等の消極的損害の元本」との間で損益的調整を行うのが相当であると解するのを相当とする旨判示しました（労判1114号）。

これまでに、遅延損害金と優先的に損益相殺的調整をすべきだとした平成16年最二小判決（平成16年12月20日判決　判タ1173号）と、損害額の元本と損益相殺的調整をすべきだとした平成22年最一小判決（平成22年9月13日判決　判タ1337号）とがありましたが、上記最高裁大法廷判決は、裁判官全員一致の意見により、平成22年最一小判決の判断に統一いたしました。

また、争点②につき、填補の対象となる損害は「不法行為の時」に填補されたものと法的に評価すると判示したことから、被災者・相続人にとって不利に働く面があるなど、損害賠償請求事案における紛争当事者にとって重大な問題になるため、上記最高裁大法廷判決は今後の実務に大きな影響を与えるものと思われます。

321

第1部　労働災害における民事損害賠償の基礎知識

【判示事項】
争点①：
　（労災保険給付の遺族補償年金につき、逸失利益等の消極損害の元本との間で損益相殺的調整を行う）

　　「労災保険法に基づく保険給付は、その制度の趣旨目的に従い、特定の損害について必要額を填補するために支給されるものであり、遺族補償年金は、労働者の死亡による遺族の被扶養利益の喪失を填補することを目的とするものであって（労災保険法1条、16条の2から16条の4まで）、その填補の対象とする損害は、被害者の死亡による逸失利益等の消極損害と同性質であり、かつ、相互補完性があるものと解される。他方、損害の元本に対する遅延損害金に係る債権は、飽くまでも債務者の履行遅滞を理由とする損害賠償債権であるから、遅延損害金を債務者に支払わせることとしている目的は、遺族補償年金の目的とは明らかに異なるものであって、遺族補償年金による填補の対象となる損害が、遅延損害金と同性質であるということも、相互補完性があるということもできない。
　　したがって、被害者が不法行為によって死亡した場合において、その損害賠償請求権を取得した相続人が遺族補償年金の支給を受け、又は支給を受けることが確定したときは、損害賠償額を算定するに当たり、上記の遺族補償年金につき、その填補の対象となる被扶養利益の喪失による損害と同性質であり、かつ、相互補完性を有する逸失利益等の消極損害の元本との間で、損益相殺的な調整を行うべきものと解するのが相当である。」

争点②：
　（損益相殺的な調整をするに当たって、損害が填補されたと評価すべき時期について）
　次いで、被害者が不法行為によって死亡した場合において、遺族補

償年金の填補の対象となる損害は不法行為の時に填補されたものと法的に評価して損益相殺的な調整をする、として次のとおり判示しました。

「被害者が不法行為によって死亡した場合において、その損害賠償請求権を取得した相続人が遺族補償年金の支給を受け、又は支給を受けることが確定したときは、制度の予定するところと異なってその支給が著しく遅滞するなどの特段の事情のない限り、その填補の対象となる損害は不法行為の時に填補されたものと法的に評価して損益相殺的な調整をすることが公平の見地からみて相当であるというべきである（前掲最高裁平成22年9月13日第一小法廷判決等参照）。

上記2の事実関係によれば、本件において上告人らが支給を受け、又は支給を受けることが確定していた遺族補償年金は、その制度の予定するところに従って支給され、又は支給されることが確定したものということができ、その他上記特段の事情もうかがわれないから、その填補の対象となる損害は不法行為の時に填補されたものと法的に評価して損益相殺的な調整をすることが相当である。

(3)以上説示するところに従い、所論引用の当裁判所第二小法廷平成16年12月20日判決は、上記判断と抵触する限度において、これを変更すべきである。」

第1部 労働災害における民事損害賠償の基礎知識

第23章

企業内労災上積補償制度について

1 企業内労災上積補償制度とは

労働者が業務上の災害により、死亡又は負傷したり、あるいは疾病に罹患したとき、被災労働者あるいはその遺族は、労働基準法上の使用者の災害補償責任に基づき労災保険法による保険給付（法定補償）を受けることができます。

しかしこの法定補償では不十分であることから、今日では大手企業を中心に企業内において、労働協約や就業規則によって労災保険給付の法定給付に上積して補償する制度が普及しております。これが企業内労災上積補償制度といわれるものであり、法定外上積補償制度といわれることもあります。

このような企業内労災上積補償制度（以下「上積補償制度」といいます。）を設けることについては、法律上の義務に基づくものではありませんので、企業は自らの判断により、当該制度の内容についても自由に定めることができます。通勤災害についても補償の対象にすることが可能です。

2 どうして上積補償制度を設けるのか

企業が上積補償制度を設ける理由については、一般に、次のようにいわれています。

すなわち、①被災者又はその遺族に対する補償内容を充実させることによって福利厚生の向上をはかり、それによって労使関係を安定化

324

第23章　企業内労災上積補償制度について

させること及び②交通事故や労災事故にみるように、損害賠償額が高額化している等の現状に対応するための制度としてその支払原資を確保すること等が、上積補償制度を設ける理由とされています。

3　上積補償制度と示談との関係は

　使用者は、上積補償をしたからといって損害賠償責任を免れることはありません。算定した客観的損害額が、労災保険給付額と上積補償額との合計額より多額である場合には、その差額分について損害賠償責任を負うことになるからです。

　これを回避するために使用者は、「上積補償は、示談契約を締結したときに給付する」旨の規定を設けて被災者から損害賠償請求の訴えを提起するのを抑止しようとしますが、被災者は、この規定は被災労働者に示談を義務付けるものではないため、損害額が上積補償額及び労災保険給付額の合計額より高額になる場合については、示談をあきらめて訴えを提起することになるでしょう。

4　大手企業における上積補償の水準はどうなっているか―死亡及び死亡と同視し得る重度障害に対して3,000万円台

　「鉄鋼」、「自動車」、「電機」の各産業及び「運輸業」における労災上積補償の水準についてみると、後掲の別表1「企業内労災上積補償の水準」のとおり、死亡に対する遺族補償額は3,000万円台が中心であり、当該遺族補償額は、死亡と同視し得る重度障害（障害補償等級第1級から第3級）に対する障害補償額とほぼ同様の水準にあることがわかります。

　また、被災労働者の退職と非退職、及び扶養者の有無によって、その支給額に差を設けたり、障害等級ごとに一律○○○○万円と定める企業もあります。

　こうした補償水準は、自動車損害賠償責任保険における死亡支払限

325

第1部　労働災害における民事損害賠償の基礎知識

度額である3,000万円（巻末資料2参照（483頁））を若干ですが超えるものであり、労働災害の損害賠償請求訴訟において使用者に対して高額の賠償を命じる判決がでるなどの現状を考慮すると、企業としてその対応を講じておく必要があり、損害賠償額支払いによる負担から労災倒産になるような事態は回避しなければなりません。

労働災害においても交通事故と同様、その損害賠償額が高額化していることから、これに対応する手段として企業では、民間の保険会社が提供する保険等を活用して支払原資の確保を図っています。

次に、「紙・パルプ」の産業に属する企業についてみると、被災労働者の補償金を算定するにあたり、その算定基礎として、平均賃金の「0000日分（00ヵ月）」や「基準内賃金×00ヶ月」を加算する事例があります。

5　上積補償規定を定めるときに注意すべきこと

(1)　上積補償の受給権者について

労災保険は、遺族補償年金の受給資格者となり得る者について、労働者の死亡当時その収入によって生計を維持していた「配偶者、子、父母、孫、祖父母及び兄弟姉妹」の順位によるものとし、死亡労働者との親疎に応じて受給順位を定めています。そして配偶者については、内縁関係にあった者（婚姻届出をしていなくても事実上婚姻関係と同様の事情にあった者）も含まれるとしています（労災保険法第16条の2）。

これは民法における法定相続人の順位と異なるものであり、同法は内縁関係にある者は相続人としていないことから、上積補償制度における受給権者を労災保険と同じ扱いにした場合、次のような問題が生じます。

すなわち、内縁の妻に上積補償金を給付した後に、民法の法定相続人である子供から損害賠償請求訴訟を提起されたと想定した場合、子

供の損害賠償額から内縁の妻に給付した上積補償金を控除できるわけでもないことから、別途、法定相続人から損害賠償の請求を受けるなど二重払いの危険が生じることになります。

以上のことから、上積補償金の受給権者を定める際には、誰を受給権者とし、またその順位についても検討しなければなりません。

(2) 損害賠償額からの上積補償額の控除・非控除について

労働災害により労働者が死傷し、企業に過失があれば損害賠償をしなければなりませんが、上積補償金を当該損害賠償額から控除できるか否かについては、上積補償金の性格をどのように定めるかによって結論が違ってきます。生活保障的なものとしてとらえると控除することが難しくなるのに対して、損害のてん補である旨を明確にすれば控除することができます。

そこで、上積補償金の損害賠償額から控除することの可否についての紛争を未然に防止する観点から、労働協約や就業規則に「使用者は、上積補償金を支給することによって、その価額の限度で同一事由につき、被災労働者又はその遺族に対する損害賠償責任を免れる。」旨規定しておくなどの措置が必要となり、また、使用者はそのことを労働者に周知する必要があります。

(3) 上積補償と労災保険給付との関係について

行政解釈において上積補償は、労災保険給付に上積みを図るものであるとして、上積補償がなされたからといって、原則として支給調整は行わないとされています（昭和56年10月30日基発第696号）。

(4) 損害賠償請求権放棄条項について

上積補償を受領することによって企業に対する損害賠償請求権を放棄する旨の条項があったとしても、上積補償額が不当に低額であった場合については、公序良俗違反（民法第90条）として無効と扱われることもあり得ます。

(5) その他注意点について

第 1 部　労働災害における民事損害賠償の基礎知識

　　a．障害等級の認定を行うにあたり、会社が指定する医師の診断
　　　を受けることを条件とするかどうか。
　　b．上積補償規定の解釈・運用について紛争が生じたとき、その
　　　紛争を解決する手続をどのようにするのか。

別表1 「企業内労災上積補償の水準」

【鉄鋼】 （2017年7月現在）

●資料提供／基幹労連

［単位＝万円］

組合名	死亡	退職区分	障 害 補 償													
			1級	2級	3級	4級	5級	6級	7級	8級	9級	10級	11級	12級	13級	14級
新 日 鐵住金	3,400	退職	3,400	3,400	3,400											
		非退職				1,350	1,160	980	820	590	460	360	260	190	130	90
JFEス チール	3,400	退職	3,400	3,400	3,400	1,350	1,160	980	820	590	460	360	260	190	130	90
		非退職	1,540	1,540	1,540	1,350	1,160	980	820	590	460	360	260	190	130	90
神 戸 製鋼所	3,400	退職	3,400	3,400	3,400											
		非退職	1,350	1,350	1,350	1,350	1,160	980	820	590	460	360	260	190	130	90
日 新 製 鋼	3,400	退職	3,400	3,400	3,400	1,350	1,160	980	820	590	460	360	260	190	130	90
		非退職	1,350	1,350	1,350	1,350	1,160	980	820	590	460	360	260	190	130	90

第1部　労働災害における民事損害賠償の基礎知識

【自動車】（2017年12月現在）

●資料提供／自動車総連

[（　）内は単身者の場合、単位＝万円]

組合名	遺族補償	退職区分	障害補償													
			1級	2級	3級	4級	5級	6級	7級	8級	9級	10級	11級	12級	13級	14級
トヨタ自動車	3,500以上	退職	1,200+1,380日(3,500を下回らない)			760+920日	600+730日	500+630日	400+530日	215+240日	160+200日	115+155日	80+115日	55+85日	40+60日	25+40日
		非退職	580+600日	520+550日	475+495日	420+445日	360+400日	315+345日	260+295日							
日産自動車	3,400(2,900)	退職	3,400(2,900)	3,400(2,900)	3,400(2,900)	1,800(1,350)	1,500(1,130)	1,300(980)	1,100(830)	350	250	200	150	100	80	50
		非退職	1,500	1,500	1,500	1,100	900	800	600							
本田技研	3,500(3,000)	退職						570	475	380	300	225	165	115	75	65
		非退職	1,510	1,510	1,510	980	830									
三菱自工	3,400(2,800)	退職	3,400(2,800)	3,400(2,800)	3,400(2,800)	800	700	600	500	320	240	190	130	100	80	50
		非退職	1,300	1,300	1,300											
マツダ	3,400(3,000)	退職	3,400(3,000)	3,200(3,000)	3,200(3,000)	1,500(1,300)	1,200(1,000)	900(700)	750(600)	300	200	150	120	90	60	40
		非退職	1,100	1,100	1,100	700	600	500	400							
ダイハツ	3,400	退職	3,400	3,400	3,400	1,670	1,410	1,060	880	330	250	190	140		70	50
		非退職	1,320	1,320	1,320	820	690	580	470							
スバル	3,400(2,700)	退職	3,400(2,700)	3,400(2,700)	3,400(2,700)	1,470	1,260	1,070	900	720	560	430	320	220	140	100
		非退職	1,440	1,440	1,440	735	630	535	450	360	280	215	160	110	70	50
スズキ	3,400	退職	3,400	3,400	3,400	1,400	1,200	1,000	700	210	150	110	80	60	50	40
		非退職	1,200	1,200	1,200	700	600	500	350							
いすゞ自動車	3,400	退職	3,400	3,400	3,400	1,600	1,300	1,000	900	320	240	190	130	100	80	60
		非退職	1,300	1,300	1,300	800	700	600	500							
日野	3,400	退職	3,400	3,400	3,400	1,500	1,300	1,100	900	300	250	200	150	100	70	40
		非退職	1,300	1,200	1,100	700	600	500	400							
ヤマハ発動機	3,400	退職	3,400	3,400	3,400	1,800	1,500	1,300	1,100	350	250	200	150	100	80	50
		非退職	1,500	1,500	1,500	1,100	900	800	600							

【電機】 （2017年10月現在）

●資料提供／電機労連

[（　）内は無扶養者の場合、単位＝万円]

	遺族補償	退職区分	障害補償 1級	2級	3級	4級	5級	6級	7級	8級	9級	10級	11級	12級	13級	14級
パナソニックグループ労連	10年以上2,320 3年以上2,220 3年未満2,120 +1,000日 ＜最低3,400＞	区分なし	2,320+1,000日	2,040+900日	1,760+800日 ＜最低3,400＞	1,480+700日	1,245+600日	1,030+500日	840+400日	670+320日	515+250日	395+200日	290+160日	200+120日	155+80日	90+40日
日立グループ連合・日立製作所	3,400 (3,200)	退職	3,400 (3,200)													
		非退職	3,000			2,100	1,660	1,360	1,070	760	580	430	300	220	150	110
東芝グループ連合・東芝	3,400 (3,200)	退職	3,400 (3,200)													
		非退職	3,000			2,100	1,660	1,360	1,070	760	580	430	300	220	150	110
全富士通労連・富士通	3,400 (3,200)	退職	3,400 (3,200)			3,200 (3,000)										
		非退職	3,000			2,100	1,660	1,360	1,070	760	580	430	300	220	150	110
NECグループ連合・日本電気	3,400 (3,200)	退職	3,400 (3,200)			3,200 (3,000)										
		非退職	3,000			2,100	1,660	1,360	1,070	760	580	430	300	220	150	110
三菱電機労連・三菱電機	3,400 (3,200) +1,340日	非退職	3,400 (3,200)			1,455	1,110	890	680	520	395	290	195	145	105	85
		退職	+1,340日	+1,190日	+1,050日	+1,380日	+1,185日	+1,005日	+840日	+675日	+525日	+405日	+300日	+210日	+135日	+75日
シャープグループ労連・シャープ	10年以上2,320 3年以上2,220 3年未満2,120 +1,000日 ＜最低3,400＞	区分なし	2,320+1,000日	2,040+900日	1,760+800日 ＜最低3,400＞	1,480+700日	1,245+600日	1,030+500日	840+400日	670+320日	515+250日	395+200日	290+160日	200+120日	155+80日	90+40日
富士電機グループ連合・富士電機	3,400 (3,200)	退職	3,400 (3,200)													
		非退職	3,000			2,100	1,660	1,360	1,070	760	580	430	300	220	150	110
村田製作所労連・村田製作所	3,400 (3,200)	退職	3,400 (3,200)													
		非退職	3,000	2,660	2,400	1,670	1,290	1,070	900	660	520	410	290	200	150	130
OKIグループ連合・沖電気	3,400 (3,200)	退職	3,400 (3,200)													
		非退職	3,000			2,100	1,660	1,360	1,070	760	580	430	300	220	150	110
※パイオニア労連・パイオニア	2,320+30カ月 ＜最低、有扶：3,500、無扶：3,300＞	退職	2,320+30カ月＜最低、有扶：3,500、無扶：3,300＞			※参照										
		非退職	3,300	2,930	2,590	2,270	1,950	1,650	1,380	1,100	870	670	500	350	230	130
安川グループユニオン・安川電機	3,400	退職	3,400			「非退職」区分の金額+1,200										
		非退職	3,400			2,100	1,660	1,360	1,070	760	580	430	300	220	150	110
明電舎	2,330+800日 ＜最低3,400＞	区分なし	2,330+800日 ＜最低3,400＞			2,090	1,650	1,350	1,070	760	580	430	300	220	150	110

※ パイオニア労連・パイオニアの「退職」区分の障害等級4級は、2,120＋26カ月＜最低、有扶：3,300、無扶：3,100＞。

第1部　労働災害における民事損害賠償の基礎知識

【運輸】　（2017年6月現在）

●資料提供／運輸労連

［単位＝万円］

単組名	死亡	障　害　補　償													
		1級	2級	3級	4級	5級	6級	7級	8級	9級	10級	11級	12級	13級	14級
全日通	3,000	3,000	3,000	3,000	990	810	665	525	350	270	210	155	125	100	80
ヤマト運輸	3,000	3,000	3,000	3,000	2,000	1,700	1,400	1,100	900	700	500	350	250	150	90
トナミ運輸	2,900	2,900	2,900	2,900	1,150	988	838	700	563	438	338	250	175	113	63
セイノースーパーエクスプレス	3,000	3,000	3,000	3,000	1,125	870	750	625	495	380	315	255	205	150	100
名鉄運輸	2,800	2,800	2,800	2,800	1,000	840	700	520	340	280	220	180	160	130	120
丸全昭和運輸	3,000	3,000	3,000	3,000	1,300	1,070	870	710	500	380	300	230	175	125	95
全新潟運輸	2,200	2,200	2,200	2,200	699	545	467	344	236	159	112	81	66	58	50
日立物流	3,400	3,000	3,000	3,000	2,100	1,660	1,360	1,070	760	580	430	300	220	150	110
札幌通運	2,700	2,400	2,400	2,400	1,100	850	700	560	500	400	310	230	180	130	80
日通トランスポート	3,000	3,000	3,000	3,000	990	810	665	525	350	270	210	155	125	100	80
愛知陸運	2,890	2,023	2,023	2,023	1,396	1,194	1,012	850	688	526	405	303	202	142	110
エスラインギフ	2,570	2,528	2,550	2,570	706	590	503	426	310	260	216	173	137	103	89

＜備考＞

単組名	相殺規定	退職加算	扶養者減額
全日通	○		×
ヤマト運輸	○	×	×
トナミ運輸	○	○	×
セイノースーパーエクスプレス	×	×	×
名鉄運輸	×	×	×
丸全昭和運輸	○	×	×
全新潟運輸	×	×	×
日立物流	○	○	○
札幌運輸	○	×	×
日通トランスポート	×	×	×
愛知陸運	×	○	×
エスラインギフ	○	×	×

【紙・パルプ】（2017年11月現在）

●資料提供／紙パ連合

［単位＝万円］

組合名	遺族補償(含特別慶弔金)	区分	障害補償 1級	2級	3級	4級	5級	6級	7級	8級	9級	10級	11級	12級	13級	14級
日本製紙	最高2,800+基準内賃金の12カ月分	退職	(2,800+基準内賃金の12カ月分を基準)±20%			労働基準法上の法定障害補償の100%相当額										
		非退職	労働基準法上の法定障害補償の50%相当額													
レンゴー	2,400+基準内賃金×24カ月	退職	2,400+基準内賃金24カ月分			1,700	1,500	1,300	1,100							
		引き続き就労	1,500			850	750	650	550	380	330	280	230	180	130	80
王子製紙新	2,500+基礎額27カ月分		1,410	1,260	1,110	970	840	710	590	480	370	290	210	150	100	60
王子マテリア	2,000+36カ月		910													40
北越紀州製紙	※1		死亡(※1)と同じ						448日分							40日分
三菱製紙	※2 平均賃金1,300日分+1,600		1,500	1,400	1,300				500							50

※1　北越紀州製紙の遺族補償（含特別慶弔金）は、「世帯主　2,400＋基準内賃金24カ月以内」、「非世帯主 1,800＋基準内賃金24カ月以内」となる。

※2　三菱製紙の遺族補償（含特別慶弔金）は、「扶養親族のある者および同居家族を有する世帯主」以外 の者の場合は、「平均賃金1,300日分＋1,100」となる。

組合名	遺族補償(含特別慶弔金)	区分	障害補償 1級	2級	3級	4級	5級	6級	7級	8級	9級	10級	11級	12級	13級	14級
王子エフテックス	有家族3,000		有家族3,000						有家族500							有家族50
	無家族2,000		無家族2,000						無家族500							無家族50
特種東海製紙	2,000+基礎額36カ月分		2,000+基準内賃金36カ月分			600+基準内賃金15カ月分	495+基準内賃金13カ月分	420+基準内賃金11カ月分	335+基準内賃金9カ月分	270+基準内賃金7カ月分	215+基準内賃金5カ月分	170+基準内賃金3カ月分	80	55	35	25
中越パルプ	2,400+基準内賃金×24カ月		2,400+基準内賃金×24カ月			340	310	280	250	220	190	160	130	100	70	40
丸住製紙新	1,300+平均賃金1,000日分		平均賃金1,000日分+1,300						平均賃金400日分+40							30
王子イメージングメディア	2,500+基礎額の27カ月		障害等級に応じて支給													
ニッポン高度紙	※3		1,500			800	700	600	500	400	300	200	100	60	40	20

※3　ニッポン高度紙の遺族補償（含特別慶弔金）は、「（本人の所定内賃金×24カ月）＋2,500（見舞金）」 となる。

第1部　労働災害における民事損害賠償の基礎知識

組合名	遺族補償（含特別慶弔金）	区分	障害補償													
			1級	2級	3級	4級	5級	6級	7級	8級	9級	10級	11級	12級	13級	14級
南 光 運 輸	※4		313日分の年金	277日分の年金	245日分の年金	213日分の年金	184日分の年金	156日分の年金	131日分の年金	503日分の一時金	391日分の一時金	302日分の一時金	223日分の一時金	156日分の一時金	101日分の一時金	56日分の一時金
巴川製紙所	2,300 ＋24カ月 （2,100 ＋24カ月）		1,000	950	900	600	500	400	350	250	200	150	110	80	60	40
日 本 製 紙 パ ビ リ ア	2,800 平均賃金 12カ月	退職	2,800＋ 基準内賃金12カ月		労働基準法の障害補償額×100%												
		非退職	2,000		労働基準法の障害補償額×50%												

※4　南光運輸の遺族補償（含特別慶弔金）は、「従業員が業務上死亡した場合は遺族または従業員の死亡当時その収入によって生計を維持した者に対し、遺族補償として年金または一時金を支給する」となる。

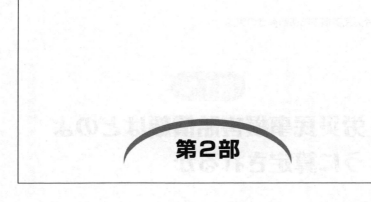

第2部

労災民事損害賠償額算定の実際

第2部　労災民事損害賠償額算定の実際

第1章

労災民事損害賠償額はどのように算定されるか

■1　民事上の損害賠償だけでなく労災保険給付との関係についても考慮

　これまでに説明してきましたように、労働者が業務上負傷し又は疾病にかかるなど、労働災害をこうむったときは、当該労働災害に対して使用者に帰責事由（故意・過失）があれば、被災者又はその遺族は、使用者に対して、

　　①不法行為責任（民法第709条）

　　②使用者責任（民法第715条）

　　③注文者責任（民法第716条）

　　④工作物責任（民法第717条）

　　⑤債務不履行責任（民法第415条）

等の責任を追及して民事上の損害賠償を求めることができます。

　しかし損害賠償額を具体的に算定するにあたっては、上記民事上の損害賠償だけでなく、労災保険給付との関係についても考慮する必要があります。すなわち、労働者が労働災害で被災したときは労災保険給付がなされ、その場合使用者は、労働基準法上の災害補償責任を免れ、同一の事由については、給付の限度で民事上の損害賠償責任を免れることになります。

第1章　労災民事損害賠償額はどのように算定されるか

> **労基法第84条（他の法律との関係）**
>
> 1　この法律に規定する災害補償の事由について、労働者災害補償保険法（昭和22年法律第50号）又は厚生労働省令で指定する法令に基づいてこの法律の災害補償に相当する給付が行われるべきものである場合においては、使用者は、補償の責を免れる。
>
> 2　使用者は、この法律による補償を行った場合においては、同一の事由については、その価額の限度において民法による損害賠償の責を免れる。

　そのため、民事上の損害賠償と労災保険給付とが併存することにより両者の調整をめぐって、

①　同一の事由により労災保険給付に加え、自賠責保険や社会保険等から給付を受けたときに損益相殺することの可否

②　労災保険特別支給金の損害額からの控除の可否

③　将来支給される予定の労災年金給付額を損益相殺することの可否

④　損害額からの労災保険給付額の損益相殺と過失相殺との先後関係

等について重要な論点がありますが、示談交渉を円滑に進めるには、労働災害において損害賠償額がどのように算定されているか、また損害額の算定基準がどのようになっているか等について理解することが大切です。

　そこで、次に基本的な損害賠償額の算定方法について説明します。

2　労働災害による損害の区分

　損害を大きく2つに分けると、財産的損害と精神的損害とがありますが、前者はさらに積極的損害と消極的損害とに区分されます。

337

第2部　労災民事損害賠償額算定の実際

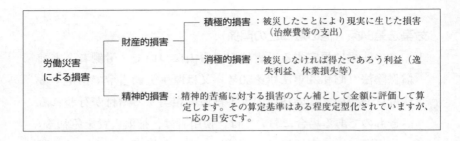

3　労働災害により死亡あるいは受傷した場合の損害賠償額の基本算定式

実務においては、損害賠償をめぐる紛争を適正妥当にかつ迅速に処理する必要から、損害額算定方法が定型化されており、死亡及び受傷した場合の基本算定式を示すと次のとおりです。

(1) 死亡した場合の損害賠償額の基本算定式

> 損害賠償額＝｛(治療関係費＋逸失利益（基礎収入額×（1－生活費控除率）×就労可能年数に対応するライプニッツ係数）＋死亡に対する慰謝料＋葬祭関係費用）×（1－過失相殺率)｝－既受領分労災保険等給付金

(2) 受傷したが完治した場合の損害賠償額の基本算定式（後遺障害なし）

> 損害賠償額＝（治療関係費＋休業損害＋治療に対する慰謝料）×（1－過失相殺率）－既受領分労災保険等給付金

(3) 受傷して治療したが後遺障害を残した場合の損害賠償額の基本算定式

第1章　労災民事損害賠償額はどのように算定されるか

損害賠償額＝　{(治療関係費＋休業損害＋治療に対する慰謝料)
＋逸失利益（基礎収入額×労働能力喪失率×就労可能年数に
対応するライプニッツ係数＋後遺障害に対する慰謝料)}　×（１
－過失相殺率）－既受領分労災保険等給付金

　各々の項目の内容について次に説明します。ここでは、損害額の算
定基準については、「2018民事交通事故訴訟損害賠償額算定基準」（通
称「赤い本」）の上巻（基準編）を参考にして説明します。

4　積極的損害の主な対象項目

　積極的損害とは、被災したことにより現実に生じた損害のことをい
います。

(1)　治療関係費

(1)－１　**治療費**－必要かつ相当な実費全額。ただし、必要性、相
当性がないときは、過剰診療、高額療養として否定されるとき
があります。労働災害の場合、労災保険から療養補償給付等が
なされるため、一般的には民事裁判において損害賠償請求の対
象としない場合が多々あります。

(1)－２　**付添看護費**

①入院付添費

　医師の指示又は受傷の程度、被害者の年齢等により必要があ
れば職業付添人の部分には実費全額、近親者付添人は１日につ
き6,500円が被害者本人の損害として認められます。症状の程度
により１割から３割の範囲で増額を考慮することがあります。

②通院付添費

　症状等により必要とされる場合には、被害者本人の損害とし
て肯定され、１日あたり3,300円。ただし、事情に応じて増額を

339

考慮することがあります。

③将来の介護費

　医師の指示又は症状の程度により必要に応じて被災者本人の損害として認められる場合があります。職業付添人は実費全額、近親者付添人は1日につき8,000円。ただし、具体的看護の状況により増減することがあります。

(1)－3　**諸雑費**－入院中に日用品の支出を余儀なくされる場合が多くありますが、その諸雑費として1日につき1,500円。

(1)－4　**通院交通費・宿泊費等**－症状等によりタクシー利用が相当とされる場合以外は、電車、バスの料金。自家用車を利用した場合は実費相当額。なお、看護のための近親者の交通費も被害者本人の損害として認められる場合があります。

(1)－5　**医師等への謝礼**－社会通念上相当なものであれば、損害として認められる場合があるようです。

(2)　**葬儀関係費用**－葬儀費用は原則として150万円。ただし、これを下回る場合は、実際に支出した金額。香典については損益相殺をせず、香典返しは損害と認めないとしています。

　しかし現実には、労災保険から療養補償給付や葬祭料等の給付を受けることにより、てん補されることになる場合が多くあります。

　なお、上記以外に次の費用については、その必要性、妥当性の範囲で認められることがあります。

(3)　**装具・器具等購入費**

　必要に応じて認められます。

　義歯、義眼、義手、義足、その他相当期間で交換の必要があるものは将来の費用も原則として認められます。

(4)　**家屋・自動車等改造費、調度品購入費**

　被害者の受傷の内容、後遺症の程度・内容を具体的に検討し、

第1章　労災民事損害賠償額はどのように算定されるか

必要性が認められれば相当額が認められます。

(5)　**弁護士費用**－損害認容額の10％程度を事故と相当因果関係がある損害として加害者に負担させており、実際に支払った金額ではありません。

　　ところで、民事訴訟法では弁護士強制制度を採用していないことから、訴訟手続において、損害賠償として弁護士費用を請求できるか否かが問題となります。

　　不法行為による損害賠償請求をするために訴訟追行を弁護士に委任した場合には、相当額の弁護士費用を請求することができるとするのが確立した判例でしたが、下記の最高裁判決は、安全配慮義務違反を理由とする債務不履行に基づく損害賠償請求の場合ですが、被災労働者が主張立証すべき事実は、不法行為に基づく損害賠償請求の場合であってもほとんど変わることがないとして弁護士費用の請求を認容しました。

　　実務上参考になると思われるので紹介します。

プレス機械操作被災事件
（最高裁第二小法廷　平成24年2月24日判決、判時2144号）
事故態様：屑類製鋼原料の売買等を目的とする会社（被上告人）の工場に設置されていた400tプレス機械を操作し、チタン材のプレス作業に従事していた作業員（上告人）が、本件プレス機に両手を挟まれ、両手の親指を除く各四指を失った。

判示事項のポイント：
①　弁護士費用は安全配慮義務違反と相当因果関係に立つ損害である。
②　被災労働者が主張立証すべき事実は、安全配慮義務違反を理由とする債務不履行に基づく損害賠償を請求する場合、弁護士に委任しなければ主張立証を尽くすことができないという点は、不法行為に基づく

341

第2部　労災民事損害賠償額算定の実際

損害賠償請求訴訟の場合と変わるところがないとして弁護士費用の請求を認容する。

判示事項：

「労働者が、就労中の事故等につき、使用者に対し、その安全配慮義務違反を理由とする債務不履行に基づく損害賠償を請求する場合には、不法行為に基づく損害賠償を請求する場合と同様、その労働者において、具体的事案に応じ、損害の発生及びその額のみならず、使用者の安全配慮義務の内容を特定し、かつ、義務違反に該当する事実を主張立証する責任を負うのであって（最高裁昭和54年（オ）第903号同56年2月16日第二小法廷判決・民集35巻1号56頁参照）、労働者が主張立証すべき事実は、不法行為に基づく損害賠償を請求する場合とほとんど変わるところがない。そうすると、使用者の安全配慮義務違反を理由とする債務不履行に基づく損害賠償請求権は、労働者がこれを訴訟上行使するためには弁護士に委任しなければ十分な訴訟活動をすることが困難な類型に属する請求権であるということができる。

　したがって、労働者が、使用者の安全配慮義務違反を理由とする債務不履行に基づく損害賠償を請求するため訴えを提起することを余儀なくされ、訴訟追行を弁護士に委任した場合には、その弁護士費用は、事案の難易、請求額、認容された額その他諸般の事情を斟酌して相当と認められる額の範囲内のものに限り、上記安全配慮義務違反と相当因果関係に立つ損害というべきである（最高裁昭和41年（オ）第280号同44年2月27日第一小法廷判決・民集23巻2号441頁参照）。」

5　消極的損害の主な対象項目

(1)　**逸失利益**－被災しなければ得たであろう利益のことであり、基本的に次の算定式で算出します。

　　　■死亡した場合

第1章　労災民事損害賠償額はどのように算定されるか

> 基礎収入額×（1－生活費控除率）×就労可能年数に
> 対するライプニッツ係数＝逸失利益現価

① **基礎収入額** － 給与所得者は原則として事故前1年間の収入額を基礎として算出します。しかし、その者の現実の収入が賃金センサスの平均額（学歴計あるいは学歴別の男女別平均賃金）以下になるときは、その平均額が得られる蓋然性があればそれが認められる場合があります。

② **労働能力喪失率** － 労働能力の低下の程度については、巻末資料8（501頁）を参考にして、被災者の職業、年齢、性別、後遺症の部位、程度等を総合的に判断して評価します。

③ **生活費控除率** － 被災者が死亡した場合には、同人の生活費は当然不要になるため損害額から控除することになります。

　　一家の支柱：被扶養者1人の場合は40％

　　　　　　　　　被扶養者2人以上の場合は30％

　　女性（主婦、独身等）：30％

　　男性（独身等）：50％（巻末資料12）（509頁）

④ **就労可能年数** － 原則として67歳まで就労可能とし、67歳を超える者について、簡易生命表（巻末資料10及び11）（503、506頁）の平均余命の2分の1とします。67歳までの就労可能年数が平均余命の2分の1より短くなる者については、平均余命の2分の1とされています。

⑤ **中間利息の控除** － 中間利息控除は、年5％の割合で控除します。計算方式は、原則としてライプニッツ係数によります。将来の逸失利益は一時金で取得するため、たとえば67歳のときに受け取るものを現時点で受け取る以上、67歳までの中間利息を控除することになります。その控除方法としてライプニッツ方

343

第2部　労災民事損害賠償額算定の実際

式とホフマン方式とがあり、東京地裁では原則としてライプニッツ方式を採用し、大阪地裁と名古屋地裁では原則としてホフマン方式を採用してきましたが、東京、大阪、名古屋の各地裁の民事交通部の部長（総括判事）が共同で、特段の事情のない限り、年5分の割合によるライプニッツ方式を採用する旨「共同提言」（平成11年11月）がなされました（平成12年1月1日以後に口頭弁論を終結した事件つき同日から実施）。その後裁判実務においてはライプニッツ方式に統一されたといってよい状況にあります。

■後遺障害が残った場合

> 基礎収入額×労働能力喪失率×就労可能年数に対する
> ライプニッツ係数＝逸失利益現価
> ※この場合、生活費は控除されません。

後遺障害による逸失利益を算定する場合には、次の各事項について検討します。

(a) 基礎収入額（内容については上記のとおり）。

(b) 労働能力喪失率（内容については上記のとおり）。

(e) 中間利息の控除（内容については上記のとおり）。

(f) 労働能力喪失期間の始期及び終期 – 始期は症状固定日。終期は、原則として67歳まで。症状固定時から67歳までの年数が平均余命の2分の1より短くなる高齢者の労働能力喪失期間は、原則として平均余命の2分の1とします。ただし、終期については、職種、地位、健康状態、能力等により原則と異なる判断がされる場合があります。

(2) **休業損害** – 被災したために働くことができずに減少した損害のことですが、事故前の収入を基礎として受傷により休業したこと

344

第1章　労災民事損害賠償額はどのように算定されるか

による現実の収入減が対象になります。ただし、有給休暇を利用した場合は、現実に収入減がなくても休業損害として認められる場合があります。

　　基本的な算定方法　事故前1日あたりの収入に休業日数を乗じて計算

　　給与所得者の場合
　　(a)　事故前3か月間に得た収入額から平均日額又は月額を計算し、これに休業日数を乗じて計算
　　(b)　季節によって収入が変化する場合については、1年間の収入を365日で割って、1日あたりの平均賃金を算出し、これに休業日数を乗じて計算

⑥　慰謝料額算定の基準は

　慰謝料とは、被災者本人又は遺族がこうむった精神的苦痛に対して支払われるものです。

(1)　**死亡の場合**－被災者側に過失がないことを基準として、
　　　一家の支柱　2,800万円
　　　母親・配偶者　2,500万円
　　　その他　2,000万円～2,500万円
　　　ただし、具体的な斟酌事由により増減額する場合があり、一応の目安です。（巻末資料3）（484頁）

(2)　**受傷の場合**－巻末資料4（485頁）の入・通院慰謝料を目安として算定します。

(3)　**後遺症が認められる場合**－被災者側に過失がないことを基準として、障害等級ごとに巻末資料3（484頁）の後遺症慰謝料を目安として算出します。ただし、この慰謝料の基準は絶対的なものではなく諸事情を考慮して増減額する場合もあり、一応の目安です。

345

第2部　労災民事損害賠償額算定の実際

7　損益相殺とは

　業務災害により労働者が死傷した場合、加害者から民事上の損害賠償金を受領するだけでなく、労災保険、自賠責保険及び厚生年金保険等から一定の給付を受ける場合があります。当該給付が損害のてん補を目的としている場合には、公平の見地から、同一の事由により二重に給付を受けることになり不合理であることから、損害額から当該給付額を控除することになります。これを損益相殺といいます。

(1)　損害賠償額から控除されるもの

　①　受領済みの自賠責損害賠償額

　　　被害者請求により自賠責保険会社から損害賠償金が支払われた場合、加害者は損害賠償義務の負担がなくなった状態として扱われると規定（自賠法第16条3項）されていることから、自賠責保険の損害額の支払いは損益相殺の対象となると考えられています。

　②　受領済みの年金等

ア　寒川・森島事件（最高裁大法廷　平成5年3月24日判決、判タ853号）

　　遺族年金－地方公務員等共済組合法（昭和60年法律第108号による改正前のもの）

> 判示事項のポイント：
>
> 　現実に支給を受けることが確定した遺族年金は、現実に履行された場合と同視し得る程度にその存続が確実であるということができることから、支給を受けることが確定した遺族年金の額の限度額で損益相殺の対象をする。

判示事項：

「一1　不法行為に基づく損害賠償制度には、被害者に生じた現実の

損害を金銭的に評価し、加害者にこれを賠償させることにより、被害者が被った不利益を補てんして、不法行為がなかったときの状態に回復させることを目的とするものである。

2　被害者が不法行為によって損害を被ると同時に、同一の原因によって利益を受ける場合には、損害と利益との間に同質性がある限り、公平の見地から、その利益の額を被害者が加害者に対して賠償を求める損害額から控除することによって損益相殺的な調整を図る必要があり、また、被害者が不法行為によって死亡し、その損害賠償請求権を取得した相続人が不法行為と同一の原因によって利益を受ける場合にも、右の損益相殺的な調整を図ることが必要なときがあり得る。このような調整は、前記の不法行為に基づく損害賠償制度の目的から考えると、被害者又はその相続人の受ける利益によって被害者に生じた損害が現実に補てんされたということができる範囲に限られるべきである。

3　ところで、不法行為と同一の原因によって被害者又はその相続人が第三者に対する債権を取得した場合には、当該債権を取得したということだけから右の損益相殺的な調整をすることは、原則として許されないものといわなければならない。けだし、債権には、程度の差こそあれ、履行の不確実性を伴うことが避けられず、現実に履行されることが常に確実であるということはできない上、特に当該債権が将来にわたって継続的に履行されることを内容とするもので、その存続自体についても不確実性を伴うものであるような場合には、当該債権を取得したということだけでは、これによって被害者に生じた損害が現実に補てんされたものということができないからである。

4　したがって、被害者又はその相続人が取得した債権につき、損益相殺的な調整を図ることが許されるのは、当該債権が現実

第2部　労災民事損害賠償額算定の実際

に履行された場合又はこれと同視し得る程度にその存続及び履行が確実であるということができる場合に限られるものというべきである。

二1　法の規定する退職年金及び遺族年金は、本人及びその退職又は死亡の当時その者が直接扶養する者のその後における適当な生活の維持を図ることを目的とする地方公務員法所定の退職年金に関する制度に基づく給付であって、その目的及び機能において、両者が同質性を有することは明らかである。そして、給付義務を負う者が共済組合であることに照らせば、遺族年金については、その履行の不確実性を問題とすべき余地はないということができる。しかし、法の規定によれば、退職年金の受給者の相続人が遺族年金の受給権を取得した場合においても、その者の婚姻あるいは死亡などによって遺族年金の受給権の喪失が予定されているのであるから（法96条）、既に支給を受けることが確定した遺族年金については、現実に履行された場合と同視し得る程度にその存続が確実であるということができるけれども、支給を受けることがいまだ確定していない遺族年金については、右の程度にその存続が確実であるということはできない。

2　退職年金を受給していた者が不法行為によって死亡した場合には、相続人は、加害者に対し、退職年金の受給者が生存していればその平均余命期間に受給することができた退職年金の現在額を同人の損害として、その賠償を求めることができる。

　　この場合において、右の相続人のうちに、退職年金の受給者の死亡を原因として、遺族年金の受給権を取得した者があるときは、遺族年金の支給を受けるべき者につき、支給を受けることが確定した遺族年金の額の限度で、その者が加害者に対して賠償を求め得る損害額からこれを控除すべきものである。」

第1章　労災民事損害賠償額はどのように算定されるか

イ　肥後銀行事件（熊本地裁　平成26年10月17日判決、労判1108号）

遺族年金（口頭弁論終結日までの受領分）－被告会社の遺族年金規定

判示事項のポイント：

本件遺族年金規定に基づく遺族年金と厚生年金保険法に基づく遺族厚生年金とは同じ性質を有するものと解することが相当であるところ、被害者の逸失利益全般との関係で、支給を受けることが確定した遺族厚生年金を控除すべきものと解されることとの均衡を考慮すると、本件遺族年金規定に基づく遺族年金についても、これを原告らの逸失利益分の損害から控除するのが相当である。

判示事項：

「(2)本件遺族年金規定に基づく遺族年金について（争点(1)）

ア　本件遺族年金規定（〈証拠略〉）に基づく遺族年金は、在職中に死亡した従業員の遺族の生活安定と遺児の育英に資することを目的としており（1条）、本人が在職中死亡したときに、本人が死亡当時扶養していた配偶者及び満23歳未満の遺児（ただし、満18歳以上満23歳未満の遺児については高等学校又は大学に在学中の者及びこれに準ずると認められる者に限る）を対象に支給することとされている（2条1項、2項）。他方、厚生年金保険法にもこれらと同趣旨の規定が置かれており（同法1条、58条1項1号、59条）、このように対象者の死亡に際して遺族に支給すべき年金について、本件遺族年金規定と厚生年金保険法が同趣旨の規定を定めていることに照らせば、これらの年金は同じ性質を有するものと解するが相当である。

349

第2部　労災民事損害賠償額算定の実際

　　　　不法行為により死亡した被害者の相続人が、その死亡を原因
　　　として厚生年金保険法に基づく遺族厚生年金の受給権を取得し
　　　たときは、被害者の逸失利益全般との関係で、支給を受けるこ
　　　とが確定した遺族厚生年金を控除すべきものと解される（最高
　　　裁平成16年12月20日第二小法廷判決・判例タイムズ1173号154
　　　頁）こととの均衡からすれば、本件遺族年金規定に基づく遺族
　　　年金についても、これを原告らの逸失利益分の損害から各々控
　　　除するのが相当であり、これらに反する主張は採用できない。」

ウ　大阪地裁　平成13年10月29日判決
　　療養補償給付－労災保険法
判示事項：
「ア　療養補償給付
　　　　原告が労働者災害補償保険から療養補償給付として1,153万5,153
　　　円の給付を受けたことは争いがないところ、同給付と同一の事由で
　　　ある治療費、入院雑費、診断書料及び通院交通費の過失相殺後の損
　　　害額合計は829万9,069円であるから、それらを損益相殺した後の損
　　　害額は0円となる。」

エ　沖縄医療生活協同組合事件（最高裁第二小法廷　平成11年10月
　　22日判決、判夕1016号）
　　国民年金法及び厚生年金保険法に基づく遺族年金

> 判示事項のポイント：
>
> 　障害年金の受給権者が死亡した場合、その相続人が、遺族年金の受給
> 権を取得したときは、支給を受けることが確定した遺族年金の額の限度
> で控除する。ただし、遺族年金をもって損益相殺的な調整を図ることが
> できるのは逸失利益に限られる。

第1章　労災民事損害賠償額はどのように算定されるか

判示事項：

「1　国民年金法及び厚生年金保険法に基づく障害年金の受給権者が不法行為により死亡した場合において、その相続人のうちに、障害年金の受給権者の死亡を原因として遺族年金の受給権を取得した者があるときは、遺族年金の支給を受けるべき者につき、支給を受けることが確定した遺族年金の額の限度で、その者が加害者に対して賠償を求め得る損害額からこれを控除すべきものと解するのが相当である（最高裁昭和63年（オ）第1749号平成5年3月24日大法廷判決・民集47巻4号3039頁参照）。

そして、この場合において、右のように遺族年金をもって損益相殺的な調整を図ることのできる損害は、財産的損害のうちの逸失利益に限られるものであって、支給を受けることが確定した遺族年金の額がこれを上回る場合であっても、当該超過分を他の財産的損害や精神的損害との関係で控除することはできないというべきである。」

オ　神戸地裁　平成9年7月30日判決
　　遺族厚生年金－厚生年金保険法

判示事項のポイント：

　遺族厚生年金の支給を受けるべき者につき、支給を受けることが確定した遺族厚生年金の額の限度で、その者が賠償を求めうる損害額からこれを控除する。

判示事項：

「遺族厚生年金

亡Ｙの損害に関して判示したとおり、老齢厚生年金を受給していた者が不法行為によって死亡した場合には、相続人は、加害者に対し、老齢厚生年金の受給者が生存していればその平均余命期間に受給することができた老齢厚生年金の現在額を同人の損害として、その賠償を

351

第2部　労災民事損害賠償額算定の実際

求めることができる。

　この場合において、右の相続人のうちに、老齢厚生年金の受給者の死亡を原因として、遺族厚生年金の受給権を取得した者があるときは、遺族厚生年金の支給を受けるべき者につき、支給を受けることが確定した遺族厚生年金の額の限度で、その者が加害者に対して賠償を求めうる損害額からこれを控除すべきものである。」

(2)　損害賠償額から控除されないもの

　　下記の「①　労災特別支給金」及び「②　将来支給される予定の労災年金給付額」については損益相殺の対象としない旨判示－最高裁

　前述のように損益相殺は、被災者が、損害をこうむったのと同一の事由によって利益を受けた場合、公平の見地から、その利益を損害額から控除するものです。

　そのため損害額を算定するにあたり、前述のように、

　　「①　社会復帰促進等事業の一環として、被災労働者及びその遺族の援護を図るために支給される労災保険特別支給金の損害額からの控除の可否」及び

　　「②　将来支給される予定の労災年金給付額を損益相殺することの可否」

が問題になります。

　上記「①」につき、コック食品事件（最高裁第二小法廷、平成8年2月23日判決、判時1560号）は、「労働者災害補償保険法（以下「法」という。）」による保険給付は、使用者の労働基準法上の災害補償義務を政府が労働者災害補償保険（以下「労災保険」という。）によって保険給付の形式で行うものであり、業務災害又は通勤災害による労働者の損害をてん補する性質を有するから、保険給付の原因となる事故が使用者の行為によって生じた場合につき、政府が保険給付をしたと

きは、労働基準法84条2項の類推適用により、使用者はその給付の価額の限度で労働者に対する損害賠償の責めを免れると解され（最高裁昭和50年（オ）第621号同52年10月25日第三小法廷判決・民集31巻6号836頁参照）、使用者の損害賠償義務の履行と年金給付との調整に関する規定（法64条、平成2年法律第40号による改正前の法67条）も設けられている。また、保険給付の原因となる事故が第三者の行為によって生じた場合につき、政府が保険給付をしたときは、その給付の価額の限度で、保険給付を受けた者の第三者に対する損害賠償請求権を取得し、保険給付を受けるべき者が当該第三者から同一の事由について損害賠償を受けたときは、政府はその価額の限度で保険給付をしないことができる旨定められている（法12条の4）。他方、政府は、労災保険により、被災労働者に対し、休業特別支給金、障害特別支給金等の特別支給金を支給する（労働者災害補償保険特別支給金支給規則（昭和49年労働省令第30号））が、右特別支給金の支給は、労働福祉事業の一環として、被災労働者の療養生活の援護等によりその福祉の増進を図るために行われるものであり（平成7年法律第35号による改正前の法23条1項2号、同規則1条）、使用者又は第三者の損害賠償義務の履行と特別支給金の支給との関係について、保険給付の場合における前記各規定と同趣旨の定めはない。このような保険給付と特別支給金との差異を考慮すると、特別支給金が被災労働者の損害をてん補する性質を有するということはできず、したがって、被災労働者が労災保険から受領した特別支給金をその損害額から控除することはできないというべきである。」と判示し、控除否定説を採用しました。

　また前記「②」につき、仁田原・中村事件（最高裁第三小法廷　昭和52年5月27日判決、判時857号）は、「厚生年金保険法40条及び労働者災害補償保険法（昭和48年法律第85号による改正前のもの。）20条は、事故が第三者の行為によって生じた場合において、受給権者に対し、政府が先に保険給付又は災害補償をしたときは、受給権者の第

第2部　労災民事損害賠償額算定の実際

三者に対する損害賠償請求権はその価額の限度で当然国に移転し、こ
れに反して第三者が先に損害の賠償をしたときは、政府はその価額の
限度で保険給付をしないことができ、又は災害補償の義務を免れるも
のと定め、受給権者に対する第三者の損害賠償義務と政府の保険給付
又は災害補償の義務とが、相互補完の関係にあり、同一事由による損
害の二重填補を認めるものではない趣旨を明らかにしている。そして、
右のように政府が保険給付又は災害補償をしたことによって、受給権
者の第三者に対する損害賠償請求権が国に移転し、受給権者が国に移
転し、受給権者がこれを失うのは、政府が現実に保険金を給付して損
害を填補したときに限られ、いまだ現実の給付がない以上、たとえ将
来にわたり継続して給付されることが確定していても、受給権者は第
三者に対し損害賠償の請求をするにあたり、このような将来の給付額
を損害額から控除することを要しない」と判示し、非控除説を採用す
ることを明らかにしました。

　しかしその後、寒川・森島事件（最高裁大法廷　平成5年3月24
日判決、判タ853号）は、次のように判示し、既受領分に加えて、本
件損害賠償請求事件訴訟の原審口頭弁論終結の月の時点における支給
決定額についてもたとえその時点で現実に給付を受けていなくても控
除すべきとし、若干ですが控除の範囲を拡張しました。

判示事項：

「退職年金を受給していた者が不法行為によって死亡した場合には、
相続人は、加害者に対し、退職年金の受給者が生存していればその平
均余命期間に受給することができた退職年金の現在額を同人の損害と
して、その賠償を求めることができる。この場合において、右の相続
人のうちに、退職年金の受給者の死亡を原因として、遺族年金の受給
権を取得した者があるときは、遺族年金の支給を受けるべき者につき、
支給を受けることが確定した遺族年金の額の限度で、その者が加害者
に対して賠償を求め得る損害額からこれを控除すべきものであるが、

いまだ支給を受けることが確定していない遺族年金の額についてまで損害額から控除することを要しないと解するのが相当である。

（中略）

　ところで、被上告人が原審最終口頭弁論期日までに支給を受けた最終の分は昭和63年5月（原判決の事実摘示欄に同年6月とあるのは誤記と認める。）に支払われた37万2,350円であることは、原判決の記載から認められるところ、右金員は、前記の法75条4項の規定によれば、同年2月から4月までの遺族年金であるとみるべきであるから、被上告人の当時の遺族年金の3か月分の金額は37万2,350円であることが明らかである。

4　したがって、本件において、前記の損害額から控除すべき遺族年金の額は、被上告人が既に支給を受けた321万1,151円と原審の口頭弁論終結時において支給を受けることが確定していた同年5月から7月までの3か月分37万2,350円との合計額であるというべきである。」

　③　肥後銀行事件（熊本地裁　平成26年10月17日判決、労判1108号）

弔慰金－被告会社と生命保険会社との間における総合福祉団体
定期保険契約に基づいて従業員の遺族に支給

判示事項：

「従業員が死亡した場合に、生命保険会社との間における総合福祉団体定期保険契約に基づき支給される保険金は生命保険契約に基づく保険金としての性質を有するものと解される。そして、生命保険契約に基づいて支給される保険金は、既に払い込んだ保険料の対価の性質を有し、不法行為ないし債務不履行の原因と関係なく支払われるべきものであるから、これを損益相殺の対象とすることはできないというべきである。

　したがって、本件保険取扱規定に基づく支給を損益相殺の対象とすることはできない。」

第2部　労災民事損害賠償額算定の実際

④　東京地裁　平成12年3月31日判決

介護料
判示事項のポイント：
　センター法の掲げる目的、介護料の支給対象、代位規定の不存在等を考慮すると、センターからの介護料を損害のてん補として扱うことは相当ではない。

判示事項：
「**自動車事故対策センターからの介護料**

　自動車事故対策センター（以下、「対策センター」という。）は、自動車事故対策センター法（以下、「センター法」という。）によれば、自動車の運行の安全の確保に関する事項を処理する者に対する指導、自動車事故による被害者に対する資金の貸付け等を行うことにより、自動車事故の発生の防止に資するとともに、自動車損害賠償保障法による損害賠償の保険制度と相まって被害者の保護を増進することを目的としている（センター法1条）。

　対策センターの行う業務の一つに、交通事故被害者の後遺障害のための治療及び療養を行うための施設を設置し、運営すること（センター法31条1項5号）があり、本件で問題となる介護料の支給は、センター法31条1項9号の第1条の目的を達成するための必要な業務に含まれ、仮にセンターが被害者に対して介護料等を支給したとしても、加害者に対する代位規定は存在しない。

　対策センターの業務目的は、前記の条文からも明らかなように、交通事故の防止と被害者の保護の増進であり、自賠法の保障制度と相まってとされているが、自賠法の規定する損害賠償制度そのものではないことはもちろん、むしろ、交通事故被害者で保護に欠ける者に対する支援という社会福祉的な施策の一環として捉えるべきであろう。

356

第1章　労災民事損害賠償額はどのように算定されるか

　センター法の目的の中に被害者に対する資金の貸付けという損害賠償制度とは異質な業務を掲げていること（1条）、介護料の支給については、自動車事故で頭部又は脊髄に損傷を受け、その後の治療にもかかわらず寝たきりの状態の患者を抱える家族にとって、経済的、肉体的、精神的負担は大きいものがあり、その負担を軽減するために支給されるものであり（自動車関係法令質疑応答集1507頁）、支給対象は、自力移動が不可能であるといった後遺障害が3か月以上継続し、常時介護を必要とする者とされており、自賠法の損害賠償制度とは違って、保護を必要とする者と相当限定しているかわりに、保護が必要と認められれば支給を受けられる制度であることも、これを裏付けるものと解される。

　以上のような、センター法の掲げる目的、介護料の支給対象、代位規定の不存在等の諸点を考慮すると、被告らが主張するように、支給額の算定方法が日額4,000円（自宅で近親者の介護を受けている場合は2,000円）として日数分を支給するという、現実の介護費用を念頭においた方法であるとしても、センターからの介護料を民事の損害賠償制度の中で損害のてん補として扱うことは相当ではない。」

　⑤　大阪地裁　平成5年3月17日判決
　　社会的儀礼上の相当額の香典・見舞金
判示事項：
「既払金の控除
　自賠責保険から32万100円の支払がなされたことは当事者間に争いがなく、さらに、被告保険会社から右治療費として8万8,980円が支払われていること（乙七の1、2）が認められる。なお、被告Eが右金員の他7万円を支出したことも認められるが（乙六の1、2）、右は見舞金・香典の趣旨で交付されたことも認められ（乙六の1）、その金額も社会儀礼上相当であるから、損益相殺の対象とはならない。」

357

第2部　労災民事損害賠償額算定の実際

⑥　河村・前田事件（最高裁第二小法廷　昭和39年9月25日判決、
　　判タ168号）
　　生命保険金
判示事項：
「生命保険契約に基づいて給付される保険金は、すでに払い込んだ保
険料の対価の性質を有し、もともと不法行為の原因と関係なく支払わ
れるべきものであるから、たまたま本件事故のように不法行為により
被保険者が死亡したためにその相続人たる被上告人両名に保険金の給
付がされたとしても、これを不法行為による損害賠償額から控除すべ
きいわれはないと解するのが相当である。」

⑦　その他
　　傷害保険金、会社の業務災害特別支給規定に基づき被害者に支給し
た見舞金及び傷害見舞金、生活保護法による扶助費等があります。

⑶　控除が認められる場合であっても同一の損害項目からのみ控除
　　したもの
　　ア　沖縄医療生活協同組合事件（最高裁第二小法廷　平成11年
　　　　10月22日判決、判タ1016号）

判示事項のポイント：
　　国民年金法及び厚生年金保険法に基づく障害年金受給者の死亡により
遺族が受給した遺族年金は逸失利益のみから控除でき、他の財産的損害
や慰謝料から控除できない。

判示事項：
「1　国民年金法及び厚生年金保険法に基づく障害年金の受給権者が
　　不法行為により死亡した場合において、その相続人のうちに、障
　　害年金の受給権者の死亡を原因として遺族年金の受給権を取得し

第1章　労災民事損害賠償額はどのように算定されるか

た者があるときは、遺族年金の支給を受けるべき者につき、支給
を受けることが確定した遺族年金の額の限度で、その者が加害者
に対して賠償を求め得る損害額からこれを控除すべきものと解す
るのが相当である（最高裁昭和63年オ第1749号平成5年3月24日
大法廷判決・民集47巻4号3039頁参照）。

　そして、この場合において、右のような遺族年金をもって損益相
殺的な調整を図ることのできる損害は、財産的損害のうちの逸失利
益に限られるものであって、支給を受けることが確定した遺族年金
の額がこれを上回る場合であっても、当該超過分を他の財産的損害
や精神的損害との関係で控除することはできないというべきである。」

　　イ　青木鉛鉄事件（最高裁第二小法廷　昭和62年7月10日判決、
　　　　判時1263号）

判示事項のポイント：

　労災保険の休業補償給付及び傷病補償年金、厚生年金の障害年金は消
極損失（いわゆる逸失利益）からのみ控除でき、財産的損害のうち積極
損害（入院雑費、付添看護費はこれに含まれる。）及び精神的損害（慰
謝料）からは控除できない。

判示事項：

「労災保険法又は厚生年金保険法に基づく保険給付の原因となる事
故が被用者の行為により惹起され、右被用者及びその使用者が右行為
によって生じた損害につき賠償責任を負うべき場合において、政府が
被害者に対し労災保険法又は厚生年金保険法に基づく保険給付をした
ときは、被害者が被用者及び使用者に対して取得した各損害賠償請求
権は、右保険給付と同一の事由（労働基準法84条2項、労災保険法12
条の4、厚生年金保険法40条参照）については損害の塡補がされたも
のとして、その給付の価額の限度において減縮するものと解されると

第2部　労災民事損害賠償額算定の実際

ころ（最高裁昭和50年オ第431号同52年5月27日第三小法廷判決・民集31巻3号427頁、同50年オ第621号同52年10月25日第三小法廷判決・民集31巻6号836頁参照）、右にいう保険給付と損害賠償とが「同一の事由」の関係にあるとは、保険給付の趣旨目的と民事上の損害賠償のそれとが一致すること、すなわち、保険給付の対象となる損害と民事上の損害賠償の対象となる損害とが同性質であり、保険給付と損害賠償とが相互補完性を有する関係にある場合をいうものと解すべきであって、単に同一の事故から生じた損害であることをいうものではない。そして、民事上の損害賠償の対象となる損害のうち、労災保険法による休業補償給付及び傷病補償年金並びに厚生年金保険法による障害年金が対象とする損害と同性質であり、したがって、その間で前示の同一の事由の関係にあることを肯定することができるのは、財産的損害のうちの消極損害（いわゆる逸失利益）のみであって、財産的損害のうちの積極損害（入院雑費、付添看護費はこれに含まれる。）及び精神的損害（慰謝料）は右の保険給付が対象とする損害とは同性質であるとはいえないものというべきである。

　したがって、右の保険給付が現に認定された消極損害の額を上回るとしても、当該超過分を財産的損害のうちの積極損害や精神的損害（慰謝料）を填補するものとして、右給付額をこれらとの関係で控除することは許されないものというべきである。労災保険法による保険給付を慰謝料から控除することは許されないとする当裁判所の判例（昭和35年オ第381号同37年4月26日第一小法廷判決・民集16巻4号975頁、同55年オ第82号同58年4月19日第三小法廷判決・民集37巻3号321頁。なお、同38年オ第1035号同41年12月1日第一小法廷判決・民集20巻10号2017頁参照）は、この趣旨を明らかにするものにほかならない。」

第1章　労災民事損害賠償額はどのように算定されるか

ウ　公立八鹿病院組合事件　広島高裁松江支部　平成27年3月18日判決、労判1118号）

判示事項のポイント：

　地公災基金の葬祭補償額が裁判所の認定にかかる葬祭費用額を超過する場合、同超過分を同一の事由である葬祭費用以外の項目から控除することはできない。

判示事項：

　本判決は、判決文中に「②青木鉛鉄事件」判決を引用しています。

「(6)損益相殺

　ア　一審原告太郎（父）

2801万8745円

（計算式）6299万3745円−3497万5000円

　一審原告太郎は、平成23年1月28日付けで遺族補償一時金3497万5000円及び同年2月25日付けで葬祭補償209万8500円の給付を受けているところ、上記(3)（※）のとおり、葬祭費用としては150万円が相当と認められ、これについては既に亡一郎の損害額から控除がなされている上、この150万円を超えて控除することは、同超過分を同一の事由である葬祭費用以外の項目から控除することになり、許されないというべきである（最高裁昭和62年7月10日第2小法廷判決参照）。」

「(※)(3)葬祭費用

　損害額としては、150万円を相当と認める。もっとも、一審原告らは、平成25年12月20日付けで訴えを拡張した際に、一審原告ら相続前の亡一郎の損害分である葬祭費用150万円と地公災基金による葬祭補償との損益相殺を自白していた上、そもそも葬祭費用等は、死者がその支出を余儀なくされるというものではないから、本来現実に葬祭費用等を支出した親族が固有の損害として請求すべきものである。この点、

361

第2部　労災民事損害賠償額算定の実際

葬祭費用等が死者の預金や現金等の遺産から支出されることも多く、実質的な負担者が明確にされないまま処理されることも少なくないことから、便宜的に被害者である死者に発生した損害として請求することも裁判実務上認められているものの、この場合でも親族が固有の損害として請求を行ったか、上記のとおり便宜的に被害者である死者の損害として請求したかによって損益相殺の扱い等に差を認めるべき実質的理由は認められない。この点、遺族給付につき形式的に法律上の受給権者である相続人の損害賠償債権からだけ控除すべきとした最高裁昭和50年10月24日第2小法廷判決（民集29巻9号1379頁）は、上記のとおり、便宜的に葬祭費用等を死者の損害として計上した場合等まで想定したものではなく、本件にその判旨は及ばないというべきである。よって、平成23年2月25日付けで地公災基金から一審原告太郎に対し、葬祭補償209万8500円の給付がなされているところ、一審原告太郎は自らが葬祭を行ったものとして同給付申請を行っていたものであるから、上記認定にかかる葬祭費用150万円は実質的に一審原告太郎の固有の損害とみるのが相当であり、上記葬祭補償によりその限度で既に損益相殺済みのものとして扱うのが相当である。よって、本件の損害として改めて計上をしない。」

エ　東都観光バス事件　最高裁第三小法廷　昭和58年4月19日判決、判時1078号

> 判示事項のポイント：
> 　労災保険の障害補償一時金及び休業補償金は慰謝料から控除できない。

判示事項：

「労働者に対する災害補償は、労働者の被った財産上の損害の填補のためにのみされるものであって、精神上の損害の填補の目的をも含むものではないから（最高裁昭和35年オ第381号同37年4月26日第一

小法廷判決・民集16巻4号975頁、同昭和38年オ第1035号同41年12月1日第一小法廷判決・民集20巻10号2017頁参照）、前記上告人が受領した労災保険による障害補償一時金及び休業補償金のごときは上告人の財産上の損害の賠償請求権にのみ充てられるべき筋合のものであって、上告人の慰謝料請求権には及ばないものというべきであり、従って上告人が右各補償金を受領したからといってその全部ないし一部を上告人の被った精神上の損害を填補すべきものとして認められた慰謝料から控除することは許されないというべきである。」

(4) 受給権者以外の者の債権額から控除しないもの

ア　最高裁第一小法廷　昭和50年10月24日判決、判タ329号

判示事項のポイント：

　国家公務員の退職手当、遺族年金、遺族補償金は、受給者である妻の損害賠償債権からだけ控除すべきであり、受給権者ではない子の損害賠償債権額から控除することはできない。

判示事項：

　「国家公務員が死亡した場合、その遺族のうち一定の資格がある者に対して、国家公務員等退職手当法による退職手当及び国家公務員共済組合法による遺族年金（以下単に「遺族年金」と略称する。）が支給され、更に、右死亡が公務上の災害にあたるときは、国家公務員災害補償法による遺族補償金（以下単に「遺族補償金」と略称する。）が支給されるのである。そして、遺族に支給される右各給付は、国家公務員の収入によって生計を維持していた遺族に対して、右公務員の死亡のためその収入によって受けることのできた利益を喪失したことに対する損失補償及び生活保障を与えることを目的とし、かつ、その

363

第2部　労災民事損害賠償額算定の実際

機能を営むものであって、遺族にとって右各給付によって受ける利益は死亡した者の得べかりし収入によって受けることのできた利益と実質的に同一同質のものといえるから、死亡した者からその得べかりし収入の喪失についての損害賠償債権を相続した遺族が右各給付の支給を受ける権利を取得したときは、同人の加害者に対する損害賠償債権額の算定にあたっては、相続した前記損害賠償債権額から右各給付相当額を控除しなければならないと解するのが相当である（最高裁昭和38年オ第987号、同41年4月7日第一小法廷判決・民集第20巻4号499頁参照）。

　　二　ところで、退職手当、遺族年金及び遺族補償金の各受給権者は、法律上、受給資格がある遺族のうちの所定の順位にある者と定められており、死亡した国家公務員の妻と子がその遺族である場合には、右各給付についての受給権者は死亡した者の収入により生計を維持していた妻のみと定められている（国家公務員等退職手当法11条2項、1項1号、国家公務員共済組合法43条1項、2条1項3号、国家公務員災害補償法昭和41年法律第67号改正前の16条2項、1項2号）から、遺族の加害者に対する前記損害賠償債権額の算定をするにあたって、右給付相当額は、妻の損害賠償債権額からだけ控除すべきであり、子の損害賠償債権額から控除することはできないものといわなければならない。けだし、受給権者でない遺族が事実上受給権者から右各給付の利益を享受することがあっても、それは法律上保障された利益ではなく、受給権者でない遺族の損害賠償債権額から右享受利益を控除することはできないからである。」

(5)　労災保険給付の遺族補償年金は逸失利益等の消極損害の元本との間で損益相殺的な調整を行うもの等

　　ア　フォーカスシステムズ事件（最高裁大法廷　平成27年3月4日判決、労判1114号）

第1章　労災民事損害賠償額はどのように算定されるか

> 判示事項のポイント：
> 1　労災保険給付の遺族補償年金につき、損害賠償額を算定するに当たり、逸失利益等の消極損害の元本との間で損益相殺的な調整を行う。
> 2　被害者が不法行為によって死亡した場合において、遺族補償年金の填補の対象となる損害は、不法行為の時に填補されるものと法的に評価して損益相殺的な調整を行う。

判示事項1につき：

「被害者が不法行為によって死亡した場合において、その損害賠償請求権を取得した相続人が遺族補償年金の支給を受け、又は支給を受けることが確定したときは、損害賠償額を算定するに当たり、上記の遺族補償年金につき、その填補の対象となる被扶養利益の喪失による損害と同性質であり、かつ、相互補完性を有する逸失利益等の消極損害の元本との間で、損益相殺的な調整を行うべきものと解するのが相当である。」

判示事項2につき：

「被害者が不法行為によって死亡した場合において、その損害賠償請求権を取得した相続人が遺族補償年金の支給を受け、又は支給を受けることが確定したときは、制度の予定するところと異なってその支給が著しく遅滞するなどの特段の事情のない限り、その填補の対象となる損害は不法行為の時に填補されたものと法的に評価して損益相殺的な調整をすることが公平の見地からみて相当であるというべきである（前掲最高裁平成22年9月13日第一小法廷判決等参照）。」

※上記フォーカスシステムズ事件最高裁大法廷判決の概要等については、第1部第22章「労災保険給付の遺族補償年金をもってする損益

第2部　労災民事損害賠償額算定の実際

相殺的調整の対象となるのは『逸失利益の元本』か、それとも『遅延損害金』か等（最高裁大法廷平成27年3月4日判決）」参照（本書320頁）。

⑧　損害額からの労災保険給付額の損益相殺と過失相殺との先後関係は－最高裁は控除前相殺説を採用

過失相殺とは、被災者にも労災事故の発生について過失がある場合、公平の見地から、そのことを損害賠償額の算定にあたり斟酌する制度です。

過失相殺が認められる場合、損害額から労災保険給付額を損益相殺する前に過失相殺するのか（**控除前相殺説**）、あるいは損益相殺後の損害額残額に過失相殺するのか（**控除後相殺説**）によって認容金額に差が生じることから両説の間で対立がありました。

たとえば、損害額が900万円、被災者の過失割合を30％、労災保険金等の既受領金が200万円とすると、

(1)**控除前相殺説**によると、

900万円×（1－0.3）－200万円＝430万円

(2)**控除後相殺説**によると、

（900万円－200万円）×（1－0.3）＝490万円

となり、60万円の差額が生じることになります。

こうした対立問題に対して、**高田建設事件**（最高裁第三小法廷（平成元年4月11日判決、労判546号）は、「（労災保険）法第12条の4は、事故が第三者の行為によって生じた場合において、受給権者に対し、政府が先に保険給付をしたときは、受給権者の第三者に対する損害賠償請求権は右給付の価額の限度で当然国に移転し（1項）、……損害賠償額を定めるにつき労働者の過失を斟酌すべき場合には、受給権者は第三者に対し右過失を斟酌して定められた額の損害賠償請求権を有するにすぎないので、同条第1項により国に移転するとされる損害賠

償請求権も過失を斟酌した後のそれを意味すると解するのが、文理上自然であり、右規定の趣旨にそう」と判示し、控除前相殺説に立つことを明らかにし、これにより裁判実務においては決着がつきました。

9 過失相殺の基準は

交通事故においては、「事故類型別検索表」を過失相殺基準としていますが、これは、事故態様を「歩行者と自動車の事故」、「四輪車同士の事故」及び「自転車と自動車の事故」等に分類して細分化し、各々の過失割合を数値化して示したものであり、過失相殺割合算定の基準として利用されています。

しかし労働災害については、事故態様、被災労働者と使用者の過失の内容及び程度等が、事案によって千差万別であり、それらを分類して定型化することによって事故当事者の過失割合を数値化することが困難であることから、本書第1部第13章の「**3** 過失相殺はどのようになされるか」（168頁）において説明したように、実務においては、事故態様が類似する判例の事案を参考にしながら、当事者が相互に譲歩して過失割合について合意し紛争の解決を図っています。

10 自賠責保険及び任意保険における過失相殺の基準は

(1) 自賠責保険－重過失減額

自賠責保険（自動車損害賠償責任保険）は、自動車事故による被害者の救済を目的とする強制保険です。「自動車損害賠償責任保険の保険金等及び自動車損害賠償責任共済の共済金等の支払基準」（平成22年金融庁・国土交通省告示第1号）によれば、次のとおり、被害者に7割以上10割未満の過失があるなど重大な過失がある場合についてしか過失相殺による減額を行わない扱いになっています。

死亡や後遺障害については、被害者の過失割合が「7割以上8割未満」、「8割以上9割未満」、及び「9割以上10割未満」の場合につき、

367

第2部　労災民事損害賠償額算定の実際

各々、2割、3割及び5割の減額を行い、後遺障害を伴わない傷害については、被害者の過失割合が「7割以上10割未満」の場合につき、2割の減額を行うと決められています。

「支払基準」
「第6　減額
　1．重大な過失による減額
　　　被害者に重大な過失がある場合は、次に揚げる表のとおり、積算した損害額が保険金額に満たない場合には積算した損害額から、保険金額以上となる場合には保険金額から減額を行う。ただし、傷害による損害額（後遺障害及び死亡に至る場合を除く。）が20万円未満の場合はその額とし、減額により20万円以下となる場合は20万円とする。

減額適用上の被害者の過失割合	減額割合	
	後遺障害又は死亡に係るもの	傷害に係るもの
7割未満	減額なし	減額なし
7割以上8割未満	2割減額	2割減額
8割以上9割未満	3割減額	
9割以上10割未満	5割減額	

　2．受傷と死亡又は後遺障害との間の因果関係の有無の判断が困難な場合の減額
　　　被害者が既往症等を有していたため、死因又は後遺障害発生原因が明らかでない場合等受傷と死亡との間及び受傷と後遺障害との間の因果関係の有無の判断が困難な場合は、死亡による損害及び後遺障害による損害について、積算した損害額が保険金額に満たない場合には積算した損害額から、保険金額以上となる場合には保険金額から5割の減額を行う。」

第1章　労災民事損害賠償額はどのように算定されるか

(2)　任意保険

　任意保険においては、損害賠償額を算出するにあたり、公平に責任を負担すべきであるとの考え方から、当事者に加害者のみならず被害者側の過失の程度を考慮して賠償額を減額しています。

🔟　ケーススタディー（実際に損害賠償額を計算してみる）

　前述の損害賠償額の算定方法を参考にして次の事案について、実際に損害賠償額を算定してみます。

第2部　労災民事損害賠償額算定の実際

(1)　**労災事故により死亡した事例**

（事故態様）

　平成○○年4月3日、工場新築工事現場において、掘削機がコンクリートパイルを地上に吊り上げた際にワイヤーロープが突然切れて同パイルが横倒しになり、作業員がその下敷きとなって死亡した。

①被災日　平成○○年4月3日

②死亡時の年齢　37歳（男性）

③死亡被災者の収入　年収600万円

　　　　　　　　　　内　　訳

　　　　　　　　ボーナスを除く年収360万円（月収30万円）

　　　　　　　　ボーナス　240万円

④被災者の家族構成　配偶者、子供1名（18歳未満）

⑤過失相殺率　死亡被災者の過失割合は20％

　　（本件現場には被告会社が用意した新品のワイヤーロープがあるにもかかわらず、死亡被災者が耐久性の劣る古いワイヤーロープを使用した過失が認められる。）

⑥死亡被災者の逸失利益＿＿＿＿＿＿＿＿＿円

⑦死亡慰謝料＿＿＿＿＿＿＿＿＿＿＿＿＿＿円

⑧受領した労災保険給付金

　　⑧-1　　遺族補償年金　　　201万0,000円

　　⑧-2　　遺族特別年金　　　　40万2,000円

　　⑧-3　　遺族特別支給金　　300万0,000円

　　⑧-4　　葬祭料　　　　　　　61万5,000円

370

第1章　労災民事損害賠償額はどのように算定されるか

　上記のデータにより損害賠償額を算定するにあたり、まず、⑥死亡
被災者の逸失利益及び⑦死亡慰謝料について算定します。

⑥死亡被災者の逸失利益　　　　　6,456万4,500円

基本算定式

> 基礎収入額×（1－生活費控除率）×就労可能年数に対応する
> ライプニッツ係数

　基礎収入額：600万円

　生活費控除率：30％（死亡被災者は一家の支柱で、被扶養者2名
　がいます）

（巻末資料12参照）（509頁）

　ライプニッツ係数：15.3725（死亡時の37歳から67歳までの就労可
　能年数30年に対応する係数）（巻末資料9参照）（502頁）

　600万円×（1－0.3）×15.3725＝6,456万4,500円

⑦死亡慰謝料　2,800万円（死亡被災者には妻子があり、一家の支柱
です）

（巻末資料3参照）（484頁）

逸失利益及び死亡慰謝料の合計額は次のとおりです。

⑥死亡被災者の逸失利益	6,456万4,500円
⑦死亡慰謝料	2,800万0,000円
合　計	9,256万4,500円

　上記合計額から死亡被災者の過失相殺（20％）相当額を減じ、その
残額から⑧受領した労災保険給付金（注1）を損益相殺しますと、本
件事例における損害賠償額が算定できます。

　　9,256万4,500円×（1－0.2）＝7,405万1,600円

371

第2部　労災民事損害賠償額算定の実際

$$-262万5,000円 = 7,142万6,600円$$

損害賠償額合計　7,142万6,600円

（注1）上記損益相殺の対象とする労災保険給付金：合計262万5,000円

（内訳）⑧－1　　遺族補償年金　201万0,000円

⑧－4　　葬祭料　61万5,000円

（注2）上記損益相殺の対象にしない労災保険給付金：合計340万2,000円

（内訳）⑧－2　　遺族特別年金　40万2,000円

⑧－3　　遺族特別支給金　300万0,000円

（遺族特別年金及び遺族特別支給金は、社会復帰促進等事業の一環として、被災労働者の遺族の援護を図るために支給されるものであり、被災労働者の損害をてん補する性質がないため、損益相殺の対象になりません。）

本件事例における労災保険給付金の算定方法について

まず、各々の労災保険給付金額を算定するには、「給付基礎日額」及び「算定基礎日額」を算定しなければなりません。

ア「給付基礎日額」

給付基礎日額は、療養に対する給付以外の保険給付額の計算の基礎となりますが、原則として、労働基準法第12条の平均賃金に相当する額とされており、次の算定式で求めます。

$$平均賃金 = \frac{事故発生直前3か月間に支払われた賃金総額}{その期間の総日数}$$

※上記賃金総額には、臨時に支払われる賃金や3か月を超える期間ごとに支払われる賃金等は含まれないことから、ボーナスは含みません。

上記算定式に本件事案における年収等をあてはめて算定しますと、

以下のようになります。

「給付基礎日額」 $\dfrac{90万円}{90日} = 1万円$

イ「算定基礎日額」

算定基礎日額は、社会復帰促進等事業から支給される特別支給金のうち、障害特別年金、障害特別一時金、遺族特別年金、遺族特別一時金、傷病特別年金の支給額の算定の基礎となる日額ですが、原則として、被災日以前1年間に支払いを受けた特別給与の総額（算定基礎年額）を365で割って得た額をいいます。

しかし算定基礎年額には上限があり、給付基礎年額（給付基礎日額の365倍に相当する額）の20％又は150万円のいずれか低い額になります。

そこで本件事例における「算定基礎日額」及び「算定基礎年額」を算定すると、次のとおりとなります。

ａ.「算定基礎年額」

（イ）実際に支給されたボーナスの額：240万円

（ロ）給付基礎年額の20％：1万円×365×20％＝73万円

（ハ）150万円

上記（イ）～（ハ）の中で最も低い金額である73万円が「算定基礎年額」になります。

ｂ.「算定基礎日額」

73万円÷365＝2,000円

以上により、本件事例では、

「給付基礎日額」 1万円

「算定基礎日額」 2,000円になります。

第2部　労災民事損害賠償額算定の実際

> **「遺族補償年金」の算定式**（本件事例では遺族は2人）
>
> 　　給付基礎日額の201日分
>
> 　　　1万円×201日分＝201万0,000円
>
> **「遺族特別年金」の算定式**（本件事例では遺族は2人）
>
> 　　算定基礎日額の201日分
>
> 　　　2,000円×201日分＝40万2,000円

さらに、

　　「葬祭料」は、31万5,000円に給付基礎日額の30日分を加算した額（その額が給付基礎日額の60日分の額に満たない場合は給付基礎日額の60日分の額とされます。）となります。

> **「葬祭料」の算定式**
>
> （イ）31万5,000円＋1万円×30日分＝61万5,000円
>
> （ロ）1万円×60日分＝60万円

　　したがって本件事例では、61万5,000円になります。

(2) 労災事故により受傷し後遺障害が残った事例

> **事故態様**
>
> 　平成○○年4月1日、大型プレス機を使用して板金を加工する作業に従事していたプレス工が、右手にはめた磁気手袋で鉄板材料を取り上げて板上に置き、手を離そうとした瞬間、プレス部分が下降したため右手甲を挟圧されて負傷し、2か月間入通院して治療に専念したところ、同年5月31日に症状固定し同日退院しましたが、障害等級7級の後遺障害が残りました。
>
> 　しかし未だ満足に働ける状態ではありません。

374

① 被災日　平成○○年４月１日

② 症状固定時の被災者の年齢　42歳

③ 後遺障害等級　７級

④ 労働能力喪失率　56％

⑤ 労働能力喪失期間　25年（症状固定時の42歳から67歳までの期間）

⑥ ライプニッツ係数　14.0939（就労可能年数25年に対応する係数）

⑦ 事故直前の被災者の年収（基礎収入額）　600万円

⑧ 被災者の給付基礎日額　１万円

⑨ 被災時から症状固定時までの日数（入院日数）　61日

⑩ 治療関係費の支払実額　　　　　　　　　　　303万0,000円

⑪ 休業損害（算定式は下記のとおり）　　　＿＿＿＿＿＿円

⑫ 過失相殺　40％（被災者には、誤って足踏ペダルを踏んで本件
　 プレス機を作動させた過失がある）

⑬ 逸失利益（算定式は下記のとおり）　　　＿＿＿＿＿＿円

⑭ 慰謝料（入院治療日数61日）　　　　　　　　101万0,000円

⑮ 慰謝料（後遺障害７級）　　　　　　　　　1,000万0,000円

⑯ 既受領分労災保険給付金

　⑯－１　休業補償給付金
　　　　　給付基礎日額１万円×60％×（61－３日）＝34万8,000円

　⑯－２　休業特別支給金
　　　　　給付基礎日額１万円×20％×58日分＝　　11万6,000円

　⑯－３　障害補償年金前払一時金
　　　　　給付基礎日額１万円×560日分＝　　　560万0,000円

　⑯－４　障害特別支給金（７級障害に対応）　　159万0,000円

　⑯－５　療養補償給付金　　　　　　　　　　295万0,000円

第2部　労災民事損害賠償額算定の実際

① 休業損害の算定

被災日（平成○○年4月1日）から退院日（同年5月31日）までの61日分の休業損害（治療のために労働することができないために賃金を受けないことによる損害）については、次の算定式により求めます。

休業損害の算定式

> 基礎収入額÷365日×休業日数

上記算定式に上記のデータをあてはめて算定すると、休業損害は、

600万円÷365日×61日＝100万2,739円

になります。

② 逸失利益の算定

事故で被災しなければ得られたであろう利益のことで、原則として、症状固定時から67歳までを就労可能としてその間の逸失利益を算定します。逸失利益は一時金として受領することから、ライプニッツ係数により中間利息を控除することになります。

逸失利益の算定式

> 基礎収入額×労働能力喪失率×就労可能年数に対応する
> ライプニッツ係数

上記算定式に上記のデータをあてはめて算定すると、逸失利益は、

600万円×56％×14.0939＝4,735万5,504円

376

になります。

③ 損害賠償額の集計

　上記のとおり、休業損害と逸失利益が算定できたことから、さらに過失相殺及び損益相殺（既受領分労災保険給付金）をしますと、損害賠償額の合計は次のとおりです。

⑩治療関係費の支払実額		303万0,000円
⑪休業損害（61日分）		100万2,739円
⑬逸失利益		4,735万5,504円
⑭慰謝料（入院治療）		101万0,000円
⑮慰謝料（後遺障害7級）		<u>1,000万0,000円</u>
合　計		6,239万8,243円

　さらに上記合計額に過失相殺を行い、次いでその残額に対して損益相殺をすることになります（控除前相殺説）。
過失相殺率　40%
　　　6,239万8,243円×（1−0.40）＝3,743万8,945円

　過失相殺後の残額3,473万8,945円から損益相殺として次の既受領分労災保険給付金889万8,000円（⑯−1、3、5）を控除しますと、本件事案における損害賠償額は、2,854万945円になります。

過失相殺後の残額		3,743万8,945円
損益相殺の対象となるもの		
⑯−1　休業補償給付金		▲34万8,000円
⑯−3　障害補償年金前払一時金		▲560万0,000円
⑯−5　療養補償給付金		▲295万0,000円

第２部　労災民事損害賠償額算定の実際

損害賠償額合計　　　　　　　　　　2,854万0,945円

　　なお、次の特別支給金については、社会復帰促進等事業の一
　環として、被災労働者の療養生活の援護等によりその福祉の増
　進を図るために支給されるものであり、損害てん補の性質を有
　しないことから、損益相殺の対象にならないため控除しないこ
　とになります。
16－2　休業特別支給金　　　　　　　　　11万6,000円
16－4　障害特別支給金（7級障害）　　　159万0,000円

⑶　交通事故による業務災害により死傷した事例

　労働者が交通事故による業務災害によって死傷した場合は、被災者
あるいはその遺族は、労災保険及び厚生年金保険等に対する保険給付
請求権を取得すると同時に、加害者に対する民事損害賠償請求権を取
得するほか、自賠責保険に対する損害賠償請求権も取得することにな
ります。しかし、これらの請求権は、被害者の損害をてん補するため
のものですので、同一の事由について重複して損害がてん補されるこ
とになれば、被災者等は二重の支払いを受けることになり不合理な結
果となります。

　そのため、二重の支払いを受けた範囲については損益相殺をする必
要があります。損益相殺とは、債務不履行や不法行為によって損害を
受けた者が、損害を受けたのと同じ原因により利益をも受けた場合に、
その利益を損害から控除して損害賠償額を定めることをいいます。

　そこで交通事故による業務災害の裁判例において、労災保険給付等
と民事損害賠償との損益相殺がどのようになされているかについて見
ることにします。

　　①　大阪地裁　平成23年10月5日判決（交民集第44巻5号）

第1章　労災民事損害賠償額はどのように算定されるか

事故態様：

平成18年8月9日、交差点において、タクシーと普通乗用自動車が衝突した事故により、同タクシーの後部座席に座っていた被災者が重度の後遺障害（自賠責等級第1級1号）を負った。

判示事項：

① 損益相殺的な調整は、労災休業補償給付、労災障害補償年金及び障害基礎厚生年金については、休業損害及び後遺障害逸失利益の元本との間で、労災介護補償給付については、介護費用の元本との間で、それぞれ行うべきである。

② 自賠責保険金については、遅延損害金に先ず充当し、その後に元本に充当すべきである。

「(1) 既払金の充当方法

ア 労災保険法及び厚生年金保険法に基づく給付又は年金について

労災保険法及び厚生年金保険法に基づく各種給付又は年金は、それぞれの制度の趣旨目的に従い、特定の損害について必要額を填補するために支給されるものであるから、填補の対象となる特定の損害と同性質であり、かつ、相互補完性を有する損害の元本との間で、損益相殺的な調整を行うべきものと解するのが相当であり、制度の予定するところと異なってその支給が著しく遅滞するなどの特段の事情のない限り、これらが支給され、又は支給されることが確定することにより、その填補の対象となる損害は不法行為の時に填補されたものと法的に評価して損益相殺的な調整をすることが、公平の見地からみて相当である（最高裁判所平成22年9月13日第1小法廷判決・裁判所時報1515号6頁参照）。

379

第2部　労災民事損害賠償額算定の実際

　　したがって、原則として、損益相殺的な調整は、①労災休業補償給付については、負傷又は疾病により労働することができないために受けることができない賃金を填補されるために支給されるから、休業損害の元本との間で、②労災障害補償年金及び③障害基礎厚生年金は、後遺障害が残った場合に労働能力を喪失し、又はこれが制限されることによる逸失利益を填補するために支給されるから、後遺障害逸失利益の元本との間で、④労災介護補償給付は、一定程度以上の障害により介護を要する状態にあり、介護を受けている場合に介護費用を填補するために支給されるから、介護費用の元本との間で、それぞれ行うべきである。

　　また、休業損害と後遺障害逸失利益は、損害費目として症状固定前後で区別されているにすぎず、同質性を有するものといえるから、上記損益相殺的な調整を行う上では、区別するのが相当とはいえない。

被災者：男性、本件事故当時28歳、症状固定時30歳、会社員
　　　　頭蓋骨・顔面骨骨折、重症脳損傷、外傷性くも膜下出血
　　　　等の傷害を負い、合計1057日間入院
原　　告：被災者本人、父、母、姉
判決認容額：2億6,702万0,920円

認定された損害額は次のとおり。

I　被災者本人の損害
(1)　治療費　労災保険等から支払済みにつき、損害額として計上しない。
(2)　転院先探しのための代理診療費用　　　　　　　　8万7,730円
(3)　入院雑費　　　　　　　　　　　　　　　　　　81万1,500円
　　（本件事故の日から症状固定日までの入院541日間につき、

第1章　労災民事損害賠償額はどのように算定されるか

1日1,500円）

(4)　症状固定までの入院付添費　　　　　　　270万5,000円

(5)　入院付添い関連費用（①～③の計）　　　122万6,000円

（内訳）

　　　①交通費等　　　　　　　　　20万0,000円

　　　②ホテル宿泊費の立替分　　　33万3,300円

　　　③アパート賃借費用　　　　　69万2,700円

(6)　休業損害　　　　　　　　　　　　　　　420万5,394円

(7)　入院慰謝料　　　　　　　　　　　　　　395万0,000円

(8)　眼鏡代　　　　　　　　　　　　　　　　8万4,000円

(9)　後遺障害慰謝料（自賠責等級第1級1号）　3,000万0,000円

(10)　後遺障害逸失利益　　　　　　　　　　　8,280万0,653円

「(13)後遺障害逸失利益

　基礎収入を495万4800円（平成20年賃金センサス高専・短大卒・全年齢・男性労働者平均賃金、甲A94）、労働能力喪失率を100%、労働能力喪失期間を67歳まで37年（症状固定時30歳、対応するライプニッツ係数16.7112）とすれば、後遺障害逸失利益は、8280万0653円となる。」

(11)　将来看護費（①～②の計）　　　　　1億2,740万5,510円

（内訳）

　　　①平成20年2月1日（症状固定日の翌日）　309万6,000円

　　　　から平成21年6月30日（退院）まで

　　　②平成21年7月1日（自宅介護開始）　1億2,430万9,510円

　　　　から平均余命期間（47年間）

　「介護費用の日額は、症状固定時点での平均余命期間を通じ、家族及び職業介護人による介護を合わせて、平均して日額2万円とするのが相当である。

　そうすると、症状固定時点（平成20年1月31日、30歳）での

平均余命を原告らの主張どおり47年間（対応するライプニッツ係数17.9810）とし、症状固定時点から自宅介護開始時（平成21年7月1日、原告太郎31歳）までを1年（対応するライプニッツ係数0.9523）とみて、症状固定時点での現価計算を行えば、将来の介護費用は、1億2430万9510円となる。

　（計算式）20,000×365×（17.9810－0.9523）＝124,309,510」

⑿　症状固定後の入院付添い関連費用（①～②の計）119万0,000円

（内訳）

　　①アパート賃借費用　　　　　　　　　102万0,000円

　　②入院付添いのための交通費等　　　　 17万0,000円

⒀　自動車購入費用　　　　　　　　　　　　354万6,000円

⒁　家屋改造費用　　　　　　　　　　　　1,270万7,888円

⒂　介護器具代（①～⑦の計）　　　　　　　937万6,632円

（内訳）

　　①介護浴槽とストレッチャー　　　472万8,000円

　　②在宅療養ベッド　　　　　　　　153万9,848円

　　③ベッドサイドテーブル　　　　　　8万0,374円

　　④吸引器・吸入器等　　　　　　　 58万6,203円

　　⑤車椅子　　　　　　　　　　　　174万1,861円

　　⑥バイタルボックス等生体管理装置類　59万8,281円

　　⑦指のリハビリ等の道具等　　　　 10万2,065円

⒃　上記⑴から⒂までの合計　　　　　2億8,009万6,307円

Ⅱ　既払金の充当方法

⒄　労災保険法及び厚生年金保険法に基づく給付・年金（①～②の計）　　　　　　　　　　　　　　　　　　　1,891万7,090円

（内訳）

　　①労災保険法による給付額（ア～ウの計）　1,213万1,600円

（内訳）

第1章　労災民事損害賠償額はどのように算定されるか

　　　ア　労災休業補償給付　　　　　　　　244万5,320円

　　　　　（休業損害の元本から控除）

　　　イ　労災介護補償給付　　　　　　　　251万5,590円

　　　　　（介護費用の元本から控除）

　　　ウ　労災障害補償年金　　　　　　　　717万0,690円

　　　　　（後遺障害逸失利益の元本から控除）

　　　②障害基礎厚生年金　　　　　　　　　678万5,490円

　　　　（休業損害及び後遺障害逸失利益から控除）

　　　※上記①及び②については、本件では、計算上、全体の元

　　　　本から控除するのと同じ結果になる。

「(2)既払金等の充当

　ア　労災休業補償給付、労災障害補償年金及び労災介護補償給

付について

　　　別紙1のとおり、原告太郎が支払を受けた労災休業補償給

付は合計244万5320円、労災介護補償給付は合計251万5590円

であり、支払を受け、又は支給決定を受けた労災障害補償年

金は合計717万0690円である（支払を受けた給付のみならず、

支給決定を受けた給付も控除するのが相当である）。前記の

とおり、労災休業補償給付及び労災障害補償年金は休業損害

及び後遺障害逸失利益の元本から、労災介護補償給付は介護

費用の元本から、それぞれ控除されるべきであるが、本件で

は、計算上、全体の元本から控除するのと同じ結果となる。

　　　（中略）

　イ　障害基礎厚生年金について

　　　原告太郎（被災者）が支払を受け、又は支給決定を受けた

障害基礎厚生年金は合計678万5490円である（支払を受けた

給付のみならず、支給決定を受けた給付も控除するのが相当

である）。前記のとおり、これは休業損害及び後遺障害逸失

利益から控除されるべきであるが、本件では、計算上、全体から控除するのと同じ結果となる。」

⒅　上記⒃から⒄を控除した残額　　　　　２億6,117万9,217円

⒆　被告側保険会社からの支払金　　　　　　　　86万7,740円

⒇　上記⒅から⒆を控除した残額　　　　　２億6,031万1,477円

(21)　上記⒇に対する遅延損害金　　　　　　　2,620万9,443円

(22)　上記⒇に(21)を加算した合計　　　　　　２億8,652万0,920円

(23)　自賠責保険金　　　　　　　　　　　　　4,000万0,000円

「ウ　自賠責保険金について

　　自賠責保険金については、遅延損害金にまず充当し、その後に元本に充当すべきである（最高裁判所平成16年12月20日第２小法廷判決・裁判集民事215号987頁参照）。」

(24)　上記(22)に(23)を充当した後の残額　　　２億4,652万0,920円

Ⅲ　弁護士費用

(25)　被災者本人の弁護士費用　　　　　　　　1,500万0,000円

Ⅳ　被災者本人の損害額

(26)　上記(24)に(25)を加算した合計　　　　　２億6,152万0,920円

Ⅴ　近親者固有の損害額

(27)　近親者固有の慰謝料（①～③の計）　　　　500万0,000円

（内訳）

　　　①被災者の父　　　　　　　200万0,000円

　　　②　　　　母　　　　　　　200万0,000円

　　　③　　　姉　　　　　　　　100万0,000円

(28)　被災者の父母及び姉の弁護士費用（①～③の計）

　　　　　　　　　　　　　　　　　　　　　　50万0,000円

（内訳）

　　　①被災者の父　　　　　　　20万0,000円

　　　②　　　　母　　　　　　　20万0,000円

第1章　労災民事損害賠償額はどのように算定されるか

③	姉	10万0,000円
⒇	被災者の父の損害額	220万0,000円
	上記⒇①に⒇①を加算した合計	
⒇	被災者の母の損害額	220万0,000円
	上記⒇②に⒇②を加算した合計	
⒇	被災者の姉の損害額	110万0,000円
	上記⒇③に⒇③を加算した合計	
Ⅵ	判決認容額　（⒇＋⒇＋⒇＋⒇）	2億6,702万0,920円

② 　東京地裁　平成24年1月17日判決（交民集第45巻1号）

事故態様：
　平成20年7月14日、信号機による交通整理の行われている幹線道路交差点において、対面信号青色点滅で本件交差点に進入し横断歩道上を自転車に乗って走行していた被災者に大型貨物自動車が衝突し、その際被災者は同車両の底部に巻き込まれてれき圧され、胸腔内臓器損傷等の傷害を受けて死亡した。

判示事項：
　① 　遺族厚生年金、労災遺族補償年金は損害の填補として逸失利益の相続承継分から控除する。
　② 　遺族特別支給金、遺族特別年金、労災就学等援助費は、それらの制度趣旨に照らして控除しない。

被災者：女性、54歳、有職の主婦
原　告：被災者の夫、子3名
過失相殺：30%
判決認容額：928万3,825円

第2部　労災民事損害賠償額算定の実際

認定された損害額は次のとおり。

Ⅰ　被災者本人の損害

(1)　葬儀費用等　　　　　　　　　　　　　　　　150万0,000円

(2)　逸失利益（①〜③の計）　　　　　　　　　3,049万5,641円

　（内訳）

　　①賃金収入　　　　　　　2,620万3,468円

　「ア　花子（被災者）は、本件事故当時、Ｃ社に勤務するとともに、家事に従事していたが（甲19）、平成19年度において、上記会社から得た給与・賞与は、226万6062円（乙1）にとどまり、賃金センサス女子平均賃金を下回るから、家事従事を考慮すると、基礎収入は、平成20年賃金センサス女子平均349万9900円とするのが相当である。就労可能期間は、平均余命を34年としてその2分の1に相当する17年、生活費控除率は30％とするのが相当である。なお、花子は、64歳までは少なくとも毎年18万3546円の年金保険料を負担することになっていたから（甲14）、64歳まではこの分を控除することとする。

　｛349万9900円×（1−0.3）−18万3546円｝×7.7217+349万9900円×（1−0.3）×（11.2741−7.7217）=2620万3468円」

②退職共済年金（国家公務員共済組合連合会）

　　　　　　　　　　　　　　　48万2,495円

　「イ　花子（被災者）は、国家公務員共済組合連合会から退職共済年金を受給する予定であり、その額は、平成27年2月から平成31年1月までは、毎年9万0900円、同年2月以降は、毎年11万4000円であることが認められる（甲5）。そして、平均余命は34年であり、生活費控除率を60％とするのが相当であるから、退職共済年金に関する逸失利益は、48万2495円となる。

　9万0900円×（7.7217−5.0757）×（1−0.6）+11万4000円×

（16.1929 − 7.7217）×（1 − 0.6）＝48万2495円」

③老齢基礎年金及び老齢厚生年金等　380万9,678円

　「花子（被災者）は、老齢基礎年金及び老齢厚生年金を受給する予定であり、平成26年2月から平成30年1月末まで老齢基礎年金、特別支給老齢厚生年金の合計2万2300円に加えて年金基金13万1006円を、平成30年2月から平成31年1月までは25万5000円に加えて年金基金13万1006円を、平成31年2月から84万9600円に加えて年金基金19万6450円を受給する予定であったことが認められる（甲10）。そして、平均余命は34年であり、生活費控除率を60％とするのが相当であるから、老齢基礎年金及び老齢厚生年金等に関する逸失利益は380万9678円となる。

　（2万2300円＋13万1006円）×（7.1078 − 4.3295）×（1 − 0.6）
＋（25万5000円＋13万1006円）×（7.7217 − 7.1078）×（1 − 0.6）
＋（84万9600円＋19万6450円）×（16.1929 − 7.7217）×（1 − 0.6）
＝380万9678円」

(3)　慰謝料（①～③の計）　　　　　　　　　　　　2,500万0,000円

　　（内訳）

　　　①被災者本人　　　　　　　　　2,000万0,000円

　　　②被災者の夫　　　　　　　　　　200万0,000円

　　　③　　　　子3名（各100万円）　300万0,000円

(4)　被災者本人の損害（(1)、(2)、(3)①の計）　計5,199万5,641円

Ⅱ　損害の填補等

(5)　自賠責保険金（原告ら）　　　　　　　　　　　3,000万0,000円

　　（逸失利益から控除）

(6)　遺族厚生年金（被災者の夫）　　　　　　　　　　38万8,965円

　　（逸失利益の相続承継分から控除）

(7)　遺族厚生年金（被災者の子C）　　　　　　　　　77万7,830円

　　（逸失利益の相続承継分から控除）

第2部　労災民事損害賠償額算定の実際

(8)　国家公務員共済（被災者の子Ｃ）　　　　　　　　１万9,633円
　　（逸失利益の相続承継分から控除）

(9)　労災遺族補償年金（被災者の子Ｃ）　　　　　　28万4,128円
　　（逸失利益の相続承継分から控除）

Ⅲ　損害額から非控除・制度趣旨による非控除

(10)　遺族特別支給金（被災者の子Ｃ）

(11)　遺族特別年金（被災者の子Ｃ）

(12)　労災就学等援助費（被災者の子Ｃ）

「(4)損害の填補等

　原告らは、自賠責保険から3000万円を受領していることを自認している。

　原告太郎（被災者の夫）は、遺族厚生年金として、平成22年1月15日に18万4266円の支給を受け、同年2月及び同年4月に各4万0950円、同年6月、同年8月及び同年10月に各4万0933円の合計38万8965円の支給を受けたことが認められるから（甲17の1から3）、これを損害（逸失利益の相続承継分）から控除する。

　原告梅男（被災者子Ｃ）は、遺族厚生年金として、平成21年11月13日に28万6583円、同年12月、平成22年2月及び同年4月に各4万0950円、同年6月から平成23年10月まで偶数月に各4万0933円の合計77万7830円、国家公務員共済から、平成22年4月16日に1万0334円、同年6月から平成23年10月まで偶数月に各1033円（ただし、同年2月は1035円）の合計1万9633円、労災遺族補償年金として、平成23年4月から同年10月まで偶数月に各7万1032円の合計28万4128円の支給を受けたことが認められるから（甲15）、これらの総合計108万1591円を損害（逸失利益の相続承継分）から控除する。なお、原告梅男は、遺族特別支給金、遺族特別年金及び労災就学等援助費（甲18の2から6）の支給を受けているが、それらの制度趣旨に照らし、損害からは控除しない。」

Ⅳ　結論

⑬	被災者本人の過失	30％
⑭	過失相殺後の金額	3,639万6,948円

上記⑷5,199万5,641円×（1－0.30）

⑮	被災者本人の損害額	639万6,948円

上記⑭から⑸自賠責保険金
3,000万円を控除した残額

⑯	被災者の夫の相続分、慰謝料及び控除額	420万9,509円

上記⑮の2分の1相当額319万8,474円
＋固有の慰謝料140万円（⑶②の70％相当）
－遺族厚生年金38万8,965円

⑰	被災者の夫の弁護士費用	42万0,000円
⑱	**被災者の夫の損害**	462万9,509円

上記⑯＋⑰

⑲	被災者の子Aの相続分及び慰謝料	176万6,158円

上記⑮の6分の1相当額106万6,158円
＋固有の慰謝料70万円（⑶③の70％相当）

⑳	被災者の子Aの弁護士費用	17万6,000円
㉑	**被災者の子Aの損害**	194万2,158円

上記⑲＋⑳

㉒	被災者の子Bの相続分及び慰謝料	176万6,158円

上記⑮の6分の1相当額106万6,158円
＋固有の慰謝料70万円（⑶③の70％相当）

㉓	被災者の子Bの弁護士費用	17万6,000円
㉔	**被災者の子Bの損害**	194万2,158円

上記㉒＋㉓

㉕	被災者の子Cの損額	70万0,000円

上記⑮の6分の1相当額106万6,158円は遺族厚生年金等108万

第2部　労災民事損害賠償額算定の実際

　　1,591円（(7)〜(9)の計）により填補されるので、固有の慰謝料
　　70万円（(3)③の70％相当）のみ

(26)　被災者の子Cの弁護士費用　　　　　　　　　　　　7万0,000円

(27)　**被災者の子Cの損害**　　　　　　　　　　　　　77万0,000円

　　上記(25)＋(26)

「3　結論

　以上によれば、上記2の(1)（葬儀費用等）、(2)（逸失利益）及
び(3)（慰謝料）の2000万円の合計は、5199万5641円であり、過失
相殺後の損害額は、3639万6948円となり、自賠責保険金3000万円
を控除すると、639万6948円となる。

　原告太郎（被災者の夫）については、その2分の1に相当する
319万8474円に固有の慰謝料140万円を加算し、遺族厚生年金38万
8965円を控除すると、420万9509円となり、相当と認められる弁
護士費用42万円を加算すると、損害は、462万9509円となる。

　原告松男（被災者の子A）及び原告竹男（被災者の子B）につ
いては、その6分の1に相当する106万6158円に固有の慰謝料70
万円を加算すると、176万6158円となり、相当と認められる弁護
士費用17万6000円を加算すると、損害は、各194万2158円となる。

　原告梅男（被災者の子C）については、上記106万6158円（逸
失利益の相続承継分）は、遺族厚生年金等の108万1591円で填補
されるので、固有の慰謝料70万円に相当と認められる弁護士費用
7万円を加算すると、損害は、77万円となる。

　よって、主文のとおり判決する。」

Ⅴ　判決認容額（(18)＋(21)＋(24)＋(27)）　　　　　　928万3,825円

第2章　裁判例において労災民事損害賠償額はどのように算定されているか

第2章
裁判例において労災民事損害賠償額はどのように算定されているか
－損害額算定の部分を中心に

　裁判実務においては様々な要素を考慮して損害額を認定しています。そこで、損害賠償額がどのように算定されているのかを知っていただくために、以下に、労災死亡・負傷事件、外国人労働者の労災負傷事件、脳・心臓疾患発症事件等の裁判例を紹介します。

▌１▐　三六木工事件（横浜地裁小田原支部　平成６年９月27日判決、労判681号）

○大型トラックに積込作業中、吊っていたチップ原木（ワイヤーロープで束ねた重量約850キログラム）が落下して同トラック運転手の頭部にあたって負傷した事例（後遺障害等級１級、症状固定時39歳、過失相殺否認、男性、既婚者）

主要判示事項のポイント：
1. 損害額を算定するにあたり、将来支給されることが予定されている労災保険金を控除することは相当でない。
2. 労災保険特別支給金については損害のてん補を目的とするものではないので、損害額から控除するのは相当でない。

事故態様：立木売買、製材及び木材加工販売等を目的とする会社のトラック運転手が、米軍住宅建設予定地内において、ワイヤーロープで束ねた重量約850キログラムのチップ原木を積載

391

第2部　労災民事損害賠償額算定の実際

　　　　　型トラッククレーンを使用して、大型トラックに積み込む
　　　　　作業に従事していたところ、玉掛けに使用していたワイヤー
　　　　　ロープのアイ（環状部分）の編み込み部分が本件原木の荷
　　　　　重に耐えきれずに解けたため、吊っていた原木が落下して
　　　　　同トラック運転手の頸部にあたって頸椎脱臼骨折の傷害を
　　　　　負い、障害等級第1級の後遺障害を残した（民法第415条）。
事故発生日：平成3年2月9日
被　災　者：男性（既婚者）、39歳（症状固定時）
原　　　告：被災者本人及びその妻
過失相殺：被災者本人は本件原木の玉掛け作業をしていないとして、
　　　　　被告会社の過失相殺の主張を否認した。
判決による認容額：1億6,524万7,829円

　損害額の詳細は次のとおり。
(1)原告被災者の損害額合計：1億5,754万7,829円
　①休業損害：147万8,301円
　　本件事故直前の年収　529万円
　　休業日数102日間（本件事故当日－平成3年2月9日から後遺障
　　害の症状固定日－同年5月21日までの期間）
　　計算式　529万円÷365日×102日＝147万8,301円
　②逸失利益：7,881万0,949円
　　基礎収入：529万円（本件事故直前の年収）
　　労働能力喪失率：100％
　　就労可能年数：28年（症状固定時の39歳から67歳までの期間）
　　　これに対応するライプニッツ係数は14.8981
　　　計算式　　529万円×14.8981＝7,881万0,949円
　③傷害慰謝料：160万円
　④後遺障害慰謝料：2,500万円

第2章　裁判例において労災民事損害賠償額はどのように算定されているか

⑤付添看護料：4,309万7,229円

被災者の妻の付添看護料　1年あたり：255万5,000円

（1日あたり7,000円×365日）

付添看護期間　38年間（39歳から77歳）

これに対応するライプニッツ係数は16.8678

計算式　255万5,000円×16.8678＝4,309万7,229円

判示事項：

「原告Sは、その後遺障害のため、常時付添看護を必要とする状態が終生継続すること、これまで妻である原告Tが原告Sの付添看護に当たってきたが、その付添看護の内容は、排尿、排便、入浴の世話、床ずれの防止、低温火傷の防止等、多岐にわたるもので、ほとんど目が離せない状況であることが認められる。右の事実によれば、原告Sに対する付添看護料は1日当たり7,000円と認めるのが相当であり、原告Sの請求する平成3年6月14日（同日時点で原告Sは39歳）以降の付添看護料について、1年当たりの付添看護料を255万5,000円（7,000×365日）とし、平成3年簡易生命表による42歳（口頭弁論終始時点で原告Sは42歳）男子の平均余命は35.81年であるから、39歳から77歳までの38年間に対応するライプニッツ係数16.8678を乗じると、付添看護料の合計は4,309万7,229円となる。」

⑥入院雑費：49万4,939円

⑦紙おむつ代：61万7,300円

⑧タオル代：205万7,670円

⑨お茶代：187万7,624円

⑩車椅子代：6万6,963円

⑪床ずれ防止ベッド代等：172万8,012円

第2部　労災民事損害賠償額算定の実際

⑫リフト代：40万6,850円

⑬建物改装費：570万8,033円

⑭エアコン代：62万8,500円

⑮昇降機（電動リフター）：197万円

⑯医療費：10万6,981円

⑰上記損害額の合計　1億6,564万9,351円（①から⑯の合計）

⑱損益相殺の対象にするもの　合計　1,810万1,522円

　⑱－1　一部弁済金：652万3,910円

　⑱－2　労災保険・国民年金・厚生年金保険：1,157万7,612円

⑲損益相殺の対象にしないもの

⑲－1　特別支給金（労災保険）

判示事項：

　「原告被災者は、いわゆる特別支給金の支給を受けているが、これは損害のてん補を目的として支給されるものではなく、被害者の福祉を目的として支給されるものであるから、これを損害額から控除するのは相当でない。」

⑲－2　将来支給予定の労災保険金

判示事項：

　「被告は、将来支給される労災保険金等を損害額から控除すべきである旨主張する。

　しかしながら、安全配慮義務違反あるいは不法行為に基づく損害賠償制度は、被害者に生じた現実の損害を金銭的に評価し、加害者にこれを賠償させることにより、被害者が蒙った不利益を補てんして、安全配慮義務違反あるいは不法行為がなかったときの状態に回復させることを目的とするものであるから、被害者が労災保険等から補

第2章　裁判例において労災民事損害賠償額はどのように算定されているか

> 償を受けることとなった場合であっても、損害額から控除すべき範
> 囲は、被害者に生じた損害が現実に補てんされたということができ
> る範囲に限られるべきであり、右の観点からすると、将来支給され
> ることが予定されている労災保険金を控除するのは相当でなく、既
> に支給された労災保険金のほかには、支給されることが確定した金
> 額についてのみ控除するのが相当であるが、本件においては、右確
> 定した金額を認定するに足りる証拠がないから、これを控除するこ
> とはできない。」

⑳損益相殺後の損害額　合計　１億4,754万7,829円（⑰−⑱）

㉑原告被災者の弁護士費用：1,000万円

㉒原告被災者の損害額　合計　１億5,754万7,829円（⑳＋㉑）

(2)　原告妻の損害額合計　合計　770万円

㉓慰謝料：700万円

> 判示事項：
>
> 　「原告Ｔは、かけがえのない夫を第１級の後遺障害に至らしめら
> れたもので、その怒りと心痛は計り知れないものであるうえ、特に、
> 原告Ｓの障害は、死亡にも比肩すべき重篤なもので、右手が若干動
> かせるのを除き、首から下が全く動かせない状態で、排尿、排便の
> 世話や体温調節の世話など常時看護を要する状態が終生継続するも
> のであるため、原告Ｔは、原告Ｓの看護に生活を拘束され続けるで
> あろうことが認められ、これらの事情を考慮すると、夫である原告
> Ｓの後遺障害によって蒙った原告Ｔの苦痛に対する慰謝料は700万
> 円が相当と認められる。」

㉔弁護士費用：70万円

判決による認容額：１億6,524万7,829円（(1)＋(2)）

第2部　労災民事損害賠償額算定の実際

❷　喜楽鉱業事件（大阪地裁　平成16年3月22日判決、判時1866号）

○廃溶剤タンクの清掃作業に従事していた従業員が、有機溶剤中毒に罹患して死亡した事例（死亡時29歳、過失相殺30％、男性、独身者）

主要判示事項のポイント：

1．損害額を算定するにあたり、労災保険給付を損益相殺する前に過失相殺を行い（控除前相殺説）、また労災特別支給金については損害額から控除しない（控除否定説）。

事故態様：廃油の収集、運搬、処理、再生等を業とする被告本社工場
　　　　　　において、廃溶剤タンクの清掃作業に従事していた従業員
　　　　　　が、有機溶剤中毒に罹患して死亡した（民法第415条）。

事故発生日：平成12年12月13日

被　災　者：男性（独身者）、29歳（被災当時の年齢）

原　　　告：被災者の父であり相続人でもある

過失相殺：30％

判決による認容額：5,174万6,357円（民法第415条）

　損害額の詳細は次のとおり。

①死亡逸失利益：5,440万7,915円

　基礎収入：645万1,098円（円未満切捨て、以下同様）

　613万3,831円÷348×366＝645万1,098円

　　↑

　（平成12年1月1日から同年12月13日までの収入）

就労可能年数：38年（被災時から67歳に達するまでの年数）

　（これに対応するライプニッツ係数は16.8678）

生活費控除率：50％（被災者は独身で扶養家族はいない）

396

第２章　裁判例において労災民事損害賠償額はどのように算定されているか

死亡逸失利益の計算式

　　645万1,098円×（1－0.5）×16.8678≒5,440万7,915円

②死亡慰謝料：2,300万円

③過失相殺率：30％

④過失相殺後の損害賠償金：5,418万5,540円

　計算式（①＋②）×（100－30）％

⑤損益相殺の対象となるもの　合計713万9,183円

　内　訳

　⑤－1　遺族補償年金（労災保険）　413万9,183円

　　（平成14年4月から同16年1月までの支給分）

> 判示事項：
>
> 　「この給付の対象となる損害と同一の事由の関係にある死亡逸失利益について損害のてん補がなされたものというべきであり、その価額の限度で被告は賠償責任を免れる。」

　⑤－2　弔慰金（総合福祉団体定期保険金）　300万円

⑥損益相殺の対象としないもの

　⑥－1　遺族特別支給金・遺族特別年金（労災保険）

694万1,731円

> 判示事項：
>
> 　「遺族特別支給金及び遺族特別年金は、労働福祉事業として被災労働者の遺族に特別に支給されるものであり、被災労働者の損害をてん補する性質を有するものとは認められないから、損害賠償額の算定に当たり原告が支給を受けた遺族特別支給金及び遺族特別年金を控除することはできないというべきである。また、被告は、葬祭料をも損益相殺の対象に含めるべきであると主張するが、本件にお

397

第2部　労災民事損害賠償額算定の実際

いて、原告は葬儀費の損害賠償を請求しておらず、労働者災害補償保険から支給された葬儀料を死亡逸失利益又は慰謝料から控除することはできないというべきである。これらの点に関する被告の主張は採用できない。」

⑥-2　傷害保険金（被告会社加入の普通傷害保険）　700万円

判示事項：
　「被告は、前記傷害保険金700万円についても、損益相殺がなされるべきであると主張するが、前記傷害保険金は、保険契約者（被告）の損害賠償義務の有無を問わず支払われるとされていることから、同保険金をもって損害賠償のてん補としての性質を有するものということはできず、この点に関する被告の主張は採用できない。ただし、前記傷害保険契約の保険料は被告が出損していること及びその保険金額等を考慮し、前記傷害保険金が支払われたことを慰謝料算定に当たって斟酌することとする。」

⑦損害てん補後の残額：4,704万6,357円
　計算式　④-⑤
⑧弁護士費用：470万円
⑨判決による認容額：5,174万6,357円
　計算式　⑦+⑧

③ 暁産業事件（福井地裁　平成26年11月28日判決、労判1110号）

○消防設備や消火器等の保守点検業務に従事していた高卒の新入社員が、上司から、仕事上のミスに対して叱責を受けたが、その内容は叱責の域を超えており、同新入社員の人格を否定し、威迫するものであっ

第2章　裁判例において労災民事損害賠償額はどのように算定されているか

たことから、うつ病を発症して自殺した事例（死亡時19歳、過失相殺
否認、男性、独身者）

主要判示事項のポイント：

1．逸失利益を算定するに当たり、被災者は健康な19歳の男性で
あり、死亡当時の平成22年賃金センサス産業計・企業規模計・
学歴計男性平均賃金である年収を得た蓋然性があると認める。

2．原告（被災者の父）が支給を受けた遺族補償金は、逸失利益
（元本）に充当するのが相当である（最一小平成22年9月13日
判決を引用）。

発症原因：被災者は、高校卒業後の平成22年4月1日、被告会社との
間で、正社員として労働契約を締結して、被告会社がメン
テナンスを引き受けている事業所の消防設備や消火器等の
保守点検業務に従事していたところ、上司の叱責は、仕事
上のミスに対する叱責の域を超えて、人格を否定し、威迫
するものであったことからうつ病を発症し、正常な認識、
行為選択能力及び抑制力が著しく阻害された状態となり、
自宅の自室において縊死した（民法第715条1項）。

死 亡 日：平成22年12月6日　19歳（死亡時）

被 災 者：男性（独身者）

原　　告：被災者の父

過失相殺：否認

判決による認容額：7,261万2,557円

損害額の詳細は次のとおり。

①逸失利益：4,727万3,162円

基礎収入　年収523万0,200円

399

第2部　労災民事損害賠償額算定の実際

　　　　　　　　　　　（平成22年賃金センサス産業計・企業規模計・
　　　　　　　　　　　　学歴計男性平均賃金）
　　　　　就労可能年齢　67歳
　　　　　生活費割合　5割
　　　　　計算式
　　　　　　　523万0,200円×（1−0.5）×18.077（48年に対応する
　　　　　　　ライプニッツ係数）＝4,727万3,162円（円未満切り捨て）
②死亡慰謝料：2,300万円
　　　　　　　被災者が自殺に至った経緯、生活状況等、諸般の事情
　　　　　　　を考慮
③遺族補償金：366万0,605円（平成25年5月29日に原告に支給）
④損益相殺：上記③遺族補償金を①逸失利益から控除
　　　　　　　計算式
　　　　　　　①逸失利益4,727万3,162円−③遺族補償金366万0,605円
　　　　　　　＝4,361万2,557円

「(3)賠償額の算定
　ア　原告が平成25年5月29日に支給された遺族補償金366万0605円
は、上記逸失利益（元本）に充当するのが相当であるところ（平成22年
9月13日最高裁判所第一小法廷判決・民集64巻6号1626頁参照）。
4727万3162円から366万0605円を減じると4361万2557円となる。

※上記判決文中に引用されている最一小平成22年9月13日判決は、
　フォーカスシステムズ事件判決（最大平成27年3月4日判決）にお
　いても引用されています（本書第1部第22章320頁参照）。

⑤上記損益相殺後の金額に死亡慰謝料を加算した額：
　　　　　　　4,361万2,557円＋死亡慰謝料2,300万円

第２章　裁判例において労災民事損害賠償額はどのように算定されているか

　　　　　　　　＝6,661万2,557円
⑥弁護士費用：600万円
⑦判決による認容額：7,261万2,557円

４　テクノアシスト相模・大和製罐事件（東京地裁　平成20年２月13日判決、判時2004号）

○請負人労働者が注文者の製罐工場内で検蓋作業に従事中、作業台から転落して死亡した事例（死亡時22歳、過失相殺20％、男性、独身者）

> 主要判示事項のポイント：
> １．逸失利益を算出するに当たり、被災者は高校卒業後専門学校を中退しているとして、死亡時の賃金センサス産業計男性労働者高卒の全年齢平均額を基礎収入額とした。
> ２．将来の逸失利益を現在価額に換算するために控除すべき中間利息の割合は、民事法定利率によらなければならないとして最高裁判決を引用。

事故態様：注文者の製罐工場内において、請負人の従業員が、高さ90
　　　　　cm足場面積40cm四方の作業台の上に立ってライン上を流れ
　　　　　る缶の蓋を検査する検蓋作業に従事中、作業台から転落し
　　　　　工場床面に頭部を強打し、脳挫傷・急性硬膜下血腫等の傷
　　　　　害を負って死亡した（民法第415条、第709条）。
事故発生日：平成15年８月２日
被　災　者：男性（独身者）
死　亡　日：平成15年11月８日　22歳（死亡時）
原　　　告：被災者の父母
過失相殺：20％
判決による認容額：5,172万5,451円

第2部　労災民事損害賠償額算定の実際

損害額の詳細は次のとおり。

①逸失利益：4,419万2,384円

　　　　　　基礎収入　497万2,700円（賃金センサス）

　　　　　　就労可能年数　45年間（22歳から67歳までの期間）

　　　　　　ライプニッツ係数　17.7740（45年に対応する係数）

　　　　　　生活費控除率：50％

　　　　　　計算式：497万2,700円×50％×17.7740

　　　　　　　　　　＝4,419万2,384円（1円以下切り捨て）

判示事項：

「(1)一郎の逸失利益（4,419万2,384円）

　上記認定事実のとおり、一郎は、高校卒業後専門学校を中退しているから、平成15年賃金センサス産業計男性労働者高卒の全年齢平均497万2,700円を基準として、22歳から67歳まで45年間就労可能（ライプニッツ係数17.7740）、生活費控除率50％として算出するのが相当である。そうすると、逸失利益の額は4,419万2,384円（4,972,700円×50％×17.7740。一円以下切り捨て）となり、原告らが相続により取得する金額は、その2分の1である2,209万6,192円となる。

　なお、損害賠償額の算定に当たり、被害者の将来の逸失利益を現在価額に換算するために控除すべき中間利息の割合は、民事法定利率によらなければならないというべきである（最高裁平成17年6月14日第三小法廷判決、民集59巻5号983頁参照）。」

②相続：原告父　2,209万6,192円（①の2分の1）

　　　　原告母　2,209万6,192円（①の2分の1）

③慰謝料：2,500万0,000円

　　　　　（内訳）被災者本人の慰謝料　2,000万0,000円

　　　　　　　　　原告父の慰謝料　　　250万0,000円

第2章　裁判例において労災民事損害賠償額はどのように算定されているか

原告母の慰謝料　　250万0,000円

判示事項：

「(2)慰謝料（2,500万円）

　一郎の年齢や本件事故の態様などに加え、本件事故後、被告大和製罐や被告テクノの調査が不十分だったため、丁原が原告太郎らに対し、一郎が発見された場所を平成17年2月ころまで誤って説明していたことなど不適切な対応があったこと、その他本件に顕れた諸事情を考慮すると、一郎の慰謝料は2,000万円が相当であり、原告ら固有の慰謝料は250万円ずつが相当である。

　したがって、慰謝料額は、原告らそれぞれ1,250万円となる。」

④原告父の慰謝料額：1,250万0,000円

⑤原告母の慰謝料額：1,250万0,000円

⑥入院雑費：2万8,973円

　　　　　　原告父が被災者の入院中に出捐を余儀なくされた入院雑費

⑦宿泊費：37万0,020円

　　　　　原告父が被災者の入院中に看護のため出捐を余儀なくされた宿泊費

⑧葬儀費用：150万円（原告父が支出）

⑨過失相殺：20%

⑩原告父の損害：2,919万6,148円

　　　　　　　3,649万5,185円×（1−0.2）

　　　　　　　　　　↑

　　　　　　　（②相続：原告父＋④＋⑥＋⑦＋⑧）

⑪原告母の損害：2,767万6,953円

　　　　　　　3,459万6,192円×（1−0.2）

403

第2部　労災民事損害賠償額算定の実際

↑

（②相続：原告母＋⑤）

⑫損益相殺：984万7,650円

（内訳）

遺族補償一時金（労災保険）925万5,000円（原告父母が受給）

葬祭料（労災保険）：59万2,650円（原告父が受給）

⑬損益相殺の対象としないもの：遺族特別支給金　300万0,000円

判示事項：

「被告らが主張する原告太郎らが受け取った遺族特別支給金については、控除すべきでない（最高裁平成8年2月23日第二小法廷判決、民集50巻2号249頁参照）。」

⑭原告父の損害額から控除：522万0,150円

（内訳）

⑫損益相殺：462万7,500円（遺族補償一時金の2分の1）

⑫損益相殺：59万2,650円（葬祭料）

⑮原告母の損害額から控除：462万7,500円

（⑫損益相殺：遺族補償一時金の2分の1）

⑯弁護士費用：470万0,000円

（内訳）

原告父　240万0,000円

原告母　230万0,000円

⑰原告父の損害額：2,637万5,998円

（⑩－⑭＋⑯原告父の弁護士費用）

⑱原告母の損害額：2,534万9,453円

（⑪－⑮＋⑯原告母の弁護士費用）

⑲判決による認容額：5,172万5,451円

第2章　裁判例において労災民事損害賠償額はどのように算定されているか

（内訳）

原告父　2,637万5,998円　（⑰）

原告母　2,534万9,453円　（⑱）

５　大庄事件（京都地裁　平成22年５月25日判決、判時2081号）

○大学を卒業して入社後わずか４か月で、恒常的な長時間労働により急性左心機能不全を発症して死亡した事例（死亡時24歳、過失相殺否認、男性、独身者）

主要判示事項のポイント：

１．大学を卒業して入社後わずか４か月で死亡した被災従業員の逸失利益を算定するに当たり、同人の基礎収入については、勤務当時の実収入額とするのではなく、死亡時の平成19年賃金センサス第１巻第１表企業規模計・学歴計・男性労働者の全年齢平均賃金相当額の年収額とするのが相当である。

２．被災従業員の性格については、一般の社会人の中にしばしばみられるものであって、労働者の個性として通常想定される範囲内のものであるから、損害額を決定するに当たって考慮すべき事情であるとまではいえない、として過失相殺を否認する。

発症原因：大学卒業後、大衆割烹店を全国展開している会社に平成19年４月１日に入社し、同会社が運営する店舗の調理場担当として勤務していた従業員は、入社後わずか４か月で、恒常的な長時間労働により急性左心機能不全を発症して死亡した（民法第709条、会社法第429条１項）。

死　亡　日：平成19年８月11日未明、自宅において

死　亡　者：男性（独身者）、24歳（死亡時）

第2部　労災民事損害賠償額算定の実際

原　　　告：死亡者の父母

過失相殺：否認

判決による認容額：7,862万7,528円

損害額の詳細は次のとおり。

①死亡逸失利益：4,866万5,308円

年収554万7,200円（賃金センサスによる）

生活費控除率50％

就労可能年数43年間（死亡時から67歳までの期間）

ライプニッツ係数　17.5459

554万7,200円×（1－0.5）×17.5459＝4,866万5,308円

判示事項：

　「一郎は、死亡前に被告会社で勤務していた当時、平均賃金が日額7,425円19銭、特別給与の額は7万4,531円であり、年額278万4,725円の収入（円未満切り捨て。以下同じ）となることが認められる。

　しかしながら、一郎は、大学卒業後、被告会社に入社してわずか4か月で死亡しており、この額を基礎収入とすることは相当ではない。

　そして、一郎の前記の実収入額や業務内容、大学を卒業していることなどを考慮すると、基礎収入は、平成19年賃金センサス第1巻第1表企業規模計・学歴計・男性労働者の全年齢平均賃金相当額の年収554万7,200円とするのが相当である。そして、一郎は独身であったことから生活費控除率を5割とし、67歳までの就労可能年数43年間に対応するライプニッツ係数（17.5459）を乗じると、一郎の死亡による逸失利益は以下のとおりとなる。

　　554万7,200円×（1－0.5）×17.5459＝4,866万5,308円」

②死亡慰謝料：2,300万0,000円（死亡者に対して）

判示事項：

「一郎は、本件死亡時24歳と若く、これから自己の店を持つことを希望し、被告会社における仕事に懸命に取り組んでいたことや被告会社の勤務体系・給与体系等一切の事情を考慮すると、一郎の死亡による慰謝料は、2,300万円が相当である。」

③上記（①及び②）合計額：7,166万5,308円

④相続：父母につき、上記③の額を、各2分の1で取得（父につき、3,583万2,654円。母につき、3,583万2,654円）

⑤葬祭料：150万0,000円（父による支出）

⑥損益相殺：153万7,780円（父の損害額から控除）

（内訳）

・葬祭料（労災保険）：53万7,780円（父が受領、父の損害額から控除）

・死亡弔慰金（被告会社）：100万0,000円（父が受領、父の損害額から控除）

⑦弁護士費用：700万0,000円（父母、各々350万円）

⑧過失相殺：否認

判示事項：

「一郎が真面目であり、几帳面であったことなどから、その性格が死亡に寄与したことを理由に過失相殺することが考えられるが、一郎の前記性格は、一般の社会人の中にしばしばみられるものであって、労働者の個性として通常想定される範囲内のものであるから、被告らの賠償すべき損害額を決定するにあたって考慮すべき事情であるとまではいえない。

その他、本件全証拠によっても、一郎の側に過失があったことを認めるに足りる事情はない。」

第2部　労災民事損害賠償額算定の実際

（※一郎の性格）

> 判示事項：
>
> 「＜証拠略＞によれば、一郎は、自己の履歴書に、中途半端は嫌でできるまでやる、完璧主義という精神の下、挑戦研究し続けていく性格である旨などを記載しているとおり、研修等で学んだ内容をノートに克明に記録するなど非常に真面目な性格であり、一所懸命に仕事に取り組んでいたことが認められ、また、新入社員であったことなどから、自己が必ずしも午前10時までにやらなければならない業務や休憩時間にしなければならない業務ではなかったにもかかわらず、積極的に当該業務を行っていたものと認められる。」

⑨判決による認容額：7,862万7,528円（父につき、3,929万4,874円。母につき、3,933万2,654円）

※会社側の控訴棄却（大阪高裁　平成23年5月25日判決、労判1033号）

6　西日本旅客鉄道事件（大阪地裁　平成27年3月20日判決、判タ1421号）

○鉄道事業を営む被告会社で保安設備関係の業務に従事していた従業員は、自殺前1年間の月平均時間外労働時間数は最大で159時間5分、最小で134時間1分であるなど極度の恒常的な長時間労働等過重な業務に従事したためうつ病に罹患し、勤務先の電気工事事務所付近のマンションの14階から投身自殺した事例（死亡時28歳、男性、既婚者）

主要判示事項のポイント：

1．逸失利益の算定の基礎となる年収額につき、大学院卒の総合職として採用され、勤務評価が高かったこと等により30歳から40歳までの期間において昇給を考慮する。

2．労災保険法第64条1項による支払猶予の抗弁を認め、同項に

408

第2章　裁判例において労災民事損害賠償額はどのように算定されているか

> 基づき損害賠償の履行猶予額を算定する。

発症原因：鉄道事業を営む被告会社で保安設備関係の業務に従事していた従業員は、自殺前の極度の恒常的な長時間労働等過重な業務に従事したためうつ病に罹患し、勤務先の電気工事事務所付近のマンションの14階から投身自殺した（民法第709条）。

被災者：男性、28歳、既婚者

死亡日：平成24年10月2日

原　告：被災者の妻、父母

判決による認容額：1億0,327万5,482円

損害額の詳細は次のとおり。

①逸失利益：7,871万0,808円

　　　　　　（内訳）

　　　　　　　　妻　5,247万3,872円

　　　　　　　　父　1,311万8,468円

　　　　　　　　母　1,311万8,468円

　下記のとおり、昇給の蓋然性を考慮する。

　逸失利益算定の基礎となる年収額について、被告会社の賃金規程の内容、平成24年6月30日現在における同社の従業員の30歳、40歳、及び50歳の年代別の平均年収額、被災者の死亡時までの勤続評価、昇給状況及び具体的な年収額等を考慮すれば、30歳から40歳までの間は昇給の蓋然性が認められるが、40歳から49歳までの間及び50歳から59歳までの間については被災者に昇給の蓋然性を認めることはできない。

409

第2部　労災民事損害賠償額算定の実際

> 判示事項：
> 「2　亡太郎の死亡による損害（争点1）
> (1)逸失利益　7871万0808円

> ア　本件においては、被告が従業員1000人を超える大企業であること、亡太郎が大学院卒の総合職として被告に採用されたこと及び被告における亡太郎の勤務評価が高かったこと（前記第2、2(2)エ）等からすれば、亡太郎と被告間の雇用契約が亡太郎の定年まで継続し、その間、適宜昇給し続けた蓋然性は高いと解される（昇給の蓋然性が認められること自体については被告も争わない。）。

（中略）

　ウ　前記イ（ア）及び（イ）のとおり、被告においては原則として毎年の昇給が予定されていることに加え、亡太郎の被告における勤務評価（人事考課等）が高かったこと、亡太郎の死亡前3か月間の給与額（合計114万4997円）を基に算定した死亡時（28歳当時）の年収額が、被告に在社している30歳の平均年収額（平成24年6月30日現在）を上回っていること、及び平成21年4月に被告に雇用されて以降の亡太郎の昇級状況等（甲5）を踏まえれば、亡太郎が定年まで被告で雇用された場合には、昇給により、被告に在社している大卒、大学院卒社員の30歳、40歳及び50歳の平均年収額（平成24年6月30日現在）程度の年収を、各年齢において得た蓋然性があると認めることができる。

　30歳と40歳とではその年収平均額が約2倍になっているところ（前記イ（カ））、被告の賃金規程に照らせば450万円以上の昇給が短期間で行われるとは考え難いことから、同期間においては、定期的に一定額の昇給があるものと推認される。よって、亡太郎の35歳時における

第2章　裁判例において労災民事損害賠償額はどのように算定されているか

年収額は、30歳と40歳の平均年収額の中間額であると解されることから、712万6700円とするのが相当である。

　一方、前記イ（カ）のとおり、40歳から50歳までの昇給額が60万円程度であり、30歳から40歳までの昇給額よりも40歳から50歳までの昇給額が約7分の1程度になっていることに加え、被告の賃金規程（乙2）によれば、同一資格級では年々昇給額が減少し、また、Ｃ5級からＬ2級までは各進級時の昇給額は上の級ほど高くなるが、Ｌ2級からＬ1級及びＭ2級からＭ1級への進級時には最も少ない昇給額（1万円）が定められ、Ｌ1級からＭ2級への進級時の昇給額はＣ2級からＣ1級及びＣ1級からＬ2級への進級時よりも少ないことからすれば、昇進時の昇給幅は勤続年数が長くなるほど減少する傾向があることが窺われ、さらに、職務遂行給には上限額が定められている（Ｃ級は34万6500円、Ｌ級は39万1800円、Ｍ級は44万2400円）こと等を考慮すれば、40歳以降については昇給の蓋然性を認めることが困難である。特に、55歳から60歳までの年収額については、前記イ（イ）のとおり、昇給の基礎が評価昇給のみになること等から、40歳から55歳の期間よりもさらに昇給の蓋然性を認めることができない。」

②葬儀関係費用：150万円

③慰謝料：2800万円

④上記①②③の合計：1億0,821万0,808円

⑤原告らによる上記④についての相続：妻　7,214万0,538円

　　　　　　　　　　　　　　　　　　　　（上記④×3分の2）

　　　　　　　　　　　　　　　　　父　1,803万5,134円

　　　　　　　　　　　　　　　　　　　　（上記④×6分の1）

　　　　　　　　　　　　　　　　　母　1,803万5,134円

　　　　　　　　　　　　　　　　　　　　（上記④×6分の1）

⑥損益相殺：1,433万5,324円（a）＋b））

411

第2部　労災民事損害賠償額算定の実際

　　　　　　　a）妻及び父母に対する控除額

　　　　　　　　葬祭料　123万8,520円

　　　　　　　　次のとおり法定相続分の割合で控除する。

　　　　　　　　　　妻　82万5,680円

　　　　　　　　　　父　20万6,420円

　　　　　　　　　　母　20万6,420円

　　　　　　　b）妻に対する控除額　計1,309万6,804円

　　　　　　　　妻が相続した逸失利益（5,247万3,872円）から次の
　　　　　　　　金額を控除する。

　　　　　　　　　　労災保険年金（遺族補償年金）　408万0,633円

　　　　　　　　　　損害賠償の履行猶予が認められる額

　　　　　　　　　　　　　　　　　　　　　901万6,171円

　　　　　　　　　　（労災保険法第64条第1項による支払猶予の抗
　　　　　　　　　　　弁が認められ、遺族補償年金の前払一時金最高
　　　　　　　　　　　限度額の履行が猶予された額）

判示事項：

　「(3)労働者災害補償保険法64条1項による支払猶予の抗弁について

　ア　労働者災害補償保険法64条1項は、労働者又はその遺族が障害補償年金若しくは遺族補償年金又は障害年金若しくは遺族年金（以下「年金給付」という。）を受けるべき場合であって、同一の事由について、当該労働者を使用している事業主又は使用していた事業主から民法その他の法律による損害賠償については、事業主は、当該労働者又はその遺族の年金給付を受ける権利が消滅するまでの間、その損害の発生時から当該年金給付にかかる前払一時金給付を受けるべき時までの法定利率により計算される額を合算した場合における当該合算した額が当該前払一時金給付の最高限度額に相当する額となるべき額の限度で、その損害賠償の履行をしないことができ、また、前記猶予がされている場合に年金

第2章　裁判例において労災民事損害賠償額はどのように算定されているか

給付又は前払一時金給付の支給がなされた場合には、前記猶予額の限度で、その損害賠償の責めを免れることを定める。

　よって、前記(2)のとおり、本件において、本件口頭弁論終結時にその支給が確定していない遺族補償年金について、損益相殺的な調整を図ることは認められないが、遺族補償年金前払一時金の最高限度額に相当する金額よりその損害の発生時から当該年金給付に係る前払一時金給付を受けるべき時までの法定利率により計算される額を差し引いた額（現実に年金給付又は前払一時金給付の支給が行われたか、又はその支給が確定したことにより損害賠償の責めを免れたときは、その免れた額を控除した額）については、労働者災害補償保険法64条1項1号により、原告花子の遺族補償年金を受ける権利が消滅するまでの間、被告はその損害賠償の履行が猶予され、その後当該猶予額について遺族補償年金等として現実に支給がなされれば、当該猶予額の限度で被告はその損害賠償の責めを免れることとなる。

　イ　（ア）証拠（甲5）及び弁論の全趣旨によれば、本件における遺族補償年金前払一時金の最高限度額は、給付基礎日額1万3644円（争いなし）の1000日分に相当する金額（1364万4000円）である。

　（イ）労働者災害補償保険法64条1項1号にいう「損害の発生時」は、亡太郎の死亡時である平成24年10月2日であり、同号にいう「当該年金給付に係る前払一時金給付を受けるべき時」は、遺族補償給付の支給決定がされた平成25年8月2日であると認められる（甲5）。

　（ウ）したがって、損害賠償の履行猶予が認められる額は、前払一時金の最高限度額である1364万4000円（前記（ア））から、損害の発生時から当該年金給付に係る前払一時金給付を受けるべき時までの法定利率により計算される額を差し引いた1309万6804円となる。

　（エ）原告花子が既に支給を受け、又は支給が確定した遺族補償年金は408万0633円であるから、前記1309万6804円からこれを差し引い

413

第2部 労災民事損害賠償額算定の実際

た901万6171円について、被告はその履行の猶予を求めることができる。

　そして、遺族補償年金によって填補される損害は、逸失利益のみであるから、原告花子が相続した逸失利益5247万3872円のうち、901万6171円については、その損害賠償の履行が猶予されることとなる。

　(4)以上のことから、現時点において原告花子が相続した逸失利益中、被告に対してその支払を求めることができる額は、損益相殺の対象となる408万0633円及び支払猶予の抗弁が認められる901万6171円を差し引いた3937万7068円である。」

⑦弁護士費用：940万円

　　　　　　a）妻　580万円

　　　　　　b）父　180万円

　　　　　　c）母　180万円

⑧判決による認容額：1億0,327万5,482円

　　　妻　6,401万8,054円

　　　　（計算式）

　　　　　　⑤7,214万0,538円（相続分）

　　　　　－⑥a）82万5,680円（損益相殺・葬祭料）

　　　　　－⑥b）1,309万6,804円（損益相殺・遺族補償年金等）

　　　　　＋⑦a）580万円（弁護士費用）

　　　父　1,962万8,714円

　　　　（計算式）

　　　　　　⑤1,803万5,134円（相続分）

　　　　　－⑥a）20万6,420円（損益相殺・葬祭料）

　　　　　＋⑦b）180万円（弁護士費用）

　　　母　1,962万8,714円

　　　　（計算式）

　　　　　　⑤1,803万5,134円（相続分）

　　　　　－⑥a）20万6,420円（損益相殺・葬祭料）

414

第2章　裁判例において労災民事損害賠償額はどのように算定されているか

+⑦ c）180万円（弁護士費用）

❼　ニューメディア総研（訴訟承継人アドバンストラフィックシステムズ）事件（静岡地裁　平成24年10月11日判決、判時2181号）

○システムエンジニアの従業員が自殺未遂による休職から復帰したが、従事した業務の量・内容等からみて、医学経験則に照らして過重であったため、心停止を発症して死亡した事例（死亡時31歳、過失相殺否認、女性、独身者）

主要判示事項のポイント：

1．労災保険法に基づく葬祭料の額及び遺族補償一時金の額は、原告らの損害のうち葬祭費用の額及び同じく逸失利益の額からそれぞれ控除するのが相当である。

発症原因：システムエンジニアの従業員が自殺未遂による休職から復帰したが、死亡当時の業務はその量・内容等からみて、医学経験則に照らして過重であったため、ビジネスホテルにおいて心臓性突然死を含む心停止を発症して死亡した（民法第415条、第709条）。

発症日：平成19年4月8日

被災者：女性（独身者）　31歳（死亡時）

原　告：被災者の父母

過失相殺：否認

判決による認容額：6,821万1,544円

損害額の詳細は次のとおり。

①逸失利益：4,888万5,681円

415

第2部　労災民事損害賠償額算定の実際

　　　　　　基礎収入　422万0,530円
　　　　　　死亡前1年間（平成18年5月分から平成19年4月分まで）
　　　　　　の給与・賞与の総支給額）
　　　　　　生活費控除率　30％
　　　　　　就労可能年数　36年（本件死亡時から67歳までの36年間）
　　　　　　ライプニッツ係数　16.5469（36年に対応する係数）
　　　　　　計算式　422万0,530円×（1－0.3）×16.5469＝4,888万
　　　　　　5,681円（小数点以下切り捨て）
②慰謝料：2,500万0,000円
　　　　　　（内訳）被災者本人：2,200万0,000円、父：150万0,000円、母：
　　　　　　150万0,000円
③葬儀費用：156万0,764円
④上記（①＋②＋③）小計：7,544万6,445円
⑤過失相殺：否認（基礎疾患なし、被災者の性格及びこれに基づく業
　　　　　　務遂行の態様等を心因的要因としてしんしゃくしない。）
⑥損益相殺の対象とするもの：1,343万4,900円
　　　　　　遺族補償一時金（労災保険）　1,116万5,000円
　　　　　　葬祭料（労災保険）66万9,900円
　　　　　　弔慰金（被告会社）160万0,000円
⑦損益相殺後の原告らの損額額（④－⑥）：6,201万1,545円
　　損益相殺の方法

判示事項：
　「労働者災害補償保険法に基づく葬祭料は原告らの積極損害たる葬儀
費用と、同じく遺族補償一時金は原告らの消極損害たる逸失利益と、そ
れぞれ同性質のものであり、受給権者に対する第三者の損害賠償義務と
政府の保険給付義務とが相互補完の関係にあるから、葬祭料の額は原告
らの損害のうち葬儀費用の額から、遺族補償一時金の額は同じく逸失利

第2章　裁判例において労災民事損害賠償額はどのように算定されているか

> 益の額からそれぞれ控除するのが相当である。」

⑧相続：父　3,100万5,772円（小数点以下切り捨て）、母　3,100万5,772
　　　　円（小数点以下切り捨て）

⑨弁護士費用：620万0,000円

　　　　　　　（内訳）父　310万0,000円、母　310万0,000円

⑩判決による認容額（⑦＋⑨）：6,821万1,545円

　　　　　　　（内訳）原告父　3,410万5,772円、原告母　3,410万5,772円

⑧　環境設備・東部興産事件　（福岡地裁　平成26年12月25日判決、労判1111号）

○被災者は、被告東部興産と雇用契約を締結し、生コンクリートの製造・販売、排出土の改良・販売等を業とする被告環境施設のプラントに派遣され、汚泥プラントの石灰貯蔵タンクにおいて作業中、足場とした木製の板が二つに折れ、約3m30㎝の高さからコンクリート土間に墜落して受傷した事例（後遺障害等級併合8級、症状固定時63歳、過失相殺30％、男性）

主要判示事項のポイント：

1．本件事故当時の雇用形態が日雇いであり、収入が年額250万円くらいであったことから、症状固定時の年齢（63歳）等を考慮すると、年額250万円を超えて恒常的に収入を得る蓋然性があるものと認められない。

2．労働能力喪失割合につき、後遺障害等級併合8級に相当するものといえ、症状固定時から2年間を45％、その後を20％とする。

3．労働能力喪失期間につき、症状固定日当時の年齢が63歳であること、63歳男性の平均余命が約20年であることに照らし、そ

417

> の期間は10年と認めるのが相当である。

事故態様：被災者は、被告東部興産と雇用契約を締結し、生コンクリートの製造・販売、排出土の改良・販売等を業とする被告環境施設のプラントに派遣され、汚泥プラントの石灰貯蔵タンクにおいて作業中、足場とした木製の板（「本件道板」）が二つに折れ、約３m30cmの高さからコンクリート土間に墜落して受傷し、障害等級併合８級の後遺障害を残した（民法第709条）。

事故発生日：平成21年12月８日

被災者：男性、63歳（症状固定時、平成23年２月）

後遺障害等級：併合８級

過失相殺：30％

判決による認容額：695万2807円

損害額の詳細は次のとおり。

①入院諸雑費　12万3000円

入院82日×入院諸雑費１日1500円

②休業損害　125万3648円

日額9609円×休業期間422日－休業補償給付280万1350円

③傷害慰謝料：234万0000円

傷害の内容、入院期間（82日間）、通院期間（合計339日、うち実通院日数213日間）、その他本件に現れた一切の事情を考慮する。

④後遺障害逸失利益：502万2975円

ア　基礎収入額　年額250万円

判示事項：

第2章　裁判例において労災民事損害賠償額はどのように算定されているか

「原告は、被告東部興産と労働契約を締結したのは本件事故直前の平成21年11月26日であり、その前には平成20年9月頃に被告東部興産に一時勤務していたことがあったものの、継続的に東部興産から給与を支給されていたわけではなく、平成20年から21年の原告の年収は250万円くらいであったこと（原告本人）、本件事故当時の雇用形態が日雇いであったこと、症状固定時の原告の年齢等を考慮すれば、原告が、年額250万円を超えて恒常的に収入を得る蓋然性があるものとは認められない。」

　　　　　イ　労働能力喪失割合
　　　　　　　症状固定時から2年間：45％
　　　　　　　その他　　　　　　：20％

判示事項：

　「原告は、本件事故により脊柱が変形し、第12胸椎が前方椎体高3㎝、後方椎体高3.59㎝、第1腰椎が前方椎体高1.32㎝、後方椎体高3.28㎝となり、減少後の後方椎体高の合計（6.87㎝）と前方椎体高の合計（4.32㎝）との差（2.55㎝）が、減少した椎体の後方椎体高の1個当たりの高さの50パーセント以上であるから（＜証拠略＞）、脊柱に中程度の変形を残すものとして後遺障害等級8級に当たるものといえる。また、原告の後遺障害（前記第2の2(4)エ）のうち、背部痛は12級に、左下肢の疼痛は14級に該当し、以上を総合すれば、後遺障害等級併合8級に相当するものといえ、症状固定時（平成23年2月）から当面の労働能力喪失率は45％を下るものではないと認められる。

　他方、原告は、平成24年11月から道路の舗装工事における水の補給や清掃等の業務に従事していること（原告本人）、平成25年3月21日の進行協議期日において、原告が本件事故当時の状況を再現した際、格別の問題があるような様子を見せることなくはしごを上るなどの行動をしていたこと（＜証拠略＞、原告本人）、症状固定後は1度も病院での治

第2部 労災民事損害賠償額算定の実際

療を受けていないこと（原告本人）などに照らすと、平成25年3月頃までには原告の機能障害は相当程度回復していたものと考えられるため、症状固定時から2年が経過した後の労働能力喪失率は20％と認めるのが相当である。」

ウ ライプニッツ方式による中間利息控除係数

判示事項：

「症状固定時から2年間　1.8594

その後8年間　　　　　　5.8623

原告の症状固定日当時の年齢が63歳であること、63歳男性の平均余命が約20年であることに照らし、労働能力喪失期間は10年と認めるのが相当である。被告らは、労働能力喪失期間は5年ないし7年であると主張するが、原告のこれまでの稼働状況や健康状態を考慮すれば、被告らの主張は採用の限りではない。」

エ 計算式

250万円×（45パーセント×1.8594＋20パーセント×5.8623）

⑤後遺傷害慰謝料：830万0000円

⑥以上合計：1703万9623円（上記①＋②＋③＋④＋⑤）

⑦過失相殺（30％）後における原告の損害額：1192万7736円

計算式　1703万9623円×70％

⑧損益相殺：障害補償一時金　560万4929円

⑨弁護士費用：63万0000円

⑩判決による認容額：695万2807円（上記⑦－⑧＋⑨）

第2章　裁判例において労災民事損害賠償額はどのように算定されているか

⑨　名神タクシー事件（神戸地裁尼崎支部　平成20年7月29日判決、労判976号）

○タクシー乗務員がタクシー運転業務に従事中、過重業務により脳梗塞を発症した事例（後遺障害等級2級、症状固定時72歳、寄与度減額60％、男性、既婚者）

主要判示事項のポイント：

1．逸失利益を算定するに当たり、症状固定日（平成17年3月26日）当時、被災者は72歳であったから、平均余命は11年となり、就労可能年数は6年とする。

2．基礎収入額については、障害補償年金の受給において設定を受けた給付基礎日額とするのが相当である。

3．将来の介護費用を認容する。

発症原因：タクシー会社に雇用され、タクシー乗務員として稼働していた運転手は、高血圧症、喫煙習慣等により何らかの基礎疾患を有する状態にあったところ、同運転手が従事していた業務は、その労働時間、拘束性、勤務体制のいずれについても同種労働者にとって過重なものであったため、タクシー運転業務に従事中に脳梗塞を発症し、後遺障害として2級障害を残存した（民法第415条）。

発　症　日：平成16年2月26日

被　災　者：男性（既婚者）　本件脳梗塞発症時71歳

症状固定日：平成17年3月26日　72歳

原　　　告：被災者本人

寄与度減額：60％

判決による認容額：1,158万3,112円

第2部　労災民事損害賠償額算定の実際

損害額の詳細は次のとおり。

①付添看護費：18万0,000円

　　　　　　　近親者の付添看護・日額6,000円が相当。6,000円×30
　　　　　　　＝18万円

②入院雑費：18万9,800円

　　　　　　　原告の入院期間・合計146日間・月額1,300円。1,300円×
　　　　　　　146＝18万9,800円

③入通院交通費：2万4,600円

④休業損害：236万7,630円

　　　　　　　395日間（本件脳梗塞発症日の平成16年2月26日から症
　　　　　　　状固定日の平成17年3月26日までの期間）

　　　　　　　原告の給付基礎日額5994円。5,994円×395＝236万7,630円

⑤後遺障害逸失利益：1,110万5,323円

　　　　　　　　基礎収入・給付基礎日額5994円（労災保険の障
　　　　　　　　害補償年金の受給において認定を受けた金額）

　　　　　　　　労働能力喪失率　　100％（2級障害）

　　　　　　　　就労可能年数　6年

　　　　　　　　ライプニッツ係数　5.076

　　　　　　　　計算式　5,994円×365×5.076＝1,110万5,323円

判示事項：

「（ア）労働能力喪失率　　100％

　原告は、本件脳梗塞により、前記第2の1(3)のとおり右上下肢に著し
い障害が残存する状態となったところ、これは、後遺障害等級第5級の
6号及び同7号にそれぞれ該当し、原告の後遺障害等級は、加重併合に
より第2級と評価すべきこととなる。したがって、原告の労働能力喪失
率は100％である。

（イ）就労可能期間及びライプニッツ係数6年（5.076）

第2章　裁判例において労災民事損害賠償額はどのように算定されているか

　　原告は、上記後遺障害の症状固定日（平成17年３月26日）当時72歳
であったから、平均余命は11年となり、就労可能年数は６年となる。６
年に対応するライプニッツ係数は5.076である。
（ウ）基礎収入額　日額5,994円
　　原告は、労働者災害補償保険により障害補償年金を受けているところ、
上記年金受給において認定を受けた給付基礎日額は5,994円であり、上
記金額をもって原告の基礎収入額とみるのが相当である。
（エ）計算式
　　よって、原告の後遺障害逸失利益は下記計算式のとおり1,110万5,323
円となる。
　　5,994円×365×5.076＝1,110万5,323円」

⑥後遺障害慰謝料：2,000万0,000円
⑦将来介護費用：606万3,380円

　判示事項：
　　「原告は後遺障害により介護を要する状態にあり、１日おきに近親者
による介護を受けていることが認められるところ、上記介護料は１日当
たり4,000円とみるのが相当であり、介護料年額は73万円となる。
　　原告は、症状固定日当時72歳であったから、平均余命年数は11年で
あり、上記年数に対応するライプニッツ係数は8.3067である。よって、
原告の介護費用は下記計算式のとおり606万3,380円となる。
　　73万円×8.3067＝606万3,380円」

⑧上記（①～⑦）合計額：3,993万0,733円
⑨寄与度減額：60%
⑩寄与度減額後の原告の損害額：
ア　積極損害　258万3,112円　（①＋②＋③＋⑦）×（１－0.6）

423

第2部　労災民事損害賠償額算定の実際

イ　消極損害　538万9,181円　（④＋⑤）×（1－0.6）

ウ　後遺障害慰謝料　800万0,000円　　⑥×（1－0.6）

⑪損益相殺：

ア　損益相殺額　641万2,626円

（ア）休業補償給付　　　　　　　　143万1,612円

（イ）障害補償年金（既払額）498万1,014円

（ウ）合　計　　　　　　　　　　　641万2,626円

イ　損益相殺後の消極損害及びこれに対する遅延損害金　　　　0円

⑫寄与度減額及び損益相殺後の損害小計：1,058万3,112円

（内訳）⑩ア＋⑪イ＋⑩ウ　＝258万3,112円＋0円＋800万0,000円

⑬損益相殺後の損害額：1,058万3,112円

⑭弁護士費用：100万円

⑮判決による認容額（⑬＋⑭）：1,158万3,112円

※参考事例

　下記本田技研工業事件判決は、61歳から10年間は就労可能であると
して、賃金センサスにより逸失利益を算出しています。

**本田技研工業事件（東京地裁　平成22年12月1日判決、労判
1021号）**

判示事項：

　「平成22年以降については、原告が悪性中皮腫に罹患しなかった場合
に得られたであろう所得は明らかではないが、悪性中皮腫のため労働能
力を喪失したことによって前記赤字の増大、廃業を余儀なくされたこと
は明らかであるから、以上の諸事情を総合して、平成22年現在の原告の
年齢である61歳から10年間は就労が可能であり、その間、家族の寄与
もあったことを考慮して、少なくとも、賃金センサス平成20年第1巻第
1表産業計・企業規模計高卒計60〜64歳男性労働者平均年収385万7,900

第2章　裁判例において労災民事損害賠償額はどのように算定されているか

円の8割に当たる308万6,320円の基礎収入を得ることができたと認めるのが相当である。10年に対応するライプニッツ係数を用いて中間利息を控除すると、次の計算式により、2,383万1,637円（小数点以下切捨て）となる。

（計算式）3,086,320×7.7217≒23,831,637

　以上によれば、原告の悪性中皮腫罹患による逸失利益は、合計3,414万1,926円となる。」

⑩　ナルコ事件（名古屋地裁　平成25年2月7日判決、労判1070号）

○中華人民共和国の国籍を有する外国人労働者が、パイプ加工作業に従事中、右示指挫滅創の傷害を負った事例（後遺障害等級11級、症状固定時21歳、過失相殺20％、男性）

主要判示事項のポイント：
1．中華人民共和国の国籍を有する外国人の逸失利益を算定するに当たり、同人の基礎収入額については、帰国後は中国での収入等を基礎とするのが相当である（改進社事件・最三小平成9年1月28日判決を引用）ところ、平成19年度の賃金センサスの男性労働者平均賃金の25％とする。
2．逸失利益の算定期間については、今後の中国における寿命の推移を的確に認定する証拠はないものの、経済成長が見込まれ、生活水準も向上していくことが予想されるので、症状固定後67歳までの46年間とするのが相当である。

事故態様：被告会社の工場において、自動車の座席部品であるパイプの加工作業に従事していた作業員は、中華人民共和国の国

425

第2部　労災民事損害賠償額算定の実際

　　　　　籍を有し、外国人研修制度の研修生の在留資格で来日した
　　　　　者であるが、平成19年6月25日、パイプ曲げベンダー機を
　　　　　使用して作業中、本件機械に右手でパイプを設置した後に、
　　　　　右手でスイッチを入れるべきところ、誤って左手でスイッ
　　　　　チを入れたため、右示指挫滅創の傷害を負い、右示指切断
　　　　　の手術を受け、平成19年9月21日（当時の被災者の年齢21
　　　　　歳）に症状が固定したが、後遺障害として、11級障害（1
　　　　　手の人差し指を失ったもの）を残存した（民法第415条）。
事故発生日：平成19年6月25日
被 災 者：男性、21歳（症状固定日）
原　　告：被災者本人
過失相殺：20％
判決による認容額：588万8,545円（通院慰謝料（70万円）、後遺障害慰
　　　　　　　　　謝料（200万円・症状固定後2年以上日本に滞在
　　　　　　　　　していたこと、中華人民共和国帰国後の年収予想
　　　　　　　　　等の事情を総合考慮）及び逸失利益額以外の損害
　　　　　　　　　額等を含む。）

　被災者の損害額のうち、「逸失利益額」は次のとおり。ただし、過
失相殺前の金額です。
①後遺障害逸失利益：444万3,501円（ただし、過失相殺前の金額）
　　基礎収入　138万6,800円（平成19年度の賃金センサスの男性労働
　　　　　　　　　　　　　　者平均賃金の25％相当）
就労可能年数　46年（症状固定後67歳までの46年間）
ライプニッツ係数　16.0207
　　　　　　　　　（症状固定後中国に帰国するまでの2年間につい
　　　　　　　　　ては、逸失利益は生じていないため、当該2年
　　　　　　　　　に対応するライプニッツ係数を控除している）
※症状固定後の就労可能年数46年に対応するライプニッツ係数（17.

426

第2章　裁判例において労災民事損害賠償額はどのように算定されているか

8801）から症状固定後中国に帰国するまでに少なくとも2年を経過
しているので、これに対応ライプニッツ係数（1.8594）を控除した
16.0207を用いる。

後遺障害：11級

労働能力喪失率：20％

計算式：基礎収入額×ライプニッツ係数×労働能力喪失率

　　　　138万6,800円×16.0207×0.2＝444万3,501円

　　　　（ただし、過失相殺前の金額）

判示事項：

　「原告は、研修及び実習終了後は中国へ帰国することが予定されており、
実際にも平成22年3月以降に中国へ帰国している。したがって、平成
22年3月以降の逸失利益については、中国での収入等を基礎として算定
するのが相当である（最高裁判所平成9年1月28日第三小法廷判決・民
集51巻1号78頁参照）。

　証拠（＜証拠略＞）によれば、原告は、中国に帰国後、平成23年3月
からビール瓶の製造工場で勤務し、月収は2,700～2,800元（1元＝12
円として換算すると3万2,400円～3万3,600円。年収に換算すると38
万8,800円～40万3,200円）であることが認められる。

　この点について、原告は、①原告が就労するE省F市の近年の労働者
平均月間給与及びGDPの伸び率は、平成13年から平成21年までの9
年間で平均給与は2.5倍も増加し、平成19年9月21日の症状固定後の2
年間だけを見ても140パーセントもの伸び率を示している、②平成20年
版科学技術白書では、いわゆるBRICs諸国の経済成長について、
2000年（平成12年）には1354であった中国GDPの将来推計（単位
10億ドル）として、2050年（平成62年）には38010との分析が紹介され、
50年間で2807パーセントという驚異的な成長を予測している、③2001
年から2010年のGDPの増大に伴い、中国では消費者物価も上昇を続

けているところ、上記のとおりの経済成長が成し遂げられれば、物価も上昇するはずである、ということを考慮すると、原告の居住する中国では、今後確実に大規模な経済発展に伴い、賃金の大幅な上昇を遂げることが明らかであるから、原告主張のとおり日本の賃金センサスに基づいて基礎収入を算定すべきであると主張する。

　原告主張の中国におけるこれまでのGDPの増加の傾向は、今後も続くことが予想されるが、経済状況は容易に変動するから、将来の成長率を正確に判断することは不可能である（原告主張の科学白書の予測についてもあくまでも予測にとどまる。）。そうすると、原告主張の基礎収入を逸失利益の算定の基礎とするにはなお立証不十分であるといわざるを得ない。

　Ｆ市における2009年（平成21年）及び2010年（平成22年）の成長率がいずれも前年比114.1パーセントである（＜証拠略＞）ことが認められるところ、同様の成長率が10年間継続した場合、原告の上記年収は約144万円～150万円に達するが、同額は原告主張の上記基礎収入の約26～27パーセントにとどまる。その後、中国における経済成長がなお続く可能性はあるとしても、上記10年間の成長率の継続という前提も不透明であるといわざるを得ない。

　結局、上記一切の事情を総合考慮すると、逸失利益の算定における原告の基礎収入としては、平成19年度の賃金センサスの男性労働者平均賃金である554万7,200円の25パーセントである138万6,800円とするのが相当というべきである。

（エ）以上によれば、原告の逸失利益は、上記認定の基礎収入（138万6,800円）に症状固定後の就労可能年数46年に対応するライプニッツ係数（17.8801）から症状固定後中国に帰国するまでに少なくとも２年を経過しているのでこれ対応するライプニッツ係数（1.8594）を控除した16.0207を乗じ、さらに上記認定の労働能力喪失率（20パーセント）を乗じた444万3,501円（１円未満四捨五入）となる。」

第2章　裁判例において労災民事損害賠償額はどのように算定されているか

※参考事例

　下記の外国人実習生暴行被災事件判決は、死亡慰謝料の算定につき、遺族の生活の基盤がある国、支払われた慰謝料が主に費消される国と日本の物価水準や生活水準等により貨幣価値が異なることも考慮した事例です。

　日本における滞在期間が限定されている外国人の死亡慰謝料の算定事例として参考になると思われます。

外国人実習生暴行被災事件（千葉地裁　平成26年9月30日判決、判時2248号）

○中華人民共和国の国籍を有する外国人実習生が、被告会社の倉庫内でフォークリフト作業中に同僚が運転するフォークリフトと接触する事故が発生し、この事故を契機として、同僚は持っていた「つき」（鉄製の砕氷器）で被災実習生の左頸部を殴り、搬送先の病院で外傷性くも膜下出血により死亡した事例（死亡時23歳、過失相殺否認、男性、独身者）

　判示事項：

　「イ　死亡慰謝料

　死亡慰謝料は、死亡により被害者が被った精神的苦痛を慰謝するために認められるものであり、精神的苦痛の程度等は日本人であろうと、外国人であろうと何ら異なるところはない。しかしながら、精神的苦痛を慰謝するための賠償金として算定するにあたっては、支払を受けることになる遺族の生活の基盤がある国、支払われた慰謝料が主に費消される国、当該国と日本の物価水準や生活水準等によって、貨幣価値が異なるのであるから、これらの要素も考慮して算定するのが相当である。

　そして、本件暴行の態様やそれに至る経緯、亡Cの年齢、家族構成に加え、亡Cの遺族である原告らはいずれも中国国内に生活の基盤がある

第2部　労災民事損害賠償額算定の実際

> こと、亡C自身、実習期間が終了すれば、中国に帰国する予定であった
> こと、日本と中国とでは物価水準及び賃金水準に差があることを含む諸
> 事情を総合して考慮すると、亡Cの死亡慰謝料は1300万円が相当である。」

（原告ら：被災実習生の父母）

第3章　平均賃金を算定するには

第3章
平均賃金を算定するには

1　平均賃金の基本的な計算方法

　平均賃金とは、労基法で定められている休業手当、災害補償（療養補償を除く。）等を算定する場合、その計算の基礎として用いられますが、その算定方法について同法第12条1項は次のように定めています。

> 　「この法律で平均賃金とは、これを算定すべき事由の発生した日 以前3箇月間にその労働者に対し支払われた賃金の総額を、その期間の総日数で除した金額をいう。」

基本的な計算方法

$$平均賃金 = \frac{算定すべき事由が発生した日以前3箇月間に支払われた賃金総額}{算定すべき事由が発生した日以前3箇月間の総暦日数}$$

　ところで労災保険法は、業務上の事由又は通勤による労働者の負傷、疾病、障害、死亡等に対して、各種の保険給付を行いますが、この場合の現金給付の算定の基礎になるのが「給付基礎日額」であり、この「給付基礎日額」は、原則として、労基法第12条の規定による「平均賃金」に相当する額としています（労災保険法第8条1項）。ただし、平均賃金に相当する額を給付基礎日額とすることが適当でないと認められる場合、たとえば、平均賃金が所定の最低保障額に満たない場合には、給付基礎日額は当該最低保障額まで引き上げられる等、「平均

賃金」と「給付基礎日額」とは同一の額にならない場合があります。

平均賃金の計算方法の基本的事項は次のとおりです。

①「算定すべき事由の発生した日」とは

(ア)災害補償は、死傷の原因たる事故の発生又は診断によって疾病の発生が確定した日（労基則第48条）

(イ)昼夜交替勤務で、1勤務日が2日にまたがる場合で2日目に事故が発生したときは、始業時刻が属する日（1日目）

②「以前3箇月間」とは

算定すべき事由が発生したその日は含まれないと解されることから、当該事由の生じた日の前日から遡った3箇月間を意味します（労基法第12条2項）。

「期間の算定方法」

(ア)賃金締切日がない場合には、算定事由発生日の直前の3箇月間とします（労基法第12条1項）。

(イ)賃金締切日がある場合には、算定事由発生日の前日からではなく、算定事由発生日の直前の賃金締切日から起算した3箇月間が算定期間になります（労基法第12条2項）。

(ウ)雇入後3箇月に満たない者については、雇入後の期間とします（労基法第12条6項）が、賃金締切日があるときは、直前の賃金締切日から起算します（昭23.4.22基収第1065号）。ただし、直前の賃金締切日より計算すると未だ1賃金算定期間に満たなくなる場合には、算定事由の発生の日から起算します（昭27.4.21基収第1371号）。

(エ)雇入後2週間未満でその期間が満稼働のときには、当該算定期間中に支払われた賃金の総額をその期間の総暦日数で除した金額に7分の6を乗じて算出します（昭45.5.14基発第375号）。

(オ)雇入当日に算定事由が発生したときは、都道府県労働局長の定めるところによります。

ただし、算定期間中に、下記③の(エ)の期間があるときには、その期間の日数とその期間中の賃金の額を除いて計算することになります。

③「賃金の総額」とは

原則として、算定期間内に使用者が労働の対価として労働者に支払った賃金（労基法第11条に定める賃金）の全てが含まれますが、次の賃金は賃金の総額から控除されます（労基法第12条4項）。

(ア)臨時的、突発的事由に基づいて支払われたもの及び結婚手当等支給条件は予め確定されているが、支給事由の発生が不確定であり、かつ非常に稀に発生するもの（昭22.9.13発基第17号）

(イ)3箇月を超える期間ごとに支払われる賃金（ボーナス等）

(ウ)通貨以外のもので支払われた賃金で法令若しくは労働協約に基づかないもの（昭29.6.29基発第355号）

(エ)平均賃金算定期間中に、次に該当する期間がある場合においては、その日数及びその期間中の賃金は、算定基礎となる期間及び賃金の総額から控除します（労基法第12条3項）。

(a) 業務上負傷し、又は疾病にかかり療養のために休業した期間

(b) 産前産後の女性が、労基法第65条の規定によって休業した期間

(c) 使用者の責めに帰すべき事由によって休業した期間

(d) 育児休業、介護休業等育児又は家族介護を行う労働者の福祉に関する法律により休業した期間

(e) 試みの使用期間

以上のことから、休業期間がある場合の平均賃金の計算方法は次のようになります。

$$平均賃金 = \frac{算定事由発生日以前3箇月間に支払われた賃金の総額 - 休業期間中の賃金}{算定事由発生日以前3箇月間の総暦日数 - 休業期間}$$

第2部 労災民事損害賠償額算定の実際

④「総日数」とは

総日数とは、総暦日数をいい、実際に労働した日数ではありません。

❷ 平均賃金の最低保障額

(1) 日給制、時間給制又は出来高払制その他の請負制等の場合

賃金が、日給制、時間給制又は出来高払制その他の請負制等で、算定期間中に欠勤が多い場合等には、基本的な算定方法によって計算すると、平均賃金額が著しく低くなってしまうことがありますので、労働基準法はその第12条1項ただし書第1号、同2号において最低保障額の規定を置き、次の方法で算出した最低保障額と前記❶の「平均賃金の基本的な計算方法」によって計算した額のいずれか高い方を平均賃金としています。

①賃金が、労働した日若しくは時間によって算定され、又は出来高払制その他の請負制によって定められた場合においては、賃金の総額をその期間中に労働した日数で除した金額の100分の60（労基法第12条1項ただし書第1号）

$$
平均賃金 = \frac{\begin{array}{c}算定事由発生日以前3箇月間に支払われた\\日給、時間給、出来高払などの賃金総額\end{array}}{算定期間中の実働日数} \times \frac{60}{100}
$$

②賃金の一部が、月、週その他一定の期間によって定められた場合においては、その部分の総額をその期間の総日数で除した金額と上記❶の金額の合計額（労基法第12条1項ただし書第2号）

第3章 平均賃金を算定するには

$$
平均賃金 = \frac{算定事由発生日以前3箇月間に支払われた週給・月給等の賃金総額}{算定事由発生日以前3箇月間の総暦日数} + 上記①
$$

(2) いわゆる月給日給制の場合

賃金がいわゆる月給日給制（賃金は月単位で支払われているが、欠勤等により所定の労働をしなかった場合、欠勤日数等に応じて賃金を減額する制度）であるときは、上記の最低保障額の規定は適用されません（昭27.5.10基収第6054号）が、当該月給日給制に対する最低保障額については、別途、次のとおり定められております（労基法第12条8項、昭30.5.24基収第1619号）。

①賃金の一部が、労働した日若しくは時間によって算定され、又は出来高払制によって定められた場合においては、その部分の総額をその期間中に労働した日数で除した金額の100分の60

②賃金の一部若しくは全部が、月、週その他一定の期間によって定められ、かつ、その一定の期間中の欠勤日数若しくは欠勤時間数に応じて減額された場合においては、欠勤しなかった場合に受けるべき賃金の総額をその期間中の所定労働日数で除した金額の100分の60

③賃金の一部が月、週その他一定の期間によって定められ、かつ、その一定の期間中の欠勤日数若しくは欠勤時間数に応じて減額されなかった場合においては、その部分の総額をその期間の総日数で除した金額

(3) 業務外の傷病の療養等のために休業した期間がある場合

算定期間中に業務外の傷病の療養等のために休業した期間がある場合は、その期間及びその期間の賃金を差引いて計算した額と、休業がなかったものとして計算した額とを比べてどちらか高い方の額となります。

435

⑷ じん肺患者の場合

じん肺患者の場合は、じん肺管理区分確定日の直前３箇月間の賃金総額÷その間の暦日数の額と、粉じん作業以外の作業に転換した日の直前３箇月間の賃金総額÷その間の暦日数で計算した額とを比べてどちらか高い方の額となります。

（参考）　労災保険の給付のうち、休業補償給付は休業４日目から支給されることになっており、それまでの３日間は事業主（使用者）が、平均賃金の６割以上の額を補償しなければなりませんが、休業の第１日目は
　　①負傷した時刻が、所定労働時間内のときは、負傷した日
　　②負傷した時刻が所定労働時間外のときは、負傷日の翌日が１日目となります。

---

③　日日雇い入れられる者の平均賃金の算定方法

労基法第12条７項は「日日雇い入れられる者については、その従事する事業又は職業について、厚生労働大臣の定める金額を平均賃金とする。」と定めており、原則的な計算方法としては、平均賃金を算定すべき事由が発生した日（業務上の事由又は通勤による負傷や死亡の原因となった事故が発生した日又は医師の診断により病気にかかったことが確定した日）の直前１箇月間に、当該事故が発生し、又は病気にかかった事業場に使用された期間がある場合には、その期間に支払われた賃金の総額を、その期間中の当該事業場における労働日数で除した額に100分の73を乗じた額になります（昭38.10.11労働省告示第52号、昭38.10.25基発第1282号）。

第3章 平均賃金を算定するには

第2部　労災民事損害賠償額算定の実際

4　平均賃金算定例

(1)「賃金が月によって定められている場合」

様式第8号（別紙1）（表面）

労　働　保　険　番　号					氏　　　名	災害発生年月日
府県	所掌	管轄	基　幹　番　号	枝番号		**29年 9月7日**

平均賃金算定内訳

（労働基準法第12条参照のこと。）

雇　入　年　月　日		14年 5月6日		常用・日雇の別	常　用 ・ 日　雇	
賃　金　支　給　方　法		月給・週給・日給・時間給・出来高払制・その他請負給		賃金締切日	毎月25日	

			賃金計算期間	5月26日から 6月25日まで	6月26日から 7月25日まで	7月26日から 8月25日まで	計
A	月・週その他一定の期間によって支払ったもの		総　日　数	31 日	30 日	31 日 (イ)	92 日
		賃金	基　本　賃　金	310,000円	310,000円	310,000円	930,000円
			主　任　手　当	13,000	13,000	13,000	39,000
			家　族　手　当	10,000	10,000	10,000	30,000
			通　勤　手　当	11,460	11,460	11,460	34,380
			計	344,460円	344,460円	344,460円 (ロ)	1,033,380円
B	日若しくは時間又は出来高払制その他の請負制によって支払ったもの		賃金計算期間	5月26日から 6月25日まで	6月26日から 7月25日まで	7月26日から 8月25日まで	計
			総　日　数	31 日	30 日	31 日 (イ)	92 日
			労　働　日　数	21 日	21 日	22 日 (ハ)	64 日
		賃金	基　本　賃　金	円	円	円	円
			残　業　手　当	36,717	47,890	20,630	105,237
			手　当				
			計	36,717円	47,890円	20,630円 (ニ)	105,237円
総　　　　計				381,177円	392,350円	365,090円 (ホ)	1,138,617円
平　均　賃　金			賃金総額(ホ) 1,138,617円 ÷ 総日数(イ)	92	=	12,376 円	27銭

最低保障平均賃金の計算方法

Aの(ロ) 1,033,380円 ÷ 総日数(イ) 92 ＝　　　　11,232円　39銭(ヘ)

Bの(ニ) 105,237円 ÷ 労働日数(ハ) 64 × $\frac{60}{100}$ ＝　　　986円　59銭(ト)

(ヘ)　11,232円39銭＋(ト)　986円　59銭 ＝ 12,218円 98銭(最低保障平均賃金)

日日雇い入れられる者の平均賃金（昭和38年労働省告示第52号による。）	第1号又は第2号の場合	賃金計算期間		(い)労働日数又は労働総日数	(ろ)賃金総額	平均賃金(ろ)÷(い)×$\frac{73}{100}$
		月　日から 月　日まで		日	円	円　銭
	第3号の場合	都道府県労働局長が定める金額				円
	第4号の場合	従事する事業又は職業				
		都道府県労働局長が定める金額				円
漁業及び林業労働者の平均賃金（昭和24年労働省告示第5号第2条による。）	平均賃金協定額の承認年月日	年　　月　　日	職種		平均賃金協定額	円

① 賃金計算期間のうち業務外の傷病の療養等のため休業した期間の日数及びその期間中の賃金を業務上の傷病の療養のため休業した期間の日数及びその期間中の賃金とみなして算定した平均賃金

（賃金の総額(ホ)－休業した期間にかかる②の(リ)）÷（総日数(イ)－休業した期間②の(チ)）

（　　　　　円－　　　　　円）÷（　　　日－　　　日）＝　　　円　　　銭

438

第3章　平均賃金を算定するには

賃金締切日を記入します。

この欄には、労働日数等に関係なく一定の期間（本例の場合は月）によって支払われた賃金を記入します。

災害発生日の直前の賃金締切日から遡って過去3箇月間が平均賃金算定期間となりますので、当該期間における賃金計算期間を記入します。

該当する賃金計算期間中に実際に労働した日数を記入します。

この欄には、労働日数、労働時間数等に応じて支払われた賃金を記入します。本例においては、残業手当が時間に応じて支払われた賃金ですので、この欄に記入します。

両者を比較していずれか高い方が平均賃金とされますので、本例の場合の平均賃金は12,376円27銭となります。

記入上の注意

①には、平均賃金の算定基礎期間中に業務外の傷病の療養等のために休業した期間があり、その期間及びその期間中に受けた賃金の額を算定基礎から控除して算定した平均賃金相当額が平均賃金の額を超える場合に記載し、控除する期間及び賃金の内訳を別紙裏面②に記載すること。
この場合は、請求書・申請書表面の「平均賃金」の欄に、この算定による平均賃金相当額を記入すること。

439

第2部　労災民事損害賠償額算定の実際

(2)「賃金の大部分が日によって定められている場合」

様式第8号（別紙1）（表面）

労　働　保　険　番　号					氏　　　名	災害発生年月日
府県	所掌	管轄	基　幹　番　号	枝番号		29年5月29日

平均賃金算定内訳

（労働基準法第12条参照のこと。）

雇　入　年　月　日			10年8月1日		常用・日雇の別		常用 ・ 日雇	
賃　金　支　給　方　法			月給・週給・日給・時間給・出来高払制・その他請負制				賃金締切日	毎月15日
A 月よって支払ったもの一定の期間に週その他	賃金	賃金計算期間	2月16日から 3月15日まで	3月16日から 4月15日まで	4月16日から 5月15日まで		(イ) 計	
		総　日　数	28　日	31　日	30　日		89　日	
		基　本　賃　金	円	円	円		円	
		住　宅　手　当	10,000	10,000	10,000		30,000	
		家　族　手　当	16,000	16,000	16,000		48,000	
		皆　勤　手　当	14,000	0	0		14,000	
		計	40,000円	26,000円	26,000円		(ロ) 92,000円	
B 日他若しくは時間又は出来高払制によって支払ったものその他の請負制	賃金	賃金計算期間	2月16日から 3月15日まで	3月16日から 4月15日まで	4月16日から 5月15日まで		(イ) 計	
		総　日　数	28　日	31　日	30　日		89　日	
		労　働　日　数	20　日	10　日	13　日		(ハ) 43　日	
		基　本　賃　金	345,000円	150,000円	195,000円		690,000円	
		残　業　手　当	27,600	0	15,600		43,200	
		手　当						
		計	372,600円	150,000円	210,600円		(ニ) 733,200円	
総　　　　　　　　計			412,600円	176,000円	236,600円		(ホ) 825,200円	
平　均　賃　金		賃金総額(ホ)	825,200円÷総日数(イ)	89	=		9,271円	91銭

最低保障平均賃金の計算方法

Aの(ロ)　　92,000円÷総日数(イ) 89 ＝　　　　1,033円　　70銭(ヘ)

Bの(ニ)　　733,200円÷労働日数(ハ) 43 × $\frac{60}{100}$ ＝　　10,230円　　69銭(ト)

(ヘ)　　1,033円70銭＋(ト)　10,230円　69銭＝　11,264円　39銭（最低保障平均賃金）

日日雇い入れられる者の平均賃金（昭和38年労働省告示第52号による。）	第1号又は第2号の場合	賃金計算期間	(い) 労働日数又は労働総日数	(ろ) 賃金総額	平均賃金(ろ)÷(い)×$\frac{73}{100}$	
		月　　日から 月　　日まで	日	円	円	銭
	第3号の場合	都道府県労働局長が定める金額			円	
	第4号の場合	従事する事業又は職業				
		都道府県労働局長が定める金額			円	
漁業及び林業労働者の平均賃金（昭和24年労働省告示第5号第2条による。）	平均賃金協定額の承認年月日	年　　月　　日　職種		平均賃金協定額	円	

① 賃金計算期間のうち業務外の傷病の療養等のため休業した期間の日数及びその期間中の賃金を業務上の傷病の療養のため休業した期間の日数及びその期間中の賃金とみなして算定した平均賃金
　　（賃金の総額(ホ)－休業した期間にかかる②の(リ)）÷（総日数(イ)－休業した期間②の(チ)）
　　（　　　　　　円－　　　　　　円）÷（　　　日－　　　　日）＝　　　　円　　　銭

440

第3章　平均賃金を算定するには

賃金締切日を記入します。

災害発生日の直前の賃金締切日から遡って過去3箇月間が平均賃金算定期間となりますので、当該期間における賃金計算期間を記入します。

この欄には、労働日数等に関係なく一定の期間（本例の場合は月）によって支払われた賃金を記入します。

該当する賃金計算期間中に実際に労働した日数を記入します。本例の場合は、3月及び4月において私事都合による欠勤があったものです。

この欄には、労働日数、労働時間数等に応じて支払われた賃金を記入します。本例においては、基本給と残業手当がそれぞれ日と時間によって支払われていますので、この欄に記入します。

両者を比較していずれか高い方が平均賃金とされますので、本例の場合の平均賃金は11,264円39銭となります。

記入上の注意

①には、平均賃金の算定基礎期間中に業務外の傷病の療養等のために休業した期間があり、その期間及びその期間中に受けた賃金の額を算定基礎から控除して算定した平均賃金相当額が平均賃金の額を超える場合に記載し、控除する期間及び賃金の内訳を別紙裏面②に記載すること。

この場合は、請求書・申請書表面の「平均賃金」の欄に、この算定による平均賃金相当額を記入すること。

(3)「雇入れ後3箇月未経過の場合で、直前の賃金締切日から遡ると平均賃金の算定期間が一賃金締切期間を上回っている場合」

様式第8号（別紙1）（表面）

労働保険番号					氏 名	災害発生年月日
府県	所掌	管轄	基幹番号	枝番号		29年6月11日

平均賃金算定内訳　　（労働基準法第12条参照のこと。）

雇入年月日		29年4月28日		常用・日雇の別		常用・日雇	
賃金支給方法		月給・週給・日給・時間給・出来高払制・その他請負制			賃金締切日	毎月末日	

A　月よ・週その他一定の期間によって支払ったもの

		賃金計算期間	4月28日から4月30日まで	5月1日から5月31日まで	月　日から月　日まで	計	
		総日数	3 日	31 日	日	(イ)	34 日
A	賃金	基本賃金	円	円	円		円
		家族手当		10,000			10,000
		通勤手当	2,000	20,000			22,000
		計	2,000円	30,000円		(ロ)	32,000円

B　日若しくは時間又は出来高払制その他の請負制によって支払ったもの

		賃金計算期間	4月28日から4月30日まで	5月1日から5月31日まで	月　日から月　日まで	計	
		総日数	3 日	31 日	日	(イ)	34 日
		労働日数	2 日	21 日	日	(ハ)	23 日
B	賃金	基本賃金	20,000円	310,000円	円		330,000円
		残業手当	800	43,090			43,890
		手当					
		計	20,800円	353,090円		(ニ)	373,890円

総　計	22,800円	383,090円	円	(ホ)	405,890円
平均賃金	賃金総額(ホ) 405,890 円 ÷ 総日数(イ) 34 =		11,937 円 94 銭		

最低保障平均賃金の計算方法

Aの(ロ)　32,000 円 ÷ 総日数(イ) 34 ＝　941 円 17 銭(ヘ)

Bの(ニ)　373,890 円 ÷ 労働日数(ハ) 23 × $\frac{60}{100}$ ＝ 9,753 円 65 銭(ト)

(ヘ)　941 円17銭 ＋ (ト)　9,753 円 65 銭 ＝ 10,694 円 82 銭（最低保障平均賃金）

日日雇い入れられる者の平均賃金（昭和38年労働省告示第52号による。）	第1号又は第2号の場合	賃金計算期間 月　日から月　日まで	(い)労働日数又は労働総日数 日	(ろ)賃金総額 円	平均賃金(ろ)÷(い)×$\frac{73}{100}$ 円　銭
	第3号の場合	都道府県労働局長が定める金額			円
	第4号の場合	従事する事業又は職業			
		都道府県労働局長が定める金額			円

漁業及び林業労働者の平均賃金（昭和24年労働省告示第5号第2条による。）	平均賃金協定額の承認年月日　　年　　月　　日　職種　　　平均賃金協定額　　　円

① 賃金計算期間のうち業務外の傷病の療養等のため休業した期間の日数及びその期間中の賃金を業務上の傷病の療養のため休業した期間の日数及びその期間中の賃金とみなして算定した平均賃金

　　（賃金の総額(ホ)－休業した期間にかかる②の(リ)）÷（総日数(イ)－休業した期間②の(チ)）

　　（　　　　円－　　　　円）÷（　　　日－　　　日）＝　　　　円　　　銭

第3章　平均賃金を算定するには

賃金締切日を記入します。

本例のように直前の賃金締切日から遡って平均賃金の算定期間が一賃金計算期間を上回っている場合は、災害発生日の直前の賃金締切日から遡って雇入れの日までが平均賃金の算定期間となります。

この欄には、労働日数等に関係なく一定の期間（本例の場合は月）によって支払われた賃金を記入します。

該当する賃金計算期間中に実際に労働した日数を記入します。

この欄には、労働日数、労働時間数等に応じて支払われた賃金を記入します。本例においては、基本給と残業手当がそれぞれ日と時間によって支払われていますので、この欄に記入します。

両者を比較していずれか高い方が平均賃金とされますので、本例の場合の平均賃金は11,937円94銭となります。

記入上の注意

①には、平均賃金の算定基礎期間中に業務外の傷病の療養等のために休業した期間があり、その期間及びその期間中に受けた賃金の額を算定基礎から控除して算定した平均賃金相当額が平均賃金の額を超える場合に記載し、控除する期間及び賃金の内訳を別紙裏面②に記載すること。

この場合は、請求書・申請書表面の「平均賃金」の欄に、この算定による平均賃金相当額を記入すること。

第２部　労災民事損害賠償額算定の実際

⑷「雇入れ後３箇月未経過の場合で、直前の賃金締切日から遡っても平均賃金の算定期間が一賃金締切期間を下回っている場合」

様式第８号（別紙１）（表面）

労　働　保　険　番　号					氏　　　　名	災害発生年月日
府県	所掌	管轄	基　幹　番　号	枝番号		29年6月8日

平均賃金算定内訳

（労働基準法第12条参照のこと。）

雇　入　年　月　日		29年5月11日		常用・日雇の別		常　用・日　雇
賃　金　支　給　方　法		月給・週給・日給・時間給・出来高払制・その他請負制			賃金締切日	毎月25日

A	月よ・週その他一定の期間によって支払ったもの	賃金計算期間	月　日から月　日まで	月　日から月　日まで	月　日から月　日まで	計	
		総　日　数	日	日	日	(イ)	日
	賃金	基　本　賃　金	円	円	円		円
		手　当					
		手　当					
		計	円	円	円	(ロ)	円

B	日若しくは時間又は出来高払制その他の請負制によって支払ったもの	賃金計算期間	5月11日から5月25日まで	5月26日から6月7日まで	月　日から月　日まで	計	
		総　日　数	15 日	13 日	日	(イ)	28 日
		労　働　日　数	11 日	9 日	日	(ハ)	20 日
	賃金	基　本　賃　金	156,000円	143,000円	円		299,000 円
		食　事　手　当	3,600	3,300			6,900
		通　勤　手　当	11,400	10,450			21,850
		計	171,000円	156,750円	円	(ニ)	327,750 円

総　　　　計	円	円	円	(ホ)	327,750 円

平　均　賃　金	賃金総額(ホ) 327,750 円 ÷ 総日数(イ) 28 ＝ 11,705 円 35 銭

最低保障平均賃金の計算方法

Aの(ロ)　　　0円 ÷ 総日数(イ) 28 ＝　　　　　　　0円 00 銭(ヘ)

Bの(ニ)　327,750円 ÷ 労働日数(ハ) 20 × $\frac{60}{100}$ ＝　9,832円 50 銭(ト)

(ヘ)　　0円00銭 ＋ (ト)　9,832円　50 銭 ＝　9,832円　50 銭（最低保障平均賃金）

日日雇い入れられる者の平均賃金（昭和38年労働省告示第52号による。）	第1号又は第2号の場合	賃金計算期間	(い) 労働日数又は労働総日数	(ろ) 賃金総額	平均賃金$\left($(ろ)÷(い)$\times\frac{73}{100}\right)$	
		月　日から月　日まで	日	円	円	銭
	第3号の場合	都道府県労働局長が定める金額				円
	第4号の場合	従事する事業又は職業				
		都道府県労働局長が定める金額				円

漁業及び林業労働者の平均賃金（昭和24年労働省告示第5号第2条による。）	平均賃金協定額の承認年月日　　年　　月　　日　職種　　平均賃金協定額　　円

① 賃金計算期間のうち業務外の傷病の療養等のため休業した期間の日数及びその期間中の賃金を業務上の傷病の療養のため休業した期間の日数及びその期間中の賃金とみなして算定した平均賃金

（賃金の総額(ホ)－休業した期間にかかる②の(リ)）÷（総日数(イ)－休業した期間②の(チ)）

（　　　　円－　　　　円）÷（　　　日－　　　日）＝　　　円　　　銭

444

第3章　平均賃金を算定するには

賃金締切日を記入します。

この欄には、労働日数等に関係なく一定期間によって支払われた賃金を記入しますが、本例においては、(3)の例とは異なり、月・週・その他一定の期間によって支払われた賃金はないので、この欄に記入する必要はありません。

本例のように、直前の賃金締切日から遡ると平均賃金の算定期間が一賃金計算期間を下回る場合は、災害発生日の前日から雇入れの日までの期間が平均賃金計算期間となります。

該当する賃金計算期間中に実際に労働した日数を記入します。

この欄には、労働日数、労働時間数に応じて支払われた賃金を記入します。本例においては、基本賃金、食事手当及び通勤手当が日によって支払われていますので、この欄に記入します。

両者を比較していずれか高い方が平均賃金とされますので、本例の場合の平均賃金は11,705円35銭となります。

記入上の注意

① には、平均賃金の算定基礎期間中に業務外の傷病の療養等のために休業した期間があり、その期間及びその期間中に受けた賃金の額を算定基礎から控除して算定した平均賃金相当額が平均賃金の額を超える場合に記載し、控除する期間及び賃金の内訳を別紙裏面②に記載すること。
この場合は、請求書・申請書表面の「平均賃金」の欄に、この算定による平均賃金相当額を記入すること。

445

第2部　労災民事損害賠償額算定の実際

(5)「平均賃金算定期間中に私傷病の療養のために休業した期間がある場合」

様式第8号（別紙1）（表面）

労　働　保　険　番　号					氏　　　名	災害発生年月日
府県	所掌	管轄	基幹番号	枝番号		29年8月23日

平均賃金算定内訳

（労働基準法第12条参照のこと。）

雇　入　年　月　日			15年5月20日		常用・日雇の別		（常用）・日雇		
賃　金　支　給　方　法			月給・週給・日給・時間給・出来高払制・その他請負制			賃金締切日		毎月末日	

A　月・週その他一定の期間によって支払ったもの

	賃金計算期間	5月1日から 5月31日まで	6月1日から 6月30日まで	7月1日から 7月31日まで	計	
	総　日　数	31 日	30 日	31 日	(イ) 92	日
賃金	基　本　賃　金	円	円	円		円
	通　勤　手　当	12,460	12,460	12,460	37,380	
	手　当					
	計	12,460円	12,460円	12,460円	(ロ) 37,380円	

B　日若しくは時間又は出来高払制その他の請負制によって支払ったもの

	賃金計算期間	5月1日から 5月31日まで	6月1日から 6月30日まで	7月1日から 7月31日まで	計	
	総　日　数	31 日	30 日	31 日	(イ) 92	日
	労　働　日　数	25 日	22 日	26 日	(ハ) 73	日
賃金	基　本　賃　金	325,000円	286,000円	338,000円	949,000円	
	時　間　外　手　当	33,475	29,458	34,814	97,747	
	手　当					
	計	358,475円	315,458円	372,814円	(ニ) 1,046,747円	

総　　　　　計	370,935円	327,918円	385,274円	(ホ) 1,084,127円	
平　均　賃　金	賃金総額(ホ) 1,084,127 円÷総日数(イ)	92	＝	11,783 円	98 銭

最低保障平均賃金の計算方法

A の(ロ)　37,380 円÷総日数(イ) 92 ＝　406 円　30 銭(ヘ)

B の(ニ)　1,046,747 円÷労働日数(ハ) 73 × $\frac{60}{100}$ ＝　8,603 円　40 銭(ト)

(ヘ)　406 円30銭＋(ト)　8,603 円　40 銭＝（9,009 円　70 銭）(最低保障平均賃金)

日日雇い入れられる者の平均賃金（昭和38年労働省告示第52号による。）	第1号又は第2号の場合	賃金計算期間	(い) 労働日数又は 労働総日数	(ろ) 賃金総額	平均賃金(ろ)÷(い)×$\frac{73}{100}$	
		月　日から 月　日まで	日	円	円　銭	
	第3号の場合	都道府県労働局長が定める金額			円	
	第4号の場合	従事する事業又は職業				
		都道府県労働局長が定める金額				

漁業及び林業労働者の平均賃金（昭和24年労働省告示第5号第2条による。）	平均賃金協定額の承認年月日	年　月　日	職種	平均賃金協定額	円

① 賃金計算期間のうち業務外の傷病の療養等のため休業した期間の日数及びその期間中の賃金を業務上の傷病の療養のため休業した期間の日数及びその期間中の賃金とみなして算定した平均賃金
　　（賃金の総額(ホ)－休業した期間にかかる②の(リ)）÷（総日数(イ)－休業した期間の②の(チ)）
　　（ 1,084,127 円－　1,661 円）÷（　92 日－　4 日）＝ 12,300 円　75 銭

446

第3章　平均賃金を算定するには

賃金締切日を記入します。

欠勤日数若しくは病気等による欠勤日に関係なく毎月支払われる一定額の賃金を記入します。

所定の労働日数（26日）のうち病休が4日間（6月13日〜6月16日）があったため、その間の基本賃金等が支払われていません。

用紙裏面の②によって計算された業務外の傷病の療養のために休業した期間及びその期間に支払われた賃金をそれぞれ差し引いて平均賃金を計算します。

一番高い額（本例の場合、12,300円75銭）が平均賃金となります。

記入上の注意【表面】

①には、平均賃金の算定基礎期間中に業務外の傷病の療養等のために休業した期間があり、その期間及びその期間中に受けた賃金の額を算定基礎から控除して算定した平均賃金相当額が平均賃金の額を超える場合に記載し、控除する期間及び賃金の内訳を別紙裏面②に記載すること。

この場合は、請求書・申請書表面の「平均賃金」の欄に、この算定による平均賃金相当額を記入すること。

第２部　労災民事損害賠償額算定の実際

様式第８号（別紙１）（裏面）

② 業務外の傷病の療養等のため休業した期間
　及びその期間中の賃金の内訳

賃　金　計　算　期　間		6月　1日から 6月 30日まで	月　　日から 月　　日まで	月　　日から 月　　日まで	計
業務外の傷病の療養等のため 休業した期間の日数		4 日	日	日	(チ) 4 日
業務外の傷病の治療等のため休業した期間中の賃金	基 本 賃 金	円	円	円	円
	通 勤 手 当	1,661			1,661
	手 当				
	計	1,661円	円	円	(リ) 1,661円
休　業　の　事　由		風邪による発熱のため自宅において療養した。			

	支　払　年　月　日			支　払　額	
③ 特 別 給 与 の 額	28 年	12 月	5 日	640,000	円
	29 年	3 月	25 日	160,000	円
	29 年	6 月	20 日	370,000	円
	年	月	日		円
	年	月	日		円
	年	月	日		円
	年	月	日		円

［注意］
　③欄には、負傷又は発病の日以前２年間（雇入後２年に満たない者については、雇入後の期間）に支払われた労働基準法第12条第４項の３箇月を超える期間ごとに支払われる賃金（特別給与）について記載してください。
　ただし、特別給与の支払時期の臨時的変更等の理由により負傷又は発病の日以前１年間に支払われた特別給与の総額を特別支給金の算定基礎とすることが適当でないと認められる場合以外は、負傷又は発病の日以前１年間に支払われた特別給与の総額を記載して差し支えありません。

448

第3章　平均賃金を算定するには

業務外の傷病の療養等のために休業した期間中に支払われた賃金を記入します。本例の場合、通勤手当は1箇月分として支払われていますので、1日当たりの賃金の換算し、休業期間中の賃金合計を算出します。

（計算式例）

$$\binom{\text{通勤手当}}{\text{総　　額}}\binom{6\,\text{月の}}{\text{総日数}}\binom{\text{休業}}{\text{期間}}$$

12,460円÷30日×4日

$$\binom{\text{休業期間}}{\text{中の賃金}}$$

＝1,661円

この日数及び賃金額が用紙表面の①において使用されます。

休業した理由を具体的にわかりやすく記入してください。

記入上の注意［裏面］

一　この特別給与の額は、休業補償給付の算定に使用するものではないが、障害補償給付、遺族補償給付、傷病補償年金が支給されることとなった場合に、あわせて支給される特別支給金の算定基礎となるものである。

二　「特別給与」とは、労働基準法第一二条第四項に示す三箇月を超える期間ごとに支払われる賃金をいうものであること。

三　「特別給与の額」は、負傷又は発病前の一年分について、記載すること。

第２部　労災民事損害賠償額算定の実際

⑹「日日雇い入れられる者の場合」

様式第８号（別紙１）（表面）

労　働　保　険　番　号					氏　　　名	災害発生年月日
府県	所掌	管轄	基　幹　番　号	枝番号		**29**年 **9**月**22**日

平均賃金算定内訳　　　（労働基準法第12条参照のこと。）

雇　入　年　月　日			**29**年 **9**月**22**日		常用・日雇の別		常用・日雇
賃　金　支　給　方　法			月給・週給・日給・時間給・出来高払制・その他請負制			賃金締切日	毎月**毎**日

A 月よって支払ったその他一定の期間に	賃金計算期間		月　日から 月　日まで	月　日から 月　日まで	月　日から 月　日まで	計	
	総　日　数		日	日	日	(イ)	日
	賃金	基　本　賃　金	円	円	円		円
		手　当					
		手　当					
		計	円	円	円	(ロ)	円
B 日他の請負制若しくは時間又は出来高払制そのよって支払ったもの	賃金計算期間		月　日から 月　日まで	月　日から 月　日まで	月　日から 月　日まで	計	
	総　日　数		日	日	日	(イ)	日
	労　働　日　数		日	日	日	(ハ)	日
	賃金	基　本　賃　金	円	円	円		円
		手　当					
		手　当					
		計	円	円	円	(ニ)	円
総　　　　　　計			円	円	円	(ホ)	円
平　均　賃　金		賃金総額(ホ)	円÷総日数(イ)		＝	円	銭

最低保障平均賃金の計算方法

Aの(ロ)	円÷総日数(イ)	＝	円	銭(ヘ)
Bの(ニ)	円÷労働日数(ハ)	$\times \frac{60}{100} =$	円	銭(ト)
(ヘ)	円 銭＋(ト)	円 銭＝	円 銭	（最低保障平均賃金）

日日雇い入れられる者の平均賃金（昭和38年労働省告示第52号による。）	第１号又は第２号の場合	賃金計算期間	(い) 労働日数又は労働総日数	(ろ) 賃金総額	平均賃金(ろ)÷(い)×$\frac{73}{100}$	
		8月 **22**日から **9**月 **21**日まで	**8**日	**112,000**円	**10,220**円	銭
	第３号の場合	都道府県労働局長が定める金額			円	
	第４号の場合	従事する事業又は職業				
		都道府県労働局長が定める金額				
漁業及び林業労働者の平均賃金（昭和24年労働省告示第5号第2条による。）	平均賃金協定額の承認 年 月 日	年　　月　　日	職種	平均賃金協定額	円	

① 賃金計算期間のうち業務外の傷病の療養等のため休業した期間の日数及びその期間中の賃金を業務上の傷病の療養のため休業した期間の日数及びその期間中の賃金とみなして算定した平均賃金
（賃金の総額(ホ)－休業した期間にかかる②の(リ)）÷（総日数(イ)－休業した期間②の(チ)）
（　　　　円－　　　　円）÷（　　　日－　　　日）＝　　　円　　　銭

450

第3章　平均賃金を算定するには

記入上の注意

①には、平均賃金の算定基礎期間中に業務外の傷病の療養等のために休業した期間があり、その期間及びその期間中に受けた賃金の額を算定基礎から控除して算定した平均賃金相当額が平均賃金の額を超える場合に記載し、控除する期間及び賃金の内訳を別紙裏面②に記載すること。

この場合は、請求書・申請書表面の「平均賃金」の欄に、この算定による平均賃金相当額を記入すること。

日雇労働者とは、1日の契約期間で雇い入れられ、その日限りで労働契約が終了する労働者のことであり、その契約が日日更新されたとしても日雇労働者として取り扱われます。

被災日前1箇月間に当該事業場において使用された期間がある場合は、被災間1箇月間が賃金の計算期間となります。

賃金の計算期間中に実際に働いた日数と支払われた賃金の総額を記入します。

1日当たりの賃金の100分の73が平均賃金となります。

巻末資料

1. 高額労災判例一覧
2. 自賠責保険の保険金額の変遷
3. 慰謝料（死亡・後遺症）の裁判上の認定基準
4. 入院・通院慰謝料表
5. 後遺障害別等級表
　※参考：外貌の醜状障害に関する障害等級認定基準の改正について
6. 傷病等級表
7. 業務上災害による労災保険給付を補足する「特別支給金」について
8. 労働能力喪失率表
9. 労働能力喪失期間とライプニッツ係数表
10. 簡易生命表・男
11. 簡易生命表・女
12. 被災者の生活費控除率
13. 申立手数料額早見表－労働審判手続の申立等（裁判手続を利用する際に裁判所に納付する申立手数料）
14. 公正証書等の作成などに準備する資料等について（抜粋）
15. 少額訴訟手続及び民事調停手続の概要

巻末資料 1

高額労災判例一覧 （単位：万円）

事件名・裁判所等	事故の態様	被害程度・判決認容額等	
日本道路・西川建設事件 （H元・5・31 高知地裁） 判タ708号	掘削機が旋回した際、その先端に取り付けられていたバケット部分が激突	死亡 （過失相殺 30%）	3,335
札幌刑務所室蘭拘置支所事件 （H元・6・21 札幌地裁） 判時1330号	拘禁中、気管支喘息の症状が増悪	死亡	5,178
広瀬興業・石巻市事件 （H元・11・21 青森地裁） 判時1337号	汚水管の清掃工事中、硫化水素ガスを吸引	死亡	5,549
城山建設事件 （H2・1・18 熊本地裁） 判タ753号	横転したバックホーの下敷きとなる	1級障害 （過失相殺 30%）	3,107
日本アクアラング事件 （H3・6・28 鹿児島地裁） 判時1402号	潜水作業中に減圧症に罹患	1級障害 （過失相殺 10%）	3,413
大森電設事件 （H4・5・14 札幌地裁） 労判612号	配線作業中に感電	死亡	6,419
伊勢市（消防吏員）事件 （H4・9・24 津地裁） 労判630号	耐寒訓練中、労作性狭心症による不整脈を発症	死亡 （過失相殺 30%）	4,562
サカイ引越センター・新海商運事件 （H5・1・28 大阪地裁） 労判627号	業務上の過労による居眠り運転で追突	死亡	2,000
大林組事件 （H5・3・29 大阪地裁） 労旬報1317号	じん肺	管理区分4	4,033
新光産業・山口県事件 （H5・7・20 広島高裁） 判タ858号	防潮鉄扉が転倒	死亡	5,598
前田建設工業・三井鉱山等事件 （H5・8・9 千葉地裁） 判タ826号	じん肺	死亡	2,180

巻末資料

事件名・裁判所等	事故の態様	被害程度・判決認容額等
名古屋刑務所事件 （H5・12・8　大阪地裁堺支部） 判タ844号	銑鉄溶解作業中、扇風機の脚部に触れて感電	死亡　　　　　　4,551 （過失相殺　30％）
荏原製作所事件 （H6・4・28　大阪高裁） 労判655号	ごみ処理プラントの水素ガス爆発によって爆風を浴び構内地面に墜落	1級障害　　　　3,985 （身体障害者福祉法別表） （過失相殺　50％）
三六木工事件 （H6・9・27　横浜地裁小田原支部） 労判681号	積み込み作業中、玉掛けに使用していたワイヤーロープの一方の環状部分が解けて、吊っていたチップ原木が落下し、トラック運転手に激突	1級障害　　　16,524
日進運輸建設事件 （H6・10・25　仙台地裁） 労判670号	バックしてきたダンプトラックが電柱に激突し、その衝撃で倒れた電柱が作業員を直撃	死亡　　　　　　3,632 （被災後、輸血による劇症肝炎で死亡）
石川島興業事件 （H7・7・31　神戸地裁姫路支部 H8・11・28　大阪高裁） 地裁・労判688号 高裁・判タ958号	会社工場内の交通事故で負傷したため、通院治療しながら復職したメッキ作業員が、復職約2か月後に、宿直勤務のため宿直室で就寝中、急性心不全を発症	死亡　　　　　　3,808 第2審認容額　　2,996 （第2審では損益相殺を付加）（第1審・第2審とも、交通事故につき過失相殺を40％と認定したが、被災者の自己保健義務の懈怠を否定）
関厚運輸事件 （H7・10・3　京都地裁） 交民集28巻5号	ゴミの収集職員が後退してきたゴミ収集車とブロック塀にはさまれる	死亡　　　　　　3,872 （過失相殺　40％）
長野県山岳総合センター事件 （H7・11・21　長野地裁松本支部） 労判685号	冬の野外生活研究会に参加していた教諭が雪崩に巻き込まれる	死亡　　　　　　8,486
静岡県立高校事件 （H8・2・19　静岡地裁浜松支部） 判時1588号	県立高校の男性事務職員が、高校の事務室内において残業中の同僚の女性職員を口論の末パイプレンチで殴打	死亡　　　　　　5,068

455

事件名・裁判所等	事故の態様	被害程度・判決認容額等
藤島建設事件 （H 8・3・22　浦和地裁） 労判696号	上棟式後の住宅建設現場で、大工が1階屋根の垂木に破風板を打ちつける作業をしていたところ、足を踏み外して転落	1級障害　　　3,321 （過失相殺　80%）
電通事件 （H 8・3・28　東京地裁 H 9・9・26　東京高裁） 地裁・判時1561号 高裁・労判724号	過剰な長時間労働により心身ともに疲弊してうつ病に陥り、自殺を図る	死亡　　　　12,588 第2審認容額　8,911 （第2審過失相殺　30%）
富士ガス販売事件 （H 9・8・5　　山形地裁） 判時1642号	ビル地下1階で下水設備改修工事中ガス爆発事故により全身に火傷を負う	死亡　　　　　6,539
川崎製鉄（水島製作所）事件 （H10・2・23　岡山地裁倉敷支部） 労判733号	常軌を逸した長時間労働により心身ともに疲弊してうつ病に陥り、自殺を図る	死亡　　　　　5,206 （過失相殺　50%）
システムコンサルタント事件 （H10・3・19　東京地裁 H11・7・28　東京高裁） 地裁・労判736号 高裁・労判770号	恒常的な過重業務等により、高血圧症が増悪し、高血圧性脳出血を発症	死亡　　　　　4,070 第2審認容額　3,237 （第1審・第2審とも過失相殺　50%）
協成建設工業事件 （H10・7・16　札幌地裁） 判時1671号	豪雪等による国道拡幅関連工事遅れのため心身ともに極度の疲労に陥った現場所長が、うつ病を発症して事務所構内で自殺	死亡　　　　　9,164
東洋精箔事件 （H11・1・18　千葉地裁） 労判765号	金属箔製造工場の焼鈍作業員が、竪型焼鈍炉のビット内で酸欠死	死亡　　　　　5,201
オタフクソース事件 （H12・5・18　広島地裁） 労判783号	慢性的疲労状態にあった特注ソース等の製造作業員が、人員配置変更に伴う精神的・身体的負荷の増大によりうつ病を発症して工場内で自殺	死亡　　　　11,111

巻末資料

事件名・裁判所等	事故の態様	被害程度・判決認容額等
明津運輸事件 （H12・5・31　東京地裁） 交民集33巻3号	貨物自動車の運転手が、荷積用のコンテナを運搬先の倉庫で荷下ろし作業に従事中、そのコンテナの下敷きになる	1級障害　　　　3,307 （過失相殺　50%）
精神病院保安員暴行被災事件 （H12・12・22　大阪地裁） 判タ1073号	精神病院の保安員が飲酒のうえで入院病棟を巡回中、入院患者から飲酒していることについて指摘され、複数の入院患者から暴行を受け階下に投げられて放置	死亡　　　　　　2,121 （過失相殺　70%）
セイシン企業事件 （H13・3・29　東京高裁） 労判831号	前日から徹夜で造粒加工作業に従事していた作業員が造粒機に材料の粉末を入れるために設置されたロータリーバルブに右腕を巻き込まれて負傷	右前腕切断　　　2,163 （過失相殺　40%）
マルハ事件 （H13・4・23　山口地裁下関支部） 判時1767号	修理のため、甲板主が漁船のソイルタンク室内に降りたところ、同室内に充満していた高濃度の硫化水素ガスを吸引	硫化水素ガス中毒死 　　　　　　　　5,492 （過失相殺　10%）
トオカツフーズ事件 （H13・5・23　東京高裁） 判タ1072号	調理パン・おにぎり等の製造販売会社で炊飯作業に従事していた従業員が、始業点検の際に、飯缶反転装置に首と右腕を挟まれる	死亡　　　　　　3,439 （過失相殺　40%）
松山市中央消防署事件 （H13・6・22　松山地裁） 判時1778号	消防署庁舎内で、署長が、部下の消防士に包丁で突き刺されて失血	死亡　　　　　　4,383
N設備・鴻巣市事件 （H13・12・5　さいたま地裁） 労判819号	ガス管接続工事においてガス技能労働者がガス管穿孔作業に従事中、ガス本管から勢いよく吹き出したガスの直撃を受ける	死亡　　　　　　2,177 （過失相殺　65%）

事件名・裁判所等	事故の態様	被害程度・判決認容額等	
浜田拘置支所事件 （H14・1・30　松江地裁） 判タ1123号	保護房に拘禁中、アルコール性離脱症候群に起因する肺うっ血、腎不全を発症	死亡	5,233
関西医科大学事件 （H14・2・25　大阪地裁 H16・7・15　大阪高裁） 地裁・労判827号 高裁・労判879号	大学付属病院の研修医が、自宅で急性心筋梗塞を発症	死亡 （第2審認容額） 死亡 （素因減額　15%） （過失相殺　20%）	13,532 8,434
榎並工務店事件 （H14・4・15　大阪地裁 H15・5・29　大阪高裁） 地裁・高裁・労判858号	ガス管溶接作業に従事中、溶接工が脳梗塞を発症	死亡 （過失相殺　66.6%） （第2審認容額） 死亡 （過失相殺　40%）	2,208 4,375
川崎市水道局事件 （H14・6・27　横浜地裁川崎支部 H15・3・25　東京高裁） 地裁・判時1805号 高裁・労判849号	水道局職員が、職場で上司からいじめを受けて心因反応ないし精神分裂症（統合失調症）を発症して自殺	死亡 （過失相殺　70%）	2,345
繁栄興業事件 （H14・7・16　神戸地裁社支部） 交民集35巻4号	鉄骨工場内においてアルバイトの作業員が鉄骨の積載作業に従事中、後退してきた貨物自動車と鉄骨にはさまれる	死亡 （過失相殺　30%）	3,086
明海運輸事件 （H14・8・6　名古屋地裁） 労判835号	トレーラー運転手が、重さ11トンを超えるアルミスラブの積込作業に従事中、クレーンに吊るされたスラブと荷台との間に腹部をはさまれる	5級障害	3,732
競走馬育成牧場事件 （H14・9・13　名古屋地裁） 判時1814号	競走馬の調教にあたっていた牧夫が、バランスを崩して落馬して馬に踏まれるか蹴られるかした	死亡	6,557

事件名・裁判所等	事故の態様	被害程度・判決認容額等
サンウェイ事件 （H14・10・28　名古屋地裁） 交民集35巻5号	道路舗装工事現場内で一般交通の誘導作業に従事していた警備員が、作業中のロード・スタビライザーに轢過される	死亡　　　　　　　3,503 （過失相殺　15％）
南大阪マイホームサービス事件 （H15・4・4　大阪地裁堺支部） 労判854号	リフォーム工事会社の資材業務課長が、業務就労中に急性心臓死	死亡　　　　　　　4,081 （過失相殺　50％）
御船運輸事件 （H15・11・27　大阪高裁） 労判865号	かなり過重な勤務状態にあったトラック運転手が、高速道路を走行中、大型トレーラーに追突	死亡　　　　　　　3,500 （過失相殺　20％）
おむつクリーニング工場稲城事業所事件 （H15・12・10　東京地裁八王子支部） 判時1845号	洗濯作業に従事していた洗濯主任が、大型自動洗濯乾燥機に巻き込まれる	死亡　　　　　　　4,529 （過失相殺　20％）
和歌の海運送事件 （H16・2・9　和歌山地裁） 労判874号	鮮魚・冷凍食品等の運送業務に従事する傭車運転手が過重な業務によって高血圧ひいては高血圧性脳内出血及び脳梗塞を発症	1級障害　　　　　6,886 両上下肢機能障害
喜楽鉱業事件 （H16・3・22　大阪地裁） 判時1866号	被告本社工場内にある廃溶剤タンクの清掃作業に従事していた作業員が有機溶剤中毒に罹患	死亡　　　　　　　5,174 （過失相殺　30％）
医療法人協和会事件 （H16・4・12　大阪地裁） 判時1867号	病院の看護助手が救急搬送された患者に左前腕部を噛みつかれてC型肝炎に罹患	9級障害　　　　　2,556 胸腹部臓器の機能障害 （素因減額　20％）
いわき市立病院事件 （H16・5・18　福島地裁） 判時1863号	市立病院勤務の精神科の医師が、患者として来院した精神病患者に診療中に隠し持っていた包丁で左頸部を切りつけられる	死亡　　　　　　13,228

事件名・裁判所等	事故の態様	被害程度・判決認容額等
ジェイ・シー・エム事件 （H16・8・30　大阪地裁） 労判881号	中古車流通・情報雑誌の広告制作作業に従事していたアルバイト男性が採用後2か月後に自宅の自室で突然死	死亡　　　　　　4,734 （寄与度減額　20％）
能登川クレーン事件 （H16・9・16　大阪高裁） 交民集37巻5号	建設工事現場においてトラック運転手とともにクレーンによる吊り荷の運搬作業に従事していた作業員が、最後のイソバンドを吊り上げたクレーンが旋回した際に吊り荷の運搬経路の下に入っていたため、落下してきたイソバンドの直撃を受けて負傷	障害の程度不明　2,173 （過失相殺　40％）
関西保温工業事件 （H16・9・16　東京地裁） （H17・4・27　東京高裁） 地裁・判時1882号 高裁・労判897号	石油コンビナートの加熱炉の補修、保温工事等の現場において、現場監督の業務に従事したため、石綿粉じんを吸引し、悪性胸膜中皮腫により死亡	死亡　　　　　　5,670 第2審認容額　　4,677
長崎新聞社事件 （H16・9・27　長崎地裁） 判時1888号	日刊新聞発行会社の制作局次長がうつ病に罹患して自殺	死亡　　　　　　2,000
ＮＴＴ東日本北海道支店事件 （H17・3・9　札幌地裁） （H18・7・20　札幌高裁） （H21・1・30　差戻審・札幌高裁） 地裁・労判893号 高裁・労判922号 差戻審・高裁　労判976号	新たに担当することになった法人営業業務の遂行に必要な知識・技能を習得することを目的とする研修会に参加した職員が、当該研修が2か月以上にわたる長期間の連続する宿泊を伴うものであったことから、過度の精神的、身体的ストレスにより急性心筋虚血を発症	死亡　　　　　　6,628 （差戻審・札幌高裁） 　　　　　　　　1,658 （過失相殺　70％）

事件名・裁判所等	事故の態様	被害程度・判決認容額等
ジャムコ立川工場事件 （H17・3・16　東京地裁八王子支部） 労判893号	航空機の内装品の燃焼試験業務に従事していた従業員が、慢性気管支炎、中枢神経機能障害等に罹患	9級障害相当　　　3,738
エージーフーズ事件 （H17・3・25　京都地裁） 判時1895号	飲食店を多数経営する会社の店長がうつ病に罹患し、団地4階から投身自殺	死亡　　　　　　　6,528
アテスト（ニコン熊谷制作所）事件 （H17・3・31　東京地裁） （H21・7・28　東京高裁） 地裁・判時1912号 高裁・労判990号	半導体製造装置の完成品検査の業務に従事していた業務請負会社の社員が、業務の過重性に基づくうつ病を発症して自殺	死亡 地裁　　　　　　2,488 （素因減額　30%） 高裁　　　　　　7,058 （素因減額・過失相殺否定）
ホテル中の島事件 （H17・4・12　和歌山地裁） 労判896号	ホテルの料理長が定例会議の会議中にくも膜下出血を発症	死亡　　　　　　　2,439 （寄与度減額　30%）
コミーチュア事件 （H17・5・26　東京地裁） 判タ1200号	電話交換機新設・増設工事等の立会業務を担当していた職員が、被告会社内で休憩をとっていたところ虚血性心疾患を発症	死亡　　　　　　　3,038 （素因減額　25%）
ギオン（日本流通企画）事件 （H17・9・21　千葉地裁） 判時1972号	MDS（骨髄異形成症候群）に罹患していた運送会社営業所勤務の社員が、過剰な長時間労働等により精神的・肉体的に疲労して免疫力・抵抗力が低下したため黄色ブドウ球菌性肺炎に罹患し、それが重症化	死亡　　　　　　　2,757 （素因減額　20%）

事件名・裁判所等	事故の態様	被害程度・判決認容額等
社会保険庁事件 （H17・9・27　甲府地裁） 判時1915号	社会保険庁において電話相談係を経て人事係に配属された職員が、過重な業務遂行によってうつ病が重症化し、午前3時過ぎごろ、自宅アパート近くのマンション11階から投身自殺	死亡　　　　　　7,183
家屋解体アルバイト作業員転落負傷事件 （H17・11・30　東京地裁） 労判908号	家屋解体工事において鉄骨の溶断作業に従事していたアルバイト作業員が、廃材となった鉄骨を2階の開口部から投げ下ろそうとした際にバランスをくずして1階に転落	1級障害　　　　8,323 （過失相殺　10%）
協和エンタープライズ事件 （H18・4・26　東京地裁） 労判930号	大型貨物自動車の運転手が、高速道路を走行中、重度の疲労により注意力散漫、緊張低下状態に陥っていたため、前方を走行していたトレーラーを認識することが不可能となって追突	死亡　　　　　　5,043
生活創庫・日本リユース事件 （H18・5・10　東京高裁） 判タ1213号	夜間、店内でレイアウト変更の手伝いに来ていた他店の店長が、侵入してきた2人の強盗にバットで頭部等を殴打され、ナイフで背部脇腹を多数回刺されて死亡	死亡　　　　　　2,859
ＫＹＯＷＡ事件 （H18・6・15　大分地裁） 労判921号	金属加工・販売会社の従業員が、過重な業務により肉体的、精神的負担が重なり疲労が蓄積している状況の中で、長時間労働等による職業性ストレスの結果、心筋梗塞を発症して死亡	死亡　　　　　　8,429

事件名・裁判所等	事故の態様	被害程度・判決認容額等
陸上自衛隊和歌山駐屯地事件 （H18・7・18　和歌山地裁） 労判922号	陸上自衛隊員がその勤務場所である会計隊において残業中、同じく残業中の他の隊員によって金槌で頭部を多数回毆打されて死亡	死亡　　　　　　6,671
スズキ事件 （H18・10・30　静岡地裁浜松支部） 判時1970号	リッターカーの車体及び艤装の設計業務に従事していた課長が、月平均で100時間もの時間外労働等の長時間労働により、うつ病を発症し、被告会社本社5階の屋上から飛び降りて自殺	死亡　　　　　　5,866
山田製作所事件 （H19・1・22　熊本地裁） （H19・10・25　福岡高裁） 地裁・労判937号 高裁・判時2012号	自動車部品、農業用機械部品等の製造販売会社において、「段取り」と呼ばれる塗装関連作業に従事していた従業員は、以前から過重な長時間労働に従事していた上、発注先からの新たな品質管理基準への対応が会社として迫られる中、リーダーへ昇格するなどの心理的負荷等が更に加わったことにより、うつ病に罹患して自殺	死亡 地裁　　　　　7,430 高裁　　　　　7,430
大阪府立病院事件 （H19・3・30　大阪地裁） （H20・3・27　大阪高裁） 地裁・最高裁判所HP 高裁・判時2020号	府立病院勤務の麻酔科医が従事した業務は、長時間にわたる時間外労働に加えて、手術時の麻酔施行やICU管理は精神的緊張を伴うものであり、宿日直・重症当直の負担も相当程度過重であったことから、急性心機能不全を発症	死亡 地裁　　　　10,692 （過失相殺　10％） 高裁　　　　　7,744 （過失相殺　35％）

事件名・裁判所等	事故の態様	被害程度・判決認容額等
O技術事件 （H19・5・17　福岡高裁那覇支部） 労判945号	沖縄市から元請会社が受注したL型コンクリート擁壁設置工事現場において、埋め戻しの作業に従事していた孫請会社の従業員が、鉄板と土壁面との間を支えていた桟木が外れて鉄板が土壁面側に倒れた際に、鉄板の土壁面側にいたためその間に挟まれて死亡	死亡　　　　　　4,341 （過失相殺　30%）
積善会（十全総合病院）事件 （H19・5・28　大阪地裁） 判時1988号	病院勤務の麻酔医の業務は、拘束時間が長時間に及ぶものであること、処置の当否如何によっては患者の身体に重大な結果をもたらすことから精神的緊張を強いられること、同人は経験が浅く軽易と思われる業務であっても負担を感じること、勤務時間外でも緊急手術等のために呼び出される可能性があること等、心理的にも負担があったこと等からうつ病に罹患して自殺	死亡　　　　　　7,673 （過失相殺　30%）
スギヤマ薬品事件 （H19・10・5　名古屋地裁） （H20・9・17　名古屋高裁） 地裁・労判947号 高裁・労判970号	ドラッグストア勤務の薬剤師は、過重な業務を長期間継続してきたことに加え、死亡する前1か月間につき、労働時間が300時間を超え、時間外勤務時間も130時間を超え、しかもその間に2日しか休みがないなど、過重な業務の継続により、特発性心室細動等の致死性不整脈を発症	死亡 地裁　　　　　　8,298 高裁　　　　　　8,698

巻末資料

事件名・裁判所等	事故の態様	被害程度・判決認容額等
ハヤシ事件 （H19・10・24　福岡地裁） （H21・1・30　福岡高裁） 地裁・判時1998号 高裁・判時2054号	産業用ロボット製作会社の製造部部長が、発症前1～12か月の時間外労働時間は焼く74～168時間であり、相当長期にわたって長時間労働を続け、盆休みや正月休みもほとんど取れなかったなど、精神的肉体的に疲労を蓄積させる過重なものであったことから、くも膜下出血を発症して死亡	死亡 地裁　　　　　　6,474 （過失相殺　20％） 高裁　　　　　　6,587 （過失相殺　20％）
信濃輸送事件 （H19・12・4　長野地裁） 判時1999号	自動車運送業等を営む被告会社において、トラック運転と荷積み・荷卸しの業務に従事して従業員が、荷卸し作業中に腰椎間板ヘルニア、腰部脊柱管狭窄の傷害を負う	9級障害　　　　3,971
中野運送事件 （H19・12・14　熊本地裁） 労判975号	被災トラック運転手の拘束時間は、発症前約1か月間の業務につき、深夜から午後まで、1日当たり概ね12時間を超えているほか、特に積載量10トン以上のトラック運転業務に従事することは精神的緊張を伴うものであったこと、及び所属の営業所には交代要員がいなかったこと等により、脳出血を発症	2級障害　　　　4,261

465

事件名・裁判所等	事故の態様	被害程度・判決認容額等
テクノアシスト相模・大和製罐事件 （H20・2・13　東京地裁） 判時2004号	注文者の製罐工場内において、請負人の従業員が、高さ90cm足場面積40cm四方の作業台の上に立ってライン上を流れる缶の蓋を検査する検査作業に従事中、作業台から転落し工場床面に頭部を強打し、脳挫傷・急性硬膜下血腫等の傷害を負って死亡	死亡　　　　　　5,172 （過失相殺　20%）
ホテル日航大阪事件 （H20・4・10　神戸地裁） 労判974号	ホテル営業部販売グループ課長は、基礎疾患として血管病変を有していたところ、同人が従事した修学旅行業務は、閑散期は別として、繁忙期には質量ともに相当程度過酷であったことから血圧性脳内出血を発症	1級障害　　　　5,561 （過失相殺・素因減額40%）
天辻鋼球製作所事件 （H20・4・28　大阪地裁） （H23・2・25　大阪高裁） 地裁・判タ1293号 高裁・労判1029号	各種金属球の製造・販売会社の生産企画課勤務の被災従業員にとって、同課の業務が過重で身体的、精神的負荷を伴うものであったことから、これに基づく疲労や睡眠不足により、同従業員が有していた基礎疾病であるAVM（先天的な脳動静脈瘤奇形）をその自然の経過を超えて急激に増悪させて小脳出血及び水頭症を発症	1級障害 地裁　　　　　19,895 （素因減額　20%） 高裁　　　　　13,241 （素因減額　40%）

事件名・裁判所等	事故の態様	被害程度・判決認容額等
前田道路事件 （H20・7・1　松山地裁） 判時2027号	土木建築工事会社の営業所所長は、営業成績を仮装するために行った不正経理を是正するために、上司による過剰ノルマの強要や、度重なる叱責・注意を受けたことから、うつ病に罹患し、「怒られるのも、言い訳をするのもつかれました。」との遺書を残して自殺	死亡　　　　　3,125 （過失相殺　60％）
中日本航空・中部電力事件 （H20・7・31　東京地裁） （H22・4・27　東京高裁） 地裁・判時2026号 高裁・判時2087号	被告航空会社が運航する取材ヘリコプターが電力会社の設置する送電線に接触して墜落し、搭乗していた放送局の記者らが死亡	死亡 地裁　　　　　3,224 高裁　　　　　3,770
札幌国際観光事件 （H20・8・29　札幌高裁） 判時2029号	ホテル従業員が、ホテルの機械室、ボイラー室等で業務に従事していたことから、アスベスト紛じんを吸入し悪性胸膜中皮腫を発症	死亡　　　　　3,236
JFEシステムズ事件 （H20・12・8　東京地裁） 労判981号	出向先会社において、自動車メーカー向けのシステム開発のプロジェクトマネージャーに就任した被災者は、過酷な長時間労働およびマネージャーとしての過大な精神的負担によりうつ病に罹患した後も、長期出張等によりうつ病が重篤化し、自殺念慮により自殺	死亡　　　　　7,942 （過失相殺　30％）

事件名・裁判所等	事故の態様	被害程度・判決認容額等
音更町農業協同組合事件 （H21・2・2　釧路地裁帯広支部） 判時2056号	農協の販売部青果課に勤務する職員は、係長昇格後も更に負担業務が増大し、早朝出勤、休日出勤、超過勤務が頻繁になり長時間労働による疲労が蓄積していたところ、更に、ガラス片の異物混入事件が発生しその報告が遅れたことについて課長から厳しい叱責を受けたため、係長昇格以前に罹患していたうつ病エピソードが極度に悪化して自殺	死亡　　　　10,398
オーク建設事件 （H21・6・5　広島高裁松江支部） 判時2068号 （H20・5・15　鳥取地裁米子支部）	一般住宅の設計・建築を業とする会社の営業担当者が、明らかに過重な時間外労働をしていたところ、勤務終了後の午後9時前頃から11時半頃まで、店長とともに所属するバレーボールチームの試合に参加し、同日深夜に自宅で急性心不全を発症	死亡　　　　5,902 （過失相殺　30％） ※素因減額は否定 （地裁　過失相殺・素因減額50％）
米海軍横須賀基地事件 （H21・7・6　横浜地裁横須賀支部） 判時2063号	国に雇用され米海軍横須賀基地に勤務した冷蔵及び空気調節機械工が、冷蔵庫の修理、冷房装置修理の際にダクトを被覆している保温材を剥がし、修理後に再び取り付ける作業等、アスベスト粉じんを生じる作業に従事していたことから胸膜中皮腫に罹患	死亡　　　　7,684

事件名・裁判所等	事故の態様	被害程度・判決認容額等
三井倉庫事件 （H21・11・20　神戸地裁） （H23・2・25　大阪高裁） 地裁・判時2087号 高裁・判時2119号	我が国有数の港湾倉庫業者である被告会社のトラクター運転手が、陸揚げされた石綿の荷役作業に長期間にわたって従事したことから石綿粉じんにばく露し、退職後に中皮腫を発症	死亡 地裁　　　　3,366 高裁　　　　3,566
九電工事件 （H21・12・2　福岡地裁） 判時2073号	電気通信工事会社の空調衛生施設工事等の現場監督業務に従事する職員が、日中の時間帯は現場巡視や、工事発注会社や下請との間の協議・連絡、現場作業員等への対応に追われ、午後5時以降は施工図の作成・修正作業を行うことを余儀なくされ、しかも十分な休息もとれない等、長期間にわたって過重な長時間労働を強いられたことから、うつ病を発症して自殺	死亡　　　　9,905
グルメ杵屋事件 （H21・12・21　大阪地裁） 判時2089号	飲食店の店長は、継続的で著しく長時間にわたる時間外労働を行っていた上に、人員削減等の経営立て直しの方策を講じるに際して厨房部門の従業員らとの関係が悪化して適切な業務分担ができず、さらに、店長として監査、店長会議、研修等にも対応するなど、同店長の業務が身体的精神的に負荷のかかる過重な業務であったこと等から、急性心筋梗塞を発症	死亡　　　　5,491 （過失相殺　20%）

事件名・裁判所等	事故の態様	被害程度・判決認容額等
康正産業事件 (H22・2・16　鹿児島地裁) 判時2078号	外食店の支店長は、長時間労働による相当程度の過労蓄積のほか、必要な人員が補充されず、また人件費の制約を課され、さらに、売上や人件費の目標達成を厳しく求められたがそれを達成できずに精神的に過度の負担を受けることとなったこと等により、就寝中に心室細動を発症し低酸素脳症による完全麻痺となった	高度障害　19,491 (過失相殺　20%)
大庄事件 (H22・5・25　京都地裁) (H23・5・25　大阪高裁) 地裁・判時2081号 高裁・労判1033号	大学卒業後、大衆割烹店を全国展開している会社に入社し同会社が運営する店舗の調理担当の従業員として勤務していた被災者は、入社後わずか4か月で恒常的な長時間労働により、急性左心機能不全を発症して死亡	死亡　　　　7,862
TOTO事件 (H22・6・22　大津地裁) 労判1012号	被告会社の滋賀工場で就労していた派遣労働者は、蓋成形機の光電管に動作不良が生じたため、光電管を手で遮断しようとしたところ、蓋成形機と柱との間に頭部を挟まれて死亡	死亡　　　　6,140
広告代理店事件 (H22・9・29　大阪地裁) 判時2133号	広告代理店のクリエイティブ・ディレクターの肩書で広告物の作成業務に従事していた社員の業務は、時間外労働が多く、休日出勤も少なくないものであり、かつその内容も業務量が多く、心理的負担もかかる過重なものであったことから、うつ病を発症して自殺	死亡　　　　5,844 (過失相殺　20%)

巻末資料

事件名・裁判所等	事故の態様	被害程度・判決認容額等	
メディスコーポレーション事件 （H22・10・29　前橋地裁） 労判1024号	介護付き有料老人ホームの運営等を営む被告会社の財務経理部長は、過剰な時間外労働に加え、折衝を担当していた投資会社から投資を断たれたことにより被告会社の代表取締役から叱責をうけたことなどから、うつ病を発症して自殺	死亡	6,589
本田技研（SF中部）事件 （H22・12・1　東京地裁） 労判1021号	被災者は、自動車整備工として被告会社の工場で1年7か月間就労し、その間、相当量の石綿（クリソタイル）を吸引したことから、同社を退職後37年が経過した後に悪性中皮腫を発症	3級障害	5,437
マツダ事件 （H23・2・28　神戸地裁姫路支部） 労判1026号	自動車メーカーのエンジン部品の調達グループに配属されバイヤーとして勤務していた従業員が、上司からの適切なサポートもなく、決算期末に海外取引とのトラブルに対処しながら、新入社員教育の講師派遣を引き受けるなど、その業務は過重であったことから、うつ病を発症して自殺	死亡	6,367

471

事件名・裁判所等	事故の態様	被害程度・判決認容額等
フォーカスシステムズ事件 (H23・3・7　東京地裁) (H24・3・22　東京高裁) 地裁・労旬報1749号 高裁・労判1051号	被告会社に勤務するシステムエンジニアは、長時間労働、配置転換に伴う業務内容の高度化・業務量の増大、事実上の降格等の業務上の出来事による心理的負荷によって精神障害（うつ病及び解離性遁走）を発症し、正常な認識と行為の選択が著しく阻害された状態に陥り、無断欠勤し、河川敷のベンチで過度の飲酒行為におよんだため急性アルコール中毒から心停止に至る	死亡 地裁　　　　　5,960 （過失相殺　20％） 高裁　　　　　4,386 （過失相殺　30％）
航空自衛隊第一術科学校事件 (H23・7・11　静岡地裁浜松支部) 判時2123号	航空自衛隊の三等空曹が、先輩隊員から、暴行や暴言などの行き過ぎた指導により、さらに、何ら権限もないのに禁酒を命じたり、身分証明書を半強制的に取り上げたり、100枚もの反省文又は辞表を作成するように命じたりするなどのいじめによって適応障害を発症し、希死念慮が高じて自殺	死亡　　　　　8,015
サノヤス・ヒシノ明昌事件 (H23・9・16　大阪地裁) 判時2132号	船舶の建造・修繕等を目的とする会社の下請会社の従業員が、船舶の修繕作業に従事していたところ、石綿粉じんにばく露したため、中皮腫に罹患	死亡　　　　　4,624

事件名・裁判所等	事故の態様	被害程度・判決認容額等
中部電力ほか（浜岡原発）事件 （H24・3・23　静岡地裁） 労判1052号	孫請会社の従業員が、被告中部電力の浜岡原子力発電所において、ポンプや焼却炉等の点検作業時におけるシール材の交換作業中、アスベストばく露によって腹膜原発悪性中皮腫に罹患	死亡　　　　　5,211
萬屋建設事件 （H24・9・7　前橋地裁） 労判1062号	ダム周辺での土木工事を請け負った被告会社の現場代理人は、過重な長時間労働に従事し心身ともに疲労困憊していたことのほか、工期の遵守について不安を感じるなどして、うつ病を発症して自殺	死亡　　　　　6,342
日本赤十字社事件 （H24・10・2　甲府地裁） 判時2180号	病院のリハビリ施設の介護職員が、長時間かつ過密な業務に従事していたため、うつ病を発症して自殺	死亡　　　　　6,991
ニューメディア総研（訴訟承継人アドバンストラフィックシステムズ）事件 （H24・10・11　福岡地裁） 判時2181号	システムエンジニアの従業員が自殺未遂による休職から復帰したが、死亡当時の業務はその量・内容等からみて、医学経験則に照らして過重であったため、心臓性突然死を含む心停止を発症	死亡　　　　　6,821
米八東日本事件 （H24・12・6　新潟地裁） 労判1070号	おこわ店の店長は、死亡前4か月間は就労日のほとんどが拘束時間10時間を超え、さらに時間外労働は月平均80時間を超えていることなど、著しい疲労の蓄積をもたらす過重な業務に就労していたため心臓性突然死	死亡　　　　　3,079 （過失相殺　30％）

事件名・裁判所等	事故の態様	被害程度・判決認容額等
農林漁業金融公庫（訴訟承継人日本政策金融公庫）事件（H25・3・6　大阪地裁）判タ1390号	公庫のT支店において農業融資担当業務に従事していた従業員は、まじめで穏やかな性格で、客観的には多くはない業務量であっても、時間をかけてこなしてきたため、時間外労働を相当しても業務が遅れがちであったところ、N支店へ異動後は、残業が制限されていたため、残業で業務の遅れを取り戻すことができずにさらに心理的負荷が重なってうつ病を発症し、希死念慮により自殺	死亡　　　　　8,879（過失相殺　30%）※自己の健康の維持に配慮すべき義務を怠った面があることをしんしゃくして過失相殺したが、性格等については、心因的要因としてしんしゃくしない。
生活雑貨総合専門小売会社事件（H25・3・13　神戸地裁）判時2199号	生活雑貨大手の販売会社に勤務するキッチンフロアチームリーダーの従業員が、過重な時間外労働により疲労が蓄積した状態に陥って心身の不調を来した末に、自宅で就寝中に心臓性突然死	死亡　　　　　7,837
陸上自衛隊真駒内駐屯地事件（H25・3・29　札幌地裁）労判1083号	陸上自衛隊員（1等陸士）が、徒手格闘訓練中に意識を失い自衛隊札幌病院に搬送	死亡　　　　　6,495

事件名・裁判所等	事故の態様	被害程度・判決認容額等
四国化工機・植田酪農機工業事件 （H25・7・18　徳島地裁） （H27・10・30　高松高裁） 地裁及び高裁・労判1133号	食品充填機、包装機の製造、食品用包装資材の販売等を営む四国化工機に入社した後、一貫して設計業務に従事した設計技師が、植田酪農機工業へ出向した後に明らかにうつ病と診断される状態となり、その後出向元に復帰したが、うつ状態が悪化したため自宅療養をしていたところ、うつ病の症状からくる自殺念慮により実家の納屋で自殺	死亡 地裁　　　　　6,455 ※地裁判決は、原告の四国化工機（出向元）に対する請求を棄却したが、植田酪農機工業（出向先）に対する請求を認容した。しかし、高裁判決は、出向先の責任を認めた地裁判決を改め、出向元及び出向先のいずれの責任も否定した。
医療法人雄心会事件 （H25・11・21　札幌高裁） 判時2212号	病院に勤務する臨床検査技師が、長時間におよぶ時間外労働を行うなど、業務による心理的負荷が過度に蓄積したことにより、うつ病エピソードを発症して自殺	死亡　　　　　5,844
メイコウアドヴァンス事件 （H26・1・15　名古屋地裁） 判時2216号	金属琺瑯加工業を営む会社で、搬入された鉄部品のニッケル処理、中和、乾燥等の処理業務等に従事していた従業員が、会社役員からの被災従業員の仕事上のミスに対する暴言、暴行及び退職強要のパワーハラスメントにより急性ストレス反応を発症して自殺	死亡　　　　　5,414
中央電設事件 （H26・2・7　大阪地裁） 判時2218号	電気設備工事請負会社の従業員、下請け業者の従業員ないし下請け業者として継続して同会社の電気工事に従事していたところ、石綿（アスベスト）粉じんを暴露し、悪性胸膜中皮腫に罹患	死亡　　　　　4,396

事件名・裁判所等	事故の態様	被害程度・判決認容額等
江府町奥大山スキー場事件 （H26・3・10　松江地裁） 判時2228号	町が管理・運営するスキー場のパトロール員として勤務していたA及びBが、本件スキー場で発生した（第1）雪崩の現況確認及び堆積物の処理作業に従事していたところ、新たに発生した（第2）雪崩に巻き込まれて雪中に埋没して死亡	A及びB死亡 　A：6,410 　B：5,550 （A及びBにつき、各々、過失相殺　30％）
鹿児島県教育センター事件 （H26・3・12　鹿児島地裁） 判時2227号	ストレス反応の精神疾患をかかえる市立中学の女性教員が、指導力向上特別講習を受講中、同校の校長、教頭、県教育委員会、教育センターの指導官のパワーハラスメントにより女性教員の精神疾患を増悪させ正常な判断ができない状態に追い込まれて自殺	死亡　　　　　　4,366 （過失相殺　20％） （素因減額　30％）
北海道開発局帯広開建事件 （H26・4・21　釧路地裁帯広支部） 判時2234号	牧場内にある国が設置、管理する貯留槽の調査に際して、国の職員が誤って貯留槽の蓋を槽内に落としたため、同牧場の経営者夫妻がその回収行為を自ら申し出て槽内に立ち入ったところ、急性硫化水素中毒の疑いで死亡	死亡　　　　　　4,947 （過失相殺　40％）
海上自衛隊護衛艦たちかぜ事件 （H26・4・23　東京高裁） 労経速2213号	海上自衛隊護衛艦たちかぜに船務科電測員として勤務していた海上自衛官は、先輩自衛官から受けたエアガン等を用いた暴行及び恐喝に非常な苦痛を感じていたが、それが上司職員の指導によって無くなることはないと考え、自衛官としての将来に希望を失って自殺	死亡　　　　　　7,351

事件名・裁判所等	事故の態様	被害程度・判決認容額等
公立八鹿病院組合事件 （H26・5・26　鳥取地裁米子支部） （H27・3・18　広島高裁松江支部） 地裁及び高裁・判時2281号	公立病院で勤務していた整形外科医は、同病院に赴任後、約2か月でうつ病を発症したが、自殺前の時間外労働が、ストレスに対する対応能力を低下させる要因と評価される月100時間を遥かに超える過重労働に従事したこと、さらに上司らによるパワハラを受けたことにより、自宅として居住していた職員用宿舎の浴室内にて、コンロで燃料を燃やして、一酸化炭素中毒となって自殺したのは、うつ病による精神障害の症状として発現したものと認められる	死亡 地裁　　　　　　8,012 　　（過失相殺　20%） 高裁　　　　　 10,011 　　（過失相殺を否定） ※被災者は医師でありながら、専門医を受診せず、転属を願い出るなどの対応をしなかったこと等を捉えて被災者の落ち度ということはできない等として過失相殺を否定した。
岡山県貨物運送事件 （H25・6・25　仙台地裁） （H26・6・27　仙台高裁） 地裁・労判1079号 高裁・判時2234号	運送会社営業所勤務の新入社員が、恒常的な長時間の時間外労働及び肉体労働により肉体的疲労が蓄積していたところ、仕事上のミスについて上司からの執拗な叱責、暴言等のパワーハラスメントにより適応障害を発症して自殺	死亡　　　　　　6,940
住友電工ツールネット事件 （H26・8・29　千葉地裁松戸支部） 労判1113号	超硬工具製品、工具周辺機器等を販売する総合専門商社の営業所に勤務する所長は、多大で、緊張を伴う業務に従事したことにより、身体的、精神的負荷を受けて急性心筋梗塞を発症して死亡	死亡　　　　　　3,605 （素因減額・過失相殺20%） ※被災者のブルガタ型様の心電図波形に係る疾患の状況、所長としての地位及び責任、被告の安全配慮義務違反の内容等本件に現れた一切の事情を考慮する。

事件名・裁判所等	事故の態様	被害程度・判決認容額等	
肥後銀行事件 （H26・10・17　熊本地裁） 労判1108号	銀行本店の業務統括部業務企画グループで勤務し、為替システム及び手形システムの更改業務等に従事していた銀行員が、継続的な長時間労働によりうつ病に罹患し、本店社屋7階より投身自殺し、外傷性ショックで死亡	死亡	12,886
サン・チャレンジ事件 （H26・11・4　東京地裁） 労判1109号	飲食店に勤務する店長（死亡時24歳）は、平成20年2月頃から同22年11月まで恒常的に1日当たり12時間30分以上の長時間労働をし、休日もほとんどない状態であったほか、上司から、社会通念上相当と認められる限度を明らかに超える暴言や暴行、嫌がらせ、プライベートに対する干渉等のパワハラを受け精神障害を発症して自殺	死亡	5,795
暁産業事件 （H26・11・28　福井地裁） 労判1110号	被告会社で、消防設備や消火器等の保守点検業務に従事していた高卒の新入社員（死亡時19歳）が、上司から、仕事上のミスに対する叱責を受けたが、その内容は叱責の域を超えており、同社員の人格を否定し、威迫するものであったことから、うつ病を発症して自殺	死亡	7,261

事件名・裁判所等	事故の態様	被害程度・判決認容額等
西日本旅客鉄道事件 （H27・3・20　大阪地裁） 判タ1421号	鉄道事業を営む被告会社で保安設備関係の業務に従事していた従業員は、自殺前1年間の月平均時間外労働時間数は最大で159時間5分、最小で134時間1分であるなど極度の恒常的な長時間労働等過重な業務に従事したためうつ病に罹患し、勤務先の電気工事事務所付近のマンションの14階から投身自殺	死亡　　　　10,327
市川エフエム放送事件 （H27・7・8　千葉地裁） （H28・4・27東京高裁） 地裁・労判1127号 高裁・労判1158号	被告FM放送局で放送の運行、ニュース、天気予報のアナウンス、新規開局の検討業務のほか補助的にディスクジョッキー業務に従事していた従業員は、被告に就労する以前から心因反応等の精神疾患に罹患していたが、FM放送中に「モラハラ、いじめがあります」等の発言を行った後、休暇を経て職場に復帰したが、業務を行う中で精神的に更に不安になって自殺	死亡　　　　2,973 （過失相殺　30％）
南山建設事件 （H27・9・10　京都地裁） 判時2293号	建築・土木工事の請負等を目的とする被告会社の内勤従事者は、自殺するまでの約6ヶ月間において、月時間外労働時間数が平均約129時間、最も多い月で約168時間、10日以上の連続勤務が4回におよぶなど過重業務を強いられたこと及び家庭の問題が競合し、互いに等しく寄与する形で「うつ病エピソード」を発症して自殺	死亡　　　　10,000

事件名・裁判所等	事故の態様	被害程度・判決認容額等
ネットワークインフォメーションセンター等事件 (H28・3・16　東京地裁) 労判1141号	コールセンター代行業務及びIT関連事業を営む被告会社NICに正社員として雇用された従業員が、コールセンターでのマネジメント実績を評価されて出向した被告会社CJで従事した店舗管理・在庫管理等の業務は同従業員にとって従事したことのない業務であったほか、過重労働により気分障害等の精神障害を発症して自殺(自殺する直前の約2か月には、月172時間及び月186時間の時間外労働に従事)	死亡　　　　5,699
仁和寺事件 (H28.4.12　京都地裁) 労判1139号	被告寺が運営する民宿、飲食施設の調理長は、長時間労働や連続勤務を行うなど強い心理的負荷を生じさせる過重性を有する密度の濃い勤務(時間外労働が最も多い月で約240時間、最も多い年で1年間の勤務日数が356日等)に従事したことから、抑うつ神経症を発症し勤務不能に陥る	9級7号の2障害 　　　　2,011

事件名・裁判所等	事故の態様	被害程度・判決認容額等
A庵経営者事件 （H28・4・28　福岡地裁） （H29・1・18　福岡高裁） 地裁・労判1148号 高裁・労判1156号	和食・懐石料理店において客室の清掃、接客、配膳及び下膳等の業務に従事していた従業員は、自殺前の半年間に恒常的に月100時間前後の時間外勤務に従事し慢性的な疲労状態にあったことや被告による度重なる叱責及び暴行が原因となり、自殺を図った当日の叱責をきっかけとして、突発的に精神疾患を発症しガソリンをかぶって焼身自殺	死亡 地裁　　　　　4,355 高裁　　　　　1,730 （過失相殺　50％）
東芝事件（差戻審） （H28・8・31　東京高裁） 労判1147号 （H20・4・22　東京地裁） 　　労判　965号 （H23・2・23　東京高裁） 　　労判　1022号 （H26・3・24　最二小） 　　労判　1094号	電気機械器具製造等を業とする被告会社の技術担当従業員は、液晶ディスプレイ等を製造する工場に異動後、製造ラインを構築するプロジェクトのリーダーとして勤務していたところ、うつ病に罹患して休職し、休職期間満了後に被告会社から解雇された	5,949 （東京高裁・差戻審） ※原審である東京高裁は、過失相殺・素因減額として損害額の20％を減額したことにつき、最二小はこれを破棄し原審に差し戻した。
戸田建設事件 （H28・9・15　宇都宮地裁） 労働判例ジャーナル　57号 労政時報　3925号	被告会社と業務委託契約を締結して施工図作成等の業務を行っていた技術者は、15年以上にわたり専属的に被告会社の業務に従事しており、被告会社との間で実質的に使用従属関係が認められるところ、脳幹出血を発症して死亡したが、本件発症前6か月間の時間外労働時間数の平均は81時間であった	死亡　　　　（約）5,146

事件名・裁判所等	事故の態様	被害程度・判決認容額等
山元事件 （H28・11・25　大阪地裁） 労判1156号	各種商品陳列用什器及び事務用什器備品の賃貸、販売を業とする被告会社のアルバイト従業員が、百貨店等への陳列什器の設置作業等に従事していたところ、不規則な勤務により、慢性的に疲労が蓄積する労働状況にあり、ことに死亡前1か月間は、労働時間が増大したことに伴い疲労や心理的負荷の蓄積により致死性不整脈による心疾患を発症して死亡	死亡　　　　　4,865 （過失相殺　30％）
竹屋事件 （H29・1・30津地裁） 労経速2311号	被告会社に雇用され、ドーナツの製造、販売及び店舗管理等の業務に従事していた店長（他店舗の運営支援等を行う課長代理を併任）が、過重業務により致死性不整脈を発症して死亡したが、発症前1か月間の時間外労働時間数は59時間57分であったが、同6か月間の平均は112時間35分に達する	死亡　　　　　4,621 （過失相殺　30％）

482

巻末資料２

自賠責保険の保険金額の変遷

事項		昭31.2.1	35.9.1	39.2.1	41.7.1	42.8.1	44.11.1	48.12.1	50.7.1	53.7.1	60.4.15	平3.4.1	14.4.1
死亡	死　　亡	万円 30	万円 50	万円 100	万円 150	万円 300	万円 500	万円 1,000	万円 1,500	万円 2,000	万円 2,500	万円 3,000	万円 3,000
	死亡に至るまでの傷害			30	50	50	50	80	100	120	120	120	120
傷害	重　　症	万円 10	万円 10	30	50	50	50	80	100	120	120	120	120
	軽　　症	3	3										
後遺障害 別表第一	第1級												万円 4,000
	第2級												万円 3,000
後遺障害 別表第二	第1級			万円 100	万円 150	万円 300	万円 500	万円 1,000	万円 1,500	万円 2,000	万円 2,500	万円 3,000	万円 3,000
	第2級			87	131	266	444	888	1,332	1,776	2,186	2,590	2,590
	第3級			75	113	235	392	784	1,175	1,567	1,898	2,219	2,219
	第4級			64	96	206	343	687	1,030	1,373	1,637	1,889	1,889
	第5級			53	80	177	295	590	884	1,179	1,383	1,574	1,574
	第6級			43	64	150	250	500	750	1,000	1,154	1,296	1,296
	第7級			33	50	125	209	418	627	836	949	1,051	1,051
	第8級			26	39	101	168	336	504	672	750	819	819
	第9級			19	29	78	131	261	392	522	572	616	616
	第10級			13	20	60	101	201	302	403	434	461	461
	第11級			9	13	45	75	149	224	299	316	331	331
	第12級			5	7	31	52	104	157	209	217	224	224
	第13級					20	34	67	101	134	137	139	139
	第14級					11	19	37	56	75	75	75	75

巻末資料3

慰謝料（死亡・後遺症）の裁判上の認定基準

　この基準は、東京三弁護士会や日弁連交通事故相談センターなどによって公表された基準（平成30年1月以降の交通事故について適用）を参考にしています。

　東京三弁護士会の目安基準は次のとおりです。

(1) **死亡慰謝料**

　基準　死亡による慰謝料は、死亡者の年齢、家族構成その他諸般の事情を考慮して決定されるものであり、被災者本人に過失等がない場合における一応の目安基準です。

一家の支柱	2,800万円
母親、配偶者	2,500万円
その他	2,000万円～2,500万円

(2) **後遺症慰謝料**

　基準　後遺症の慰謝料は、後遺障害等級ごとに被害者本人に過失等がない場合を基準としてみた場合、下記の金額を一応の目安（最高額）としています。

第1級	第2級	第3級	第4級	第5級	第6級	第7級	
2,800万円	2,370万円	1,990万円	1,670万円	1,400万円	1,180万円	1,000万円	
第8級	第9級	第10級	第11級	第12級	第13級	第14級	無等級
830万円	690万円	550万円	420万円	290万円	180万円	110万円	（注1）

（注1）後遺障害が第14級に至らない場合は、それに応じた後遺障害慰謝料が認められることもあります。

（注2）治療期間中の入・通院慰謝料は、別途加算されます。

巻末資料4
入 院 ・ 通 院 慰 謝 料 表

別表 I   （単位：万円）

通院 \ 入院		1月	2月	3月	4月	5月	6月	7月	8月	9月	10月	11月	12月	13月	14月	15月
	A	53	101	145	184	217	244	266	284	297	306	314	321	328	334	340
	B															
1月	28	77	122	162	199	228	252	274	291	303	311	318	325	332	336	342
2月	52	98	139	177	210	236	260	281	297	308	315	322	329	334	338	344
3月	73	115	154	188	218	244	267	287	302	312	319	326	331	336	340	346
4月	90	130	165	196	226	251	273	292	306	316	323	328	333	338	342	348
5月	105	141	173	204	233	257	278	296	310	320	325	330	335	340	344	350
6月	116	149	181	211	239	262	282	300	314	322	327	332	337	342	346	
7月	124	157	188	217	244	266	286	304	316	324	329	334	339	344		
8月	132	164	194	222	248	270	290	306	318	326	331	336	341			
9月	139	170	199	226	252	274	292	308	320	328	333	338				
10月	145	175	203	230	256	276	294	310	322	330	335					
11月	150	179	207	234	258	278	296	312	324	332						
12月	154	183	211	236	260	280	298	314	326							
13月	158	187	213	238	262	282	300	316								
14月	162	189	215	240	264	284	302									
15月	164	191	217	242	266	286										

［表の見方］ 1．入院のみの場合は、入院期間に該当する額（例えば入院3か月で完治した場合は145万円となる。）

2．通院のみの場合は、通院期間に該当する額（例えば通院3か月で完治した場合は73万円となる。）

3．入院後に通院があった場合は、該当する月数が交差するところの額（例えば入院3か月、通院3か月の場合は188万円となる。）

4．この表に記載された範囲を超えて治療が必要であった場合は、入・通院期間1月につき、それぞれ15月の基準額から14月の基準額を引いた金額を加算した金額を基準額とする。例えば別表 I の16月の入院慰謝料額は340万円＋（340万円−334万円）＝346万円となる。

入 院 ・ 通 院 慰 謝 料 表

別表Ⅱ　むち打ち症で他覚症状がない場合　　　　　　（単位：万円）

通院 ＼ 入院	A' / B'	1月	2月	3月	4月	5月	6月	7月	8月	9月	10月	11月	12月	13月	14月	15月
	A'	35	66	92	116	135	152	165	176	186	195	204	211	218	223	228
1月	19	52	83	106	128	145	160	171	182	190	199	206	212	219	224	229
2月	36	69	97	118	138	153	166	177	186	194	201	207	213	220	225	230
3月	53	83	109	128	146	159	172	181	190	196	202	208	214	221	226	231
4月	67	95	119	136	152	165	176	185	192	197	203	209	215	222	227	232
5月	79	105	127	142	158	169	180	187	193	198	204	210	216	223	228	233
6月	89	113	133	148	162	173	182	188	194	199	205	211	217	224	229	
7月	97	119	139	152	166	175	183	189	195	200	206	212	218	225		
8月	103	125	143	156	168	176	184	190	196	201	207	213	219			
9月	109	129	147	158	169	177	185	191	197	202	208	214				
10月	113	133	149	159	170	178	186	192	198	203	209					
11月	117	135	150	160	171	179	187	193	199	204						
12月	119	136	151	161	172	180	188	194	200							
13月	120	137	152	162	173	181	189	195								
14月	121	138	153	163	174	182	190									
15月	122	139	154	164	175	183										

巻末資料

巻末資料5

後 遺 障 害 別 等 級 表　　　　（労災則別表第1）

障　害 等　級	後　　遺　　障　　害	①　労働基準法による障害補償 ②　労災保険法による障害補償給付
第1級	1　両眼が失明したもの 2　そしゃく及び言語の機能を廃したもの 3　神経系統の機能又は精神に著しい障害を残し、常に介護を要するもの 4　胸腹部臓器の機能に著しい障害を残し、常に介護を要するもの 5　削除 6　両上肢をひじ関節以上で失ったもの 7　両上肢の用を全廃したもの 8　両下肢をひざ関節以上で失ったもの 9　両下肢の用を全廃したもの	①　労基法第12条の平均賃金の1,340日分 ②　当該障害の存する期間1年につき給付基礎日額の313日分（年金）
第2級	1　1眼が失明し、他眼の視力が0.02以下になったもの 2　両眼の視力が0.02以下になったもの 2の2　神経系統の機能又は精神に著しい障害を残し、随時介護を要するもの 2の3　胸腹部臓器の機能に著しい障害を残し、随時介護を要するもの 3　両上肢を手関節以上で失ったもの 4　両下肢を足関節以上で失ったもの	①　同 　　1,190日分 ②　同 　　277日分（年金）
第3級	1　1眼が失明し、他眼の視力が0.06以下になったもの 2　そしゃく又は言語の機能を廃したもの 3　神経系統の機能又は精神に著しい障害を残し、終身労務に服することができないもの 4　胸腹部臓器の機能に著しい障害を残し、終身労務に服することができないもの 5　両手の手指の全部を失ったもの	①　同 　　1,050日分 ②　同 　　245日分（年金）
第4級	1　両眼の視力が0.06以下になったもの 2　そしゃく及び言語の機能に著しい障害を残すもの 3　両耳の聴力を全く失ったもの 4　1上肢をひじ関節以上で失ったもの 5　1下肢をひざ関節以上で失ったもの	①　同 　　920日分 ②　同 　　213日分（年金）

487

	6　両手の手指の全部の用を廃したもの 7　両足をリスフラン関節以上で失ったもの	
第5級	1　1眼が失明し、他眼の視力が0.1以下になったもの 1の2　神経系統の機能又は精神に著しい障害を残し、特に軽易な労務以外の労務に服することができないもの 1の3　胸腹部臓器の機能に著しい障害を残し、特に軽易な労務以外の労務に服することができないもの 2　1上肢を手関節以上で失ったもの 3　1下肢を足関節以上で失ったもの 4　1上肢の用を全廃したもの 5　1下肢の用を全廃したもの 6　両足の足指の全部を失ったもの	①　同 　790日分 ②　同 　184日分（年金）
第6級	1　両眼の視力が0.1以下になったもの 2　そしゃく又は言語の機能に著しい障害を残すもの 3　両耳の聴力が耳に接しなければ大声を解することができない程度になったもの 3の2　1耳の聴力を全く失い、他耳の聴力が40センチメートル以上の距離では普通の話声を解することができない程度になったもの 4　せき柱に著しい変形又は運動障害を残すもの 5　1上肢の3大関節中の2関節の用を廃したもの 6　1下肢の3大関節中の2関節の用を廃したもの 7　1手の5の手指又は母指を含み4の手指を失ったもの	①　同 　670日分 ②　同 　156日分（年金）
第7級	1　1眼が失明し、他眼の視力が0.6以下になったもの 2　両耳の聴力が40センチメートル以上の距離では普通の話声を解することができない程度になったもの 2の2　1耳の聴力を全く失い、他耳の聴力が1メートル以上の距離では普通の話声を解することができない程度になったもの 3　神経系統の機能又は精神に障害を残し、軽易な労務以外の労務に服することができないもの 4　削除 5　胸腹部臓器の機能に障害を残し、軽易な労務以外の労務に服することができないもの	①　同 　560日分 ②　同 　131日分（年金）

	6 1手の母指を含み3の手指又は母指以外の4の手指を失ったもの 7 1手の5の手指又は母指を含み4の手指の用を廃したもの 8 1足をリスフラン関節以上で失ったもの 9 1上肢に偽関節を残し、著しい運動障害を残すもの 10 1下肢に偽関節を残し、著しい運動障害を残すもの 11 両足の足指の全部の用を廃したもの 12 外貌に著しい醜状を残すもの 13 両側のこう丸を失ったもの	
第8級	1 1眼が失明し、又は1眼の視力が0.02以下になったもの 2 せき柱に運動障害を残すもの 3 1手の母指を含み2の手指又は母指以外の3の手指を失ったもの 4 1手の母指を含み3の手指又は母指以外の4の手指の用を廃したもの 5 1下肢を5センチメートル以上短縮したもの 6 1上肢の3大関節中の1関節の用を廃したもの 7 1下肢の3大関節中の1関節の用を廃したもの 8 1上肢に偽関節を残すもの 9 1下肢に偽関節を残すもの 10 1足の足指の全部を失ったもの	① 同 　450日分 ② 給付基礎日額の503日分（一時金）
第9級	1 両眼の視力が0.6以下になったもの 2 1眼の視力が0.06以下になったもの 3 両眼に半盲症、視野狭さく又は視野変状を残すもの 4 両眼のまぶたに著しい欠損を残すもの 5 鼻を欠損し、その機能に著しい障害を残すもの 6 そしゃく及び言語の機能に障害を残すもの 6の2 両耳の聴力が1メートル以上の距離では普通の話声を解することができない程度になったもの 6の3 1耳の聴力が耳に接しなければ大声を解することができない程度になり、他耳の聴力が1メートル以上の距離では普通の話声を解することが困難である程度になったもの 7 1耳の聴力を全く失ったもの	① 同 　350日分 ② 同 　391日分（一時金）

	7の2　神経系統の機能又は精神に障害を残し、服することができる労務が相当な程度に制限されるもの 7の3　胸腹部臓器の機能に障害を残し、服することができる労務が相当な程度に制限されるもの 8　1手の母指又は母指以外の2の手指を失ったもの 9　1手の母指を含み2の手指又は母指以外の3の手指の用を廃したもの 10　1足の第1の足指を含み2以上の足指を失ったもの 11　1足の足指の全部の用を廃したもの 11の2　外貌に相当程度の醜状を残すもの 12　生殖器に著しい障害を残すもの	
第10級	1　1眼の視力が0.1以下になったもの 1の2　正面視で複視を残すもの 2　そしゃく又は言語の機能に障害を残すもの 3　14歯以上に対し歯科補てつを加えたもの 3の2　両耳の聴力が1メートル以上の距離では普通の話声を解することが困難である程度になったもの 4　1耳の聴力が耳に接しなければ大声を解することができない程度になったもの 5　削除 6　1手の母指又は母指以外の2の手指の用を廃したもの 7　1下肢を3センチメートル以上短縮したもの 8　1足の第1の足指又は他の4の足指を失ったもの 9　1上肢の3大関節中の1関節の機能に著しい障害を残すもの 10　1下肢の3大関節中の1関節の機能に著しい障害を残すもの	①　同 　270日分 ②　同 　302日分（一時金）
第11級	1　両眼の眼球に著しい調節機能障害又は運動障害を残すもの 2　両眼のまぶたに著しい運動障害を残すもの 3　1眼のまぶたに著しい欠損を残すもの 3の2　10歯以上に対し歯科補てつを加えたもの 3の3　両耳の聴力が1メートル以上の距離では小声を解することができない程度になったもの	①　同 　200日分 ②　同 　223日分（一時金）

	4 　1耳の聴力が40センチメートル以上の距離では普通の話声を解することができない程度になったもの 5 　せき柱に変形を残すもの 6 　1手の示指、中指又は環指を失ったもの 7 　削除 8 　1足の第1の足指を含み2以上の足指の用を廃したもの 9 　胸腹部臓器の機能に障害を残し、労務の遂行に相当な程度の支障があるもの	
第12級	1 　1眼の眼球に著しい調節機能障害又は運動障害を残すもの 2 　1眼のまぶたに著しい運動障害を残すもの 3 　7歯以上に対し歯科補てつを加えたもの 4 　1耳の耳かくの大部分を欠損したもの 5 　鎖骨、胸骨、ろく骨、肩こう骨又は骨盤骨に著しい変形を残すもの 6 　1上肢の3大関節中の1関節の機能に障害を残すもの 7 　1下肢の3大関節中の1関節の機能に障害を残すもの 8 　長管骨に変形を残すもの 8の2 　1手の小指を失ったもの 9 　1手の示指、中指又は環指の用を廃したもの 10 　1足の第2の足指を失ったもの、第2の足指を含み2の足指を失ったもの又は第3の足指以下の3の足指を失ったもの 11 　1足の第1の足指又は他の4の足指の用を廃したもの 12 　局部にがん固な神経症状を残すもの 13 　削除 14 　外貌に醜状を残すもの	① 　同 　140日分 ② 　同 　156日分 　　　　（一時金）
第13級	1 　1眼の視力が0.6以下になったもの 2 　1眼に半盲症、視野狭さく又は視野変状を残すもの 2の2 　正面視以外で複視を残すもの 3 　両眼のまぶたの一部に欠損を残し又はまつげはげを残すもの 3の2 　5歯以上に対し歯科補てつを加えたもの 3の3 　胸腹部臓器の機能に障害を残すもの 4 　1手の小指の用を廃したもの 5 　1手の母指の指骨の一部を失ったもの	① 　同 　90日分 ② 　同 　101日分（一時金）

	6　削除	
	7　削除	
	8　1下肢を1センチメートル以上短縮したもの	
	9　1足の第3の足指以下の1又は2の足指を失ったもの	
	10　1足の第2の足指の用を廃したもの、第2の足指を含み2の足指の用を廃したもの又は第3の足指以下の3の足指の用を廃したもの	
第14級	1　1眼のまぶたの一部に欠損を残し、又はまつげはげを残すもの	①　同 　　50日分 ②　同 　　56日分（一時金）
	2　3歯以上に対し歯科補てつを加えたもの	
	2の2　1耳の聴力が1メートル以上の距離では小声を解することができない程度になったもの	
	3　上肢の露出面にてのひらの大きさの醜いあとを残すもの	
	4　下肢の露出面にてのひらの大きさの醜いあとを残すもの	
	5　削除	
	6　1手の母指以外の手指の指骨の一部を失ったもの	
	7　1手の母指以外の手指の遠位指節間関節を屈伸することができなくなったもの	
	8　1足の第3の足指以下の1又は2の足指の用を廃したもの	
	9　局部に神経症状を残すもの	
	10　削除	

（備考）　1　視力の測定は、万国式試視力表による。屈折異常のあるものについてはきょう正視力について測定する。
　　　　2　手指を失ったものとは、母指は指節間関節、その他の手指は近位指節間関節以上を失ったものをいう。
　　　　3　手指の用を廃したものとは、手指の末節骨の半分以上を失い、又は中手指節関節若しくは近位指節間関節（母指にあっては指節間関節）に著しい運動障害を残すものをいう。
　　　　4　足指を失ったものとは、その全部を失ったものをいう。
　　　　5　足指の用を廃したものとは、第一の足指は末節骨の半分以上、その他の足指は遠位指節間関節以上を失ったもの又は中足指節関節若しくは近位指節間関節（第一の足指にあっては指節間関節）に著しい運動障害を残すものをいう。

巻末資料

※参考：外貌の醜状障害に関する障害等級認定基準の改正について

(1) 労災保険制度における障害等級表の改正

　平成22年5月27日、京都地方裁判所は、労災則別表第1が定める障害等級表のうち、「外貌の著しい醜状障害」について、女性を第7級、男性を第12級としており、この男女間の差異の程度が著しく不合理であるとして違憲と判示（園部労基署長（醜状障害等級男女差）事件、同年6月10日確定、労判1010号）したことを受け、平成23年2月1日に、平成23年厚生労働省令第13号により、次のとおり、改正が行われました。

主な改正内容：

① 障害等級の男女差の解消

　　男女差を設けていた外貌の醜状に係る障害等級につき、男性の等級を女性の等級に引き上げるかたちで改正したこと。

② 障害等級の新設

　　新たに「外貌に相当程度の醜状を残すもの」として「第9級の11の2」を設けたこと。

障害等級表の新旧対照（アンダーラインは改正箇所を示す。）

改正後		改正前	
障害等級	後遺障害	障害等級	後遺障害
第7級	12　外貌に著しい醜状を残すもの	第7級	12　女性の外貌に著しい醜状を残すもの
第9級	11の2　外貌に相当程度の醜状を残すもの（新設）	第9級	－
第12級	13　削除 14　外貌に醜状を残すもの	第12級	13　男性の外貌に著しい醜状を残すもの 14　女性の外貌に醜状を残すもの
第14級	10　削除	第14級	10　男性の外貌に醜状を残すもの

施行日：平成23年2月1日以降に支給事由が生じたものについて適用。

　ただし、上記にかかわらず、改正前の障害等級表第12級第13号又は

493

第14級第10号に該当し、平成22年6月10日以降に障害（補償）給付の支給決定を受けた者又は受ける者については、当該障害に係る障害（補償）給付の支給事由が生じた日から適用。

⑵　**自賠責制度における障害等級表の改正**

　自賠責制度における障害等級表は、表とその解釈、運用において、労災保険制度に準拠していることから、自賠責制度の等級表（政令）についても改正されました。

　この改正施行令は平成23年5月2日に公布され、労災保険制度と同様に、平成22年6月10日以後に発生した自動車の運行による事故について遡及して適用されています。

巻末資料6

傷　病　等　級　表

労災則　別表第二　傷病等級表

傷病等級	給付の内容	障害の状態
第1級	当該障害の状態が継続している期間1年につき給付基礎日額の313日分	1　神経系統の機能又は精神に著しい障害を有し、常に介護を要するもの 2　胸腹部臓器の機能に著しい障害を有し、常に介護を要するもの 3　両眼が失明しているもの 4　そしゃく及び言語の機能を廃しているもの 5　両上肢をひじ関節以上で失ったもの 6　両上肢の用を全廃しているもの 7　両上肢をひざ関節以上で失ったもの 8　両上肢の用を全廃しているもの 9　前各号に定めるものと同程度以上の障害の状態にあるもの
第2級	同　277日分	1　神経系統の機能又は精神の著しい障害を有し、随時介護を要するもの 2　胸腹部臓器の機能に著しい障害を有し、随時介護を要するもの 3　両眼の視力が0.02以下になっているもの 4　両上肢を腕関節以上で失ったもの

巻末資料

		5　両上肢を足関節以上で失ったもの 6　前各号に定めるものと同程度以上の障害の状態にあるもの
第3級	同　245日分	1　神経系統の機能又は精神に著しい障害を有し、常に労務に服することができないもの 2　胸腹部臓器の機能に著しい障害を有し、常に労務に服することができないもの 3　一眼が失明し、他眼の視力が0.06以下になっているもの 4　そしゃく又は言語の機能を廃しているもの 5　両手の手指の全部を失ったもの 6　第1号及び第2号に定めるもののほか、常に労務に服することができないものその他前各号に定めるものと同程度以上の障害の状態にあるもの

巻末資料7

業務上災害による労災保険給付を補足する「特別支給金」について

業務上の災害による労災保険給付の他に、同保険給付を補足するため社会復帰促進等事業として、次のとおり、「特別支給金」が支給されます。

ただし、労災保険給付のうち療養補償給付、葬祭料、介護補償給付及び二次健康診断等給付に対して特別支給金は支給されません。

特別支給金の支給申請は、原則として各々の保険給付の請求と同時に行います。

①休業特別支給金

休業補償給付の受給権者に対して、休業特別支給金が支給されます。

支給額：休業補償給付　＝（給付基礎日額の60%）×休業日数

　　　　休業特別支給金＝（給付基礎日額の20%）×休業日数

休業補償給付	休業特別支給金
休業第4日目から、1日につき、給付基礎日額の60%	休業第4日目から、1日につき、給付基礎日額の20%

495

※　「給付基礎日額」とは、

　　　原則として、労働基準法の平均賃金に相当する額をいいます。

　　　平均賃金とは、原則として、業務上の負傷や死亡の原因となった事故が発生した日または医師の診断によって疾病の発生が確定した日（賃金締切日が定められているときは、傷病発生日の直前の賃金締切日）の直前3ヶ月間に被災労働者に支払われた賃金の総額（ボーナスや臨時に支払われる賃金を除く。）を、その期間の歴日数で割った1日当たりの賃金額です。

②障害特別支給金、障害特別年金、障害特別一時金、障害特別年金差額一時金

　傷病が治ゆ（症状固定）した後に身体に残された障害の程度に応じて、下記のとおり、年金または一時金が支給されます。

ア　障害特別支給金

　　　障害補償年金及び障害補償一時金の受給権者に対して、障害等級に応じて、次の金額が一時金として支給されます。

　　　障害等級第1級から第14級：　　　一時金として、342万円から
　　　　　　　　　　　　　　　　　　　8万円

※傷病特別支給金の受給権者の傷病が治癒し、障害が残ったことにより障害特別支給金が支給されることになった場合には、その支給額が、既に支給された傷病特別支給金の額を超えるときに限り、その差額が支給されます。

イ　障害特別年金

　　　障害補償年金の受給権者に対して、障害等級に応じて、年金として次の金額が支給されます。

　　　障害等級第1級から第7級：　　　年金として、算定基礎日額

　　　　　　　　　　　　　　　　　の313日分から131日分

ウ　障害特別一時金

　　障害補償一時金の受給権者に対して、障害等級に応じて、一時
金として次の金額が支給されます。

　　障害等級第8級から第14級：　　一時金として、算定基礎日額
　　　　　　　　　　　　　　　　　の503日分から56日分

障害等級	障害補償給付			障害特別支給金^(注)		障害特別年金			障害特別一時金		
第1級	年金	給付基礎日額の	313日分	一時金	342万円	年金	算定基礎日額の	313日分			
第2級	〃	〃	277日分	〃	320万円	〃	〃	277日分			
第3級	〃	〃	245日分	〃	300万円	〃	〃	245日分			
第4級	〃	〃	213日分	〃	264万円	〃	〃	213日分			
第5級	〃	〃	184日分	〃	225万円	〃	〃	184日分			
第6級	〃	〃	156日分	〃	192万円	〃	〃	156日分			
第7級	〃	〃	131日分	〃	159万円	〃	〃	131日分			
第8級	一時金	〃	503日分		65万円				一時金	算定基礎日額の	503日分
第9級	〃	〃	391日分		50万円				〃	〃	391日分
第10級	〃	〃	302日分		39万円				〃	〃	302日分
第11級	〃	〃	223日分		29万円				〃	〃	223日分
第12級	〃	〃	156日分		20万円				〃	〃	156日分
第13級	〃	〃	101日分		14万円				〃	〃	101日分
第14級	〃	〃	56日分		8万円				〃	〃	56日分

(注) 同一の災害により、既に傷病特別支給金を受けた場合は、その差額となります。

エ　障害特別年金差額一時金

　　障害補償年金差額一時金の受給権者に対して障害特別年金差額
一時金が支給されます。

支給条件と支給額：

　　障害特別年金の受給権者（障害等級第1級から第7級）が死亡
したときに、既に支給された障害特別年金の額が、障害等級に応
じて定められている下表の一定額に満たない場合は、その差額が
障害特別年金差額一時金として支給されます。

受給権者：

　　遺族（障害補償年金差額一時金を受け取ることができる遺族と

同じ）（※）

障害等級	障害特別年金差額一時金	
第1級	算定基礎日額の	1,340日分
第2級	〃	1,190日分
第3級	〃	1,050日分
第4級	〃	920日分
第5級	〃	790日分
第6級	〃	670日分
第7級	〃	560日分

（※）障害特別年金差額一時金を受け取ることができる「遺族」とは：
　　　下記の(1)または(2)の遺族で、支給を受けるべき順位は、(1)、(2)の順序、さらに(1)、(2)の中では下記記載の順になること。
　　(1)　労働者の死亡当時その者と生計を同じくしていた配偶者(注)、子、父母、孫、祖父母、兄弟姉妹
　　　　(注)　婚姻の届出がなされていないが、事実上婚姻関係と同様の事情にあった者を含む。
　　(2)　(1)に該当しない配偶者、子、父母、孫、祖父母、兄弟姉妹

※「算定基礎日額」とは：

　算定基礎日額は、原則として、業務上の負傷や死亡の原因である事故が発生した日または診断によって病気にかかったことが確定した日以前1年間に、その労働者が事業主から受けた特別給与の総額（算定基礎年額）を365で割った額です。特別給与とは、給付基礎日額の算定の基礎から外されているボーナスなど3ヶ月を超える期間ごとに支払われる賃金をいい、臨時に支払われた賃金は含まれません。

　ただし、特別給与の総額が給付基礎年額（給付基礎日額の365倍に相当する額）の20％に相当する額を上回る場合は、給付基礎年額の20％に相当する額が算定基礎年額となり、その限度額は150万円です。

巻末資料

③遺族特別支給金、遺族特別年金、遺族特別一時金

ア　遺族特別支給金

遺族補償年金の受給権者に対して、遺族の数にかかわらず一律に300万円が一時金として支給されます。遺族補償一時金の受給権者（下記ウ①）に対しても300万円が支給されます。

イ　遺族特別年金

遺族補償年金の受給権者に対して、遺族の数に応じて、年金として算定基礎日額の245日分から153日分（ただし、その遺族が55歳以上の妻または一定の障害状態にある妻の場合は算定基礎日額の175日分）が支給されます。

遺族数	遺族補償年金	遺族特別支給金	遺族特別年金
1人	給付基礎日額の153日分（ただし、その遺族が55歳以上の妻または一定の障害状態にある妻の場合は給付基礎日額の175日分）	300万円 （一時金）	算定基礎日額の153日分（ただし、その遺族が55歳以上の妻または一定の障害状態にある妻の場合は算定基礎日額の175日分）
2人	給付基礎日額の201日分		算定基礎日額の201日分
3人	給付基礎日額の223日分		算定基礎日額の223日分
4人	給付基礎日額の245日分		算定基礎日額の245日分

ウ　遺族特別一時金

①　被災労働者の死亡当時、遺族補償年金の受給権者がいない場合、遺族補償一時金の受給権者に下表の遺族特別一時金と遺族特別支給金が支給されます。

遺族特別支給金	遺族特別一時金
300万円	算定基礎日額の1,000日分

②　遺族補償年金の受給権者が最後順位者まで全て失権したとき、受給権者であった遺族の全員に対して支払われた年金の額及び遺族補償年金前払一時金の額の合計額が、給付基礎日

499

額の1,000日分に満たない場合に、遺族補償一時金の受給権者に下表の遺族特別一時金が支給されます。

遺族特別支給金	遺族特別一時金
－	算定基礎日額の1,000日分から、既に支給された遺族特別年金の合計額を差し引いた金額

※遺族特別一時金の支給を受ける者（上記①②につき同じ）

　遺族特別一時金は遺族補償一時金の受給権者に支給されることから、遺族特別一時金の支給を受ける者は、遺族補償一時金の受給権者と同じです。すなわち、下記①から④にあげる遺族が遺族補償一時金の受給資格者ですが、そのうち最先順位者が遺族補償一時金の受給権者になります（下記②〜③のなかでは、子・父母・孫・祖父母の順）。同順位者が2人以上いる場合は、それぞれ受給権者になります。なお、子・父母・孫・祖父母・兄弟姉妹の身分は、被災労働者の死亡の当時の身分です。

　①配偶者

　②被災労働者の死亡の当時その収入によって生計を維持していた子・父母・孫・祖父母

　③その他の子・父母・孫・祖父母

　④兄弟姉妹

※「遺族補償年金の受給権者」とは：

　遺族補償年金の受給資格者となるのは、原則として、被災労働者の死亡の当時その収入によって生計を維持していた配偶者・子・父母・孫・祖父母・兄弟姉妹ですが、この受給資格者のうちの最先順位者（受給権者）に対して遺族補償年金が支給されます（受給権者となる順位については、本書第1部第15章**2**(8)260頁を参照）。

巻末資料

⑥傷病特別支給金、傷病特別年金

ア　傷病特別支給金

　　傷病補償年金の受給権者に対して、傷病等級に応じて、一時金として114万円から100万円が支給されます。

イ　傷病特別年金

　　傷病補償年金の受給権者に対して、傷病等級に応じて、年金として算定基礎日額の313日分から245日分が支給されます。

傷病等級	傷病補償年金		傷病特別支給金	傷病特別年金	
第1級	給付基礎日額の313日分		114万円（一時金）	算定基礎日額の313日分	
第2級	〃	277日分	107万円（一時金）	〃	277日分
第3級	〃	245日分	100万円（一時金）	〃	245日分

巻末資料8

労　働　能　力　喪　失　率　表

障害等級	労働能力喪失率	障害等級	労働能力喪失率	障害等級	労働能力喪失率
第1級	100／100	第6級	67／100	第11級	20／100
第2級	100／100	第7級	56／100	第12級	14／100
第3級	100／100	第8級	45／100	第13級	9／100
第4級	92／100	第9級	35／100	第14級	5／100
第5級	79／100	第10級	27／100		

（労働基準局長通達　昭32.7.2　基発第551号による）

巻末資料９

労働能力喪失期間とライプニッツ係数表

労働能力喪失期間	ライプニッツ係数	労働能力喪失期間	ライプニッツ係数
1	0.9524	44	17.6628
2	1.8594	45	17.7741
3	2.7232	46	17.8801
4	3.5460	47	17.9810
5	4.3295	48	18.0772
6	5.0757	49	18.1687
7	5.7864	50	18.2559
8	6.4632	51	18.3390
9	7.1078	52	18.4181
10	7.7217	53	18.4934
11	8.3064	54	18.5651
12	8.8633	55	18.6335
13	9.3936	56	18.6985
14	9.8986	57	18.7605
15	10.3797	58	18.8195
16	10.8378	59	18.8758
17	11.2741	60	18.9293
18	11.6896	61	18.9803
19	12.0853	62	19.0288
20	12.4622	63	19.0751
21	12.8212	64	19.1191
22	13.1630	65	19.1611
23	13.4886	66	19.2010
24	13.7986	67	19.2391
25	14.0939	68	19.2753
26	14.3752	69	19.3098
27	14.6430	70	19.3427
28	14.8981	71	19.3740
29	15.1411	72	19.4038
30	15.3725	73	19.4322
31	15.5928	74	19.4592
32	15.8027	75	19.4850
33	16.0025	76	19.5095
34	16.1929	77	19.5329
35	16.3742	78	19.5551
36	16.5469	79	19.5763
37	16.7113	80	19.5965
38	16.8679	81	19.6157
39	17.0170	82	19.6340
40	17.1591	83	19.6514
41	17.2944	84	19.6680
42	17.4232	85	19.6838
43	17.5459	86	19.6989

（注）小数点以下５桁目を四捨五入して数値を処理しています。

巻末資料

巻末資料10

簡易生命表・男（平成24年から平成29年）

年　齢	平　均　余　命					
	平成24年	平成25年	平成26年度	平成27年	平成28年	平成29年
0（週）	79.94	80.21	80.50	80.79	80.98	81.09
1	79.98	80.25	80.54	80.83	81.01	81.13
2	79.97	80.24	80.53	80.82	81.00	81.12
3	79.96	80.23	80.51	80.80	80.99	81.11
4	79.95	80.22	80.50	80.79	80.97	81.09
2（月）	79.88	80.15	80.43	80.72	80.90	81.02
3	79.81	80.08	80.36	80.64	80.83	80.95
6	79.59	79.86	80.14	80.42	80.61	80.72
0（年）	79.94	80.21	80.50	80.79	80.98	81.09
1	79.13	79.39	79.67	79.95	80.14	80.25
2	78.15	78.41	78.70	78.98	79.16	79.27
3	77.17	77.43	77.71	78.00	78.18	78.29
4	76.18	76.44	76.73	77.01	77.19	77.30
5	75.19	75.45	75.74	76.02	76.20	76.30
6	74.20	74.46	74.74	75.02	75.20	75.31
7	73.21	73.47	73.75	74.03	74.21	74.32
8	72.22	72.47	72.76	73.04	73.22	73.32
9	71.22	71.48	71.77	72.04	72.22	72.33
10	70.23	70.49	70.77	71.05	71.23	71.33
11	69.24	69.49	69.78	70.06	70.23	70.34
12	68.24	68.50	68.78	69.06	69.24	69.34
13	67.25	67.50	67.79	68.07	68.24	68.35
14	66.25	66.51	66.80	67.07	67.25	67.36
15	65.26	65.52	65.81	66.08	66.26	66.37
16	64.28	64.53	64.82	65.09	65.27	65.38
17	63.29	63.54	63.83	64.11	64.28	64.39
18	62.31	62.56	62.85	63.12	63.30	63.41
19	61.33	61.58	61.87	62.15	62.32	62.43
20	60.36	60.61	60.90	61.17	61.34	61.45
21	59.39	59.64	59.92	60.20	60.37	60.48
22	58.42	58.67	58.96	59.22	59.40	59.51
23	57.45	57.70	57.99	58.25	58.43	58.54
24	56.49	56.74	57.02	57.28	57.46	57.56
25	55.52	55.77	56.05	56.31	56.49	56.59
26	54.56	54.80	55.09	55.34	55.51	55.62
27	53.59	53.83	54.12	54.37	54.54	54.65
28	52.62	52.86	53.15	53.40	53.57	53.68
29	51.66	51.90	52.18	52.43	52.60	52.70

503

年　齢	平　均　余　命					
	平成24年	平成25年	平成26年度	平成27年	平成28年	平成29年
30	50.69	50.93	51.21	51.46	51.63	51.73
31	49.72	49.96	50.25	50.49	50.66	50.76
32	48.75	48.99	49.28	49.52	49.69	49.79
33	47.78	48.02	48.31	48.55	48.72	48.82
34	46.82	47.06	47.35	47.58	47.75	47.85
35	45.85	46.09	46.38	46.62	46.78	46.88
36	44.89	45.12	45.41	45.65	45.81	45.91
37	43.92	44.16	44.45	44.69	44.85	44.94
38	42.96	43.20	43.48	43.72	43.88	43.98
39	42.01	42.24	42.52	42.76	42.92	43.01
40	41.05	41.29	41.57	41.80	41.96	42.05
41	40.10	40.33	40.61	40.84	41.00	41.09
42	39.15	39.38	39.66	39.89	40.04	40.14
43	38.20	38.43	38.71	38.94	39.09	39.18
44	37.26	37.49	37.76	37.99	38.14	38.23
45	36.32	36.55	36.82	37.05	37.20	37.28
46	35.39	35.61	35.89	36.11	36.25	36.34
47	34.46	34.68	34.95	35.17	35.32	35.40
48	33.53	33.76	34.02	34.24	34.38	34.46
49	32.61	32.84	33.10	33.31	33.46	33.54
50	31.70	31.92	32.18	32.39	32.54	32.61
51	30.79	31.01	31.27	31.48	31.62	31.69
52	29.89	30.11	30.36	30.57	30.71	30.78
53	29.00	29.21	29.46	29.67	29.81	29.87
54	28.11	28.32	28.57	28.77	28.91	28.97
55	27.23	27.44	27.68	27.89	28.02	28.08
56	26.35	26.57	26.80	27.00	27.13	27.19
57	25.48	25.70	25.93	26.13	26.25	26.31
58	24.62	24.84	25.07	25.27	25.38	25.44
59	23.77	23.98	24.21	24.41	24.52	24.57
60	22.93	23.14	23.36	23.55	23.67	23.72
61	22.10	22.30	22.52	22.71	22.83	22.87
62	21.28	21.48	21.70	21.88	21.99	22.03
63	20.48	20.67	20.88	21.06	21.17	21.20
64	19.68	19.87	20.08	20.25	20.35	20.38
65	18.89	19.08	19.29	19.46	19.55	19.57
66	18.12	18.30	18.51	18.67	18.76	18.78
67	17.35	17.53	17.74	17.90	17.99	18.00
68	16.59	16.77	16.98	17.14	17.22	17.23
69	15.84	16.02	16.23	16.38	16.46	16.48

巻末資料

年　齢	平　均　余　命					
	平成24年	平成25年	平成26年度	平成27年	平成28年	平成29年
70	15.11	15.28	15.49	15.64	15.72	15.73
71	14.38	14.55	14.76	14.91	14.98	15.00
72	13.66	13.83	14.04	14.19	14.25	14.27
73	12.95	13.12	13.33	13.49	13.54	13.56
74	12.25	12.42	12.63	12.79	12.84	12.86
75	11.57	11.74	11.94	12.09	12.14	12.18
76	10.91	11.07	11.27	11.42	11.46	11.50
77	10.26	10.42	10.62	10.75	10.80	10.83
78	9.64	9.79	9.99	10.11	10.15	10.18
79	9.05	9.18	9.37	9.49	9.53	9.55
80	8.48	8.61	8.79	8.89	8.92	8.95
81	7.93	8.05	8.22	8.32	8.34	8.36
82	7.41	7.53	7.69	7.78	7.78	7.80
83	6.92	7.04	7.18	7.26	7.25	7.26
84	6.45	6.56	6.70	6.77	6.74	6.75
85	6.00	6.12	6.24	6.31	6.27	6.26
86	5.58	5.69	5.82	5.87	5.82	5.80
87	5.19	5.29	5.41	5.47	5.40	5.37
88	4.82	4.92	5.03	5.08	5.00	4.97
89	4.48	4.58	4.68	4.72	4.63	4.60
90	4.16	4.26	4.35	4.38	4.28	4.25
91	3.86	3.95	4.04	4.08	3.95	3.92
92	3.58	3.67	3.76	3.80	3.65	3.61
93	3.32	3.41	3.49	3.55	3.37	3.33
94	3.08	3.17	3.25	3.31	3.11	3.06
95	2.86	2.94	3.02	3.09	2.86	2.81
96	2.65	2.73	2.81	2.89	2.64	2.57
97	2.46	2.53	2.61	2.71	2.43	2.36
98	2.28	2.35	2.43	2.53	2.23	2.16
99	2.11	2.18	2.25	2.37	2.06	1.97
100	1.95	2.02	2.09	2.23	1.89	1.80
101	1.81	1.87	1.95	2.09	1.74	1.64
102	1.68	1.74	1.81	1.96	1.59	1.50
103	1.55	1.61	1.68	1.84	1.46	1.36
104	1.44	1.49	1.56	1.73	1.34	1.24
105〜	1.33	1.38	1.45	1.63	1.23	1.13

※本表は、厚生労働省政策統括官付参事官付人口動態・保健社会統計室【簡易生命表】から抜粋したものである。

　【簡易生命表】は、人口推計などによる人口と人口動態統計月報年計（概数）による死亡数、出生数を基に毎年作成されています。

巻末資料11

簡易生命表・女（平成24年から平成29年）

年　齢	平　　均　　余　　命					
	平成24年	平成25年	平成26年	平成27年	平成28年	平成29年
0（週）	86.41	86.61	86.83	87.05	87.14	87.26
1	86.46	86.65	86.87	87.09	87.18	87.30
2	86.45	86.64	86.86	87.08	87.17	87.28
3	86.44	86.63	86.85	87.06	87.15	87.27
4	86.43	86.61	86.83	87.05	87.14	87.26
2（月）	86.36	86.54	86.76	86.98	87.07	87.19
3	86.29	86.47	86.69	86.90	87.00	87.11
6	86.07	86.25	86.47	86.68	86.78	86.89
0（年）	86.41	86.61	86.83	87.05	87.14	87.26
1	85.60	85.78	86.00	86.21	86.31	86.42
2	84.63	84.81	85.03	85.23	85.33	85.44
3	83.64	83.82	84.05	84.25	84.35	84.46
4	82.66	82.83	83.06	83.26	83.36	83.47
5	81.67	81.84	82.07	82.27	82.37	82.48
6	80.68	80.85	81.07	81.27	81.37	81.48
7	79.68	79.85	80.08	80.28	80.38	80.49
8	78.69	78.86	79.08	79.29	79.38	79.49
9	77.69	77.86	78.09	78.29	78.39	78.50
10	76.70	76.87	77.09	77.30	77.39	77.50
11	75.70	75.87	76.10	76.30	76.40	76.50
12	74.71	74.88	75.10	75.31	75.40	75.51
13	73.71	73.88	74.11	74.31	74.41	74.51
14	72.72	72.88	73.11	73.32	73.41	73.52
15	71.72	71.89	72.12	72.32	72.42	72.52
16	70.73	70.90	71.12	71.33	71.43	71.53
17	69.74	69.91	70.13	70.34	70.43	70.54
18	68.75	68.91	69.14	69.35	69.44	69.55
19	67.76	67.92	68.15	68.36	68.45	68.56
20	66.78	66.94	67.16	67.37	67.46	67.57
21	65.79	65.95	66.17	66.38	66.47	66.58
22	64.81	64.97	65.19	65.39	65.48	65.59
23	63.82	63.98	64.20	64.41	64.50	64.60
24	62.84	63.00	63.22	63.42	63.51	63.62
25	61.85	62.01	62.23	62.43	62.53	62.63
26	60.87	61.03	61.25	61.45	61.55	61.64
27	59.89	60.04	60.27	60.46	60.56	60.66
28	58.91	59.06	59.28	59.48	59.58	59.67
29	57.92	58.07	58.30	58.50	58.59	58.69

巻末資料

年　齢	平　　均　　余　　命					
	平成24年	平成25年	平成26年	平成27年	平成28年	平成29年
30	56.94	57.09	57.32	57.51	57.61	57.70
31	55.96	56.11	56.34	56.53	56.62	56.72
32	54.98	55.13	55.36	55.55	55.64	55.74
33	54.00	54.15	54.38	54.57	54.66	54.75
34	53.02	53.17	53.40	53.59	53.67	53.77
35	52.04	52.19	52.42	52.61	52.69	52.79
36	51.07	51.22	51.44	51.63	51.72	51.81
37	50.09	50.24	50.47	50.65	50.74	50.83
38	49.11	49.27	49.49	49.68	49.76	49.86
39	48.14	48.29	48.52	48.70	48.79	48.88
40	47.17	47.32	47.55	47.73	47.82	47.90
41	46.20	46.35	46.58	46.76	46.84	46.93
42	45.24	45.38	45.61	45.79	45.87	45.96
43	44.27	44.42	44.64	44.82	44.91	44.99
44	43.31	43.45	43.68	43.86	43.94	44.03
45	42.35	42.49	42.72	42.90	42.98	43.06
46	41.39	41.54	41.76	41.94	42.02	42.10
47	40.44	40.58	40.81	40.98	41.06	41.15
48	39.49	39.63	39.85	40.03	40.11	40.19
49	38.54	38.69	38.91	39.08	39.16	39.24
50	37.59	37.74	37.96	38.13	38.21	38.29
51	36.65	36.80	37.02	37.19	37.27	37.34
52	35.72	35.86	36.08	36.25	36.33	36.40
53	34.78	34.93	35.14	35.31	35.39	35.46
54	33.85	34.00	34.21	34.38	34.46	34.53
55	32.92	33.07	33.28	33.45	33.53	33.59
56	32.00	32.14	32.36	32.52	32.60	32.66
57	31.08	31.22	31.43	31.60	31.67	31.74
58	30.16	30.30	30.51	30.67	30.75	30.81
59	29.24	29.38	29.60	29.75	29.83	29.89
60	28.33	28.47	28.68	28.83	28.91	28.97
61	27.42	27.56	27.77	27.92	28.00	28.05
62	26.51	26.65	26.87	27.01	27.09	27.14
63	25.61	25.75	25.97	26.11	26.18	26.23
64	24.72	24.86	25.07	25.21	25.28	25.33
65	23.82	23.97	24.18	24.31	24.38	24.43
66	22.94	23.09	23.30	23.42	23.49	23.54
67	22.06	22.21	22.42	22.54	22.61	22.65
68	21.18	21.33	21.54	21.66	21.73	21.77
69	20.31	20.46	20.67	20.79	20.85	20.89

507

年　齢	平　均　余　命					
	平成24年	平成25年	平成26年	平成27年	平成28年	平成29年
70	19.45	19.59	19.81	19.92	19.98	20.03
71	18.60	18.74	18.95	19.06	19.12	19.17
72	17.75	17.89	18.10	18.21	18.27	18.31
73	16.91	17.05	17.25	17.37	17.42	17.46
74	16.08	16.21	16.42	16.53	16.58	16.62
75	15.27	15.39	15.60	15.71	15.76	15.79
76	14.47	14.59	14.79	14.89	14.94	14.97
77	13.68	13.80	13.99	14.09	14.14	14.16
78	12.91	13.02	13.21	13.31	13.35	13.37
79	12.16	12.26	12.45	12.54	12.58	12.59
80	11.43	11.52	11.71	11.79	11.82	11.84
81	10.71	10.81	10.99	11.06	11.09	11.10
82	10.03	10.12	10.29	10.36	10.38	10.39
83	9.36	9.45	9.62	9.68	9.69	9.70
84	8.72	8.81	8.97	9.03	9.03	9.03
85	8.10	8.19	8.35	8.40	8.39	8.39
86	7.51	7.59	7.75	7.80	7.78	7.77
87	6.95	7.03	7.18	7.23	7.20	7.19
88	6.42	6.49	6.64	6.69	6.64	6.64
89	5.93	5.99	6.13	6.17	6.11	6.11
90	5.47	5.53	5.66	5.70	5.62	5.61
91	5.04	5.10	5.22	5.25	5.15	5.15
92	4.64	4.70	4.82	4.84	4.72	4.71
93	4.27	4.33	4.45	4.46	4.32	4.30
94	3.93	3.98	4.11	4.11	3.97	3.92
95	3.61	3.66	3.78	3.79	3.65	3.59
96	3.32	3.36	3.47	3.50	3.36	3.29
97	3.04	3.08	3.19	3.22	3.10	3.03
98	2.79	2.82	2.92	2.97	2.86	2.78
99	2.56	2.58	2.67	2.74	2.65	2.57
100	2.34	2.36	2.44	2.52	2.45	2.37
101	2.14	2.16	2.23	2.33	2.27	2.19
102	1.96	1.97	2.03	2.14	2.11	2.02
103	1.79	1.80	1.85	1.98	1.96	1.87
104	1.64	1.64	1.68	1.82	1.82	1.74
105〜	1.49	1.50	1.52	1.68	1.70	1.61

※本表は、厚生労働省政策統括官付参事官付人口動態・保健社会統計室【簡易生命表】から抜粋したものである。

　【簡易生命表】は、人口推計などによる人口と人口動態統計月報年計（概数）による死亡数、出生数を基に毎年作成されています。

巻末資料12

被災者の生活費控除率

(1)	一家の支柱	
	① 被扶養者1人の場合………………………………	40%
	② 被扶養者2人以上の場合………………………	30%
(2)	女性（主婦、独身等）………………………………	30%
(3)	男性（独身等）…………………………………………	50%

（「民事交通事故訴訟・損害賠償額算定基準2018年版」上巻（基準編）159頁以下、日弁連
交通事故相談センター東京支部）

巻末資料13

申立手数料額早見表－労働審判手続の申立等（裁判手続を利用する際に裁判所に納付する申立手数料）

(1)裁判手続を利用する際に裁判所に納付する手数料のうち、申立手数料の額は、民事訴訟費用等に関する法律で定められており、手数料額の算定方法は裁判手続の種類によって異なります。

(2)手数料は、収入印紙で、訴状や申立書に貼付して納付します。ただし、手数料の額が100万円を超える場合は、収入印紙に代えて現金で納付することができます（納付先は、日本銀行の本店、支店、代理店又は歳入代理店に限られます。）。

(3)労働審判手続が訴訟に移行したときは、「訴えの提起」欄により算出した手数料額から労働審判手続の申立手数料額を控除した残額を納付します。

(4)非財産権上の請求など、算定が極めて困難なものについては、訴額を160万円とみなされます。

手数料額早見表（単位：円）

手数料 訴額等	訴えの提起	民事調停・労働審判手続の申立て	控訴の提起	上告の提起及び上告受理の申立て
10万まで	1,000	500	1,500	2,000
20万	2,000	1,000	3,000	4,000
30万	3,000	1,500	4,500	6,000
40万	4,000	2,000	6,000	8,000
50万	5,000	2,500	7,500	10,000
60万	6,000	3,000	9,000	12,000
70万	7,000	3,500	10,500	14,000
80万	8,000	4,000	12,000	16,000
90万	9,000	4,500	13,500	18,000
100万	10,000	5,000	15,000	20,000
120万	11,000	5,500	16,500	22,000

巻末資料

訴額等 ＼ 手数料	訴えの提起	民事調停・労働審判手続の申立て	控訴の提起	上告の提起及び上告受理の申立て
140万	12,000	6,000	18,000	24,000
160万	13,000	6,500	19,500	26,000
180万	14,000	7,000	21,000	28,000
200万	15,000	7,500	22,500	30,000
220万	16,000	8,000	24,000	32,000
240万	17,000	8,500	25,500	34,000
260万	18,000	9,000	27,000	36,000
280万	19,000	9,500	28,500	38,000
300万	20,000	10,000	30,000	40,000
320万	21,000	10,500	31,500	42,000
340万	22,000	11,000	33,000	44,000
360万	23,000	11,500	34,500	46,000
380万	24,000	12,000	36,000	48,000
400万	25,000	12,500	37,500	50,000
420万	26,000	13,000	39,000	52,000
440万	27,000	13,500	40,500	54,000
460万	28,000	14,000	42,000	56,000
480万	29,000	14,500	43,500	58,000
500万	30,000	15,000	45,000	60,000
550万	32,000	16,000	48,000	64,000
600万	34,000	17,000	51,000	68,000
650万	36,000	18,000	54,000	72,000
700万	38,000	19,000	57,000	76,000
750万	40,000	20,000	60,000	80,000
800万	42,000	21,000	63,000	84,000
850万	44,000	22,000	66,000	88,000
900万	46,000	23,000	69,000	92,000
950万	48,000	24,000	72,000	96,000
1,000万	50,000	25,000	75,000	100,000
1,100万	53,000	26,200	79,500	106,000
1,200万	56,000	27,400	84,000	112,000

訴額等	手数料 訴えの提起	民事調停・労働審 判手続の申立て	控訴の提起	上告の提起及び上 告受理の申立て
1,300万	59,000	28,600	88,500	118,000
1,400万	62,000	29,800	93,000	124,000
1,500万	65,000	31,000	97,500	130,000
1,600万	68,000	32,200	102,000	136,000
1,700万	71,000	33,400	106,500	142,000
1,800万	74,000	34,600	111,000	148,000
1,900万	77,000	35,800	115,500	154,000
2,000万	80,000	37,000	120,000	160,000
2,100万	83,000	38,200	124,500	166,000
2,200万	86,000	39,400	129,000	172,000
2,300万	89,000	40,600	133,500	178,000
2,400万	92,000	41,800	138,000	184,000
2,500万	95,000	43,000	142,500	190,000
2,600万	98,000	44,200	147,000	196,000
2,700万	101,000	45,400	151,500	202,000
2,800万	104,000	46,600	156,000	208,000
2,900万	107,000	47,800	160,500	214,000
3,000万	110,000	49,000	165,000	220,000
3,100万	113,000	50,200	169,500	226,000
3,200万	116,000	51,400	174,000	232,000
3,300万	119,000	52,600	178,500	238,000
3,400万	122,000	53,800	183,000	244,000
3,500万	125,000	55,000	187,500	250,000
3,600万	128,000	56,200	192,000	256,000
3,700万	131,000	57,400	196,500	262,000
3,800万	134,000	58,600	201,000	268,000
3,900万	137,000	59,800	205,500	274,000
4,000万	140,000	61,000	210,000	280,000

※　訴額等が4,000万円を超える場合の手数料の額については、各裁判所の窓口等にお尋ねください。

巻末資料

巻末資料14

公正証書等の作成などに準備する資料等について（抜粋）
　具体的事案によっては、準備する資料等が異なることもあり得ます。
事前に公証役場にお問い合わせいただく必要があります。

公証事務
　9　必要書類

Q　公正証書は、本人でなければ作成の手続きをしてもらえませんか？
A　遺言以外の公正証書は、本人の委任状を持った代理人でも手続きが
　できます。代理が許される公正証書でも、原則として双方の代理を一
　人で行うことはできません。

Q　公正証書を作成するにはどんな資料を準備しておく必要がありますか？
A　公正証書の内容にしようとする契約文書のほかに、その当事者を確
　認する資料が必要です。その資料は、当事者本人が手続きする場合と
　代理人が手続きする場合、当事者が個人の場合と当事者が法人の場合
　で異なりますので、それぞれの場合に分けてご説明します。
　　後述の印鑑証明書、代表者の資格証明書及び法人の登記簿謄本は、
　公正証書作成日から遡って3か月以内のものに限ります。
　　なお、詳細は各公証役場におたずねください。

1　当事者本人により公正証書を作成する場合
(1)　当事者が個人の場合
　①印鑑証明書と実印
　②運転免許証と認印
　③マイナンバーカードと認印
　④住民基本台帳カード（写真付）と認印
　⑤パスポート、身体障害者手帳又は在留カードと認印
　　上記①～⑤のうちいずれかをお持ちください。なお、公正証書の種
　類によっては、特定の資料に限定される場合もあります。

(2)　当事者が法人の場合
　①代表者の資格証明書と代表者印及びその印鑑証明書
　②法人の登記簿謄本と代表者印及びその印鑑証明書
　　上記①②のうちいずれかをお持ちください。

513

2 代理人により公正証書を作成する場合
(1) 当事者が個人の場合
①本人から代理人への委任状
　委任状には、本契約内容が記載されていることが必要で、白紙委任状は認められません。契約内容は通常別の書面に記載したものを、委任状の表紙に添付します。その後、委任状の表紙に本人の実印を押印し、添付した書面との間に契印（割印）をします。委任状の作成方法が分からない場合は各公証役場におたずねください。
②本人の印鑑証明書
　代理人により公正証書を作成する場合は、本人が委任状を作成したことを確認する必要がありますので、前記委任状に押印されている印が実印であることを証明する印鑑証明書が必要となります。
③代理人の確認資料
　代理人自身の確認資料として、1(1)①〜⑤のうちのいずれかをお持ちください。

(2) 当事者が法人の場合
①法人の代表者から代理人への委任状
　委任状の作成については、概ね2(1)①のとおりですが、法人の場合は代表者印を押印します。
②代表者の確認資料
　　ア　代表者の資格証明書及び代表者印の印鑑証明書
　　イ　法人の登記簿謄本及び代表者印の印鑑証明書
　　　　アイのうちいずれかをお持ちください。
③代理人の確認資料
　代理人自身の確認資料として、1(1)①〜⑤のうちいずれかをお持ちください。

（日本公証人連合会ホームページ参照）

巻末資料

巻末資料15

少額訴訟手続及び民事調停手続の概要

「1」少額訴訟手続（原則1回の審理で行われる迅速な手続）

　　通常の訴訟手続は厳格な手続によるものであるため多大な時間と費用を要するのに対して、少額訴訟手続は60万円以下の金銭の支払いを求める場合に限定されますが、請求額に見合った経済的な負担で利用できる簡易裁判所における特別の訴訟手続です（民事訴訟法第368条1項）。

　　少額訴訟手続を利用する際に、知っておいていただきたい特徴は次のとおりです。

⑴　60万円以下の金銭の支払請求に限定されること。ただし、この訴額には遅延損害金等の附帯請求が含まれていないことから、附帯請求を加えた額が60万円を超える事例でも利用できること。

⑵　少額訴訟の利用は、1年間のうちに同じ裁判所で10回までであり、これまでの利用回数を予め訴状に記載すること。

⑶　訴えは簡易裁判所に申立てること。被告となる相手方の住所を管轄する簡易裁判所、原告となる申立人の住所を管轄する簡易裁判所のいずれかに申立てることができること。

⑷　裁判所に納付する手数料は、請求額（訴額）に応じて、1,000円から6,000円の範囲内であり経済的負担が軽いこと。その他に訴状等の送達費用として郵便料金を納めること。

⑸　被告は最初の口頭弁論期日で自分の言い分を主張する前であれば、通常の訴訟手続で審議するよう裁判所に求めることができること。

⑹　原則として、1回の審理（口頭弁論期日）で終わり、審理

515

後直ちに判決が言い渡されること。

(7) そのため、証拠調べは即時に取り調べることができるものに限ること（証人が在廷していれば証人尋問も可能）。

(8) 審理終了後直ちに判決を言渡すことが原則であることから、判決の言渡しは判決原本に基づかなくてもすることができること。この場合、調書判決（口頭弁論期日の調書）の謄本が当事者に送達されること。

(9) 訴訟中に話合いにより和解をして紛争を解決することもできること。この場合、和解調書が当事者に送付されること。

(10) 和解調書の効力は確定判決と同じであること。

(11) 被告の事情によっては、分割払い、支払猶予、遅延損害金免除の判決が言い渡されることがあること。

(12) 判決に対して不服がある場合であっても控訴をすることはできませんが、異議の申立てはすることができること。異議申立て後は簡易裁判所の通常の訴訟として扱われ、この訴訟の判決に対して控訴はできないこと。

(13) 裁判所は、原告の請求を認容する場合は、職権で、担保を立てて又は立てないで仮執行の宣言を付さなければならないこと。

(14) 少額訴訟の判決は当事者が判決を受け取った日の翌日から起算して2週間以内に異議の申立てをしないと確定すること。

(15) 少額訴訟の判決や和解調書に基づき、その判決等をした簡易裁判所に対しても金銭債権に対する強制執行（少額訴訟債権執行）の申立てができること。

このように少額訴訟手続には特徴がありますが、その特徴を検討して利用することが大切です。

「2」民事調停手続（訴訟ではなく当事者間の合意によって解決を図

巻末資料

（る手続）

話合いにより円満な解決を図る手続であり、裁判官と民間から選ばれた２人以上（通常は２人）の調停委員で組織される調停委員会が合意をあっせんし、当事者の互譲によって紛争を解決しようとする手続です（民事調停法第１条）。

訴訟と比べて手続が簡易で、比較的短い期間で解決を図る利点があると言われています。

民事調停手続を利用する際に、知っておいていただきたい特徴は次のとおりです。

(1) 当事者双方との間で納得するまで話合いをすることが基本であることから、実情に即した解決を図ることができること。

(2) 民事調停の申立ては、原則として、相手方の住所を管轄する簡易裁判所に対し行うこと。

(3) 裁判所に納付する手数料は、訴訟の場合と比べるとその半額になっていること。

請求額（訴額）が50万円の場合につき、訴訟の場合には申立手数料額は5,000円であるのに対して、民事調停の場合にはその手数料額は2,500円であること。その他に関係者に書類を送付するために使用する郵便料金を納付すること。

(4) 調停は非公開で行われるため、安心して事情を話すことができること。

(5) 調停は、通常、１件の事案について、２〜３回程度の調停期日が開催され、多くは３ヵ月以内で解決されていること。

(6) 調停委員会は、トラブルの実状を聴いて解決案を当事者に提示すること。

(7) 当事者間で成立した合意事項は、調停調書に記載され、この調停調書には判決と同じ効力があることから、相手方が調停事項を履行しないときは、強制執行ができること。

517

(8)　話し合っても解決する見込みがない場合には調停不成立と
なりますが、それまでの経緯に照らして相当と認められる事
案については裁判所が「調停に代わる決定」を示すことがあ
ること。当事者双方がその決定を納得すれば調停成立と同様
の効果が生じますが、どちらかが2週間以内に異議申立をす
るとその効果はなくなること。

(9)　上記(8)の「調停に代わる決定」について異議申立があった
場合、あるいは調停不成立の場合は、改めて訴訟を起こすこ
ともできること。

表判例索引

裁判例索引（巻末資料 1 「高額労災判例一覧」は除く）

労判……労働判例　判時……判例時報　判タ……判例タイムズ
交民集……交通事故民事裁判例集　労旬報……労働法律旬報
労経速……労働経済判例速報　民集……最高裁判所民事判例集

●最高裁判決

最高裁第三小法廷　昭和38年 6 月 4 日判決、判時338号（小野運送事件）…303
最高裁第二小法廷　昭和39年 9 月25日判決、判タ168号（河村・前田事件）…358
最高裁第三小法廷　昭和40年11月30日判決…111
最高裁第三小法廷　昭和41年 6 月21日判決、判タ194号…251
最高裁第三小法廷　昭和43年12月24日判決、判タ230号…251
最高裁第二小法廷　昭和43年 3 月15日判決、判時511号（江州運輸事件）…87
最高裁大法廷　昭和44年11月26日判決、民集23巻（最高裁44年判決事件）…30
最高裁第一小法廷　昭和45年 2 月12日判決、判時591号（小崎建設事件）…111
最高裁第三小法廷　昭和50年 2 月25日判決、判時767号
　　　　　　　　（陸上自衛隊八戸駐屯地車輌整備工場事件）…128、135、142、249
最高裁第一小法廷　昭和50年10月24日判決、判タ329号…363
最高裁第三小法廷　昭和52年 5 月27日判決、判時857号（仁田原・中村事件）…309、353
最高裁第三小法廷　昭和52年10月25日判決、判時870号（三共自動車事件）…308
最高裁第一小法廷　昭和55年12月18日判決、判時992号（鹿島建設・大石塗装事件）…251、252
最高裁第二小法廷　昭和56年 2 月16日判決、判時996号
　　　　　　　　（航空自衛隊航空救難群芦屋分遣隊事件）…134、250
最高裁第三小法廷　昭和58年 4 月19日判決、判時1078号（東都観光バス事件）…362
最高裁第二小法廷　昭和58年 5 月27日判決、判時1079号（陸上自衛隊第331会計隊事件）…132
最高裁第三小法廷　昭和59年 4 月10日判決、判時1116号
　　　　　　　　（川義事件）…129、137、140、143
最高裁第二小法廷　昭和62年 7 月10日判決、判時1263号（青木鉛鉄事件）…359
最高裁第三小法廷　平成元年 4 月11日判決、労判546号（高田建設事件）…366
最高裁第一小法廷　平成 3 年 4 月11日判決、判タ759号（三菱重工業神戸造船所事件）…143
最高裁大法廷　平成 5 年 3 月24日判決、判タ853号（寒川・森島事件）…310、346、354
最高裁最二小法廷　平成 8 年 2 月23日判決、判時1560号（コック食品事件）…264、352
最高裁第二小法廷　平成11年10月22日判決、判タ1016号
　　　　　　　　（沖縄医療生活協同組合事件）…350、358
最高裁第二小法廷　平成12年 3 月24日判決、判時1707号
　　　　　　　　（電通事件）…36、37、39、198、218、231、274
最高裁第二小法廷　平成16年12月20日判決、判タ1173号…321
最高裁第一小法廷　平成20年 3 月27日判決、判時2003号
　　　　　　　　（NTT東日本北海道支店事件）…164、207、251
最高裁第一小法廷　平成22年 9 月13日判決、判タ1337号…321
最高裁第二小法廷　平成24年 2 月24日判決、判時2144号（プレス機械操作被災事件）…341
最高裁第三小法廷　平成25年 9 月24日上告棄却・上告不受理決定（大庄事件）…272
最高裁第二小法廷　平成26年 3 月24日判決、労判1094号（東芝事件）…234、272

519

最高裁第一小法廷　平成27年2月26日判決、判時2253号（海遊館事件）…273
最高裁大法廷　平成27年3月4日判決、労働判例1114号
　　　　　（フォーカスシステムズ事件）…320、364
最高裁第一小法廷　平成27年8月26日決定、労判1126号
　　　　　（農林漁業金融公庫（訴訟承継人日本政策金融公庫）事件）…231

●高裁判決
広島高裁岡山支部　昭和62年5月28日判決、労判521号（大豊運輸事件）…188
東京高裁　平成9年9月26日判決、労判724号（電通事件）……221
東京高裁　平成11年7月28日判決、労判770号（システムコンサルタント事件）…201
東京高裁　平成11年10月20日判決、判時1713号（三東食品加工事件）…180
東京高裁　平成13年5月23日判決、判タ1072号（トオカツフーズ事件）…178
福岡高裁那覇支部　平成19年5月17日判決、労判945号（O技術事件）…143、175
大阪高裁　平成19年1月18日判決、労判940号（おかざき事件）…31
大阪高裁　平成20年7月30日判決、労判980号（H工務店事件）…185
札幌高裁　平成21年1月30日判決、労判976号（NTT東日本北海道支店事件の差戻審）…210
東京高裁　平成21年7月28日判決、労判990号（アテスト（ニコン熊谷製作所）事件）…221
東京高裁　平成23年2月23日判決、労判1022号（東芝事件）…234
大阪高裁　平成23年5月25日判決、労判1033号（大庄事件）…32、228、408
東京高裁　平成24年3月22日判決、労判1051号（フォーカスシステムズ事件）…191、320
大阪高裁　平成24年5月29日判決、判時2160号（日本通運事件）…170
大阪高裁　平成26年7月17日判決、判時2235号（農林漁業金融公庫
　　　　（訴訟承継人日本政策金融公庫）事件）…231
広島高裁松江支部　平成27年3月18日判決、労判1118号（公立八鹿病院組合事件）…197、238

●地裁判決
東京地裁　昭和46年7月7日判決、判時649号（極洋捕鯨事件）…90
岡山地裁　昭和48年5月28日判決、判時748号（岡山瓦斯事件）…121
鳥取地裁　昭和53年6月22日判決、判時920号（中国電力鳥取支店倉吉電力所事件）…139
大阪地裁　昭和55年10月17日判決、判時995号（森製作所事件）…182
大阪地裁　昭和56年5月25日判決、労経速1113号（松村組事件）…141
札幌地裁　昭和59年2月28日判決、労判433号（北土建設・前田道路事件）…148
長野地裁　昭和61年6月27日判決、判時1198号（平和石綿工業・朝日石綿工業事件）…158
金沢地裁　昭和62年6月26日判決、判時1253号（門前町立門前中学校事件）…185
東京地裁　平成4年4月28日判決、判時1436号（防衛大学校校友会パラシュート部事件）…184
大阪地裁　平成5年3月17日判決…357
東京地裁　平成5年10月25日判決、判時1508号（和泉精機製作所事件）…122、167
横浜地裁小田原支部　平成6年9月27日判決、労判681号（三六木工事件）…391
神戸地裁　平成6年10月18日判決、判タ880号（第一工業所事件）…179
浦和地裁　平成8年3月22日判決、労判696号（藤島建設事件）…186
神戸地裁　平成8年12月20日判決、交民集29巻6号（上津陸運事件）…174
大阪地裁　平成9年5月12日判決、判時1626号（料亭寄宿舎従業員転落死事件）…187
神戸地裁　平成9年7月30日判決…351

広島地裁　平成10年3月24日判決、判時1638号（広島アストラムライン事件）…117
福岡地裁小倉支部　平成10年3月26日判決、判タ1013号（熊谷建設・宏池建設事件）…111、113
富山地裁高岡支部　平成10年7月14日判決、判タ1042号（滋野鐵工事件）…182
神戸地裁姫路支部　平成11年3月31日判決、判時1699号（山陽カンツリー倶楽部事件）…186
東京地裁　平成12年3月31日判決…356
東京地裁　平成12年5月31日判決、交民集33巻3号（明津運輸事件）…180
山口地裁下関支部　平成13年4月23日判決、判時1767号（マルハ事件）…171
京都地裁舞鶴支部　平成13年5月18日判決、判タ1115号（フナツ産業事件）…177
大阪地裁　平成13年10月29日判決…350
横浜地裁川崎支部　平成14年6月27日判決、判時1805号（川崎市水道局事件）…202
東京地裁八王子支部　平成15年12月10日判決、判時1845号
　　　　　　　　（介護用品等クリーニング工場事件）…173
大阪地裁　平成16年3月22日判決、判時1866号（喜楽鉱業事件）…176、396
大阪地裁　平成16年8月30日判決、労判881号（ジェイ・シー・エム事件）…203
東京地裁　平成17年3月31日判決、判時1912号（アテスト（ニコン熊谷製作所）事件）…222
東京地裁　平成18年11月30日判決、労判908号（Y興業（アルバイト転落負傷）事件）…170
福岡地裁　平成19年1月.24日判決、労判939号（矢崎部品・テクノサイエンス事件）…176
大阪地裁　平成19年5月28日判決、判時1988号（積善会（十全総合病院）事件）…204
福岡地裁　平成19年10月24日判決、労判956号（ハヤシ事件）…312
東京地裁　平成20年2月13日判決、判時2004号
　　　　（テクノアシスト相模・大和製罐事件）…151、173、401
神戸地裁　平成20年4月10日判決、労判974号（ホテル日航大阪事件）…213、274
松山地裁　平成20年7月1日判決、判時2027号（前田道路事件）…189
神戸地裁尼崎支部　平成20年7月29日判決、労判976号（名神タクシー事件）…31、216、421
東京地裁　平成20年7月31日判決、判時2026号（信越放送・中日本航空・中部電力等事件）…124
名古屋地裁　平成20年10月30日判決、労判978号（デンソー・トヨタ自動車事件）…240
鳥取地裁　平成21年10月16日判決、労判997号（鳥取大学附属病院事件）…181
千葉地裁木更津支部　平成21年11月10日判決、労判999号（川島コーポレーション事件）…183
鹿児島地裁　平成22年2月16日判決、判時2078号（康正産業事件）…223
東京地裁　平成22年3月19日判決、判時2078号（東京電力・西松建設・吉田建設事件）…154
京都地裁　平成22年5月25日判決、判時2081号（大庄事件）…227、405
京都地裁　平成22年5月27日判決、労判1010号
　　　　（園部労基署長（醜状障害者等級男女差）事件）…493
東京地裁　平成22年12月1日判決、労判1021号（本田技研工業事件）…424
東京地裁　平成23年3月7日判決、労旬報1749号（フォーカスシステムズ事件）…321
名古屋地裁　平成23年6月24日判決、交民集44巻3号（B重機等事件）…172
大阪地裁　平成23年10月5日判決、交民集44巻5号…378
東京地裁　平成24年1月17日判決、交民集45巻1号…385
横浜地裁　平成24年9月11日判決、判時2170号（テクノロジーネットワークス事件）…296
静岡地裁　平成24年10月11日判決、判時2181号
　　　　（ニューメディア総研（訴訟承継人アドバンストラフィックシステムズ）事件）…415
名古屋地裁　平成25年2月7日判決、労判1070号（ナルコ事件）…89、91、172、425
横浜地裁横須賀支部　平成25年2月18日判決、判タ1394号（住友重機械工業事件）…89、93

大阪地裁　平成25年3月6日判決、判タ1390号
　　　　　（農林漁業金融公庫（訴訟承継人日本政策金融公庫）事件）…231、273
福岡地裁　平成25年11月13日判決、労判1090号（種広商店事件）…179
鹿児島地裁　平成26年3月12日判決、判時2227号（鹿児島県教育センター事件）…245
釧路地裁帯広支部　平成26年4月21日判決、判時2234号（北海道開発局帯広開建事件）…178
鳥取地裁米子支部　平成26年5月26日判決、労判1099号（公立八鹿病院組合事件）…194
千葉地裁　平成26年9月30日判決、判時2248号（外国人実習生暴行被災事件）…429
熊本地裁　平成26年10月17日判決、労判1108号（肥後銀行事件）…349、355
東京地裁　平成26年11月4日判決、労判1109号（サン・チャレンジ事件）…39
福井地裁　平成26年11月28日判決、労判1110号（暁産業事件）…398
福岡地裁　平成26年12月25日判決、労判1111号（環境施設・東部興産事件）…175、417
広島高裁松江支部　平成27年3月18日、判時2281号（公立八鹿病院組合事件）…238、361
大阪地裁　平成27年3月20日判決、判タ1421号（西日本旅客鉄道事件）…314、408
横浜地裁　平成27年1月30日判決、労判1122号（神奈川SR経営労務センターほか事件）…99
東京高裁　平成27年8月26日判決、労判1122号（神奈川SR経営労務センターほか事件）…98
横浜地裁　平成27年10月30日判決、交民集48巻6号（ユニック車荷物搭載被災事件）…174
津地裁　　平成29年1月30日判決、労判1160号（竹屋事件）…36、164、315

【著者紹介】

著者　秋永　憲一（あきなが　けんいち）

1948年（昭和23年）東京生まれ。

明治大学法学部法律学科卒業。

1981年（昭和56年）に安西法律事務所（東京都中央区銀座）に入所。事務長。

同事務所所長の安西愈弁護士の指導と助言のもと、労災民事・行政・刑事裁判例の定期調査と主要論点の整理・分析等の業務を行う。とりわけ、労災民事裁判例については、使用者の法的責任の根拠の類型別整理と分析、損害額算定上の争点整理、過失相殺に関する裁判所の認定事実の要約資料の作成業務等に従事。また、外部研究機関等からの委託研究として、労働災害と企業の経済的損失の分析、企業スポーツ選手の被災事故と企業の対応実態、裁判例における醜状障害認定における男女間格差、労災民事裁判例における過失割合の判断基準等に関する研究課題にも参画した。さらに、労災・交通事故訴訟等における被災死亡者の相続人の範囲確定に要する戸籍調査、じん肺罹患労働者の職歴調査、賃金等の供託手続、就業規則の作成・改訂時の事前準備としての従業員の勤務実態把握等、及び従業員社宅の建物明渡・動産強制執行等に従事するなどした。

著書「新・労災事故と示談の手引」（2008年（平成20年）3月出版、労働調査会）。

「労災事故と示談の手引」（改訂・改題）（2015年（平成27年）7月出版、労働調査会）。

現在、独立し、労働災害をめぐる諸問題に関する研究等に従事。

装丁　吉林　優

労災事故と示談の手引 改訂新版

平成27年7月31日　初版発行
平成30年10月15日　改訂新版発行

著　者　秋　永　憲　一

発行人　藤　澤　直　明

発行所　労　働　調　査　会

〒170-0004　東京都豊島区北大塚2-4-5
TEL 03 (3915) 6 4 0 1
FAX 03 (3918) 8 6 1 8
〔HOMEPAGE〕http://www.chosakai.co.jp/

ISBN978-4-86319-670-4　C2032

落丁・乱丁はお取り替え致します。

著作権法により、本書のすべてが保護されていますので、たとえ図表の一部分といえども複写・複製（コピー、磁気媒体への入力等を含む）を行うことを禁じます。